壹卷
YE BOOK

洞　见　人　和　时　代

纪念著名历史学家魏宏运先生诞辰一百周年

锲斋追思录

邓丽兰 李金铮 江沛 主编

四川人民出版社

图书在版编目（CIP）数据

锲斋追思录 / 邓丽兰, 李金铮, 江沛主编. -- 成都 : 四川人民出版社, 2025. 6. -- (往事与随想).
ISBN 978-7-220-13836-2
Ⅰ. K825.81-53
中国国家版本馆CIP数据核字第2024XX0193号

QIE ZHAI ZHUI SI LU

锲斋追思录

邓丽兰　李金铮　江沛　主编

出 版 人	黄立新
策划统筹	封　龙
责任编辑	杨赞平　封　龙
版式设计	张迪茗
装帧设计	周伟伟
责任印制	周　奇
出版发行	四川人民出版社（成都三色路 238 号）
网　　址	http://www.scpph.com
E-mail	scrmcbs@sina.com
新浪微博	@四川人民出版社
微信公众号	四川人民出版社
发行部业务电话	（028）86361653　86361656
防盗版举报电话	（028）86361653
照　　排	四川胜翔数码印务设计有限公司
印　　刷	四川华龙印务有限公司
成品尺寸	140mm × 210mm
印　　张	20.75
字　　数	380 千
版　　次	2025 年 6 月第 1 版
印　　次	2025 年 6 月第 1 次印刷
书　　号	ISBN 978-7-220-13836-2
定　　价	89.00 元

二十世纪八十年代初，进入学术盛年的
魏宏运先生

2019 年，魏宏运先生获“庆祝中华人民共和国成立 70 周年”纪念章。

一、革命青年、杏坛人生

图 1-1　1947 年，魏宏运先生就读北平辅仁大学历史系时留影。

图 1-2　1948 年初，魏宏运先生由辅仁大学转学南开大学历史系，1951 年留校任教，兼任文学院党支部书记。

图 1-3　1958 年与历史系同仁合影，摄于南院（即八里台）校门前。左 3 李义佐先生，左 4 魏宏运先生，左 5 为李云飞先生，左 6 为郑天挺先生。

图 1-4　1973 年冬，魏宏运先生（前排左 2）与同仁访问井冈山，在茅坪与袁文才夫人（中坐者）交谈，摄于其房前。

图 1–5　1980 年 3 月，香港中文大学王德昭教授赴天津拜望郑天挺先生。参加家庭聚会诸先生在郑老门前合影，左起：王玉哲、魏宏运、王德昭、杨翼骧、郑天挺、付同钦、杨志玖。

图 1–6　1981 年 9 月，魏宏运先生与教研室同仁接待澳大利亚石琳（女）、法国学者（男）。前排左起 1 陈志远、3 魏宏运、5 胡霭丽、6 杨珣。后排左起 1 张洪祥、2 李宪庆、3 高德福、4 马振举、5 李媛。

图 1-7　二十世纪八十年代后期，魏宏运先生在校图书馆查阅资料。

图 1-8　二十世纪九十年代，魏宏运先生及夫人与校宣传部长刘景泉教授（中间立者）交流。

图 1-9　1997 年秋，魏宏运先生、王黎师母与儿子魏晓明、儿媳王筑津、孙子魏时韬，女儿魏晓静、女婿张利民、外孙张逸竹全家合影。

图 1-10　2000 年 10 月 17 日，历史学院为魏宏运先生举行离休荣退讲演会，会后师生参观先生学术成果展。合影前排左起依次为：张象、郑克晟、魏宏运、王黎、冯承柏、陈志远；后排左起依次为：门连凤、？、张洪祥、陆镜生、？、左志远、冯尔康、刘健清；后排左起依次为：江沛、乔治忠、南炳文、李宪庆、张国刚、王富春、李喜所、慈鸿飞、李治安。

图 1–11　2004 年 8 月 21 日，庆祝魏宏运先生八十华诞暨“二十世纪的中国”学术讨论会与会者合影留念。

图 1–12　2012 年 11 月，南开大学党委书记薛进文、校长龚克登门向魏宏运先生授予南开大学荣誉教授证书。

图 1–13　2013 年夏，南开大学历史学院主办“元史会议”，著名史家、中国社科院近代史研究所蔡美彪先生赴会，魏先生专访蔡美彪先生。照片左起依次为：李治安、魏宏运、蔡美彪、王晓欣。

图 1–14　2013 年 10 月，时逢先生米寿，魏宏运先生与王黎师母合影留念。

图 1-15　2013 年 10 月，时逢先生米寿，魏宏运先生与王黎师母合影留念。

图 1-16　2014 年 9 月，魏门弟子为先生举办九十寿诞庆祝会。南开大学校长龚克出席并高度评价先生对南开史学的杰出贡献。此为魏宏运先生在庆祝会上答谢讲话。

二、培育人才、桃李满园

图 2-1　1978 年 5 月，“中国现代史”编写组成员在长沙举行编写协作会。编写组包括南开大学、湖南师范学院、杭州大学、东北师范大学、北京师范学院五校历史系 40 余位同仁，南开大学参与者有陈志远（前排右 3）、魏宏运（前排右 6）、刘健清（二排右 5）、张洪祥（三排右 3）、王永祥（三排右 6）等先生。1980 年，由魏宏运任主编的《中国现代史》（上下）出版后，被各高校历史系采用。这是国内第一本中国现代史教材，它主张中国现代史除了政治外还应有外交、军事、经济、文化、日常生活等方面，才可以全面反映历史变迁，从中共党史领域分离出来更利于学科的表述和发展，是中国现代史学科具有奠基意义的教材。此后魏宏运先生又与他人合作编撰出《中国现代史资料选编》（5 编）、《中国现代史大事记》，形成较为完整的教材体系。

图 2-2　1996 年 4 月 29 日，魏宏运先生应邀做客北京大学吴相湘讲座，为北大历史系学生讲课。

图 2-3　2014 年 8 月，魏门弟子返回南开为魏宏运先生庆祝八十寿诞，摄于八里台校区文科楼二层会议室。中间坐者为魏宏运先生、王黎师母。

图 2-4　1995 年 6 月，魏宏运先生与博士毕业生李正华（左 1）、王彦民（左 3）、杨跃进（左 4）合影。

图 2-5　2000 年，魏宏运先生与 1995 级博士生、天津师范大学历史文化学院教授侯建新（左）在一起研讨。

图 2-6　2007 年 7 月，魏宏运先生及王黎师母与毕业博士生聚会并合影，左起依次为：江沛、李金铮、温锐、师母、魏先生、傅建成、岳谦厚、邓丽兰、赵庆杰。

图 2-7　2006 年 3 月 6 日，魏宏运先生应邀做客天津电视台“黄土地”节目，以嘉宾身份讲述国民政府土地法、井冈山土地法及晋察冀边区土地累进税三个问题。

图2-8　2012年，南开大学向魏宏运先生致聘荣誉教授并授予“特别贡献奖”，表彰其在半个世纪中对南开史学、南开大学学科建设做出的杰出贡献。

三、开辟领域、奠基学术

图 3-1　1985—1997 年间，魏宏运先生连续担任国务院学位委员会第二、三届历史学评议组专家，这是所获荣誉证书。

图 3-2　1996 年，魏宏运先生赴北京参加国家哲学社会科学规划组会议，与历史学科同仁合影留念。

图 3-3　1984 年 8 月和 1991 年 8 月，南开大学先后两次举办“中国抗日根据地史”国际学术研讨会，来自多个国家的学者参与会议，产生了积极反响，展示出中国改革开放时代开放的学术风向。图为魏宏运先生担任大会主席时发言。

图 3-4　1984 年 12 月，财政部财政科学研究所邀请当年在冀鲁豫边区从事财政经济工作的领导座谈。二排左 2 为魏宏运先生，3 排左 4 为师母王黎。摄于曲阜孔庙招待所。魏宏运先生在会上介绍《抗日战争时期晋察冀边区财政经济史资料》（5 卷）的编辑情况。

图 3-5　1984 年 6 月，为编撰晋冀鲁豫边区财政经济史料，财政部财政科学研究所邀请戎子和先生（前排右 7）约请当年边区负责财经工作领导人在山西省太原聚会，与会者 106 人。南开大学魏宏运和左志远先生参会。

图 3-6　1990 年夏，南开大学历史系与日本学者合组华北农村调查团（魏宏运先生任中方团长、一桥大学三谷孝教授任日方团长），对华北六个农村展开长达数年的调查口述工作，成果先后以日、中文发表，引起国际学界高度重视。此为联合调查团在北京顺义合影，后排左起依次为笠原十九司、魏宏运、当地干部、浜口允子、三谷孝、当地干部、末次玲子、Linda Grove（顾琳）、内山雅生、张洪祥、宋志勇；前排左起依次为吴艳、密萍、中生胜美、当地干部。

图 3-7　每次下乡前，联合调查团均有预备会议。左起顾琳、魏宏运、左志远、中生胜美、浜口允子、末次玲子、内山雅生。

四、学术交流、声著海外

图 4-1　1982 年 4 月—5 月，先生参加南开大学访美代表团，访问斯坦福、印第安那、普林斯顿等著名高校并签订合作交流协议。此为代表团在斯坦福大学合影留念，左起依次为：翻译、吴大任副校长、翻译、张再旺书记、滕维藻校长、魏宏运先生。

图 4-2　1983 年 4 月至 1984 年 3 月间，魏宏运先生应邀赴美国 University of Montana 讲学和访问一年。此为先生讲授中国历史课程的场景。

图 4-3　1984 年 4 月 2 日，魏宏运先生（中立者）初访日本。在日本中央大学人文科学研究所发表题为“中国近现代史诸问题：以五四运动为中心”的学术演讲，野泽丰、山田辰雄、姬田光义、石岛纪之、安井三吉等学者与会。

图 4-4　1990 年 11 月 2 日，魏宏运先生（演讲者）在日本京都大学人文科学研究所进行题为“国民党南京政权的经济建设”的学术演讲。

图 4-5　1991 年 6 月 28 日至 7 月 6 日，魏宏运先生受邀赴澳大利亚悉尼大学参加第二届中澳研究协会年会，提交论文《从沙井村看中国农村的现代化》。

图 4-6　1993 月 10 月 5 日，魏宏运先生（左立者）访问日本爱知大学，发表题为“二十世纪三四十年代日本的鸦片侵略”的学术演讲，译者为吴爱莲。

图 4-7　1994 年 10 月 20 日，魏宏运先生及夫人王黎访问英国里兹大学，会见班国瑞（Gregor Benton）教授（中立者）。

图 4-8　1994 年 10 月 31 日，德国特里尔大学乔伟教授邀请魏宏运先生（左）赴德做题为“中国之现状”的演讲。

图 4-9　1994 年 10 月中旬，魏宏运先生与夫人赴法国社会科学院访问并会见毕仰高（Cucien Bianco）教授后，在凯旋门合影。

图 4-10　1997 年 7 月，中国台湾地区举办纪念七七抗战 60 周年学术研讨会，与会代表合影。前排左 1 为胡春惠教授、左 5 为张玉法院士，二排右 1 为魏宏运先生。

图 4-11　2002 年 6 月下旬，魏宏运先生参加哈佛大学主办的“战时中国”学术讨论会并发表演讲。休息时，魏宏运（中立者）与周锡瑞（左 1）、金冲及（右 1）进行交谈。

目录

编者的话

2021年7月21日，著名史学家、南开大学荣誉教授魏宏运先生溘然长逝。在亲属和南开大学历史学院共同主持下，丧事办理十分顺利。海内外60余个学术单位发来唁电，众多学人、领导以个人名义来电来函，表达哀悼之情。在京参会的南开大学党委书记杨庆山、校长曹雪涛也请校办转达对魏先生逝世的惋惜之意。我们在微信上创设的“南开大学魏宏运先生线上追思群”最多时有400人加入，大家纷纷表达对先生的怀念之情。

7月23日，先生的告别仪式在天津北仓殡仪馆隆重举行，南开大学副校长李靖教授代表学校致悼词，众多亲友从各地赶来参加，恭送先生最后一程。随即，《中华读书报》《天津日报》等报刊也纷纷刊文，追忆先生学术生涯，感念先生道德文章。

此后，在南开大学历史学院支持下，魏门在津弟子邓丽兰、李金铮、江沛等人协同中国近现代史学科青年讲师马思宇共同组成了《魏宏运先生纪念文集》的工作组。马思宇博士负责收集所有悼念信息、文章、诗词、挽联、微信群里较长留言等，并分类建档。在此过程中，各位魏门弟子大力协助查找相关信息、撰写纪念文章，充分体现了对先生的怀念之情和魏门团结一体的氛围。邓丽兰老师则按照大家的意见，对《文集》进行了分类编排，费力极大。先生女儿魏晓静、女婿张利民汇编了先生的照片。在此基础上，李金铮、江沛也参与《文集》最后文本的确定工作。

此后，邓丽兰、李金铮、江沛组成的编辑组，对照片、文章进行了编排、内容审核等大量工作，使纪念文集达到了出版要求。时在北京师范大学出版社工作的谭徐锋编辑，主动介绍将此书交由四川人民出版社编辑出版。在此，特致谢忱！

由于种种原因，纪念文集的编辑存在诸多问题，好在全部稿件终于可以提交出版社了。时已临近先生逝世一周年的忌日，谨以此为纪念。

哲人其萎，风范永存！先生过世留给我们的是无尽哀痛和追思，但生活依旧活跃，先生言行的光彩时时化为激励，我们唯有前行。

本书编辑委员会

2022年7月2日

魏宏运先生生平简介

魏宏运先生是著名史学家、南开史学中兴的领航人、代表性人物，南开大学中国近现代史学科的奠基人，也是公认的中国近现代史研究领域的开拓者之一。

1925年1月，魏先生生于陕西长安县魏家寨李家窑。儿时家境贫寒，3岁丧母，父亲被迫从军。1932年魏先生8岁，开始上村中私塾。9岁入父亲转业返乡后创办的魏镇启智小学，后转入西安师范附小（原名魏运新，插班时错写成魏宏运）。1939年9月入省立兴国中学。1940年，受班主任影响，思想倾向革命。1943年入省立兴国中学高中文科班。1944年受教师中共地下党员李敷仁领导，以民盟身份开展工作。1945年春正式加入民主青年社，属于中共地下外围组织。1946年8月考取北平辅仁大学历史系，参加“革命青年联盟”，多次组织游行示威。为躲避抓捕，1948年9月转入南开大学历史系，与蔡美彪同室。同时加入冀察热城工部平津工委会天津支部，调查天津城防，转送进步学生进解放区。1949年天津解放后确定组织关系。1950年参与在南开教师中建立共产主义同情小组。1950年1月与王黎师母结婚。1951年本科毕业后留校任教。

1954年9月晋升讲师。1955年，首部专著《史可法》出版。1956年5月任校党委委员，同年开设中国现代史课程。1957年底任历史系党总支书记。1958年8月被列入“拔白旗”行列。1959年9月，历史系分为中国史、世界史、中共党史、博物馆4个专业（一年后两个专业停办）。1960年借调天津历史研究所（一年后调回）。1965年9月，参加全系师生在河北盐山县的“四清”运动。1966年6月返校后即遭批斗，被定性为“何娄黑帮”分子。1969年5月获得平反。1971年12月，任历史系主任。1978年10月获得彻底平反。

1979年1月，国家教委委托其主办“中国现代史讲习班”。2月，担任天津中共党史学会首任会长。3月，担任校学术委员会委员。同年，专著《孙中山年谱》出版。1980年6月，当选为中国现代史学会副会长。同年，与郑天挺商议创办《南开史学》杂志。1981年3月，晋升教授。5月当选历史系主任。主编的《中国现代史稿》《中国现代史资料选编》出版。1982年4月，参加南开访美代表团赴美。1983年1月，参与全国哲社规划会议。8月，赴美国蒙大拿大学讲学一年。1984年7月，主编《抗日战争时期晋察冀边区财政经济史资料选编》（4册）出版。8月，主持召开第一届抗日战争史国际学术研讨会。1985年2月，当选国务院学位委员会第二届学科评议组成员。1986年出版《华北抗日根据地纪事》。1987年8月，首次招收博士生。同年南开中国近现代史学科被评为国家重点学科。1989年，出版《中国近代历史的进程》。

1990年8月，与日本学者合作的华北农村调查活动开始。10月访问日本。同年，主编的《抗日战争时期晋冀鲁豫边区财政经济史资料选编》（2辑）、《华北抗日根据地史》出版。1991年赴澳大利亚访问。8月，主持召开中国抗日根据地史第二届国际学术研讨会；9月应聘为全国哲社规划领导小组中国史学科成员。1992年7月受聘香港学术评审团评议专家，同年受聘为校学术委员会委员。1993年，主编的《华北抗日根据地史》获天津市哲社成果一等奖（后获第一届高校哲社成果二等奖）。1994年9月，开始北欧四国之行。1996年，主编的《二十世纪三四十年代冀东农村社会调查与研究》出版。1997年，专著《抗日战争与中国社会》出版。1999年，主编的《民国史纪事本末》7卷出版。2000年1月，《抗日战争与中国社会》获得天津市第7届哲社成果荣誉奖。10月，任教50年后正式退休。

退休后，先生仍然笔耕不辍，每年都能发表若干篇高质量的论文，帮助其他老师指导博士生，参与学科建设的研讨，继续与国际友人进行着持续性的交流。2002年，专著《锲斋文录》出版，教材《中国现代史》出版。2003年7月受聘为校务委员会委员，卸任全国哲社规划小组成员。2004年8月，参加八十诞辰庆祝会，《魏宏运自订年谱》

出版。2011年，被推举为中国现代史学会名誉会长，出版《魏宏运书序书评集》。2012年，主编的《二十世纪华北农村调查记录》（4卷）出版。2014年9月，参加九十诞辰纪念会，出版《锲斋文稿》。2015年，获得抗日战争胜利70周年纪念章。2016年，在《史学月刊》发表最后一篇学术论文，时年92岁。2017年3月，出版《魏宏运文集》，共6卷。2019年10月，获得“中华人民共和国成立70周年”纪念章。2021年7月1日，获得“光荣在党50年”纪念章。

2021年7月21日上午10：40分，在家中病逝。享年97岁。

在学术传承中怀念先生（代前言）

问：您是研究中国现代史的大家，请问您选择中国现代史作为研究对象的缘起是什么？

答：“大家”称不起，我是一个普通的史学工作者，我想按大学的习惯称较年长的教授为“先生”，已经是很光荣很亲切的了。选择中国现代史作为研究对象前，我曾在思想上经历了一段矛盾的过程，一度在古代史与现代史研究方向之间徘徊。

新中国成立初期，社会上乃至史学界有一种错误的观念，认为现代史研究不是学问，刚逝去的岁月是时事新闻，人们都耳闻目睹，还称不上是历史。历史应是发生在古代的事，是很深奥的。我大学时的毕业论文是《香港的过去、现在和未来》，论文指导老师戴蕃豫是研究佛教和魏晋南北朝史的，就说我的论文不是历史论文。毕业后留校任教，历史系分配给我的教学任务是教外系的中国通史。在大学时期，我系统地学过先秦直到近代的历史，中学时还读过《历代通鉴辑览》。搞古代史好像是个捷径，我还从老家一位曾是士绅的人家买了一套二十四史，计划细水长流地阅读。我对南明史特别感兴趣。其时学界对史可法的评价引发争论，我写了一篇题为《民族英雄史可法》的文章，发表于1952年8月的《历史教学》，参加论战，颇引起学界的注目，这就增加了我研究古史的兴趣。我想，绝不能被列入没有学问的行列。

尽管自己努力避免被人轻视，但历史的现实和环境常常能左右着人的前途，使一个人的思想发生变化。我自觉或不自觉地进入被人视为没有学问的中国现代史领域。1951年是中国共产党成立30周年，《毛泽东选集》第一卷出版，1952年第二卷出版，许多革命家写了庆祝中国共产党成立30周年的文章。我仔细地阅读，这是第一次接触共产党的历史，新鲜而感人。我又买到斯诺及其夫人所写的《西行漫记》和《续西行漫记》，是1938年复社印的，越读越有兴趣，的确被中共的历史吸引住了。我从中得到很多启发，对中国现代史有了初步认识。我想如果像斯诺那样，研究中国现代史不是也很有价值吗？我的思想在转变。其时，主持《历史教学》的吴廷璆先生吸收我为该刊编委，分配我审阅中国现代史方面的稿件，该刊问答专栏中有关现代史的问题也由我解答。我因此常到南大图书馆阅读各种书籍，我的视野因此而扩大，延伸到这一时期中国历史的诸多方面。譬如，1953年我发表了一篇《革命民主主义者孙中山》的文章，1954年写了一篇文章叫《有关一九二四到二七年帝国主义侵华的几个问题》。我还计划把孙中山这个人物，好好研究一下，为此，我买了好几套孙中山全集。

1956年，教育部颁发新的历史教学计划和大纲，其中有现代史。系主任郑天挺对我说，你就担任这门课吧，没有商量的余地。我就接受了这一任务，从此专心于中国现代史的教学和研究。

我就是这样一步步走入现代史领域的。

那时讲现代史课，没有教材。我只好根据大纲，到处查阅或搜索原始资料，譬如讲“九·一八”事变，我就翻阅了《最近国难纪实》和《参与国际联合会调查委员会中国代表处说帖》两本书，以加深对问题的了解。对其他课题的研究，也莫不如此。

对现代史研究，我认为既需要有勇气，不畏困难，也需要有谨慎、科学的研究方法和公正、客观的研究态度。

问：在学术研究中，您和学术大家的交往对您从事史学研究有何影响?

答：这个问题提得好，促使我回忆起在我泛舟学海中诸名师方家对我的教益和影响。说实在话，我不能不庆幸，大学毕业伊始，时时都有很多机缘，得以与众多知名前辈接触。他们都有光辉的学术成就和奉献，我是怀着崇敬的心情，去聆听他们的类似格言的谈话，力图能完全理解他们为人为学的根本。这些学者在五六十年代的学术成就体现了二十世纪的最高水平。

对刚步入一门学科的人来讲，师从名师是很重要的事。导师的点拨和耳提面命，可以令你大开眼界，环视学海，越过障碍，清晰无误地选择方向。在南开园中，我和哲学家冯文潜、历史学家郑天挺在湖边散步谈天成为很自然的事，而且是经常的。我在他们面前无拘无束，听到了许多中外历史、奇闻轶事。因为工作关系，我常去郑天挺、雷海宗住处，每次登门时，他们都在伏案读书。和杨生茂、王玉哲、杨志玖交谈时，他们总是谈些过往的研究以及分享治学的经验。和经济学家滕维藻在一起讨论工作时，他谈到他是怎样选择自己的课题和研究的，并坦诚告诫我行政工作之余要做好学问。李何林则讲他是怎样研究鲁迅的，还将一些现代史报纸资料剪下来给我。我是在这美好愉快的学术交往中成长起来的，他们的教诲非常中肯。回忆往昔，真是处于“谈笑有鸿儒，往来无白丁”的环境之中，这种境遇使我懂得怎样向前奋进。

南开诸师是我的榜样，我立志要像他们那样成为有学术成就的人。比如我经常向他们请教问题，偶遇他们也不太清楚时，他们都很谦虚，绝无塞责现象，都是说：“等一两天再答复你”。郑天挺对我讲道：“我讲了一辈子课，上课前，还要认真备课。”这些有意无意的谈话，对我有毕生的教育意义。更为难得的是，我的老师们让我认识了他们的老师和朋友，那都是学界的领军人物。

还记得1950年底，吴廷璆带领我们几位同学，到北京东厂胡同一号去拜访范文澜。在范老家中，令我终生不忘的，是他告诉我们年轻人："做学问，要有坐冷板凳的精神。"从这句话，我意识到研究历史是一项艰辛的工作，要下苦功，要有硬功夫。我也明白了，在我的人生中必须有取有舍，一则必须排除一切杂念，不为外界所干扰；二则必须舍弃种种爱好、娱乐，因为我毕竟不属于那种多才多艺的人。

二十世纪五十年代初期，我随郑天挺去北京公干，曾到北海团城去见郑振铎，到博物馆去见沈从文，两位大家均力主重视文物，建议南开创办博物馆专业，培养专门人才，所谈语重心长，我们深为所动，老一辈文博大家的重托，怎能不奋力而为呢？五十年代末，南开首创博物馆专业，可惜1961年流产了。粉碎"四人帮"后，再兴此议，终得成功。

五十年代后期，时北京大学历史系举行学术讨论会，我随郑天挺去参加，会议结束时，翦伯赞诚邀部分代表去他在燕南园的住宅饮茶，参观了他的起居室。在庭院中一茶几旁，翦老、郑老和我三人一起谈天，翦老畅谈了理论和史料的关系。后来翦老将其对历史学习和研究的要求归结为：一论二史三工具。这一清晰简约的表述，我非常欣赏，并愿与同行共勉，我曾无数次地宣传，并以此规范自己。

和北京大学邵循正、周一良，武汉大学吴于廑也有较多接触，我敬佩他们的学与识。邵先生讲他看别人论文时，先看其“注”，这是颇有道理的。我后来就仿效他的做法，真是良有益也。

因郑天挺的关系，我和吴晗多有接触，还曾到故宫外西长安街吴宅拜望，听他讲他写《朱元璋传》的过程，以及毛泽东对他著作的肯定，欣赏他悬挂于大厅中的字画。

此处所谈及的，只是举例而已。如果当时具有而今的所思所想，把他们的言论记录下来，真可以编一部新的《世说新语》。

与诸名家交谈，所受教益，很难一一悉述，非“熏陶”二字所能概说，对我学术的开展，文化修养的提高，乃至为人处世，都有着潜移默化的影响。每次接触他们前后，总要读一读他们的著作。人都要走自己的路，而且要走出自己的路，但在前进中，总要接受前人思想的得和失，以及他们的著述的熏染。我的学术生涯，也是在诸名家的言行的激励下起步的。

问：总结个人的学术研究，您有哪些深刻的体会？

答：人的知识有个积累的过程，是日积月累，逐步丰富起来的，对客观世界的认识是逐步加深的，对研究的对象，也都要经过由表及里，由感性到理性的阶段。一个人的知识是有限的，一个人的知识再多，也只是沧海一粟，这句话千真万确。

我在史学领域中走了半个多世纪，在前人研究的基础上，主编过现代史大事记，华北抗日根据地纪事，民国史及中华人民共和国纪事本末，写过年谱，整理过大型资料，出版过几本小册子。无论是编工具书、资料集或写论文，都是先刻意仿求先贤已有的体例，参阅有关资料，由不知到知，由不熟悉到熟悉，兴趣也随之越来越浓。学术的征途上没有平坦的大路，是要下苦功夫的，没有什么捷径可走。但另一方面也应认识到，没有不可逾越的高墙，只要付出辛勤的劳动，持之以恒，就能达到自己的目的。

历史研究是一项复杂的劳动，就拿编写一个人的年谱来讲，是要费很大精力的。梁启超有一段很好的论述，他说："欲为一名人作一佳谱，必对于其人著作之全部，贯穴钩稽，尽得其精神与脉络。不宁唯是，凡与其人有关系之人之著作中直接语及其人者，悉当留意；不宁唯是，其时之朝政及社会状况，无一可以忽视。故作一二万言之谱，往往须翻书至百数十种。其主要之书，往往须翻至数十遍，资料既集，又当视其裁断之识与驾驭之技如何，盖兹事若斯之难也。”我对这些话，深有体会，我编著的《孙中山年谱》，翻阅了很多书籍，断断续续持续了十多年才完成。

我没有那些博通古今的学术大家们那样的才、学、识，我给自己的书屋命名为“锲斋”。我给自己的画像是：守愚而能苦学。“锲”字是符合我的实际的。研究学问的确要有锲而不舍的精神，不计较得失。以收集整理资料为例，是非常细致而辛苦的工作，要抄录，要鉴别，埋头于纸字堆中，心领神会，而后才能选而取之。我和诸友收集华北、太行山两大根据地的资料，历时整整10年。有的同志说，搞资料是为别人研究铺路，我认为这是重要的文化积累，花时间是值得的。如果有更多的学人引用它，那就说明这项工作是成功的，我会非常高兴。

人都有所追求，在知识的海洋中徜徉，你会得到极大乐趣。若心有所得，用语言表达时，则既可高深，也可蕴藉。在研究中，错误总是难免的，这不是自我原谅，因为人对事物的认识总是有限度的。我深感经常反思是重要的，可以警惕或防范各种错误的发生。

问：您研究中国现代史，十分重视和海外同行的交流，数次出国讲学，足迹遍布美、日、德、丹麦、澳、

英、法等国，请您谈谈和海外的学术交流。

答：改革开放以来，学界和国外的交流日益广泛。就我自己来讲，从20世纪80年代初到如今的二十年间，先后15次出国讲学、访问或参加国际会议，到40多所大学、研究机构、学术团体授课、演讲。我先后去美国五次，去日本四次，去丹麦、英国、法国各一次，去德国两次，去澳大利亚三次，去韩国一次。每次出国，都获得新的感受。到国外进行学术交流，能增加见识，也提升了自己的学术实力。

记得我第一次出国，是1982年5月参加南开大学五人访美代表团，由校长滕维藻带队。二十多天，我们访问了斯坦福、明尼苏达、堪萨斯、密歇根、奥本尼、普林斯顿、坦普尔8所大学，只能说是走马观花，然接触面极广，学到的东西也多。我们当时的心情很急切，日程排得满满的，各校的办校理念、学校的规模、专业设置、教师阵容、学术优势是我们考察的主要内容，图书馆、博物馆和有关实验室，是我们足迹必到的地方。大家多数时间是集体活动，有时也分散和各自的同行交流。我在明尼苏达大学曾到Berman教授的课堂上听课，他讲的是工人运动史，上课是大班，约一百数十人听讲。在密歇根大学，我曾到Ecohen教授课堂上听讲，那是十五六人的小班，教授讲的是中美关系史。几十年前，我在北平辅仁大学上学时，曾听过外国神甫胡鲁士讲世界史，那是纯粹接受知识。这次则是观摩他们的授课方式。这期间，我还和美国学者Roman Taylor和E. Farmer教授讨论过明史研究，和Daniel H. Bays谈旧中国的基督教、天主教的传播问题，等等。在交流中，我深感学术没有国界。

我第二次去美国是1983—1984年，以富布赖特学者的身份，到美国蒙大拿大学任教。当时，美国富布赖特基金会想邀请一位教师到美国去讲中国现代史，美国驻华使馆文化处人员曾数次到南开请历史系推荐，杨生茂、王敦书马上想到了我，并予推荐。我将自己的简历寄过去，不久得到认可。到国外讲课对我的确是新鲜事，我做了各种准备，包括中英文工具书、参考书和幻灯片之类。我到达蒙大拿大学所在地密苏拉市时，颇感人地两生，此地人不知有天津，更不知有南开。出乎意料的是，蒙大拿开学时，当地报刊登载了我的大幅照片和简历，一位蒙大拿教授对我说：你成了我们这地方的名人了。

根据美国大学的规定，一个教授两个学期要讲5门课，我除了要讲中国近代史、现代史外，还准备讲中国史前文化、武汉政府、今日中国等课程。当时没有合适的教材，我选来选去，中国近现代史最后以费正清的《美国和中国》为主要参考书，其他几门课，都是自己根据以前积累的资料与研究心得来讲的。我每天拼命备课至深夜。在美国，学生常在课堂上提出各种问题，必须即时作答，然后再按自己的思路去讲。我多年已形成不用讲稿的习惯，比较能适应这种自由活泼的教学环境。

不知是富布赖特教授的身份，还是因为我是来自中国大陆的中国现代史学者，我在那里成了很受欢迎的人，很多地方都打电话请我去演讲。我工作很忙，无法做到有请必应，但还是去了百灵斯外交委员会（Billings Committee Foreign Relation），去了爱达荷路易斯克拉克学院，去了东部波士顿布兰迪斯大学、波士顿学院、威斯康星大学，或作学术报告，或在课堂讲课。

我第三次去美国是应Elise Devido邀请，到洛杉矶参加第45届亚洲研究协会年会，我提供的论文是《晋冀鲁豫根据地的商业贸易》，这类题目，外国学者很感兴趣。在日军不断扫荡和狂袭中，集市贸易仍然继续着，这令外国学者非常惊异。会议前后，我还到蒙大拿大学和斯坦福大学作过学术报告，用四天时间去胡佛研究所查阅了已公开的宋子文档案。

我1999年第四次到美国凤凰城亚利桑那大学，参加Greg Lewis博士论文答辩，是Stephen Mackinnon邀请的，这次除在亚利桑那大学演讲外，还到犹他州韦伯大学讲学，参加Creg Lewis课堂讨论，讲述新中国成立时通货膨胀问题。

我第5次去美国是应Vogel、Diana Larg及Mackinnon三人邀请，参加2002年哈佛大学举行的中国学术讨论会。一位加拿大学者和两三位日本学者为汪精卫叫好，称汪为“合作者”，不是伪政权，说日本“建设了中国东北”，这种论调自然引起与会中国学者的抨击，美国学者也指其观点的错误。这次讨论会争论极为激烈，大有唇枪舌剑之感慨。

我五次去美国的情形大致如此。

我先后于1984、1990、1993和1999年访问日本共四次。第一次是应立命馆大学副校长池田诚代表他的学校和关西的中国现代史学会邀请的。数十位日本研究中国问题的学者，池田诚、芝池靖夫、西村成雄、野泽丰、山田辰雄、姬田光义、三谷孝、安井三吉等诸友就是这时结识的。我第二次到日本讲学，由三谷孝为首的华北农村调查研究会安排。我这次去的地方很多，如一桥大学、上智大学、金泽大学、京都大学、鹿儿岛经济大学、东京专修大学、日本女子大学等，在那里做学术报告。第三次赴日，山田辰雄、三谷孝安排我在国际会馆居住、演讲，后到上智大学、爱知大学讲学，访问名古屋学院和东京大学，还到过山梨县、长野县群岛农村考察。1999年我第四次到日本，参加中国社会科学研究会第43次年会，这次行程是该会代表祁建民安排的，我的主讲题目是《中国人的日本观》。此次在日本，我曾到一桥大学和日本中央大学演讲。

除到日本外，2000年我还应李炳柱之邀到韩国岭南大学参观访问，参观过首尔、大邱、大田等地。

下面谈谈我到欧洲和澳大利亚的五次学术活动。

1994年9月上旬，我高兴地获得了一次特别的邀请，赴丹麦、英、法、德四国进行为期两个月的讲学活动。我讲学的第一站是丹麦首都哥本哈根大学，所讲的几个课题是哥大东亚系主任李来福确定的。除哥大外，我还应邀到丹麦北欧研究所和坐落于菲英岛上的奥丹斯大学（Odense）演讲。在英国，里兹大学的Benton和叶步青两位教授陪我参观。我应毕仰高（Cucien Bianco）的邀请，经伦敦去巴黎，访问法国社会科学院，下榻于巴黎郊区范曾的美松白兰别墅。参观凡尔赛宫时，里面陈列着巴黎和会签字的桌子，桌子放在非常醒目的地方，我曾长时间出神地看着它。10月29日，我踏上德国领土，在半个月时间里，先后到特里尔、爱尔兰根、图宾根、海德堡四所大学演讲，有的地方讲三次，有的地方讲两次。其间，我和德国同行学者卡松山、乔伟、李博、傅汉思、魏克林等多有交谈，他们的中国学研究各有特色，如卡松山研究中国的哲学和文化，乔伟研究禅学，李博研究汉语中的马克思主义术语的起源与作用，傅汉思研究自贡盐井，魏克林研究中共党史。他们对中国现实特别关注，多所发问。这是我第一次到德国。

第二次去德国，是1999年9月，到汉堡参加亚洲研究所和悉尼科技大学联合举办的“中华人民共和国50周年之回顾与评价”，与会者来自澳大利亚、英国、法国、德国、美国、瑞典、加拿大、中国，共42人，多是研究中国现代史的权威学者，对中国社会主义改造、“大跃进”、“文化大革命”等问题的讨论，分歧意见很多，争论不休，气氛十分热烈且和谐。

我初次去澳大利亚是1991年，当时应Mable Lee邀请，到悉尼大学参加第2届澳中研究会年会。以后又应古德曼教授邀请，去过两次。一次是1993年在布里斯班格利菲斯大学举行的学术研讨会，着重研讨中国抗日战争，另一次是1996年在悉尼科技大学举行的学术研讨会，研讨华北抗日根据地与社会生态。

和国外学者的交流打开了我的学术眼界。我出国所讲课题，涵盖中国历史诸多方面，有中国古代的文明史，有今日中国，有社会思潮和社会变迁，有人物和事件的评价，有社会调查的功能和方法，等等，也有助于国外学界了解中国学术界的研究。

问：在社会史研究中，您选择华北区域作为重点研究对象，引起学术界的关注。您从事社会史研究的出发点是什么？如何评价这方面的研究成果？

答：近20年来，我数十次到华北农村，开展社会调查，有集体去的，也有个人的单独行动。我曾和财政部科研所合作，收集晋察冀和晋冀鲁豫根据地的财政资料，也和日本学者调查华北五六个村庄近50多年来的变迁。我自己也组织了几位同志调查二十世纪三四十年代冀东和太行山农村的社会变迁。

我在这一领域中的探求，可以说始于“永安之夜”。1979年6月中央革命根据地历史问题学术讨论会在闽西才溪乡举行。北方的与会者先到永安集中过夜，然后径赴龙岩。我和财政部科研所副所长星光同宿一室，第一次见面，谈话就很投机。他说，财政部计划收集整理华北抗日根据地的财经史料，问我有没有兴趣参加，我当即表示“愿意”，就这样，合作从此开始。我在财政部许毅和戎子和领导下，先后搞了10年华北抗日根据地的资料收集和整理工作。

收集整理资料工作，一般人总认为枯燥无味，我对此却产生了浓厚兴趣。我们到华北各地档案馆、图书馆、博物馆查阅战时根据地出版的关于财经方面的书籍、期刊、招贴、抗日民主政府的法令、文告等。我因此看到了前所未见的许多文献、书刊。一些老同志也将他们收藏的文件或书籍，借给我们使用，包括他们当时所作的总结，如周政新《冀中在抗日战争时期后三年财政工作的回顾》，戎子和《晋冀鲁豫边区的财政工作的片断回忆》。

为深入了解根据地生活，征得更多的分散于各地的资料，财政部科研所曾组织我们到太行山区各地考察。我们沿着当年八路军开辟的路线图调查访问，到过五台、应县、大同、承德、太原。1987年10月，还走访邯郸、武安、涉县、黎城、左权、武乡、沁县、沁源等地。我们的足迹遍布许多村镇，如五台县的石咀村、太行根据地的麻田、桐峪、阳邑、赤岸、弹音、索堡、黎城会议旧址北社村，以及黄崖洞等。

搜集资料过程中，我们也曾遇到过困难。如关于晋察冀边区的商业贸易，一点资料都没有，一开始，我们不知从何处去找。在赴五台考察时，路上在忻州打尖吃午餐，我和忻州地区贸易局局长韩成贵谈天，他说抗日战争时期，他是商业干部。我惊喜之至，即时向他请教，他述说了北岳区商业状况，讲了当时的贸易路线、商业网、商号和集市贸易。我们顺藤摸瓜，商业贸易问题由此理出了头绪。

晋察冀军工资料是最难收集的。在战争情况下，军工生产是极为秘密的，不要说有完整的资料，连零星的资料都很难找到。我们到中央档案馆，只找到几条指示，我在南开访问了南开金工厂厂长张祥，他抗战时期在晋察冀边区一军械所工作，讲了一点情况。后来我们到北京找到原晋察冀军区工业部的刘再生，由他口述，访问者记录，这就成了第一手资料。

资料的收集是和研讨问题同步进行的，我们曾在天津、石家庄、大同、洛阳、唐山、黄山等地举行过多次学术讨论会，并请一些老同志参加，帮助弄清一些事实。最大的一次学术讨论会是1984年6月在太原举行的，这次研讨会由戎子和召集，他是当年晋冀鲁豫边区政府副主席，共和国成立后任财政部常务副部长。当年参与这一地区创建的，或在党政部门担任领导的数十人应邀出席，声势很大。会议就边区的财政、金融、工商、贸易、军队后勤、生产和救灾等问题，进行了深入讨论。对我来说，这是一次前所未有的学习机会，令我对太行山根据地有了一个整体的认识，太行山地区在我脑海中成了一个活的运动着的实体。应该说，这次会议是我认识太行山根据地财经史的一座桥梁。我感到欣慰的是，在财政部科研所的决策和同仁的努力协助下，由我主编的《抗日战争时期晋察冀边区财政经济史资料选编》和《抗日战争时期晋冀鲁豫边区财政经济史资料选编》（两册）两部大型资料集出版了，为海内外学界所认可，多所引用，显示了它的价值。

掌握了比较丰富的资料，在这一领域也好像有了发言权，因此组织召开了两次抗日根据地史国际学术讨论会，第一次是1984年8月举行的，与会的有中外学者90多人，其中美国、日本、加拿大、英国、澳大利亚学者有34人。这是我国首次召开的关于抗日根据地研究的学术会议，会议就抗日根据地诸多问题展开了讨论，如根据地建立的内外条件、抗日战争时期历史阶段划分、抗日根据地在抗战中的地位和作用、农民在抗日战争中的地位和作用、根据地的民主化进程、根据地的财政经济建设等。我的主题报告是《论华北抗日根据地繁荣经济的道路》，这篇文章曾被《光明日报》采用发表，1985年被日本同行译成日文，刊于《立命馆法学》刊物第4号。第二次国际会议于1991年8月举行，来自美国、日本、英国、德国、荷兰、法国、澳大利亚及我国的学者80多人与会，就抗日根据地的战略地位、财政经济建设、统一战线、军事斗争、农民觉悟以及三四十年代华北农村、秘密结社等课题展开讨论。我的主题报告是《抗日游击战推动了抗日战争的历史进程》。两次会议都有论文集出版。

20世纪90年代，我的视野转向口述历史，也是出于一个偶然的机会，日本东京一桥大学三谷孝教授来南开，要我和他们合作搞华北农村调查，几经磋商，我草拟了具体计划，经国家教委批准，调查活动就开展起来。共去了顺义县沙井村、良乡县吴店村、静海县冯家村、平原县后夏家寨村、栾城县寺北柴村5个村庄。这些村庄靠近大城市和县城，抗日战争时期，日本侵略机构“满铁”曾做过调查，题为《中国农村惯行调查》。我们就在此基础上，考察二十世纪四十年代以后，直到九十年代农村的变化和发展。之所以选这几个村庄，是因为这几个村庄有历史资料可循，容易作历史比较，而且选的只是几个点，看得出它的发展变化，地点也都在华北地区内，说是华北农村调查也未尝不可。

因为关系到涉外，我们每到一个村访问，就先请所在县领导介绍全县情况。日本学者在开始调查时，总是说："我国过去侵略过你们，很对不起。"这样，我们的调查得以顺利进行。

我们的调查是面对面地交谈，是问答式的，内容包括家族的延续和变迁、村政权的组织和更替、农副业生产的情况、农村的共同体、集市贸易、乡村教育、秘密结社以及风俗习惯等。调查只是在寒暑假期间进行，一直持续了七个年头。

不少学者常常质疑口述历史的真实性，我们认为，农民谈话，无所忌讳，直来直去，有啥说啥，他们既能以亲身经历表述过去发生的事，也能以亲身感受坦言政策失误造成的巨大灾难。比如人民公社解体后，农民的道德生活、物质生活发生了巨大的变化，现在农民都在向小康社会奔走，有的走得快，有的走得慢，农村的贫富悬殊现象已很普遍。这是在城市无法感受到的。我认为真实地记录这些，就是一部"信史"。

这几个村的特点是农副业和工业特别活跃，其产品已经进入国内外市场，如沙井村的服装已行销欧美和日本等十多个国家；后夏家寨的茄子直销日本，该村编织业为天津外贸工业收购，出口产品运销国外；寺北柴村养鸡户生产的鸡蛋行销国内。从这几个例证可以看到中国农村正在发生巨变，将其记录下来，就丰富了对历史的认识。这比在书本上看到的一些现象要亲切得多。

当然农村还有很多落后现象，如浓厚的宗族观念、盖庙、烧香、求签、占卜、赌博等等陋习，甚至还有巫婆出现，这是中国社会前进中的沉重负担。在调查中，我们将这些内容也都记录下来，因为这对于认识社会，如何推进改造社会是极为重要的。

口述史从一个侧面可以丰富历史，丰富思想，只要认真如实地记录，就有收获。我的同事和日本学者的社会调查，日方已以《中国农村变更と家族、村落、国家——华北农村调查的记录》为书名出版，中文版也将于今年问世。

我感到高兴的是二十世纪八九十年代，曾获得国家社会科学基金会的资助，做了两项调查，一是冀东调查，一是太行山调查，在时段上都以二十世纪三四十年代为重点。调查方法和以前的不同，是将文字和口述史结合起来，调查范围是区域性的，但调查内容是全方位的，综合性的，包括基层政权、宗族与家庭、农业手工业和集市贸易、乡土文化等等。为做好课题，我翻阅了新中国成立前出版的有关县志、根据地的报刊，并分赴各地直接访问。在冀东和太行山区，我们发现王、张两家有家谱，他们都是明代从南方移民到河北的，如今都已是第18代。这类发现，无疑丰富了调查内容。对这两地区的调查，都有成果出版，一是《二十世纪三四十年代冀东农村社会调查与研究》，一是《二十世纪三四十年代太行山地区社会调查与研究》。

这期间，我还主编了《华北抗日根据地纪事》《华北抗日根据地史》《晋察冀抗日根据地财政经济史稿》3部书。写了10多篇文章，如《太行山和中国革命的胜利》《晋冀鲁豫抗日根据地的商业贸易》《抗战第一年的华北农民》等，我以这些文章参加了数次国际学术讨论会。在国外讲学时，欧美学者让我介绍在农村收集资料的经验，我根据自身体会，讲述了一些他们关心的与国外状况不同的有关话题。

如何评价我的华北研究，我相信歌德的话：一本学术著作的真正价值，一百年以后才能看出。

回顾对华北农村这一领域的探求，可以说是荆棘丛生。当我参加晋察冀和晋冀鲁豫两大根据地的资料收集时，有同行常带着很不以为然的口气说："魏宏运是搞资料的"；我进行冀东农村调查，于1995年2月在《光明日报》上阐述调查内容后，一位曾在冀东工作的老同志气愤地指斥说："不调查'三光'政策，而竟研究这些……"；我和日本学者合作调查，有人竟直面对我说："你出卖民族资料，为敌人侵华服务"；我以论文《太行山和中国革命的胜利》参加在澳大利亚举行的华北抗日根据地学术讨论会时，有人也制造麻烦，说外国人为什么举行根据地讨论会？我的书，刚出版不久，有学者大概还没有来得及看，就乱发议论。对这些现象，我多半置之不理，个别的，我请他参看我的专著。

我所以讲这些题外话，是要说明做学问要有勇气，要有奋进精神。只要有利于国家民族文明的发展，应该不计较这些外来因素，不受它的干扰，所以，应该在自己认定的领域中走下去，学海是无涯的。

问：培养中国现代史博士生方面，您起步最早，并且十分注重质量。请您谈谈在培养博士生方面的经验。

答：我于1987年开始招博士生，先后毕业的已经有30余名。我感到欣慰的是，他们绝大多数已为社会做出贡献，活跃于学界或其他领域。

青年人追求高学历、高学位是可以理解的，但我认为，不能徒有虚名，必须名实相符。我常向博士生们讲：我是个促进派，促进你们脚踏实地，追求真理，永远向上。

从事中国现代史研究，必须知中知外，知古知今。有的学生以为搞现代史不必阅读古代经典著作，学外文作用也不大。我则在课堂上引导读《史记》《明史》的有关文章。我认为，多读文言文，能更深刻地理解传统文化，能使自己的文章养成简洁的风格，更富有文采与表现力。我在课堂上讲，中国曾是半殖民地半封建的国家，近现代的外文资料很多，外国学者从事中国历史文化研究的也很多。我们的研究应立足于国内，面向世界。我要求学生学好外文，为他们开设专业英语课，选择经典文章或实用文章，共同讲读。

我鼓励学生多掌握原始文献和资料，常带着学生到天津市图书馆、档案馆查阅海关册、政府公报以及新中国成立前出版的报刊。为提高学生的写作能力，我要求学生读梁启超《饮冰室文集》和《毛泽东选集》，学习这两部书的文笔，养成良好的写作基本功。

为加强与国外同行的交流，使学生多接触著名国外学者，我请美国的范力沛、弗德曼、林达福瑞，德国的李博，丹麦的李来福，日本的山田辰雄、顾琳、笠原十九司、三谷孝、滨口允子、内山雅生，韩国的李炳柱等，前来南开讲学。有的学生因此和国外学者建立起学术联系。国内学者如戴逸、李文海、郑德荣等，也讲过他们的治学方法。我还与英国、日本学者联合培养博士生，而今他们在海外史学界已崭露头角。

我也常将在国外讲学时所遇到的学术问题、参加国际学术讨论会的观感告诉学生，说明哪些是新观念，哪些是旧调重弹，哪些是重新审视过去的论述，哪些是挑战性问题及论争的焦点。这对学生思考和认识问题帮助很大。如对袁世凯、蒋介石的评价，如何剖析不抵抗主义，如何认识延安道路，如何看待日军侵华及汉奸政权问题等等，我都鼓励学生正确认识问题。我也鼓励学生参与学术论战，特别是在国际学术研讨会上要有中国人的声音。

学术研究需要在实践中锻炼，多年来我组织学生参加我承担的各种课题研究，在研究实践中提高水平。比如，有的学生跟随我到农村调查，《二十世纪三四十年代冀东农村社会调查与研究》就是根据他们在唐山档案馆和该地几个县实地调查访问获得的资料写成的。当时农村条件差，有的博士生身上生了虱子，隔一段时间回到天津来洗洗澡，换换衣服，再去调查。他们所发表的著作如《二十世纪三四十年代河南冀东保甲制度研究》《民国时期华北农村家庭研究》等，为学界所称赞。这些锻炼增加了他们研究历史的兴趣，也使他们认识到研究什么对社会有价值。

我还告诉学生，要培养理论兴趣，读一些马恩毛的经典著作，可以提升对事物的认识水平。现代史和我们太靠近了，以至我们难以解开事情真相中纠缠在一起的各个部分。这就要求冷静地思考问题，克服片面性。有的学生所作的文章与历史实际有距离，我就指点其多看其他资料，全面阐述问题。针对学界道德与文章分离的现象，我告诉学生应引以为戒。

我对学生的要求是严格的，在学术研究上则是平等的，我常与他们共同切磋，以求进步。我常说，不要成为时代的落伍者，要与时俱进。

问：在中国现代史研究领域，您取得了骄人的成就，

有的学者总结为“十个第一”，但您十分低调，请您就此谈点个人看法。

答：这是时代使然，研究现代史的人，像我这么大年纪的不多，而现代史的研究领域又极广泛，无论涉足哪一方面，都会有新鲜感。研究问题不能炒冷饭，也不能人云亦云，要走自己的路。最先入手研究某一问题的，肯定具有一定的开拓性，但质量不一定高，一般的规律是后来居上。我们常讲长江后浪推前浪，我认为历史科学的发展也是如此。

问：您治学富有特色，请谈谈您个人的学术思想、治学特点和经验。

答：史学界普遍认为现代史难度大，我的学友还曾建议我换换专业方向，这话有道理。现代史资料分散，档案不易看到，对人物、事件的评价，还有时代的限制，不能畅所欲言，这都是事实。假如从另一方面来思考，研究现代史又有它海阔天空的一面，刚刚逝去的年代，缤纷多彩，有其独特性，没有哪个国家发生的变化像中国这样如此绝伦，如此的特殊性在国际上也是罕见的。中国的大动荡、大变化深深地烙印于人们的思想情感之中，一切的世事变化都存在于人民大众和学人的记忆之中，他们是历史的见证者，已写出许多著述。报刊上也登载了当时历史发展的官方资料，和记者、学人的评述，尽管有些是不完整或是零星的，这正驱使研究者从探微入手，发掘整理研究，为研究开辟蹊径，所以从事现代史不能不说有大作为。

人们都根据自己的世界观去看待客观世界，对同一对象，同一事物，各人的角度不同，见解不同，所形成的认识和观点也就不同。我中小学时就读过不少进步书刊，读过辩证法，这就逐步铸成唯物史观，我对“实事求是”这句话很崇尚。中学时经常写读书笔记，当时还是毛笔竖行，记了不少格言警句，及至成为历史工作者，才知道那些东西是多么重要。我在学习或处理事务中，常常变换角度，从多方面去考虑，力求能贴近事实，符合实际。

以历史资料而论，必须多所追索，前人所见所闻所想已不尽相同，这就启发其后的学人做更多的思索，去探究事物的本质。基于此，掌握了丰富的资料，才可以提出自己的看法，对问题作出判断。我初任课时，遇到过这么个问题，我要讲武汉革命政府，那真是“无米之炊”。找到的一些资料，有的是称赞的，也不乏持否定态度的，为弄清事实，我翻阅了斯大林、米夫、瞿秋白、郭沫若、汪精卫等人有关武汉政府的论述，又到天津和北京图书馆翻阅《益世报》《大公报》《京津时报》（Peking and Tientsin Times）、《向导》《新闻报》，还专程到武汉去寻找《武汉日报》。我住在武汉大学招待所，那时是梅雨季节，天下着雨，又有点冷，我东找西找，后在湖北省委党校图书馆找到了这份报纸，我天天去看，花了一个多月时间，抄录了有用的资料，很有意思。我由此写了七八篇有关武汉国民政府的文章，学界认为是厚实的。

报刊是我的良师益友。从报刊上发掘资料是我的癖好，我经常翻阅诸如《大公报》《申报》《新华日报》及《东方杂志》等报刊。这些报刊内容包罗万象，是认识近现代中国社会发展的窗口，具有权威性。我特别喜欢一些著名记者所写的文章。

比较是理解问题的一把钥匙。应多读书，从比较中找问题，从比较中找出答案。记得抗战初期，林语堂从美国回来，写了一书，名曰《枕戈待旦》，歌颂国民政府抗战，后来重庆和延安，成为世界舆论关注的焦点，至今海内外学者对重庆和延安仍有不同的看法。1998年7月12日，我发表了一篇文章，题为《陈嘉庚笔下的重庆和延安社会》，以华侨巨人陈嘉庚对两地的见闻，阐述这一历史事实。这是小题大做，但是有说服力。

现代史研究不可或缺的是要走出书斋、校园，到社会上做调查，把读书和实际调查结合起来，既可丰富知识，又可开阔视野。这种方法不自今日始，过去不少前辈已做出榜样。我从二十世纪五十年代后期起也到工厂农村矿井去体验生活，指导同学编写村史、家史和厂史，和天津历史博物馆馆长柳心商议合作，动员同学力量，到天津四郊调查义和团运动。那时当年参加义和团的一些农民还健在，从他们的口述中获得了大量的史料。六十年代末，我到天津市的张贵庄、塘沽等地调查沙俄在八国联军侵华中的罪行，访问了许多老人，还见到当年参加“红灯照”的妇女。所获得的知识，是书本上得不到的。

回眸我的研究历程，曾研究过民主革命时期四个阶段的若干问题和孙中山、周恩来两位对中国历史进程具有重大影响的人物。二十世纪八十年代以后，集中于抗日战争和华北农村的研究，将文献资料与社会调查紧密地结合在一起。这20多年来的研究和过去的不同之处是，所探讨的既是历史的，也是现实的，比如日本一些政治人物和学者千方百计掩盖、歪曲日本侵华历史，这就需要拿起笔来，与之战斗。我之所以选择农村这个领域，是因为它的无限广阔，谁认真地去探索，谁就能做出成绩，将即将逝去的现实如实地记录下来，使之成为中华民族文化发展遗产的一部分。

有了资料，有了思想，还要着力于文章的表达方式。史学者的著述，常常死板些，我力求使自己的写作与读者沟通，在文字上反复推敲，总要改几遍。然而满意的仍是很少。

问：我们注意到，二十世纪八十年代改革开放后，您率

先推出第一本中国现代史教材，培育了一代学人。您个人编写教材的初衷是什么？您还主持编写了国家级“九五”重点教材——《中国现代史》。您个人认为这两部教材的特色、联系与区别是什么？在这方面您有何感想？

答：从二十世纪八十年代到二十一世纪初，我先后主编过两部中国现代史、一部中国通史简明教程，都是高校教材。

第一部叫《中国现代史稿》，是二十世纪八十年代初完成的。兴起编写教材的念头是，“四人帮”垮台后，全国教育恢复正常轨道，但“文革”造成文化荒芜，没有教材可用。其次，一些历史事实遭到“四人帮”篡改和歪曲，是成为非，非成为是。有鉴于此，我们南开大学、湖南师范学院、杭州大学、吉林师范大学、北京师范学院五校中国现代史教师，带着使命感，决定合作编写一部现代史，以正确阐明现代中国的历史进程。当时大家还没有完全从“左”的思潮中解放出来，犹有余悸。我提出“应实事求是地去写，用事实说话，只要有史料根据，就可以作出判断和分析，一定要写得像个现代史的样子。”经过反复讨论，总算取得共识。

这部书一扫“四人帮”制造的混乱，正确地叙述和评价了二十世纪前半期的历史。从辛亥革命到1949年，是中华民国时期。着眼于现代史，必然要拓宽革命史的内容。

而五四运动后中国共产党成立，成为中国革命进程的核心力量，又使这一时期的历史别具特色。如何正确地书写这一历史，一直是史学工作者的重大课题。历史的发展常常呈现出错综复杂的现象，需要人们通过现象看本质。譬如二十世纪四十年代初，民族矛盾和阶级矛盾交织在一起。我们以延安的励精图治和重庆的祸国政策来概述这几年的历史。这部书在诸多方面都是以国共两党所订的政策及其实际结果来叙述的，这是中国现代史的实际。此外，我们当时已看到一些历史文献，也就敢于对有关事实做出评判，如对雅尔塔会议作了这样的表述："在中国没有参加的情况下，美国和苏联在牺牲中国利益的基础上达成对日作战的一致意见。苏联要继承帝俄在中国东北的权益，这是雅尔塔协议中极不光彩的一面。"谈到中苏友好同盟条约的签订，也指出中国的权益受到损害。该书章节的标题比较简练，书中提到人物时也取消了同志或先生之称谓，而是直书其名。这在当时是比较新鲜的。不过，书中一些论述还未完全摆脱"左"的影响，缺乏独立的思考，在表述上和他人的著作也有雷同之处。我当时已意识到，但没时间去改写。因这是以现代史为书名问世的第一部书，故为国内100多所大学所采用，国外一些大学也列为参考书，我在德国爱尔兰根大学讲学时，看到了该校从香港买到的翻印版。

可能是由于我主编了这部书，有了一点基础和经验，

“九五”期间，教育部要组织编写重点教材，我被推荐主持编写中国现代史部分。近20年来，档案文献层出不穷，研究视角也多种多样，学术环境大大改观。我最近主编的国家级重点教材，内容也较以前更为丰满。我们力图将政治、经济、思想、文化与社会融会在一起，完整地体现历史进程。我们对重大历史事件的叙述都是比较详细的。在近现代历史中，列强都在侵华，其中日本采取蚕食和鲸吞政策，志在灭华，该书在这方面占的比例较大，这是很自然的。这部书在抗日战争部分特别讲到日本天皇的责任：“从卢沟桥战争开始，日本昭和天皇通过其侍从武官府随时了解交战情况。”讲到日本在其占领区强占慰安妇，讲到日军的屠杀政策，根据最新资料，将“南京大屠杀”列为一目来写，讲到花冈起义，等等。这些是过去教材所忽略的。从学术研究的角度看，这本书还注意了学术的规范化。这从行文的“注”中，就可看到。现在，越来越多的学校采用这部书为教材。

我还主编过一部教材，于1992年出版，作为国内非历史专业的通史教材，和国外大学生学习中国史的课本。据了解，新加坡大学曾指定这部教材为必读教材。日本名古屋学院大学竹内弘行很称赞这部书，要为其学生购五六十套，才够用。

编写教材，对我是一种很好的锻炼，它要求事实准确，观点客观，文字叙述简约，还要有理论的指导。我是在编写教材过程中，不断提高自己水平，特别是思维辨别能力的。

问：中国现代史研究取得了前所未有的成果，要进一步深入研究，必须解决目前存在的哪些问题。现代史研究的趋势是什么？您对青年学人从事中国现代史研究的期望是什么？

答：中国现代史研究出现了前所未有的繁荣景象，学人从各个角度，选择题材，各显其长，开展研究。有的课题是根据全国哲学社会科学规划选题指南确定的，有的是学人自定的，研究视野射向诸多领域。我曾作为哲学社会科学规划组成员整整20年，深感这一组织在推动社会科学发展方面所起的巨大作用。近年来关于历史人物的论述，关于中国现代史问题，法制问题，社会结构和变迁问题，西部开发问题，宗教信仰问题，文化多元化以及人和自然、人和社会等等问题的研究，范围和视野都是前所未有的。立足于新时代，以新的思维去理解、思考、解读历史，已取得丰硕成果。

历史在不断前进，事物也在不断发展，学海必是无涯的。各个时代的学人都是以自己所处时代的眼光与胸怀去评判客观事物。我国历代学人都在研究春秋战国时期的诸子百家，诠释儒释道，这可以说明，历史研究是永不枯竭的。

作为历史工作者应不断接受新事物，汲取营养，学习、借鉴中外学术大家的修养和经验，完善自己，提高自己的思想境界。

研究不是轻而易举的事，要付出巨大的劳动，这是谁都了解的。问题在于身体力行，能够冲破种种壁垒和障碍，不达目的，誓不罢休，决不能半途而废。现在的青年人，有的埋头读书，以十年磨一剑的精神，虚心地做研究，已取得实在成绩。有的写了一本书，发表几篇文章，就觉得自己了不起，用一切手段包装自己，以抬高身价。有的急功近利，不去认真读书，而是东拼西凑，甚至抄袭别人的研究成果，据为己有。近年各地揭发出的几桩抄袭行为，已震动了学界。我国有一古训，叫“道德文章”，作文与做人的道理，是有相通之处的。

我忘记在哪里看到一种说法：西方人五年写一本书，中国人现在一年写五本书。这种抨击是尖锐的，不花精力，用剪刀加糨糊的办法，只能粗制滥造，这对学术事业有极大的危害性。

我有一种看法，不一定正确，就是研究现代史的不少人，国学基础比较薄弱，对我国传统文化的了解肤浅，一味追求西方的新名词、新概念、新思潮。以西方的新思想和方法作为参照系数，当然是必要的，但绝不能抛弃自己民族优秀的学术传统和风格。

历史研究和其他学科还有不同之处，就是要有丰富厚实的知识积累，才能在自己钟爱的学术领域开辟出新的境界。就今日中国所处的时代而言，应该出现学贯中西、通古知今的青年学人。我自己读书不多，希望年轻一代脚踏实地，务真求实，一步一步奋进，为中国现代史研究的拓展做出贡献。

访者邓丽兰、张雅晶，原名《读万卷书、行万里路》，载于《史学月刊》2006年第1期。

亲友篇

忆父亲魏宏运

魏晓明

2021年7月21日10时40分，父亲永远离开了我们。对子女来说，他是最直接的榜样。

父亲出身贫苦，两岁失恃。他在村里卖糖豆，小孩儿哄小孩儿。7岁穿上第一双鞋。鞋大，后跟缝起来。9岁才启蒙。祖父加入杨虎城部队，使他有机会在西安市上学。稍长，有一次路过一个地方，一个坛子从地里挖出来，里面是黄金，有的路人拿在手里看，就拿走了。父亲不为所动，走了过去。

父亲的工作生涯可说是全部献给了南开大学历史系，从毕业到退休，只有一年不在历史系。刚毕业就担任了系秘书，那时党员少，系秘书管事多，被戏称为“秘书专政”。同时他也投身教学，成为南开少有的“双肩挑”，一直挑到“文化大革命”。学校领导曾多次劝他放弃教学，他就是不肯。“文化大革命”后期开始担任系主任，长达十六年，没有办公室，也没有办公桌。

在“文化大革命”前就已经有整人的现象，历史有问题要挨整，出身不好要挨整，说错话要挨整。父亲做行政工作，处理事情和许多人是不一样的。五十年代谢国桢先生在系里。他在日本占领时期当过督学。有一段时间他整天提心吊胆，睡不着觉，怕厄运降临。几年过去了，他没有遇到麻烦，调到北京去了。他后来常对人讲，魏宏运是他遇到的最好的两个人之一。系里女教师陈枬，父亲是蒋介石赴台后的幕僚。1980年父亲作为南开大学访问团成员访问美国，见到一些华裔学者，不少人对陈枬很关心说：“我们知道你对她很好！”并对父亲表示感谢。其实父亲对陈枬什么都没做，只是不整人而已。来新夏写了一本《火烧望海楼》，一个监狱囚犯读到了，揭发来新夏是他过去的同事。市里派人来查，定了个历史反革命，内控。父亲仍然让他留在系里，不能教书，成了闲人。冯承柏原来人在校外，戴着阶级异己分子的帽子。这样的人命运都是很悲惨的，各单位都当成包袱。父亲把他要来，安排在历史系资料室，这也是对冯文潜老先生厚爱的回报。1958年我家搬到东村，冯文潜老先生就常到我家来，我对他头发样式印象特别深。冯老先生去世前曾暗示，希望父亲对他儿子冯承柏予以照顾。由于冯承柏属于“阶级敌人”，冯老不能直说。杨志玖老先生是父亲的老师，反右时为雷海宗激烈辩护，眼看就要划成右派，父亲以“出身中农成为教授者全国罕见”为由，做成基层党组决议，使杨先生避免了被划成右派的命运。杨先生后来多次说过，如果当了右派，后果不堪设想。杨先生有五个孩子，全家只有一份工资。“文化大革命”中父亲有很多帽子，其中一顶就是“牛鬼蛇神的保护伞”。

父亲也是得到系里众多老先生厚爱的。困难时期几乎家家都有人浮肿。吴廷璆老先生送给我家一块熟肉，巴掌大小厚厚的，西式汤汁覆盖，美味极了。要知道，吴先生自己也有几个与我年龄相仿的孩子。“文化大革命”初期王玉哲老先生巧妙地建立了“保姆渠道”，通过两家保姆给我父亲传递消息。黎国彬先生路遇我父亲，不停步，说了一句话：“晚上别说话。”原来他看见有人晚上蹲在我家窗户下面。

“文化大革命”前就有上纲上线的情况了。历史系两个学生住同一宿舍，一个出身好，一个出身不好。生活中有矛盾，发展到动手打架。出身不好的叫叶坚枬，当过志愿军。父亲认为这就是一般学生之间的矛盾，叶坚枬道歉了，去医院看望了对方，事情完结了。可是学校方面、组织部长和系里其他人都认为这是阶级斗争、阶级报复。父亲遭到批判，下班后专门开会，强迫父亲提高认识，持续数月之久。父亲因为老“右”，多次挨整，梁寒冰看到父亲处境艰难，1960年把他要到天津市历史所。一年后才又回到南开。1981年南开试行民主选举系主任，历史系是两个试点之一。父亲以90%的高票当选，就是群众对他为人处事的肯定。

父亲重视业务。他主持工作，规定一个星期五天半搞业务，一切事务性工作都在星期六下午集中完成。他离开历史系一年再回来，发现已“左”得不像样子。一年级学生给四年级学生讲课，他取消了。十个工农干部一下子都变成了教师，他让九个人都回去学习，只留下刘泽华一人。父亲注重师资培养。他和郑天挺先生多次安排包括自己在内的青年教师去听去学习，看雷海宗是怎样讲课的。在青年教师上讲堂之风紧吹之时，历史系老教师始终站在教学第一线，这也是对学生的负责。他要求学生向沈元学习。沈元苦读，写出好文章。对于学生的要求他尽量满足。范曾想转学，本人并没有提出，而是同学李群超向父亲表示的。父亲商之于郑老，为范曾办了转学。

“文化大革命”前已经是“搞政治保险，搞业务危险。”有一次，学校找他开会，遍寻不见。有人说：“老魏爱去图书馆，你去那儿看看。”党委副书记果然在图书馆找到父亲，他气愤之极。之后在各种场合反复说这件事。领导找他谈话，第一句话就是：“我问你，你是共产党员还是教师？”父亲百口莫辩。

父亲作为一个学者是成功的，背后的付出家人体会最深。他双肩挑，“文化大革命”前十几年他都是拼命挤时间搞教学和写作。上小学时我印象最深的就是等他回家吃晚饭，等到很晚。门开了，父亲穿着深蓝色的旧大衣进来，卷进一股冷气。有时太晚，我们就先吃饭了。说好了周末出去玩儿，总是临时有事而取消。来家里谈事情的人很多，一坐就是老半天，夺去了我们和父亲相处的时间。很晚了，他嚷嚷着要备课，明天就要讲，备课到天明，我们就在灯光下睡觉。很小的时候我们就知道“开夜车”是什么意思。夜里是他备课的黄金时间，节假日则是他写作的黄金时间。每个假期不论寒暑，他都要写出一篇文章。他给自己定个日期，一定要写出来，投出去。他就是这样和时间赛跑的，反而是“文化大革命”使他有了较多时间和家人在一起。之后，科学的春天终于来了，父亲在同龄人中脱颖而出，这是“文化大革命”前十几年拼命式的工作和学习的回报。

父亲没有任何业余爱好，同事们都知道。其实父亲还是有一个爱好，这就是逛旧书摊，从天津解放一直逛到1964年“四清”运动。带我们出去总要去旧书店看一看。天祥商场有一个天津市最大的旧书店，去的次数多了，和书店的“老王”成了朋友。有旧书进来，他留给父亲先挑选。有一次周末我看见他用自行车驮着十几本书来到东村我家。父亲留下了几本。他买的书以三四十年代出版的最多，头版、二版、三版的《毛泽东选集》和单行本、抗战时期的出版物、各个解放区印制粗糙的法令、暂行条例他都买。作为一个青年教师他很快建立了自己的书库。父亲是有眼光的，那时淘宝容易多了。“文化大革命”后他多次主持编写组，跨校跨省的都有，图书馆遍寻不到的书，常常在我家一找就找到，编写组同仁啧啧称奇。买书需要钱，那时母亲工资高，几乎全部用来帮助父亲买书。那时现代史没有教材，这些旧书就是教材。同样的书他买好几本，一本保存，其他用来做剪贴卡片。这样备课省时间，拿着十几张卡片就上讲堂了。父亲的这个习惯给他带来灾难。他剪贴《毛选》，在"文化大革命"中被诬为销毁毛著，是一特大罪状。藏书损失也很大，八百多本旧书被抄走。他还大量收集影印的解放区报纸。老区有的县创建博物馆还到我家来复印这些报纸。

二十世纪五十年代，史学界基本不把现代史看成是一种学问，搞历史越古越好。父亲选择了现代史，那时旧书也好买。回头看，这是一个难得的机遇，使他成为中国现代史开拓者之一。父亲在现代史研究上占有一席之地，有他的执着，也有幸运的成分。

父亲对外语学习很重视。郑天挺先生说，学历史要攻克两座大山，一是古文，一是外语。父亲非常赞同，常常对学生这样讲，自己也学习。学生时期他花了大量精力学英语，从辅仁转到南开，考试卷子有部分是用英文答的。后来工作忙，放下了。"文化大革命"中有了时间，他看英文版的《毛主席语录》。英文的《中国日报》诞生后，他立刻订阅，一直到90岁，视力实在太差了，才停止订阅。在中国现代史老同行中，我没发现有人比他英语更好。改革开放后，他有了机会，到外国讲学、参加学术会议，先后访问了十几个国家35所大学。这对他的学术提高有极大的帮助。

改革开放后，父亲迎来了收获期。除了自己发表了很多文章和专著，还多次主持编写教材、资料汇编。父亲秉性温和，亲和力强，和各地各校同仁相处都很好，从没有因为合作而闹得不愉快。到福建开会，和财政部科研所星光先生住同一房间，彼此很谈得来，应邀主编各根据地历史和资料汇编，之后几年密切合作，数百万字出版发行。他的性格也是成功的原因之一。

他的专著、领衔著作和主编著作超过1000万字。北京图书馆整理电脑编目的两个专业人员发现魏宏运的名字出现特别多，要求和父亲见面。在北京开会时，父亲特别抽出时间和他们两人餐叙。父亲也特别高兴他的研究能够为英雄后代张目。湖南一位读者从父亲的文章中发现他爷爷在抗日战争一次战役中以身殉职。他拿着文章去找省政府，获得了一张奖状和五千元奖励。

父亲已经去了天国，留有遗产在人间。

2021年7月于洛杉矶

魏晓明，曾任职美国《侨报》，现退休。

想·念

魏晓静

家父魏宏运，1925年农历正月十八出生于陕西长安县魏家寨李家窑村，2021年7月21日卒于天津，实足年龄96岁半，按照老家的说法以虚岁计，享年即是97岁，已近期颐之年。

父亲出身家境贫寒，自幼丧母，吃百家饭穿百家衣，饱受饥寒之苦。后来有了继母，也就是我的继祖母。继祖母自己有一女三子，但是对我父亲却是胜于己出，见父亲勤奋好学，便倾心培养。她坚毅善良，为了父亲的学费而四处借债，再难也不让父亲中断学业。在亲人和乡亲们的倾囊支持下，父亲得以走出村寨，去西安师范附小、兴国中学、北京辅仁大学、南开大学读书。父亲早在中学时期就接触进步思想，参加了“民盟”地下革命组织，积极投身青年学运，后来加入了中国共产党。1951年南开大学历史系毕业，留校任教，进而一步步走进史学研究的殿堂，著书立说，治学育人。

父亲是通过读书而改变了命运，对读书有着执着的信念，并希望把他的读书学习精神延续到我们下一代。

在我记忆里，父亲在学习上对我们要求相当严格，不容许我们花很多的时间去玩儿。幼年和青少年时期，我们家住在南开大学东村46号，那一片是三排共9幢18个门栋，被称作东村十八所的平房，每排中间有小马路隔开，王玉哲、杨翼骧、何炳林等教授伯伯都居住在这里，我们这些孩子们经常聚在一起嬉戏玩耍，可是我的父亲却对我严加“管制”，一般情况下不准出门玩，被要求在家背诗词，写作业。依我顽皮的性格，我是不依的。母亲上班早出晚归，顾不上我，我就盯着父亲，看他出门去系里办公，就溜出去玩个痛快，估摸父亲要下班了，赶在他回家之前我得回到家里，有时玩得高兴，忘记时间，被父亲发现，免不了受到严厉责罚。

父亲鼓励儿孙辈上学读书，对老家的叔叔们承诺，只要魏姓本家族的子孙考上大学，统统给予资助。老家凡有考上大学的孩子，他总是第一个送去祝福，告诉他们不用担心上学的费用。父亲自己就是依靠亲人和乡亲们的扶助而完成了学业，他也希望以这种方式能够让更多的农村孩子走出村寨，开拓未来。父亲说到即做到，认真履行自己的承诺。每个学期开学前，都催着让我及时汇款给他们，生怕他们为筹集学费而为难。为了减轻老家的负担，有时更是连同生活费也包了。父亲经常对我说，把他们培养出来，就是家庭的希望。

父亲一生简朴，对生活从来不提任何要求，没有什么嗜好，日常支出节俭，甚至被许多人戏谑“抠门”“吝啬”，但是在读书学习方面却舍得投入。早年，把自己连同我母亲的工资收入多用来买书。小时候父亲带我去的次数最多的地方是劝业场的古旧书店，一待就是半天，每次都不空手而归，为了节省车资，往往是步行往返。家里常常因为买书而至月底生活费捉襟见肘，以至后来每个月领到工资，先把钱分成几份，将生活必需的支出分装在几个信封里，剩余的钱才可用于买书的开销，那时母亲的工资比父亲高，母亲也从未有过埋怨，一直在背后默默地支持着。七十年代末，我们家搬到北村，父亲有了独立的书房，命名“锲斋”，以锲而不舍的精神徜徉在书海中。

父亲的远见卓识和言传身教影响和引领着我的人生。1969年1月我的两位兄长一起上山下乡，去了河北省廊坊插队，因此我得以留城。不满16岁的我被分配至当时位于万德庄大街尽头一个叫做向阳制镜厂的小集体企业，劳动强度大，没有技术专长可言，父亲很是为我前途担忧。在那个少有人读书的年代，父亲谆谆教诲：不读书、不学习的状况不会长久，国家、社会的发展需要有知识有文化的人才，告诫我即便是当一辈子工人也要有知识有文化。在工厂工作的8年间，父母给我创造机会，坚持让我利用工余时间去学习。期间，我上过新华夜大和多个文化学习班，学习语文、数学、物理、英语等，补习初中高中的知识和课程。1978年终于迎来了高考制度的改革，作为“小六九”，实际只有小学文化水平的我也可以报考，并且单位不能阻拦。父亲把他搞研究的方法运用于指导我备战高考，教我将重要的知识点如何分门别类捋清楚，抄在卡片上，便于学习和记忆。我上班时就将卡片装在工装口袋里，一边从事生产劳动一边学习，哪个知识点忘记了，立即掏出卡片看看，既不耽误完成生产指标，也能强化记忆。当年正是唐山大地震后两年，震毁的房屋还没修复，我在几乎倒塌的平房前的地震棚里苦读。功夫不负有心人，1978年我考取了天津财经学院金融系，成为恢复高考以后的幸运儿。毕业后我进入金融领域工作近30年，没能传承父亲挚爱的历史学为专业，或许是父亲心中的遗憾，但是我在金融领域工作得小有所成，也令父亲欣慰吧。我常常在想，没有父亲的指引、督促、鼓励，没有坚持不懈的努力，在竞争激烈，录取率仅有百分之五的高考中肯定落败，我可能就稀里糊涂混下去了。

父亲一向乐观豁达，为人宽厚，即使身处逆境也坚韧以对。1966年，我无忧无虑的少年生活戛然而止。父亲被扣上了“大地主”“走资本主义道路当权派”帽子，大字报铺天盖地，戴高帽游街，十数次遭抄家。父亲后来更是被关进了“牛棚”。不知道谁出的主意，每天吃饭，他们这些“牛鬼蛇神”被要求手持饭盆，用勺子敲着饭盆，口中唱着“我是牛鬼蛇神”，排着队从主楼走向食堂，这无疑对父亲来讲是精神上的摧毁和尊严的亵渎，内心的苦闷可想而知。母亲受牵连，也被批斗，每天起早贪黑单程步行5公里多去工厂劳动，无暇顾及家里，只有13岁的我，又是家里唯一的女孩，自然地承担起家务活。父亲最喜欢吃饺子，我经常包饺子送到“牛棚”，父亲爱吃，且不用敲着饭盆排队去食堂，使父亲得到些许安慰。父亲吃饺子一定要蘸醋，有一次送饺子忘记带醋，父亲让我回家取。那时家里没有自行车，从主楼和家中来回往返至少需要半个小时，等我把醋送到父亲手中，饺子已经坨成一团。此后多年，每每谈起，家人还津津乐道。回想当年，那饺子真算不上是美味。当时父母的工资都被停发了，只给子女每人每月8元的生活费，我们一家5口人靠着3个孩子的生活费维持全家的花销用度，而且那时食物匮乏，鲜有肉吃，包饺子的菜通常是我从副食店捡来的“菜帮子”，可是父亲却是吃得津津有味。我相信，那一刻，父亲的精神世界一定是轻松愉悦的，尽享与女儿在一起的短暂时光。

我做过最令父亲感情上纠结的事，是关于“文化大革命”中的“解放”。1968年，工宣队入驻南开，要“解放”一批“牛鬼蛇神”，父亲被列在第一批解放的名单上，但是他们搞了个形式，要求子女在解放大会上做批判发言。工宣队的工作人员找到我，在我们当时住的东村46号后院，给我做思想工作，让我写一篇批判父亲的文章，并且在大会上发言。我那时年纪小啊，担心我不批判，父亲就永远戴着“高帽”，承受着莫须有的罪名，于是服从了安排，在工宣队的授意下写了批判文章，并在马蹄湖西面的大礼堂召开的解放大会上宣读了对父亲的批判。直到现在我都能清晰地回忆起小小的我怎样懵懵懂懂地走上那宽宽的木地板的舞台，我甚至都够不到扩音话筒，放眼望去看台下黑压压一片人头。而此后似乎再也没开过这样的大会，我成了南开园唯一为使父亲得“解放”而批判父亲的人。成年以后，父亲多次在不同的场合半开玩笑地提及此事，说我曾经批判他。特别是父亲一些国外的朋友觉得不可思议，每当说起，他们便投来异样的目光和疑问：“什么？你批判过你的父亲？”脱离大的时代背景，很难想象这样荒唐的场景。这件事深深地触动了父亲的心，但这非我所愿，我希望父亲内心能释怀，把它看作是一段不可磨灭的家庭苦难史。

2014年下半年，父亲九十大寿，“庆祝魏宏运先生九十华诞暨中国现代史研究学术研讨会”在南开伯苓楼举行，父亲的硕士博士生纷纷参会，南开的领导、同仁、国外友人前来祝贺，或发来贺电。此时已九十高龄的他依然精神矍铄，思维敏捷，每天伏案于书桌前，翻阅资料，笔耕不辍，坚持研究和写作，希冀能有更多的文章发表。不料想，2015年5月12日，父亲突发脑梗，急送总医院抢救。此后的6年间，父亲7次因脑梗、心梗发作而被送往医院，家、卫津路、总医院第二住院部成了父亲的救生通道，在医生精心医治和家人护理下，父亲以顽强的毅力闯过一个又一个险关。

父亲以积极乐观的心态战胜病痛。在医院，医生特别叮嘱他要严格平躺静卧。他哪里躺得住，医生护士一不在病房，就让护工架起病床上的小桌板伏案写作。每次住院，除必备的洗漱用具、换洗衣服，父亲最关心的是他的书是否带到了医院，发现哪一本书忘记带，即刻让我回家去取，不能拖延。他对读书的关注度远远胜于对自己病情的关心。在住院期间除了专业书籍，《唐诗三百首》读了好几遍，还挑选出最喜爱的几首每天背诵。有一次父亲要读英文版《毛泽东诗词选集》，跑遍各大书店都买不到，只得网购，寄送过程耽搁了几天，父亲大不高兴，竟对我发起了脾气。在他心里的排序，读书第一，其他次之。父亲在病榻上，从不谈及自己的病情，对子女孙辈和他人的关心也往往跟学习有关。朋友去医院或是家里看望，所聊话题离不开学术动态，或是谁又有什么新的论文发表……听到弟子们的孩子考上好学校或是出国留学，他会为此高兴好几天。父亲在最后的日子里，得知外孙申请的留学基金项目获得批准，此时语言表达已经不顺畅的他伸出拇指给了个大大的赞，即使在生命弥留之际还在关心外孙什么时候出国留学，去多长时间。

父亲第一次脑梗出院后，每天拿着放大镜翻看《申报》影印件，计划继续撰写关于抗战的文章。影印件版本大而厚重，为了能让他安心静养身体，我们商量后，将影印件藏了起来，父亲找不到影印件，大怒，好像我们夺走了他最心爱的东西，连续几天反抗，在家中的各个角落翻找，实在找不到，又请弟子搞到了电子版的资料，父亲不会使用电脑，只能由我们帮忙，渐渐地才放下研读《申报》的念头。

父亲的生命定格在2021年7月21日10时40分。依照父亲的愿望，不去医院，不做临终的抢救，他安详从容地在家中亲人的陪伴下溘然长逝，他将毕生的精力奉献给了所挚爱的事业。告别仪式上，工作人员破例允许我们在瞻仰台前敬献了《魏宏运文集》等著作，在轻柔舒缓的《爱不止息》送别曲中，南开大学学校和学院的领导、老师、亲朋好友前来做最后的道别。我敬爱的父亲带着他对历史学研究的眷恋，永远离开了我们，留给我们无尽的哀思。

2021年7月29日于家中

魏晓静，曾任中国工商银行天津分行业务部经理，现退休。

追　忆

张利民

我与魏先生的关系比较特殊。魏先生是我的老师、岳父，也是我从事研究工作的导师。50年近距离的耳濡目染，很多场景历历在目，音容笑貌时时浮现，难以寥寥言语表达，举凡几事追忆怀念之情。

1973年我进入南开大学历史系中国史专业学习。那时正是“白卷先生”的特殊年代，阻断了大学招生的考试，我们这些工农兵学员虽然参加考试，但主要是单位推荐上大学的。当时的大学教学还没有纳入正轨，但授课的几乎都是知名的教授。最早知道魏先生仅仅是道听途说。王玉哲老师讲中国上古史的课时，手拿着几张卡片就绘声绘色地讲几节课，还时常拖堂；教室的楼道和资料室里也摆满了卡片盒和卡片柜，觉得卡片的作用很神奇，我也学着做卡片。不久，听说有的老师做卡片的方式更独特，竟然不抄卡片，而是将书中有用的资料剪下来贴成卡片。这位老师便是魏先生。据说，因为将几部《毛泽东选集》都剪成了卡片，遭到了红卫兵的批判，（后来，在家里看到了很多被开天窗的“千疮百孔”的资料书）。还听说，作为系主任魏先生的作息时间也不同常人，清晨四五点钟起床读书，到大家开始上课了，他却休息了，睡了一会儿后又到系里工作了。我们几乎接触不到魏先生，班里一些社会经验丰富的年龄较大的同学，曾经造访魏先生家，请教问题，回来谈及感触，对我而言仅是印象而已。第一次听魏先生讲课是在阶梯教室讲党史。魏先生的风度与众不同，头发略卷，声音洪亮浑厚，风趣幽默，时而坐在课桌上，时而靠在讲桌前，没有讲稿，对历史事件和资料如数家珍，娓娓道来，令我们这些学生十分崇拜，现在讲就是高山仰止！

我走出大学校门不久的1976年底，在魏先生家的地震临建棚中以另一个身份近距离地接触这位长者，认识了他的女儿魏晓静，从原来的师生关系又多了一层亲近。魏晓静考大学、上大学，经过了长达六年的恋爱终修成正果，1982年我进入了这个家庭。这时，刚刚改革开放，百废待兴，当时魏先生是全校知名的“双肩挑”的系主任，是最振奋最忙碌，也是成果颇丰的时期。这段时间，我在天津历史研究所工作，也急于进入状态，所以基本是各忙各的，彼此交流的不多。1984年我儿子出生，他是在津的第一个第三代，给全家带来了欢乐。每逢周末，我们带着孩子到南开大学的家里，魏先生就“九一、九一”（9月

1日出生的）地叫着，有空就逗孩子玩，尽享天伦之乐。魏先生特别疼爱外孙，任凭拿他们的床当蹦床跳来跳去，直至将床蹦坏了。1990年我出国一年和后来有一段时间孩子与魏先生他们居住在南开，岳父岳母不仅在生活上给予帮助，免除了我后顾之忧；更重要的是，家中日常那种学术的、活跃的氛围，给我和我的儿子深深的感触和影响。不久前，我儿子讲到他七八岁与外祖父共同生活时记忆最深的一件事。外祖父说，他可以说出全国任何一个县、城市的名称和一些物产，我儿子将信将疑，拿着地图册当考官，出卷考外祖父，一连问了几个县名和地名，竟然全部对答如流，得了满分。这件事也让我联想到，家中那几本被翻的卷了边的各个时期的地图册，里面凝结了魏先生无时无刻的学习与积累。

我们翁婿之间很少正襟危坐地讨论学术问题，更多的是在我学习和研究的关键问题上给予启发式的点拨，希望靠自己的能力提升学术水平。魏先生首先是鼓励我学好和随时应用外语，多了解国外的研究动态，并给我提供与外国学者对话和交流机会，这才有了去日本访问的契机。魏先生的学术敏感度是通过一件事让我有很深的感受。二十世纪八十年代初，五一节我带孩子去水上公园游玩，并参观在那里举办的“天津图书音像交易会”，偶然发现了几本《孙中山年谱》，但我没有特别在意，只买了一本；回家后随意说起在书展上看到了魏先生写的《孙中山年谱》，他立刻要我去全部买回来，我再返回书展，却再也没有找到，对此岳父十分遗憾。随后，才知道原来这是国内第一本孙中山的年谱，1979年出版。当时研究辛亥革命和孙中山热点，但大部分资料在广州和境外，研究队伍也主要集中在那里，而魏先生却能捷足先登，在天津研究孙中山，并率先出版了第一本《孙中山年谱》，不仅是付出了相当的精力，更为重要的是学术敏锐性和前瞻性，敢为人先的追求和执着，体现了史学大家的气质和风范。魏先生的勤奋和对学问的执着追求融于日常生活中。岳父整天除了在资料室，就是在家里查资料和写文章，二点一线，风雨无阻，没有节假日，没有其他爱好，电视仅看新闻，对其他事情一概不关注，心无旁骛地做学问。受岳父的感染，我一度曾经想像他那样追求时间利用的“最大化”，但是即使将生活中的零碎时间都充分利用，也难以达到。可见，岳父的勤奋首先是源于有坚定的意志，形成持之以恒的习惯，进而达到了忘我的境界。

魏先生不仅是一位严谨的学者，还是一位善于沟通各种关系的大师，作为系主任和知名教授，他能够游刃有余地做到教研管理和自身研究两不误。我时常见到魏先生与学术界同仁、历史系老师、同学讨论学术，与社会各方人士研究工作，没有学术权威、系主任的架子，总是在谈笑风生中阐述观点和解决问题。给我印象最深的是二十世纪九十年代初的华北农村调查。这是由中日学者参加的大规模的为期六年的社会调查，主旨是了解华北农村50年来发生了怎样翻天覆地的改变，选择了北京房山区吴店村、北京顺义县沙井村、天津静海县冯家村、河北省栾城县寺北寨村、山东省平原县后夏家寨村等为调查对象。考察团有十余名日本学者、南开大学历史系数名老师，以及协助者和翻译等二十余人组成，每年两次，每次历时一个多月，每个村调查两次，每次两周以上。日方学者是研究中国历史各有专长的教授，包括社会、教育、农村组织、农业生产、乡村经济、女性史、宗族等，有计划和分工地每天上下午在村民家中访谈。受访者既有村里的书记、村主任、会计、妇女主任等干部，也有一般村民，有的村民被访问多次；此外，还要访问县、乡领导和有关人员，查阅档案馆档案，参观周边的集市等。从1992年起我作为协助者参加了调查访问的全过程，负责联络和协调每天每人的访谈对象、时间、地点，以保证活动的顺利推进；并参加了乡村经济方面的访谈、记录和历史数据统计整理等工作。像这样的涉外农村调查，其规模之大，持续时间之长，前所未有；需要联系各省市、县、乡、村等各级政府机构，选择翻译和组织参与者，安排时间、地点、行程、食宿等，各类事务繁杂多变，每个细小环节都不能疏忽，难度可想而知。魏先生是中方负责人，对所有联系工作事必躬亲，精心策划，身体力行，并亲自参加了农村教育方面访谈的全过程。在这些活动中，我看到了一位教授怎样与各级领导、村干部、村民建立友情，如何谈笑自如地处理各种事务和协调各方面关系，让我亲身感受到魏先生的气魄、从容和坚守。魏先生以“联合调查，资源共享”的宗旨，在农村调查结束后又经过几年的筹划和组织，对调查录音进行了整理抄录、校对地名和人名，以及翻译等，最终编辑出版了近500万字的《二十世纪华北农村调查记录》，在中外学术界有极大的影响。全部过程持续达21年，没有魏先生坚定的信念和毅力，这样完美的过程是难以置信的。

回想魏先生在生活上给我的启迪是乐观豁达的精神与学术坚守的态度相伴随行。老人家一生都在无休止地和不知疲倦地学习和研究着，生活上没有什么奢求，也没有什么特殊的爱好，除了看电视的新闻联播，特别是国际新闻外，其他的电视节目、戏剧等等完全不在视线之内，对社会上的闲事杂事也是充耳不闻。在家里，魏先生时常通过一些诙谐的言语，营造轻松愉快的家庭氛围；90岁以前还能做做家务、独自出门采买；有时还不顾糖尿病的禁忌，偷吃一些甜食，遭到家人的“批评”，为大家增加乐趣。随着时光的流逝，老人家离休后回归家庭，但奋进精神依然不减。老人家时常讲，要勤动手、勤用脑和勤张口。于是，老人家继续与学界、社会互动，运用各种方式表达自己的学术观点。他多年来仍然坚持阅读英文的《中国日报》，阅读最新出版的学术专著，每天翻阅《解放日报》《大公报》等，并给自己制定了发表文章的目标，每年要完成二三篇学术文章，还撰写了很多回忆南开大学的文章和杂文，参与一些访谈活动。这些论文有的仍然具有学术引领的地位，有的回忆文章成为一时的热点话题，也为学校的校史建设提供了难得的原始资料。近两年，魏先生行动不便，对自己的病情则泰然处之，坚持订阅《参考消息》，通过各种渠道了解中国的发展和国际上发生的事，每天不停地看书、写字，乐此不疲，完全沉潜在自己的精神世界，令人动容。

老人家已经离开了我们，执着的追求永远激励着我们，宝贵的精神财富我们永远承袭。

张利民，曾任天津社会科学院历史研究所所长，研究员，现已退休。

魏宏运的求学治学精神值得称道

王 泓

魏宏运是我的亲外甥，但我们却不是一般的甥舅关系。宏运是我大姐的独生子，比我只小一岁。他们家原来很穷，有时连饭也吃不饱。我大姐生宏运前后一直有病。时姐夫魏应中正在方振武将军创立的洛阳军校受训，她在家无人照顾，也吃不上饭，她靠我母亲在家做好饭，走几里路送去过日子。她在只有二十多岁、宏运也只有两岁时即去世。我母亲也因操劳过度，得了胃病，第二年也继之谢世。我和宏运生下来就基本没吃过母奶，都成了无母的孤儿，就只有由我二姐一天给我们煮点小米粥吃。一个十来岁的小姑娘要看管两个孩子，可真难为她了。我们俩能健康地活下来，而且都能活到80岁，也颇不容易。

幼时，我们这两个小甥舅和别的孩子一样，也打架，我俩哭，二姐也哭，很是狼狈。但不管怎么说，我是宏运的舅舅，又比他大一岁，我们全家特别是我父亲又特别疼爱他，因此，打架必以我挨顿饱打告终。记得有一次我俩打架后，宏运突然失踪，到处找不见。谁知他竟逃回他们村，到半塬荒野处，趴在他妈的坟堆上哭着要妈妈。这下我可闯了滔天大祸，不仅挨了父亲和三哥的打，还受到众人的斥责。说来也怪，从此以后，我们再没打过架，还受到村里人的表扬，说“这两个孩子多好，舅舅像舅舅，外甥像外甥。”

稍长，我们到了学前阶段，我三哥把一间空屋收拾一下，放上桌凳教我俩认字写字。我三哥非常严厉，经常打我，认错一个字或墨磨得不好都得挨耳光，宏运还常护着我，或替我磨墨。后来，宏运去西安上小学，我也在农村入了私塾。我家距西安50华里，过一段时间我想宏运了，就走一整天到西安去看他，他每次回到乡间，不见我一面，他是不会走的。有时我在塬上帮家里干农活，他则到塬上四处寻找，见面后，总是谈这谈那，鼓励我在农村好好读书。往事历历，如在目前，这一生我总在想，我俩幼时好像已领悟到什么是同病相怜、什么是相依为命似的。

有人问我：魏宏运为什么当初起名叫宏运？他原来叫魏运新，宏运是他到西安上西师附小时，别人给改的。原因是他父亲工作忙，托人替他去学校报名，谁知此人当时忘了魏运新这个名字，只记得个运气的运，就给他随便诌了个魏宏运，宏运之名便沿用至今。我则认为，将运新改为宏运，改得好，叫得灵验。首先从这时起宏运的家庭状况逐步好转，既和谐又幸福。这时，宏运的父亲已到杨虎城的西北警备一旅任机枪连连长，他可谓是一个与人为善的大好人，他带兵多年从未打骂过士兵，人称“魏善人”或“善人连长”。我从未看见过他打骂宏运。宏运的继母，也是一个非常善良的人，她对宏运不是亲生胜似亲生。家境再困难，她不仅毫无怨言，而且四处借钱，也不让宏运上学没钱用，她总以宏运勤奋好学而自豪。宏运在这个家庭，就是走运。宏运的爱人王黎也是我们的同学，把家管得井井有条，又是宏运编书的一大助手。宏运的一生可说是顺境多、逆境少，喜事多、愁事少，没白浪费什么功夫，没走什么大弯路，这不就是走了大运。

那么，为什么我要单说宏运的求学、治学精神呢？那是因为这是他一生最大的特点，也是他学有所成的主要保证，他的这种精神曾经影响了不少人，也影响了我，而现时则一般人正缺少这一精神的缘故。宏运和我相比，他家比较穷，曾因经济原因休学过一年，但他不管在什么情况下，都没有放弃坚定学习、学好的信念：我的家相对富裕些，但在走下坡路，四分五裂、个人管个人，使我上学十分困难，多次走到失学边缘，自己也几次灰心过。在这种情况下，宏运总是从中做工作，主张让我多读些书。我小学毕业后，家里决定不供我上初中，我要步行去湖北，上那里的管饭学校，家里人犹豫，宏运支持了我。在湖北初中毕业后，恰逢全省中学改为秋季始业，要等半年才能考高中，宏运一方面做我家的工作，另一方面在兴国中学找李敷仁等老师，让我去插班到高中一年级下学期。这一下我跳了一年，与宏运同班。当时，我们的生活都很艰苦，常背些干馒头蛋蛋，喝点水，没咸菜，就吃点辣椒面。就这我也难以维持，我向家里要钱，常常是推来推去，谁也不管，只好让我背一斗小麦去集上卖了再去学校。中间，我曾不想上学了，打算报青年军到缅甸去打日本鬼子，还是宏运劝我不要去，留下来多读点书，才没有去。特别是1946年宏运到北京入辅仁大学历史系之后，不知写了多少信，做我们家的工作，要求他们能准许我来北京上大学。家里支持我的也只三哥一人。这对我一生来说是关键性的一步，俗话说："树挪死，人挪活。"不来北京，也就没有我的今天。

宏运自小勤奋好学，求知欲很强。在兴国中学时，他与几个志同道合的同学组织起来，晚上不回宿舍，住在教室里开夜车，读了许多古今中外的有关文、史、哲方面的书籍。有一段时间，他陪我住进窑洞学生宿舍里，也是每早天不亮，甚至就是后半夜，他就把我摇醒来，共用一盏煤油灯，在教室读书。他的国文、英文、历史等课一直都很优秀。那时，高中国文多讲古文，他国文学得好，我有6年私塾的古文基础，我们不用花时间去背古文，而是晚饭后去樊川河边散步的路上，你一句、我一句凑着念一遍，也就背过了。既省时，印象也深。到北京上大学之后，我们仍然是艰苦奋斗。当时物价飞涨，生活极为困难。宏运参加过助学运动，到街头募捐，也到青年会夜校去兼过课。我们常年吃窝头灶、喝白菜水。每隔十天半月，宏运都要找我到社会局办的饭摊上吃点黑面馒头或面条。那几年，又是学运高潮期，宏运已参加冀热察城工部工作，我们都积极参加了学运。宏运在学运中一有空，就钻进北京图书馆。

1948年，我因是华北学院学生自治会理事，有被捕危险，去了解放区。宏运是辅仁大学学运负责人之一，也存在着这一危险，加上经济困难，辅仁是私立学校要交学费，也转学到天津国立南开大学历史系。我没想到，宏运在南开插班考试时，试卷是用英语回答的，这也是别人想不到也无法与之竞争的妙法。他到南开不久，天津就解放了。1951年毕业，留校任教，这也是他的愿望。

宏运自毕业留校任教起，就全身心地投入以教学为中心的研究、讲课、写书（文章）等治学工作中去。他认为没有研究就没有教学内容的丰富、充实，不写成书或论文，讲稿则难以提高，也难以系统化。当时，教师提倡“双肩挑”，他不仅做助教，也任过系秘书、系主任助理。既当过副教授、教授，也任过系主任与总支书记。不管干什么，他都坚持他的治学之道，注重提高教学质量。他很拥护系主任郑天挺提出的教学必须攻克两座大山——外语、古汉语——的主张，也赞成翦伯赞提倡的一论（以马克思主义为指导）、二史（广博的文史基础）、三工具

（古汉语和外语）的说教。他认为治学要十分严谨，在掌握基础性知识的同时，要占有大量史料、加强研究。他在担任总支书记时硬性规定党、团、系行政周一到周五一律不准开会，周六下午开一次会，集中解决系里的一切问题。开会前预先分配时间，谁占用20分钟，谁占用10分钟，速战速决，把时间多用在教学上，没有重要工作都可以去教室听课。保证了教学，也受大家欢迎。

二十世纪五十年代初，不少人不把现代史当做一门学问，认为研究历史越古越好。各高校历史系也没有近代史专业。他留校任教后先攻古代史。1956年教育部要求高校开设近代史课程，系主任认为他条件比较合适，要他改教近现代史课程。当时，没有教材，只好根据教学大纲收集资料。我知道他是个平时不逛大街的人，南开甚至有人说他是“四大皆空”，就是指他不逛街、不看戏、不看电影，甚至连电视也不看，只知搞他的学问。他有机会来北京时，总要去逛书摊和旧书店，虽然工资很少，但舍得以高价买些旧书报杂志，这对他的教学和研究大有裨益。

他接触现代史后，马上遇到的问题是：历史人物的历史作用问题。历史人物是历史事件的经历者、参与者或领导者，对历史事件的发展产生重要的影响。在辛亥革命史和中华民国史教学中，首先涉及孙中山，不研究他，就无以明白这一段历史中许多事件的前因后果，而且其他人物如黄兴、宋教仁、蔡元培以及袁世凯、蒋介石等无从研究。因此，他确定首先研究孙中山。1953年，他发表了他的第一篇论文《革命民主主义者孙中山》，接着又写了《孙中山晚年的农民运动观》，特别是出版了新中国第一部《孙中山年谱》。侧重于孙中山先生思想形成及发展的体例，采用夹叙夹议的方法，受到史学界的赞许，被誉为“资料翔实、年系清晰、去伪存真、字简事丰”的精品佳作。这也是他的成名之作。从此，他成为孙中山研究的重要学者之一。

继孙中山研究之后，他还在武汉国民政府研究、周恩来研究、抗日战争研究、近现代华北农村社会史等研究上，取得了许多令人瞩目的成就，并在此基础上先后开设了中国现代史、五四文化运动史、武汉国民政府研究、南昌起义、土地革命史、中国现代史研究、抗日战争史研究、博士生专业英语等课程。为了适应教学的需要，他组织编写了国内第一部中国现代史教材《中国现代史稿》，以内容充实、资料详尽、语言生动、观点鲜明等特点受到普遍欢迎，先后被一百多所大学的现代史专业作为本科基础教材，行销数十万册。他还根据教学需要，撰写了《中国现代史大事记》，主编了《中国现代史资料选编》等教材配套书。这些书，一直是国内中国现代史本科教学的基础用书。以后，他又主编了《中国通史简明教程》。这是一本供国外高校学习中国历史的专用书，以简明的层次、生动的文笔和高度的概括，将中国五千年灿烂文明生动展现在世界青年的眼前。这本被称作“了解中国历史的捷径”的书出版不久，就被新加坡大学列为指定教材。

引以为憾的是，正当他积蓄力量，准备更大突破之时，“文化大革命”开始了。罪行之一便是他对武汉国民政府的研究，说这是“替蒋介石树碑立传”，“是配合蒋帮反攻大陆”。被批斗等，他都看得开，持达观态度。但有两个不可弥补的损失，使他深以为憾：一是耽误了他十年的时间；二是他积累了十几年的珍贵历史资料毁于一旦。

“文化大革命”结束以后，1982年他开始招收硕士研究生，1986年又开始招收博士研究生。他也加强了研究工作，并注意组织动员所带的研究生也下去搞调查研究。他认为，要想在史学研究上有所收获，就要兢兢业业，埋头苦干，首先要在占有丰富的史料上下功夫。现代史研究者更要有吃苦精神，坐得住冷板凳。要把利用图书馆和档案资料与社会调查结合起来，只有不断地求教于社会，才能丰富自己，扩大自己的历史洞察力和领悟力。他平时讲课，习惯用卡片，一般不让学生记笔记，讲后让学生讨论，启发学生思考，提出问题再共同讨论解决。对于研究生论文选题则让他们按自己的爱好和掌握的史料来选定。既尊古也要“疑古”，提倡“小题大做”，深入挖掘，才有创新和深度，反对“大题小做”，对问题述而不透，没有深度。要像韩愈所说“是故弟子不必不如师，师不必贤于弟子”。几十年来，他是这样说的，也是这样身体力行的。

在他后期所进行的一系列调查研究中，抗日战争研究驰名国内外。因为在某一个时期，日本右翼势力抬头，一些人美化侵略，否认南京大屠杀，严重伤害了中国人民的感情。他认为作为历史工作者，研究抗日战争史，用事实驳斥其右翼势力的谬论，以教育下一代勿忘国耻，是其义不容辞的责任。于是，从二十世纪八十年代初开始，在财政部的组织和领导下，与河北、山西、山东、河南等省高校等单位合作，到这几个省调查访问、查阅当年档案，历时8年，主编了两部700万字的资料集。以“资料收集丰富、翔实可靠、分类恰当”的优点，受到嘉许。这些资料已成为抗日史研究的必备工具书。宏运自己也在这一基础上写出《抗战第一年的华北农民》《论晋冀鲁豫抗日根据地的集市贸易》等十多篇论文。其中《华北抗日根据地史》一书，获天津市第五届社会科学优秀成果评比一等奖，后又获国家教委首届全国高校人文社会科学优秀成果奖历史类二等奖。他还与日本一桥大学三谷孝等人组成中日华北农村社会联合调查团共同调查研究，其成果以日文出版，影响很大。在此基础上，南开大学举行了两届中国抗日根据地历史国际学术研讨会，美、加、荷、英、法、澳、日等国学者参加了会议。会议由宏运主持，他所做的主题报告，成为会议的中心议题，受到与会专家的普遍好评。南开大学历史系中国近现代史学科也成了国内外公认的中国抗日战争史研究中心之一。近一两年，他又出版主编《国史纪事本末》（7册），约600多万字，普通高等教育“九五”国家级重点教材《中国现代史》，以及他的自选集《锲斋文录》。他从不在科研中停步。有人认为，宏运一生之所以学有所成，在于他有一股刨根问底的“牛劲”。这话很有道理。

宏运的学识成就在国内外史学界引起广泛的重视。他担任国务院学位委员会第二、三届学科评史学会理事、中国现代史学会副会长、天津市史学会理事长、香港学术评审局学科评议专家、《历史教学》杂志副总编辑、南京大学民国史研究中心名誉研究员、河南大学、安徽大学、河北大学、西北大学、天津大学等校兼职教授。他的学生写文章称他为著作等身的知名老教授，我说，不等身，起码也是等半身。他所带的博士研究生已有30多名，不少人晋升为教授、副教授，成为所在高校、科研院所有所建树的学术骨干。他现年已近80岁，仍然带着四个博士研究生。他认为史学研究也应该请进来、走出去。他曾说“中国学者在国外不应仅是坐在别人的课桌上学习，还应该走上他们的讲台，传播中华民族的优秀文化。”他先后应邀到美国、日本、丹麦、德国、英国、法国、澳大利亚等国和我国台湾、香港地区的40多所大学和研究所讲学，受到国内外同行的称赞。美国蒙大拿大学在给南开大学校长的信中热情地写道“蒙大拿大学非常尊重和欣赏魏宏运教授！他的课与我们共同举办的讨论会，有很多人参加，非常受学生欢迎。因此，魏宏运教授为师生更好地了解中国，做出了不可置疑的贡献”。他获得了美国富布赖特基金会证书，称“魏宏运先生作为富布赖特学者，以其学术成就促进了中美两国人民之间的相互了解，特予奖励”。

十叔魏宏运先生

李民仓

我国现代史的开拓者、南开大学荣誉教授魏宏运先生的老家和我同乡、同村。按照他在族里的排行，我称他为十叔。而且在二十世纪五十年代，我家和他的老家同在一个院子，按照先生的说法是“同饮一井水，胜似一家亲”。

先生长我20岁，在我很小的时候他就是远近闻名的大学问家。但那时只见过他的照片，还记得他的父亲魏老先生（我称七爷）多次给他往天津寄书。五十年代末，先生回过一次老家，我第一次见到先生本人。那时先生正步入中年，温文尔雅，风度翩翩，令我十分景仰。当时，村上和先生同龄的人不少，先生一家家走，一家家看，吁长问短，村里乡亲多有赞美。到后来，我入伍从军近30年，虽再未听到先生消息，但时时记着心中的楷模。1995年，我转入陕西省政府工作，和先生开始有了电话联系。

有一年先生应邀至西北大学讲学，我第二次见到先生，得以促膝聆教。第三次见先生是2008年，先生携夫人王黎（我称十婶）应邀至延安干部学院讲学，我与其女弟子张雅晶博士和北京市社会科学院满学研究所赵志强所长陪同，对先生有了更全面的了解。

先生第三次返陕期间，在延安干部学院、延安大学作了讲座，参观了延安革命历史博物馆，拜谒了黄帝陵。在西安，回老家为父母扫了墓，看望了弟妹家人，和村里80岁以上的老人见面话旧。老家的魏寨中心小学是在先生先父参与创办的原启智小学的基础上建立的。先生到该校进行了参观访问。后来先生还委托我向这个学校捐了1万元助学款。先生在西安期间，适逢原母校西安师范附属小学建校100周年，先生参加了纪念大会，接受了学校小记者的采访。紧接着先生又不辞辛劳，驱车到对先生青少年时期有着重要影响的，位于长安区的兴国中学拜访，寻觅旧时的踪影。这期间，我深感先生治学精神的严谨，及对祖先的敬仰，对亲朋的至爱，对历史的深情和对家乡的依恋，并为先生的情义所感动。

先生一生著作等身，学术成果丰富。近年来，我不断收到先生寄来的他出版的著作以及发表于各种报刊的文章。先生83岁时，又还受香港学术及职业资历评审局委任，担任该局行业学术学科专家。今年先生已年届九旬，1月3日他又做客光明讲坛，作了题为“影响中国历史进程的文化人——梁启超”的报告，两个小时的报告，意气风发，老当益壮。

先生生于国家内忧外患之秋，幼年受过饥寒交迫之困。一生经历过不少风风雨雨，“文化大革命”中还受到冲击。他的人生阅历丰富，本身就是一部很有故事的历史。近年来他写了许多亲身经历的历史事件和交往过的人物，为历史研究补充了丰富的史料。

先生1948年就入南开大学就读，继而任教。他是南开的资深教授，了解南开的历史，南开人尊称他为“南开一号”。著名文化学者范曾先生为他作的书序就以“南开一号，山之懿范”为名。他在南开的历史，可以说是见证了南开大学发展史。他开风气之先，运用社会调查等方法研究华北区域史和抗日战争史，率先将社会学研究方法，应用到中国现代史领域，体现了“读万卷书，行万里路”的治学风范。他一生献身教育，身体力行，为国家培养了大批人才。弟子中不少人成就辉煌，可谓桃李满天下。他可以说是“史坛称泰斗，弟子尽栋梁”。他以九旬高龄，仍笔耕不辍。这体现一种自强不息、老当益壮的精神，常令我们后辈汗颜自省。先生一生，又何尝不是一部值得后学认真品读，取之不尽的人生教科书。

李民仓，曾任陕西省人事厅副厅长。

十叔魏宏运先生最后一次故乡之行

李民仓

陕西是中华民族及华夏文化的重要发祥地之一，历史上的西周、秦、汉、唐等14个政权在这里演绎过无数的悲欢离合。李白、杜甫、王维、白居易曾在这里吟风弄月。中国汉字的创始人仓颉，被后人誉为“千古之绝唱，无韵之离骚”的中国纪传体史书《史记》的作者司马迁，唐代自成一格的著名书法家颜真卿等，都是陕西人。

现代陕西，还是中国革命的摇篮。中共中央和毛泽东主席在这里领导中国革命13个春秋，取得了抗日战争和解放战争的伟大胜利。

享誉国内外的著名史学家，南开大学荣誉教授魏宏运先生就出生在这片神奇的土地上。

先生从1925年出生于陕西省西安市长安区（原长安县），直到他1946年考入北平辅仁大学，在这里成长、生活了22年。

先生对家乡的感情很深，离开陕西后，曾多次回乡探望。2008年8月，先生携夫人王黎，应邀到中国延安干部学院讲学。先生由其入室弟子、南开大学历史学博士、北京市社会科学院台湾研究中心张雅晶主任和北京市社会科学院满学研究所赵志强所长陪同，又一次踏上这片让他魂牵梦绕的故土。

先生是我敬仰的大学问家，他的老家和我同村同院。按照他在他们族中的排行，我叫他十叔。能陪他在家乡活动，我感到非常荣幸，非常高兴。

先生一行到西安后，住到了陕西省止园饭店，这里是陕西省人民政府招待所，之所以叫止园，得名于毗邻的杨虎城将军纪念馆——止园（止戈为武的意思）。我们就近先参观了杨虎城将军纪念馆，先生从一个历史学家的角度和过来人的眼光，为我们当了一次义务讲解员，让馆里的专职讲解员钦佩不已。

先生回到了他的出生之地魏寨街道办事处（原魏寨乡）李家窑村。先到村子里的坟地，这里安葬着他的父亲、母亲和继母。先生出生在一个战乱和灾荒的年代，他的母亲在他3岁时，就因肺病辞世，年仅24岁。先生在年谱中记载，他4岁，“以野菜充饥度日，饥寒或有委屈时，辄哭诉于母亲坟前”。他的父亲早年参加抗日将领方振武驻节西安的军事政治学校，参加过北伐、中条山抗战，后来从旧长安县自卫队起义后回乡，生前为长安县政协委员。继母淳厚朴实，对先生如同己出。80多岁的先生肃立于父母墓前，百感交集，以至于痛哭失声，令在场的人无不动容。

我们还陪同先生看了我们两家原来“同饮一井水，胜似一家亲”的老宅。老宅尚在，现已无人居住，先生就出生在这里。他一间房一间房地看，似乎在寻找旧时的记忆。昔日的水井还在，水还是那么清澈旺盛，趴在井口，还能听到水流的声音，好像在欢迎它旧时的主人。

在老家，他见到了他弟弟、侄子、侄女及侄孙辈，见到了村子里八十岁以上的同龄人，大家在一起回忆过去生活的艰辛，说到今天农村的变化，特别是他看到村子里宽阔的马路，耸立在村头的水塔，他弟弟宽敞的小院，他非常高兴。

先生还走访了他过去就读的魏寨小学。魏寨小学原为启智小学，校址设在一座城隍庙内，先生的父亲曾在这所学校教书。先生1933年到1934年在这个学校读了两年书，他的同龄人还记得，一放学回家，先生和父亲脱去长衫，就到田里干活的情景。1942年，为躲避日寇轰炸，西安的北大街小学迁到魏寨，和魏寨的启智小学合并为魏寨小学，直至今日。先生2012年还委托我为这个学校捐款1万元人民币。

先生还参加了他当年就读的西安师范小学建校100周年庆典活动。

西安师范小学成立于1908年（清光绪三十四年）。先生于1935年转入这个学校，并于1939年在这里完成了他的小学教育。

进入校门，先生见到的是富有浓郁民族风格的教学院、办公院，而风格现代的综合楼、教学楼错落有致，体现了古朴典雅与活泼灵动的和谐统一。学校已完全没有了先生当年的记忆中的样子，唯有屹立在校门西侧，建立于明代的宝庆寺古塔，似乎见证着这所学校的历史。

近百年的岁月里，这所学校为国家培养了数以万计的栋梁之材。他们中有学校第二任校长，曾任陕甘边区政府副主席、光明日报社社长、全国人大常委会副委员长的杨明轩；原中共中央办公厅第一副主任杨德中上将；全国政协原副秘书长杨拯民；陕西省人大常委会原副主任何承华；陕西省原副省长张伟；中国科学院院士、南京大学教授王颖等。

先生在校领导的陪同下参观了学校，和前来参会的陕西省副省长张伟、陕西省教育厅厅长杨希文等进行了座谈，并在大会主席台就座，还接受了学校少先队员敬献的红领巾和小记者的采访，对学生提出了殷切的希望。

我们陪同先生到长安少陵原畔的杨万坡，这里曾经是当年陕西大名鼎鼎的省立兴国中学的所在地。这座学校是抗日战争期间，由于日机轰炸，西安城内公、私立学校均迁往外地，城区学生求学无着，陕西省教育厅厅长王捷三在长安唐代樊川八大寺之一的兴国寺创建的一所中学，也是西安城郊一所规模宏大的完全中学。首任校长由王捷三兼任，继任的有王友直、李瘦枝等。学校聘请了许多著名教师，如李敷仁、武伯纶、朱茂青、曹冷泉、姜自修、赵曼青、李一清、郑行逸、党修甫等。先生喜爱语文、英文和历史课，经常向郑行逸、姜自修请教英文，向曹冷泉请教语文，并开始阅读阿拉伯的民间故事集《天方夜谭》（中英文对照）、巴金的《家》《春》《秋》、高尔基的《母亲》、托尔斯泰的《战争与和平》等中外名著和茅盾主编的《文艺阵地》等刊物。

在校期间，先生在进步教师的引见下，结识了中国近代著名教育家和政治活动家、中国民主同盟早期领导人杜斌丞，并参加了我党领导下的秘密外围组织民主青年社；结识了以民盟身份开展工作的地下共产党员李敷仁、武伯纶等，代销其主编的进步报纸《民众导报》，阅读和传播他们推荐的毛泽东的《新民主主义论》《论联合政府》，黄炎培的《延安归来》等进步书籍，在学校开展民主运动，发展新成员。

1949年，西安解放后，人民政府整顿教育事业，将兴国中学与西安高中、省一中、二中合并。同年，西北人民艺术学院二分部由山西临汾迁至兴国中学原校址，更名为西北军政大学艺术学院。几经变更，1960年5月定名为西安美术学院，1994年整体搬迁至西安。

我们陪先生到达兴国中学半坡上的原址时，看见原来作为校图书馆的清代兴国寺三间大殿，以及东西各三间廊坊，和第三任校长李瘦枝为寺院门楣上题写的“唐兴国寺”匾额。先生记忆中的四排教室都已不复存在。先生住过的作为学生宿舍的三排窑洞，大多坍塌，但仍能依稀看出原来的规模。学校现在扩建为陕西职业技术学院，建在原址的坡下，校舍林立，设施齐备。先生感慨已久，在原寺院前的两株唐朝古柏前留影。

先生进入京、津前在陕西的22年，是先生出生、成长，完成中、小学教育，从牙牙学语，到成为一名品学兼优的有为青年的重要阶段。我们陪先生一行走访了这么几个地方，突然明白了，这不正是先生在家乡成长的足迹吗？先生这是在回顾他在家乡的往昔，在向历史致敬。这次故乡之行，先生已是84岁高龄的老人了，也可能是先生最后一次回故乡（据先生的女儿魏晓静讲，先生在97岁高龄辞世之前，本来还想再回一次老家，由于年事已高，没有成行），那么说，先生也有向家乡告别的意思。

先生能有后来的成就和在学术领域的地位，固然有许多因素，但在家乡的22年，无疑打下了坚实的基础。

一是，良好的家庭影响。特别是其父亲，对他的影响是巨大的。他的父亲为人忠厚、善良，做事公道，在家乡是有名的“魏善人”。他虽然在旧军队做过事，但参加过抗战，掩护过我党的地下党员，最后从旧自卫队起义成功，没有做过有损人民的事。作为一名乡村知识分子，他的父亲在旧社会教过书，五六十年代办过以扫除文盲为目的的民校。先生作为一名农村子弟，能到西安比较好的学校接受教育，也与他父亲当时在旧军队任职驻防西安，并有一定的收入有关。先生回忆说，他对历史学科感兴趣，也是受父亲在他小时候给他讲历史故事，教他读《资治通鉴》的影响。

二是艰苦生活的磨炼。先生从小家境贫寒，又处在战乱年代，经受了艰苦环境的锻炼与考验。但这也成就了他不怕吃苦，不怕挫折，奋发努力的优秀品质。

三是扎实的学业基础。先生的小学和中学就读的学校都是当时比较有名的学校，有大批优秀的教师施教。加上他聪明好学，刻苦钻研，广泛涉猎，为他以后的大学学习打下了扎实的基础。

四是追求进步的政治方向。先生的中小学时期，正是日寇入侵，国难当头，中华民族处于生死存亡的关键时期。先生耳闻目睹日军的残暴，国民党当局的腐败，人民遭受的苦难，在进步人士的引导下，积极追求进步，加入共产党的外围组织，做了很多有益的工作，选择了自己的政治方向。

先生这次回陕，可能是他离开陕西后，回家乡时间最长，走过的地方最多的一次。在赴延安讲学的途中，还拜谒了黄帝陵，参观了延安革命纪念馆，抗日军政大学展，与中国延安干部学院教师及博士服务团进行了座谈，到李敷仁曾任过校长的延安大学作了《我的理念和追求》的演讲。尽管先生年事已高，但始终风度儒雅，精神矍铄，思路敏捷，令人十分敬佩。

2021年11月

学运创辉煌

姜丁铭

魏宏运先生是我的老领导和老友。悠悠岁月倏乎，魏先生可说是学寿双绝。这里，我把魏先生领导我在“革青”（中国革命青年同盟的简称，系党的地下外围组织）活动的情况，简略回忆一下。

首先我先谈一件小事。大概在2011年夏，有一天我来南大办事，路上遇到周绍芳（王祖陶的爱人），寒暄后，忽然问我“你们在做地下工作时，祖陶和魏宏运，谁是一把？”我毫不迟疑地说：“魏先生是一把。”周绍芳没再说什么，我也没多加解释，就此分别。现在想起来，他们两人联手领导的“革青”在保密工作方面做得很好。这尤其可以表现出魏先生为人谦虚谨慎，平易近人。魏先生从无摆架子、颐指气使，从不无故指责别人，总是宽仁敦厚，以诚笑待人。这也是我个人的感受，外人更有所不知的是，他是“革青”的创建人之一。当时魏先生不仅联系北平、天津十几个高校和数十所中学的各负责人，还要顾及学习任务，因此，他要常往返平津。魏先生就因为善于工作，发动群众积极性，所以能取得安全和完成革命任务的成绩。

1946年我到南大后，就进入众多进步学生群中。张义哲找我加入“火社”，为《火壁报》供稿，商量结果，我每周从《密勒氏评论报》（*The China Weekly Review*）译一篇解放战争前线通讯。

1948年王祖陶让我加入“革青”（“中国革命青年同盟”简称），才知道有党领导的外围组织在活动，并告知我在“火社”继续活动，一把手为魏宏运，也传达出魏让我放手联系群众，特别是校外的各种关系的任务。以后即经常与王祖陶联系，商量如何展开工作。但在北京有关领导有大活动时，却由魏宏运带王祖陶和我参加。

这时时局日益紧张，魏传来上级指示，今后重点工作，就是护校、护厂，护各种资产不外移，宣传党的政策，支持革命，安心迎接解放。当时《火壁报》负责人张义哲已被捕，我即将充当主持人，继续出刊，并约孟凡（原名孟繁祺，为副主编），又约赵×率、刘爽军、唐汝仁等参加。

我把主要精力用于社会工作上。因为我在轮船业有较多关系，先是找到天津轮船业公会张伯超，他是理事又有常务执行的任务。他较年轻，能接受新事物，表示欢迎，乐于配合。我在他与各轮船公司负责人交往或是参加有关会议时，加以透露。他同时也是北方航业公司经理（实际为代理人），该公司规模较大，经营与上海和香港的业务。同时我又找了中典轮船公司的姜甦乐，使他与张伯超联系，并让他再联系三典、通顺等轮船公司。结果反映很好，姜甦乐把航业情况，仓库、码头的简约情况报上来。

另一个是张尔泰，他在天津军队后勤一工厂管军需物资，他在军队从事此工作多年，能够把军队的补给情况搞得清楚，我告诉他不要公开宣传。由他处写来一些有关军队与物资配备情况，还有一个名单。

再一个是王家俊，他是南开女中的英语代课教师，在家自修各国外语，亟待改变现状，听到迎接解放，大为高兴。我让他除联系南开女中教师外，特别要把这喜讯，让他哥王家驷知道，并让他影响曲艺界。王家驷是曲艺专家，组织有一个剧团，日夜在家中有排练活动。

上述情况和收集情况，让王祖陶上报。当时形势真比人强，很快引来解放。

这时南大均集中在东院，解放军第一次到校与党团负责人接触后，魏宏运即由王祖陶告知我，“革青”这一组织已得到肯定，南大总的地下领导已知情，并告知，从此全部听从南大党团统一指挥，“革青”的使命从此结束。

天津解放后，吴功俊让我去参加“庆祝天津解放大会筹委会”工作。当时该组织设在后改为天津政协楼的地方。主持会议的是工会李颉伯，办公室主任为林青。公安局是纪裴才，妇联为一女同志（记不起姓名），商会为毕鸣岐，学生就是我。我每天开会研究各界出席人物，游行路线，如何搭台，如何设厕所，选用×××，尤其是保障首长安全，此外军管会王世英多次参加会议，开会前野战军军长二人也来参加，日常将由林青执行。开大会时黄克诚主持，黄敬讲话。我在台上以工作人员身份出现，正式开会即退下来。当时我们工作吃住均在一起，历时一个月，开大会结束后即分别回原单位。

我回校后，四野哈尔滨外专有人找我立即为哈外专招生。当时学生们一听说上大学，均很欢迎。尤以中学生为多，京津学生大联欢时，就以在南开女中活动为多，这次也多半在南开女中门前进行，手续很简单，写好报名表，我即报上去。当时随报随交，详细人数不记得，约有几十至几百人。他们坐火车至北京车站与北京招的学生一同包车统一去哈尔滨。我与哈尔滨外专负责人尹企卓在北京车站会面，告诉他招的学生都来了，他即匆匆随学生上车而去。

接着宣传南下，没有正式交接，好像是总医院大院里，凡南下的均在此集中。当时南大在稍晚时也曾正式组团南下，那时我只是负责宣传而已。

这时接到魏宏运通知去北京开总结汇报，魏先生、王祖陶、我一同启程赴京，住在一个草岚子的会×里，真是席地而睡，没有席，大概是稻草铺的，大家睡在这个通铺上。先是王祖陶和我总结，然后由王祖陶向魏汇报。这中间认识了王黎，因为有一天魏先生让我去看他的女友，也就是王黎，多年岁月，他们志同道合，终于成为百年偕老的好夫妻。

回到学校，一切恢复秩序，我因盲目追风又去北大读俄语，毕业后分配在中央编译局参译《列宁全集》，在反右的风暴中，被划为极“右”分子，送山东泰安监狱监督劳动22年。1974年，“右派”改正后，我被分配在天津工作，但困难不少，历时半年办不成，最后由南大杨石先校长亲自写信给当时天津文教委路达主任，才被分配到天津理工学院教英语。回天津工作这件事，我曾在《杨石先纪念文集》中以《怀念杨老》为题简略写了我对杨校长的感激和怀念。

1980年，我才有功夫看看以前有过联系的各种人物和各方亲友。轮船业已无踪影，人物皆无信息，只有姜甦乐在河北航运局退休并知以前的“革青”关系断了联系。我告知他由其单位找北京市委组织部，转找中央地下工作档案馆中的学运馆查找这一关系，确证后拿着档案馆证明再找北京市委组织部由该部证明交由本单位即可。大概在一二个月内有了分晓，河北省航运局告知他恢复了以前的“革青”关系，今后按离退休待遇，恢复原工资并再分配一套三居室住房。

不久，在天津解放前曾在军需物资上做过工作的张尔泰找到了我。他在新中国成立后仍留在军需部门工作，一年以后调到中央军委总后×，属某被服厂，目前负责基建工作，明年就需要退休，也想再找回“革青”关系，我把方法步骤告诉他，要耐心说明问题，态度一定谦卑谨慎。不要上报上级，此事能找到北京市委组织部即可。果然历经半年，北京市委组织部终于告知他“革青”关系已得证实，第二年退休时宣布按离休待遇。

还有在中学活动的王家俊，当时南开女中有几个教师志愿参加南下工作团，他则要求去哈外专，他也是第二次确证其“革青”关系，我将在为哈外专招生部分主要介绍他。他的兄长王家驷在新中国成立后即在天津曲艺分会担任副主任，甚为满意。

现在就来谈谈，介绍去哈尔滨涉外专的情况。在输送给哈尔滨外专的有两个颇有成就的人才，一个叫王以铸，即在南开女中教英语的王家俊。去哈外专集合后，在天津等车去北京时，他提出他要改名，接着他想“以铸”两个字，我说很好，南开校歌上用过，铸造自己成材，只要在报名单上改了即可。大概过了八九个月后，他来信告知，经过考试他已被提拔为教员，但他认为教书难以发挥其所长，正好北京中央政府成立出版总署，他用通信考试形式被录取，现已到北京。但哈尔滨外专不放，他一个人到北京报道后，形成无档案的黑人，让我在津设法把“革青”关系转来即可解决问题。我当即找到王祖陶，王又与魏商量后，决定由王祖陶去市委问询此事是可否办理。王祖陶回来后告知天津市委组织部答应给办，将直接把关系转到北京。王以铸不久来信告知出版总署人事部门通知，天津“革青”关系转来，晚年他退休时也按离休待遇处理。现在王以铸已由出版总署转到人民出版社，任编审，已成为著名翻译家，通多种外语，译有希罗多德《历史》以及《古代东方史》《古代罗马史》等30余部著作。改革开放后，与聂绀弩等九人出有《倾盖集》诗集，为俞平伯题签，叶圣陶作序，有当时文坛颇为亮眼的光环。

另一个是李祖培，已升任黑龙江大学校长，也是去哈外专的一个俊才。李祖培在南大读哲教系，云南昆明人，他找我要求去哈外专。在天津出发前，他说有一事要告诉我，细问才知道，他身上带有一封党员介绍信。我看后，告诉他此信只有到哈外专后交给校领导，不要随便告知别人。“文化大革命”时外调有人找我，问是不是我把李祖培介绍到哈外专去的，我说是。他又问，你知道他有一封党员介绍信，你亲眼看过这封信吗。是的，确有其事，我亲眼看过这封信并相信是真的。外调人员不再询问，从态度上看，李祖培没什么大问题。

下面再谈谈有关南下工作团中要求证实在南开大学参加“革青”的两个人的事情。南下工作团，我只是赞成并没有实际组织。“文化大革命”期间有外调人员来问赵答率是否是我发展的“革青”。我证实是，并说是外文系的进步同学。外调人员忽然问我，你那时在南大做什么工作？我说是学生。他好像有点诧异，我问他，为什么问这样的问题。他说，赵答率说，你在教务处工作。我停了一会说，那时刚解放，我们有责任恢复秩序，我是打杂小工那样的人物，忙于为哈外专招生，他误会我到教务处工作了。外调人员没再说什么，态度也和善，我猜赵那时可能是南方某省，搞民政的。再一个外调的是张鸿年，问我是不是我发展的“革青”，那时脑子忽然一片空白，想不起来了。外调人员却和颜悦色地说，你仔细想想有一天晚上在南大东院路旁，有月光，又有路灯的树下，你明确告诉张鸿年他已被批准加入“革青”，他这样一提，我忽然回想起，确有这场景，他是东院读经济的学生，高大的个头，表现很好。我才说我想起来了，确实是有这件事。外调人员很满意，没再说什么。给我的印象，好像张鸿年是在某个军事机关工作似的。从外调人员的态度上看，好像也是一般审查，应该没出什么问题。

以上是我在魏先生领导的“革青”中所展开的一些活动，借此以表对魏先生的感念和敬意。

现在我想谈谈我对魏先生的浅显看法。

第一，政治上坚定跟随党前进，并且以创新精神取得光辉业绩。当中国人民掀起解放大潮时，魏先生胸怀韬略，志存高远，联合平津各大学同学组建在冀热察军区城工部直接领导下的“革青”组织，在文线作战，艰苦卓绝的工作，为打败国民党统治做出了重要贡献，“革青”组织取得了与华北党领导的“民青”、南开地下党建立的“民联”鼎足三分之势，获得中央的肯定。

第二，业务专一，不计功利，耐得寂寞艰苦，潜心向史学上下功夫。这固然源于他有深厚的史学书香门第的基础，但独能在现代史的领域长期开展艰苦的对各根据地的调查，更重要的是他能把材料，加以分析归类，去粗取精，以马克思主义的历史观与中国革命现实相结合，形成自己独树一帜的史论结合的风格。所以他理所当然地成为中国现代史的开拓者和奠基人之一。且他著作等身，有不少传世之作。

魏先生在史学上的另一特色，是潜研外语并把它当作一种中外交融的工具，不辞劳苦地奔赴各洲，与各国的史学界展开交流，召开国际学术会议，宣传中国人民抗日战争和解放战争的丰功伟绩，关于这个工农政权在理论、组织和经济军事斗争中掌权的事实，让全世界明白其所以然。我从中国国际电台的英语广播中亲自听到过在纪念周恩来和孙中山的有关纪念活动时，即引用南开大学魏宏运教授对这两位历史人物的评论。我想魏先生拥有这种对外宣传、解释历史人物的权威，非一朝一夕之功，而是长期对外展开文化活动和现代史交流的结果。这样就可以使全世界有知识的听众知道魏宏运的评论的真实可靠性。另外中央在对外交流中，也充分了解魏先生在史学中耕耘不懈、长期而艰苦的努力所形成的现代史中的权威地位。这也显示出魏先生在现代史中所显现的扎实基础和深厚功底。

第三，魏先生具有一种完整的人格，对人和蔼可亲的朴实厚重，临危不惧，有智有谋。如从青年时即帮助范曾完成学书画的夙愿，以后范成名，因事滞留法国时劝其回祖国，为祖国文化事业做贡献，果然不负众望，范曾成为享誉中外的书画巨匠和大师人物。在反右时虽不能对雷海宗罹祸加以阻挡，但尽量予以各种方便，不落井下石，对敢于维护雷海宗的杨志玖则尽力不使落入深渊。另外在我读过的魏先生部分论著里，魏先生对于南大师辈和同事，总加一些笔墨，表示对他们的感谢之情。最显著的是在“文化大革命”风暴中，魏先生独自忍受各种颠倒黑白、指鹿为马的侮辱，以及扣帽子，看透他们反人类、反文明的罪恶用心，在生与死的搏斗中，从不以说出下属人员冀徒过关，所以“文化大革命”结束后并未因此树敌，而是更广泛地联系师生。这都展现出魏先生在危急艰险时顶歪风、战恶浪的精神，显露出他无私无畏、高风亮节的完整人格。

第四，魏先生有一个完美的家庭，教育子女成材，均独立生活。他与革命中结合的王黎女士更能生死相依，患难与共。特别是在“文化大革命”这种史无前例的全民大恐怖的动乱中，魏先生卷入漩涡是很自然的事，“反动学术权威”头上高悬外，一定还是“叛徒”、“特务”，才能使这群无耻之徒称心如意。在暗无天日的苦难中，魏先生整天遭受谩骂毒打，百般凌辱，苦不堪言。两人共同在烈火中煎熬，度过生与死的关头，在丧心病狂的暴徒肆虐中，活了下来，这一血泪交织的史实，在魏先生最近发表在《炎黄春秋》中题为《南开大学“文革”二三事》的文章中有所反映。该文铿锵有力，无情地描绘了暴徒们的嘴脸，把他们钉在历史的耻辱柱上。这篇文章会永远闪闪发光并有根有据地反映历史的一个侧面。王黎女士一生都是魏先生生活、出外讲学和学术活动的有力助手。

对史学或是读过的专业，我都似浮萍般飘动，与其说些外行毫无深度的话，还不如写些在魏先生领导下进行过的点滴活动。

鸿运绵长

李万华

我与老魏已有六十多年的交谊，记忆之闸开启，诸多往事盈怀。

天津解放前，南开大学校址分三处，东院（财经学院）、南院（理工学院）、北院（文学院）。我们通过高考，先后来到南大学习。我是哲学教育系学生，1948年老魏由北京辅仁大学转学来南大历史系学习。我们同属文学院。文学院学生人数少，同学之间能很快熟悉。

我们受党的培养、教育，参加了地下党组织。我与老魏联系比较多的时期，是在天津解放前夕，南开地下党组织合并之后，同在一个支部。

天津解放初期，南大哲学教育系撤销，合并到北大、清华。因工作需要，我转到东院经济系学习。后来，上级决定让我担任杨石先校长的人事秘书，并兼任部分党的工作。从此，结束了学生生活。1951年老魏毕业后留校，任历史系教师，并担任文学院党支部书记。我们之间的联系就更多了。可以说我与老魏一直是同学、同志、同事。我们之间还有一个共同点，几十年间从未被调离南大。六十六年我们来一直在南大学习、工作、生活，亲身经历了南开大学这些年的风风雨雨，尤其是看到了十一届三中全会之后母校的诸多巨大变化。

1952年南大成立了党支部，王金鼎同志任党总支书记，从教育部调来的老党员刘披云同志任副校长。由于当时全面学习苏联，学校取消了院一级的建制。为加强各系的领导工作，总支决定设系务助理，由党支部书记兼任系助理工作。老魏就在这种忙于党、政各项工作的同时，一直勤奋地坚持教学、科研工作。五十年代初，他曾赠我他写的《史可法》一书（书名记不准了。该书在“文化大革命”中被抄家的红卫兵拿走了）。我那时想像老魏这样勤奋的人，以后必有更大成就，曾给他取外号，称他为“院士”。至今通话时，仍有时以“院士”相呼。

还记得五十年代，我校党组织由党总支改建为党委，楚云同志任书记。当时曾决定筹备南大校史展览，请老魏主持筹备工作。我曾把我所保存的南大地下“民青”和地下党在1949年先后公开的有关材料，如《致南开师生职工的公开信》、工作总结及组织人员名单等材料交给筹备工作组。后因政治运动冲击，干部人事变动大，展览没办成，相关资料的下落我也不清楚了。

记得老魏结婚后，住南大文学院附近六里台三角地带新建的宿舍里，我还曾去他家讨吃解馋。1952年天津三大学（南大、北洋、津沽）院系调整后，老魏迁居南院大西村。我成家后曾住大西村，与之成了近邻，两家都有老人、孩子，互相帮忙的事情就更多了。

我印象最深的是那些年，政治运动多，挨整的人不少。我也在劫难逃，蒙冤受屈，痛苦不堪。当时老魏不但没有与我“划清界限”，反而热心关怀。他诚恳地嘱咐我爱人转告我“不要倒下，挺直腰板，眼光放远点……”在当时，这真是难得的支持、帮助。“文化大革命”中，我虽是“死老虎”，但也挨过打，遭批斗，多次被抄家，关牛棚，干很重的体力劳动。老魏也难逃厄运，被打成“何娄黑帮”、修正主义分子、反动学术权威等等，受了不少磨难，且祸延妻子儿女。好在这一切灾难，老魏都撑过去了，所以才有“文化大革命”之后的多种学术成就。

记起约在二十世纪七十年代末，市里组织地下党员赴北京，参加曾领导过平津地下党工作的刘仁同志的追悼会，恰好我与老魏同住一室，聊起诸多往事，感慨万分。

作者1949年后任中共南开大学首届党支部书记，2022年4月18日病逝。

恩师教诲铭记在心

刘家鸣

魏宏运老师穿越时代的风霜雨雪，携带着丰富多样的学术硕果，登上人寿高峰。

二十世纪五十年代初，六十一年前，我有幸聆听宏运老师的讲课。一九五二年秋，我从福建老家长途跋涉来到南开大学中文系就学。那时，经过高等院校的院系调整后，按照新订的教学计划规定，中文系新生必须上两门历史课：中国史和世界史。世界史请历史系雷海宗、辜燮高两老师分别授课。中国史则按历史朝代划分阶段，请王玉哲、杨翼骧、谢国桢、魏宏运等多位老师先后轮流讲课。还记得是在原先东村的平房教室里，宏运老师给我们讲授中国近代史。时光逝水，世事沧桑。六十多年前宏运老师讲课的具体内容早已淡忘，但是，当年魏老师在讲台上，英气雍容、儒雅自然的年轻身影，依旧宛在眼前。

一九五四年春，宏运老师第一次同我面对面接谈。当时，我正在申请入党。他担任统合中文、英文、历史三系的党支部书记。依据组织规定的程序，在讨论我入党的支部会议前，宏运老师作为支部书记找我面谈，还记得是在原先的胜利楼（第一教学楼）二楼靠南边的一间办公室里，宏运老师对我说，他看过我写的入党申请的书面材料，还询问我的家庭出身以及家庭收入情况，让我谈谈对于入党的思想认识。然后，他慈和地对我说，你学习勤奋，成绩优良，课余搞社会工作，做《人民南开》记者，组织报道和写稿，表现积极，群众反映不错。但是，你写的书面材料里，对家庭出身和成分评定的认识有偏差。一个人的家庭出身是不能选择的，家庭成分也不能任凭自我看法随意更改，不能为了表明和家庭划清界限而作出“左”的偏激的批判。根据你的家庭经济收入和小额土地出租的实情来考察，土地改革时你家评为小土地出租者，还是恰当准确的，不应为了表现进步而随便加码变更。他强调说，你入党后，作为一名共产党员，处事对人，看问题做工作，都应当实事求是，一切从实际出发，要多多思考，不要走极端出偏差，那样对党的工作，对你自己都不好。实事求是是我党的优良传统，今后在学习上和行动中要努力贯彻落实。这一席谈话，让我非常感动、心服，由衷钦佩，从而铭记心上，几十年过去了，从未淡忘。

在八九十年代之间，宏运老师和我有较多的接触和交谈。当时我们都在北村，几乎每天清晨，宏运老师和中文系、历史系的几位中年教师自然地聚在一起散步。参加的有郑克晟、左志远、任家智、郝世峰、鲁德才、陈晏清等，我也是这个散步行列中的一员。我们三三两两地自由随意地在北村附近散步闲谈。马蹄湖畔，芝琴楼边，思源堂前，中心花园里，每天清早经常可见这几位先生闲散行走的身影。大家都无拘无束，随意而谈，交流思绪，直抒胸怀，或漫议实事世俗，或指斥贪腐诈骗，或诉说旅游见闻，或闲话古今轶事趣闻，激浊扬清，抒心开怀，分辨真伪，兴致盎然。有时，我会看到宏运老师同左志远先生站在马蹄湖边亲切对谈，让我感到他们像是在探讨某个学术问题，或是在商量某项工作，态度认真，专心致志，旁若无人。而他们谈话的周遭，有飘动的绿柳，湖面上有亭亭的莲叶映衬着，这场景分外感人。

八十年代以来，宏运老师在学苑辛勤耕耘的成果持续出版面世。每有新的学术论著出版，我就会受到他的亲手惠赠。《孙中山年谱》《抗日战争与中国社会》《中国近代历史的进程》《锲斋文录》等诸多著作，如今都珍藏在我的书橱里，不时拿来阅读，增进我的学识。

宏运老师有关现代史的人物、历史事件和社会事情的论著，对我的启发和帮助很大，受益匪浅。我多年里从事中国现代文学和鲁迅研究的教学和科研工作。因此，他的有关孙中山的思想与革命活动的论述，关于辛亥革命和民国初期的政治与社会历史的著作，有关抗日战争时期的社会历史与经济状况的评析，能够帮助和启示我去钻研和探索现代文学的发展与变化，理解现代作家文学创作的历史社会和文化背景，认识和剖析文学作品所反映的社会历史真实的深度和广度。因此，宏运老师的多种学术论著，对于我从事的现代文学的教学与研究，发挥着重要的指导和启示作用。

细想多年里阅读宏运老师的诸多著作，我深切地体会和认识到，他的学术论著里始终贯彻着一条红线：坚持和恪守马克思主义历史唯物主义原则，从实际出发，尊重史实。实事求是的精神深深地渗透在他的学术著作的字里行间。宏运老师论述中国近代史，评析历史人物或政治社会现象与事件，从不发空洞干巴的议论，从不作主观的臆测和推断，而是立足于历史社会的实际，言必有据。我觉得，他的这个“据”，一方面是他从图书馆、档案馆的文献中穷搜博取而得的书面资料或档案；一方面则是他到各地区进行广泛的社会调查和考察，深入群众做访谈的结果，因而资料翔实，论据丰富。我感受到，宏运老师的史学论著，往往是从社会历史发展中选择研究课题，提出问题，再结合历史文献资料和社会调查的实际，提炼出理论观点展开论述。他的论述，不因循守旧仿袭陈见，而是敢于发表自己的独立见解，为前任所未道，富有创新性，故而获得学界的好评，反响不凡。他的论著，论点和论据有机统一，富有严谨、扎实、深刻、准确的鲜明特色，能够生动而明晰地揭示历史事件和历史人物的真实情况，展现历史原貌。他的学术论著的文字风格，深入浅出，朴实平易，自然流畅，从无故作高深的心态，也没有迎合时尚之弊，把自己的独立创见融合在缜密的论析之中，总是显示着求真务实的优良学风。

宏运老师把自己的论著选集命名为《锲斋文录》，正是宣示了他在学术道路上锲而不舍、勇敢探索、持续奋进的意志和决心。在阅读他的著作时，我时时感受到他那认真严谨、谦虚执着的学术作风。这都是值得我们后学生徒永远崇敬和学习的。

魏宏运先生
——我从事中国现代史研究的领路人

杨圣清

一个人在他的一生发展过程中，总是离不开父母的精心抚育、关爱，老师的谆谆教诲、引导，朋友们的真诚帮助、关怀。我的发展过程就是如此。特别是我的大学时代及其后的工作中，老师的谆谆教导更是我走向社会、发展我所从事的事业的指路明灯。许多老师可以说既是我的良师，亦是我的益友，魏宏运先生即是其中一位。

（一）

我1954年夏天从山西省运城市康杰中学高中班毕业考进天津南开大学历史系。当时南开大学历史系的规模并不是很大，但却集中了一批知识渊博、教学经验丰富的老教授、著名学者。在中国史方面有郑天挺、王玉哲、杨志玖、杨翼骧、谢国桢、来新夏、魏宏运等；在世界史方面有雷海宗、吴廷璆、杨生茂、黎国彬、辜燮高、陈枬等。我们这一届100多个学生进校后，有关中国史和世界史专业基础课都是由这些老教授、著名专家和学者们亲自讲授的，而后他们又根据自己的专业特长给我们开设了断代史、国别史专题；有的老教授还给我们开了史学史、史料学等课程。所以，在南开大学的四年学习中，在各位老师的谆谆教导下，我既学到了比较丰富的历史专业知识，马克思主义基本理论，也学到了研究历史的基本方法，这三方面学问都使我终身受益无穷。

1957年春季开学，我们开始学习中国通史现代史（即五四运动到中华人民共和国成立这一段历史，现在称作中国近代史）部分，授课者是魏宏运先生。魏先生在他的《自定年谱》中讲，1956年6月“郑天挺开完全国教材会议返校后，历史系根据教育部颁发的教学大纲、教学计划设立了三门新课：史学概论、物质文明史，中国现代史，授课任务分别由郑天挺、雷海宗和魏宏运三位先生承担。”由此可见在此前中国现代史还不被教育部门和史学界所重视，还没被列在大学历史系的教学课程内，这时教育部才决定在南开大学历史系首先增开这门新课，实际上是带有实验的性质的。

开课后，魏先生只发给我们每人一份教学大纲，根本没有教材，发的资料也是很零散。那时也没有人编写出版过什么比较系统的中国现代史的著作，到学校图书馆只能看到胡乔木写的《中国共产党三十年》和中国人民大学党史系胡华教授编写的《中国革命史讲义》，这两本书也只能说是关于中国共产党历史著作和中国共产党领导的中国新民主主义革命史著作。这说明从五四运动到中华人民共和国成立这一段历史的研究还是一片空白，一块尚待开垦的处女地。所以，这个新课程教学的艰难和所遇到困难之多是可以想象的。

当时魏先生是"两肩挑"教师。他既是讲师，肩负着我们年级的中国现代史教学任务；又是历史系的领导，担任历史系党支部书记和系主任助理等职务，教学任务和党务行政工作两副重担一起压在他肩上，工作十分繁忙。魏先生以一个共产党员敢于担当的精神，刻苦钻研，大胆探索，创造性地完成了我们年级的中国现代史教学任务。首先，他结合中国现代史教学认真地学习钻研了《毛泽东选集》前三卷，在讲课中突出了毛泽东思想的指导作用，并要求我们学好《毛选》前三卷。其次，他每天到学校或天津市图书馆查阅各种报纸杂志、海关册、北洋政府公报等，还到劝业场旧书店购回了《胡适文存》《独秀文存》《冯玉祥日记》以及斯诺夫妇写的《西行漫记》和《续西行漫记》等书，以丰富的历史资料充实了他的讲课内容。再次，他在助教的帮助下举行了中国现代史图书展览，展出了当时能找到的各种报纸杂志，如《解放日报》《新华日报》和十九种影印杂志等。可以说，魏先生是中国现代史研究领域的一位最早的开拓者，并为之做出重要贡献。尽管当时我们对他的讲课不是很满意，感到讲课内容有些散乱，逻辑性不强，可他在教学中的刻苦钻研精神和认真负责的教学态度，还是使我们感动的。我是特别喜欢中国现代史的，通过魏先生的教学，我有较大收获，它给我以后学习研究中国现代史打下了一个较好的基础。

（二）

1958年10月大学毕业后，我留南开大学历史系做助教。系先分配我到新成立的毛泽东著作教研小组编写《历史科学概论讲义》和辅导新入校的一年级学生。随后，毛泽东著作教学小组与中国现代史教学小组合并，我的任务是整理编辑《河北省工人运动史资料》。这时魏先生很关心我的专业学习。有一次他听了我的学习汇报后讲，不能只学习《毛选》，还要多读些历史资料，研究历史必须掌握大量的第一手历史资料。从历史科学来看，毛泽东著作和毛泽东思想是中国现代史的重要部分，但不是它的全部。毛泽东思想是我们研究中国现代史的重要指导思想，但它却不能代替中国现代历史。史与论的关系问题是当时史学界争论的一个大问题。魏认为历史科学是以史为主，是通过历史事实说话的，史与论要相结合，不能把历史课变成理论课。他的这些话，使我懂得了学习研究中国现代史的基本方法。

1959年夏天，中国人民大学教授李新在全国招收中国现代史研究生。系主任郑天挺先生和魏宏运先生找我谈话，要我报考中国现代史研究生，到中国人民大学学习三年。一开始我是不愿意去的。一是我觉得自己年龄太大了（28岁），在学校待得太久了，应该在实际工作岗位上多锻炼锻炼。二是我已结婚成家，有了孩子，想工作让父母亲减轻点负担。但郑先生和魏先生都认为还是去人民大学再学习三年为好。他们说，中国人民大学是全国马列主义水平最高的大学，师资力量雄厚，不要失掉这个好机会。党组织决心要培养我，系领导如此情真意切地劝我考研究生，我觉得不能辜负领导的希望，便改变主意，去报名检查身体和准备应考。不错，最后我被录取了。在郑、魏二位先生引导下，我又走进中国人民大学读了三年中国现代史研究生。

读中国现代史研究生的三年，是我学习中国现代史的一个新的起点。中国人民大学的学习环境和学习条件都很好，师资力量雄厚，学风正，学习氛围浓厚；它又处在中华人民共和国的首都——中国的政治、文化中心，接触的人和事，所闻所见都要比天津宽广得多。我进人民大学时，恰逢我的导师李新受教育部的委托正在集中全国几个名校的知名专家，如复旦大学的蔡尚思、华东师大的陈旭麓、山东大学的孙思白、人民大学的彭明等名教授，编写一部四卷本的《中国新民主主义革命通史》著作，实际上就是一部中国现代史著作，第一卷已出版，其余三卷稿正在讨论修改中。李新老师不但要我们从全国五所大学来的五个研究生参加讨论和提意见，甚至还要我们写个别章节。当时我们住在张自忠路铁狮子胡同人民大学分部；李老师他们工作地点在王府井东厂胡同近代史研究所，两处相距不远。许多讨论会都是在近代史所的八角亭举行，每次讨论会都是我们学习的好机会，专家们在高谈阔论中，常常提出中国现代史中许多需要深入思考的问题和许多真知灼见，同时还引出许多宝贵的材料，使我们大开眼界。同时，李新、彭明等老师给我们讲了不少有关现代史方面的专题。特别是李新老师，他还是“二战”时期参加革命斗争的老干部，不但革命经历长，斗争经验也十分丰富，而且博学多才。他不喜欢作专题报告，希望我们能提出问题与他一起讨论。这种教学形式生动、活泼，他的很多观点给我留下了极深刻的印象。此外，我们还经常到西郊人民大学本部听党史界权威教授何干之和胡华老师讲中共党史课，何干之和胡华讲课内容的丰富深刻、分析问题的透彻和治学态度的严谨，也给我留下难忘的印象。

三年研究生学习大大丰富了我的中国现代史知识，提高了我马列主义、毛泽东思想理论水平和观察、分析问题的能力。我觉得我这三年的路走对了。它是我迈出从事中国现代史教学和研究的很重要一步。当然这重要的一步与郑先生、魏先生的正确指引是分不开的。

（三）

研究生毕业后，我重回到南开大学从事中国现代史教学研究工作。这时，魏先生为了更好地把我培养起来，把1964届以后中国现代史基础课的教学任务都交给我；魏先生给高年级学生开了现代史专业课，如五四新文化运动史、武汉国民政府研究、土地革命史、南昌起义等，获得学生们普遍好评。他更加注意把现代史教学与毛泽东思想结合起来。这时，《毛泽东选集》四卷已出齐。当时还没有复印机，手抄很费时间，魏先生为了节约时间，就从旧书店买来几本毛著，把毛主席有关中国历史的论述剪下来，制成卡片。我认为他这种办法很好，就照着他做了。结果“文化大革命”初期，他被打成“反革命”，遭到批斗。

魏先生这时就开始注意到让年轻教师到基层实际中去锻炼，去接触社会和工农群众，向社会学习。1964年春天，历史系师生到唐山丰润县参加“四清”运动。我们党在唐山地区的群众基础是十分雄厚的。党的早期领导人李大钊的家就在昌黎县。大革命和第二次国内革命战争时期，唐山地区爆发过大规模的开滦煤矿工人大罢工斗争和多次农民暴动。抗日战争时期又发生了著名的冀东十万农民抗日大暴动，并建立了冀东抗日根据地。魏先生与丰润县县委领导交谈中，知道他们想编一本县志，便抽我和来新夏、赵书经老师去丰润县编写县志。在丰润县委住了一个月，我们帮助县委写了一个《丰润县县志编写提纲》。来、赵两位老师回校后，我一人留在那里，在县委一个同志的陪同下从丰润县南走到县北，了解了丰润县农村抗日根据地情况；同时，我认真读了唐山地委编写的《唐山革命史》，并抄录了全文。5月，魏先生又调我到河北霸县东泰山村编写韩复榘家史。从到丰润县编县志和到霸县编写韩复榘家史，对我来说是很好的农村调查、学习机会，我得到了实际锻炼。

经过“文化大革命”几年的折磨，1972年魏先生站了出来，担任历史系主任，并在第二年南开大学党的第二次代表大会上被选为校党委委员。这年春节后，魏先生先带我们现代史组的同志到南方广东、湖南、江西、浙江和上海等地参观了这些省市的革命遗址。同年10月下旬，他再带我们到陕北延安、瓦窑堡等革命圣地参观。本来党支部已决定要我到五七干校劳动半年，但魏先生还是要我先去陕北参观。他对我说，你去陕北参观时间短一些，参观延安后就同我一道返回学校，不在西安停留。我很感激他，觉得他考虑问题全面且周到。这两次参观增加了我对党史和中国革命史的实感，加深了我对党史和中国革命史的认识。

随后两年，我们与河北大学、河北师范学院等单位合作编写了《中国共产党历史讲义》。后来魏先生对这个讲义作了修改，便作为入校的工农兵学员学习中共党史（这时现代史课改为讲中共党史）的教材。“文化大革命”结束后，南开大学历史系和杭州大学历史系、湖南师大历史系、河北大学历史系等筹备合作编写《中国现代史》教材，魏先生要我参加筹备工作，后来我离开南开大学，就退出了。但他们讨论编写大纲时，魏先生还要我参加了第一次会议。

（四）

我是1978年1月28日离开南开大学到中央党校中共党史教研部工作的。中央组织部调我到中央党校的调令是前一年10月发的。开始我是同意到党校工作的，可后来思想动摇，曾向组织提出免调的请求。拖了几个月，组织未能批准，最后我还是决定服从组织。在我离开我曾经学习和工作了20多年的南开时，心情不好，依依难舍。魏先生很理解我的心情，他为安慰我，要我的同学许盛恒和总支办公室的王金堂二人把我送到中央党校。

我虽然离开了南开大学，但心里还时时想着南开的老师、同学和朋友们，关心着南开的变化。我特别关心着我的恩师和益友魏宏运先生；魏先生更是时时关心着我。我离开南开后，1981年10月，魏先生主编的《中国现代史稿》出版，这是他研究中国现代史的重要著作，中间凝结着他多年研究中国现代史的心血和成果。该书一出版就受到社会的重视，被教育部定为普通高等教育“九五”国家级重点教材，全国100多所大学的中国现代史专业选作本科基础教材，并销往美、日、法等国。这本书一直放在我的案头，作为我教学和研究的主要参考书。

这时，魏先生把他的研究方向转向抗日战争时期研究和华北地区社会调查研究。首先，他与中央财政部合作编著了《晋察冀边区财政经济资料》和《晋察冀边区财政经济史》。其次，他组织力量搞了二十世纪三四十年代太行山地区社会调查和研究、河北省农村社会调查研究等，把文献研究与口述历史结合起来，探索出一条研究中国现代史的新路，开辟了一片研究中国现代史的新天地。他说：“古代史研究要有突破，就要依靠地下发掘；现代史研究要有所突破，就应走向农村和城市，把文献研究和口述历史结合起来。基层社会的变迁，广大群众怎样接受政府的政策，这类问题都可以在生动的口述史中找到答案。”

魏先生每出一份科研成果都要送给我。特别是在1984年8月和1991年8月在天津南开大学主持召开的两次中国抗日根据地史国际学术讨论会，他也都邀我去参加。在他的启发下，我对抗日根据地问题产生浓厚兴趣。在中国人民抗日战争胜利60周年时，我撰写出版了《新中国的雏形——抗日根据地政权》一书。随后，我学习魏先生注重向社会学习、把文献研究与口述历史结合的经验和方法，多次回到我的家乡山西省南部中条山地区进行抗日战争史的调查研究，写出记述中条山军民抗战历史的《巍巍中条——中条山军民八年抗战史略》和记述日军在中条山战役中的残酷暴行和人民苦难生活的《苦痛的记忆——中条山战役难民口述历史实录》两本书；同时还配合香港凤凰卫视记者拍摄了《血耻——中条山战役全记录》电视片。魏先生为我这两本书写了序和评论文章，鼓励我坚持写下去。我亲身体会到社会和人民群众中蕴藏着丰富的历史资源，需要我们去发掘。历史学者不能只把研究的目光停在图书馆和档案馆，还应走向社会和民间。群众口述历史中有着许许多多文献和文字资料中所找不到的珍贵史料，不但可以填补既有文献的空缺和不足，亦能匡正既有文献的不实和讹传。

总之，魏宏运先生是我的良师和益友。从我认识他那一天起，他就时时处处地关心着我，教诲着我，我在历史科学研究上每前进一步都得到他的热情帮助和诚挚的教诲。我永远记着我的这位恩师，永远要向他学习。

杨圣清，曾任南开大学历史系副教授，中共中央党校党史教研部教授。

晚年时节忆师恩
——我与魏宏运先生

刘健清

魏宏运先生八十寿辰时，我曾有“研史多好古，先生号为今”“宁坐冷板凳，不阿权贵们”之句祝颂。近十年以来，先生一如既往，思维敏捷，笔耕不辍。勤奋为书，可称“南开一号”。我与先生相识相处已达半个多世纪，也已年盖耄耋，思绪多多。然而，弟子不才，难报师恩。回想往事，今历历在日。全凭记忆，录以为颂。

在南开，待下去

1956年我调干考进南开大学历史系，9月入校，临时住第六宿舍添加的床位（6+2），一屋8人，本来心情不爽。老同学对挤进来的新生也不欢迎，七嘴八舌，冷嘲热讽。特别是对我这个老新生（24岁）颇有兴趣。四年级的朱××说：“你都是干部了，还是个小头头，来这里干什么？毕业了，说不定还去当中学历史教员”。陈××说：“学历史，被人看不起，我对家人说我读外交系。”“真傻！不去学医，跑到文史来。”当年，我在中级卫校任党支部书记兼教导主任，工作成绩尚佳。因响应“向科学进军”号召，省卫生厅调我脱产补习数理化，准备考湖南医学院。我不愿学医，是看到当医生太辛苦，而学历史，认识更肤浅。初入大学府，举目无亲，内心苦闷，无助。极想退学回乡，曾写信给湘潭地委组织部，我的老战友、副部长刘兆春欢迎我回去，说回原单位或到别的中学做校长均可。但一想，回去不丢人吗？我已入党七年，长期以来，个人思想问题，习惯了找组织。我打听到历史系党总支书记名叫魏宏运，住在天津大学一村（现已盖教学大楼）。我未预约，冒昧登门，不承想魏先生热情接待，认真听了我的诉说。他很理解新生入学初期出现的思想问题，今年更特别，调干生百分之八十五，要稳定专业思想。他说上大学对国家和个人前途都很重要，不可轻易放弃。不要听那些瞎说八道，胡言乱语。历史学包括其他社会科学，都可以在学习过程中培养起兴趣来。南开的历史学科在全国可是重镇，老教授多来自西南联大（我中学时心仪之校），老师好，学风也好。你们年级同学不少来自北京、中央机关的，没有人要求回去吧？我劝你还是安心读书好！他的话很有说服力，反复考虑后，决定不走了。上课以后，我果然被雷海宗等先生深入浅出、口若悬河似的课堂讲授所吸引，开始进入历史科学万花园中。

1977年，中央党校要充实教师队伍，中央组织部发的调令先到天津市委组织部。9月5日，学校组织部副部长赵俊顺通知我，“你要上中央党校工作了，这是好事，我们学校不想放，没有用，好好准备吧，有一个月时间”。事前我已有闻，但真要走，全面考量，思想复杂化起来。不比当年单身轻装北漂，今拖家带口，年近半百，孩子又小，家属难分是自己内心第一原因。至于同事朋友们一些好意议论：如“风口浪尖”、“鸡头凤尾”、“非学术性”……种种，也多少影响我的抉择。我当时在学报编辑室，同事们大都不主张去。直接领导是副校长娄平，他说“各有利弊，决定由己，愿你留下”。

一心劝我留下不走的是魏先生，我不记得他说过哪些道理，他认为中组部调令非同儿戏，共产党员服从组织是个大原则。如何才能说服上级撤销调令，最为关键。正是在他的指点帮助下，我去了中央党校组织局、中共中央组织部、天津市委组织部等部门。顶着接受组织处分的风险，诉述真情，请求撤调。几经反复，费尽周折，直到年底，南开组织部让我写了一份上访找人的全过程的材料，说是调令撤了。总算了个人一件心事，可是至今我还不知道最后点头定夺者是哪位恩公。从此就在南开待下去矣。我庆幸，一生南开之缘与魏先生关联。

搞科研　靠史料

我与魏先生较频繁的接近，是1958年科研“大跃进”运动开始的。1957年后，“向科学进军”口号被抛弃，大学里以学生为主体，编教材，写厂史村史工运史公社史。我年级上课不足一年，就连续不断去开滦煤矿、河北五公公社，工厂双革四化，三战海河……在调查天津工人运动史资料过程中，我和石宣同学一组由魏先生指导，我们早出晚归，跑了不少有关单位。天津历史博物馆、档案馆、总工会，访问老干部、老工人，收集了几十万字资料，编成《天津近代以来工人运动大事记》。整个调查收集编辑过程，魏先生都参与指导，有的档案记载的人名、地名不一定准确，当年领导者现今如何？访谈记录的活材料，也不能完全照搬，等等。我们的稿子送给先生看，他每次都能指出错误，反复五六次。他说：“史料是历史科学的基础，马虎不得。”在大搞科研全民“大跃进”的浪潮中，魏先生不在乎“放卫星”之类“半年写出一部中国通史”，十天编成“毛泽东论历史科学”口号，他保持着冷静的、科学的头脑，照样严格要求，令人敬佩。在政治运动压倒一切声浪中，我记得是他提出过古汉语和外语是历史系学生必须攻克的两道难关，当其时也，难能可贵。后来，我也看到，先生善于从原始材料入手，去论述历史上重大事件和人物，例如，为了研究武汉政府，专程去武汉住一段时间。当年，我们年级虽然课堂教学少了，在编写《开滦矿史》（58年）、《五公公社史》（59年）时，我作为组长，暗暗地认真贯彻先生教诲，看资料不可粗枝大叶，抄写不得有误。开滦的档案十分丰富，我利用这里资料写了一篇文章，发表在1959年12月的《光明日报》。大概从此开始，我的兴趣倾向于中国现代史。

1960年5月，我被抽调出作教师，魏先生因“反右倾”被委屈借去天津历史研究所，他没有找我谈话。新来的总支书记李云飞说：“历史系建立党史专业，你来搞党建。”但此计划很快取消，我和几个青年教师被同时下放河北吴桥包队，苦度灾荒一年，而后，去人民大学进修中共党史，回校作政治课教师了。

辟新路　扩领域

新中国成立以来，中国现代史长期限于中共党史和中国革命史领域，学科建设若不解放思想难以为继。1982年，我从宣传部回系即提出我的研究方向定位问题，魏先生请教研室讨论，没有结论。我在人民大学学党史那年，是“以我为主，旁支省略”。学毛选，背毛选，以阶级斗争、路线斗争为红线，这样的中共党史，也就只能是共产党如何战胜国民党，毛泽东路线如何战胜机会主义路线的历史。这个路子在“文化大革命”中越走越仄，甚至十分荒谬。听说系里受大局影响，有过变中国现代史学科为中共党史的主张，但魏先生坚决反对，没有改变。这一先见之明，被当成“右倾”批判过。1982年春，以滕维藻校长为首南开大学访美代表团，魏先生作为文科唯一教师代表，考察了美国多所著名高校，眼界大开，思想解放，传达到教研室，大家深受启发，团队精神大振，形成了本学科全方位、多项目以教学促科研的规划。自八十年代中期以后，已经出现和正在实现的成果有：（1）由魏宏运主编、五校合作《中国现代史稿》作为基础课教材，教育部推广通用：（2）由魏宏运牵头，与财政部科研所合作的华北抗日根据地财政经济史资料调查编写，八十年代完成“晋察冀”和“晋冀鲁豫”四大部以及与日本学者合作的华北农村调查，两次“抗日根据地史研究”国际会议的召开，扩大了南开史学的影响。（3）团队成员分别开出中国现代史专题、中国近代宪政史、中国近现代政治思想史、中国国民党史、中国民主党派史、天津租界史、抗日战争时期的正面战场、台湾地区研究等等。这些，大都有成书出版公开发行。《中国近现代政治思想史》已重印11次，至今有些高校用作教材。（4）开辟与坚持周恩来研究。早在周总理逝世半年期内，“四人帮”还不许写悼念文章时，魏先生和学报编辑部同仁，就发现我校图书馆珍藏有周恩来在南开中学时期多种档案，如《敬业》《校风》。

廖永武又从历史博物馆拿来《天津学生联合会报》《检厅日录》《警厅拘留记》，春节期间又从革命博物馆觅得1918年周恩来“旅日日记”手迹原版，当时没有复印，全靠手抄。这些加上旅欧时期的资料，形成1976—1977年《南开大学学报》发表的多篇论述周恩来青少年时代具有较高学术价值的论文。周恩来研究室也是在这个基础上诞生的。研究室后来同中央文献研究室合作，开过四次国际学术会议。上述四点，不是魏先生改革开放后学术活动的全部，但颇能说明南开中国现代史之所以被评为全国重点学科的根据。中国现代史作为非传统学科，第一次身居重点，与我系中国古代史、世界史三科同为全国重点，一时南开名望大增。作为学科带头人系主任的魏宏运先生当然要居首功，红花与绿叶，也是常理。

在二十世纪八十年代学术空气还比较清洁的时候，学界同行，名家晚辈，不少议论，当面的背后的，据我所知，好评居多。过从甚密的前辈如胡华、彭明、林茂生等都说过，“南开魏宏运是踏实做学问的人”，“他们有一支队伍”。南方的有些大学，同学同行来往交流中，谈及南开历史系中国现代史教研室的魏宏运先生，多有好评。

2013年12月12日草稿

刘健清，曾任南开大学历史系教授，2015年病逝。

魏宏运先生与历史系的发展
——外记我的幸遇

刘泽华

1957年，我考入南开，虽未及聆听魏先生课，算不上及门弟子，但无疑是我的师辈。那时他是讲师和支部书记，但在很长一段时间里，他没有与党员们直接面对面，大家有点不可理解，怎么这么“官僚主义”？很多人向年级支部书记提出要求，希望魏先生能与新生党员见见面。一天新党员开会，魏先生突然出现了，大家一起鼓掌欢迎，我印象他迎头说了几句十分低调的话，大意是，不要鼓掌，我与大家一样，近来事情很多，没有及时与诸位见面，请大家原谅。大家都是同志，今后会有很多机会往来。今年报考南开的人不少，你们能考取不容易，希望大家把学习搞好。没有谈及政治上该如何如何，几句话就结束了。印象中到了1958年春天“大鸣大放”，大字报铺天盖地，其中就有不少贴魏先生不突出政治的大字报。

1958年夏，我被抽调出来作助教，从那时开始与魏先生又成了同事，屈指一算，到今天我们相处55年有余了。

55年以来，除1966年到1967年“文化大革命”中的一年，我与魏先生各有不同的遭遇，相见似不相识之外，我们之间的关系，总的说来，一直以一种特别的师友关系相处与共事。

一、我的幸遇

考入南开大学前，因我工作过几年，在他的学生辈中，算“老资格”，从与他共事之始他便称我为“老刘”。最初我称魏先生，后来因一起工作，称“先生”又有点疏远感，称“同志”怪生硬的，于是随大流，更多的时候称“老魏”，这样的称呼几十年，直到我也变成老朽后，感到“先生”“同志”“老魏”统统不顺口，背后我总是称“先生”，但当面多半把这些都省略，照面本身就压倒了种种称呼。因为我们之间不限于同志之交，说“师友”也不足，我们是“心交”“莫逆之交”，他赠我著作每每题“挚友”两字最为贴切。

我初中毕业后工作了六年，1957年糊里糊涂考上“名门南开”，时年22岁。刚刚上完一年级（那时是五年制），1958年夏开始“大跃进”，破天荒地被抽调出来当上了助教。当我接到通知时都傻眼了！怀疑是否搞错了？

在我之后又抽调了一些同学，1961年大调整，他们都重新回班学习，还有不少正牌助教调离历史系，而我却被留下。此时具有重要决定权的我想是魏先生。其实当初他对抽调我是持保留态度的，此时只要他说一句：你同大家一样回班继续学习，我没有任何理由说“不”。把我留下后他随即指派我作王玉哲教授的助教。为什么把我留下来，我从来没有打听过，直到我退休之后才问起，他的回答竟是如此的简单：“事实证明留下你没有错！”

我这里要特别说一下我当时的身体状况，1959年，我被派到中山大学拟进修两年中国思想史。没有想到，广州市的粮食定量比天津少五分之一，我的定量是每月24斤，每顿饭不足三两，对我这个大个子，又是农民出身的大肚皮，整日处于半饥饿状态，举目无亲，没有任何寻求之路，可是又要争分夺秒苦读，几个月人消瘦了十几斤。消瘦也无所谓，没有想到，普查身体，发现患了肺结核，大面积浸润。天呀，无可奈何，时间不到一年，只好中断进修，回天津治疗。幸好，及时住进专门治疗肺结核的疗养院，三个月下来病情由浸润期转为吸收期。我刚刚出院就赶上大整编、大压缩，如果此时真的让我回班学习，别的不说，我的结核病尚未痊愈，原有的工资要减少一半，我该怎么办？在那一段时间里，我惶惶不可终日，生怕有一天接到回班学习的通知。至今我不知道，魏先生出于关照我的身体，还是出于对我德能的判断？至今魏先生也没有向我细说，但我敢断言，就当时的情势而言，把我留下只能由他定音！就我身体状况而言，能让我留任，对我是莫大的关爱！

更让我感到意外的是，1961年仲春，王玉哲先生突然患肺结核病吐血，不能给1961年进校的学生授课，魏先生竟要我给新生讲授古代的先秦史部分。万幸，没有砸锅！为后来能“站住脚”奠定了基础。

“文化大革命”初期，我们俩都先后被揪出来，当然他比我的“罪过”严重得多，一批接一批的大字报说我是他的“红人”、是“修正主义苗子”，回想起来主要有两条要害性的依据，一是揭露1963年我被学校写了学术小传，是重点培养对象。事情的起因是当时中共华北局进行学术“摸底”，要对老专家和少数青年写学术小传。古代史老先生等的学术小传是我执笔写的，每人限定三百字，要写出学术特点与今后可能的贡献。“文化大革命”伊始就被揭露出来，这是为资产阶级知识分子树碑立传的铁证，万万没有想到其中也有我的小传，说我是修正主义苗子，这是无可辩驳的铁证。另一个是，大字报揭露我被当作第三梯队接班人，拟提升为副系主任。这些我都不知情。但不难想象，这与历史系党的第一负责人魏先生会有直接的关联。我既然是他这个“走资派”的“红人”，所以被揪出来也在情理之中，我无言辩驳，那时也不能辩驳，只能默默地忍受。在革命群众敦促之下，我也曾反戈一击，但终不得要害，反而落得个假批判真包庇之罪。在长达一年多的时间里，我们只能“道路以目”！稍稍宽松之后，我们又逐渐恢复了往来，有时也说点悄悄话。当1970年大批下放农村之时，我们俩也在最后一批名单中。说来也有点放肆，我们俩，再加上李义佐，三人联合共同提出“抗议”，竟然达到了我们目的，不再下放。

1971年开始招收工农兵学员，此时魏先生再次出山，我依然是为先生所重，即使对我的“五一六”嫌疑尚未解除（不能参与政治事务），却又被任命为古代史教研室副组长，并由他指定为《中国古代史》教材的主持人。

在党性高于一切的时期，所有的事情都认为是组织的安排，其实，哪有什么抽象的组织，即使有，也是由人组成的。在我头顶上的组织成员中，魏先生一直起着重要的甚至定音的作用，然而过去我从来没有向魏先生说一声道谢，而今到了这把年纪了，我要说一句：深深感谢我的恩师——魏宏运先生！祝愿魏先生长寿！

二、“文化大革命”前魏先生的“中左路线”是历史系发展的重要因素之一

南开历史系创建于1923年，但前三十年历史系在南开是蕞尔小科，有时只有一两人维系。进入五十年代开始了迅速发展，到今天已发展为南开的“四大支柱”学科（化学、数学、经济、历史），这是校方的提法，也是全国的

史学重镇。这一变化的标志要从1987年全国评定重点学科说起。那年首次评定重点学科，南开全校共获得12个，而不足百人的历史系竟占三个。当时着实引起了轰动，名声大噪，人们刮目相待。一些人评论：历史系向来不显山不显水，原来水有潜龙，山有卧虎！这一势态无疑也为同行瞩目。出现这样局面的因素无疑是多方面的，有大局和小局因素等等。大局是共同的，这里省略，只说小局，即具体到历史系的“路线”问题。

说起来，我们既无“天时”之利，也无“地利”之便，剩下的只有“人和”一项。孟子说的“人和”就是称意的“人治”。就南开历史系的发展史而言，也只能从“人治”的角度去分析。因为直到目前为止，我们的“天时”“地利”都还是相当有缺的，似乎也难于与北京、上海等地领头的兄弟院校相比。20世纪50年代直到世纪末，历史系是著名的穷系，别的不说，一个教研室都分不到一间办公室，有一个时期系主任都没有一间办公室。因此“人治”就显得十分重要。1985年我被民主选举为历史系主任，我第一次发言就说，历史系有今日之显赫，我们不要忘记学术带头人，尤其不要忘记郑天挺、吴廷璆、杨生茂、魏宏运几位多年的老领导，此后我在不同场合又多次重复。在那个政治运动不断的年代，这几位先生也多次跌宕起伏，但他们四位一直居于系领导中心。郑天挺、吴廷璆是党外的民主人士（到二十世纪八十年代初加入中共），杨生茂先生虽是党员，因某个历史问题，就是不能转正，预备期长达十几年之久，尽管杨先生为人起着模范作用，但正面的政治作用就只有魏先生来承担。杨生茂、郑天挺、吴廷璆交替任系主任或副主任，魏宏运先生是老资格的地下党员、长期任“党代表”，到“文化大革命”后期和八十年代前期又继任系主任。他们之间的组合可以说是一种奇遇，配合得也很默契，像个“不倒翁”，在外力的冲击下不免左右摇摆，但他们有一个重心是不变的，这就是他们实行的“中左路线”。在那时极左的大形势下，不可能避开“左”，所以我称之为“中左路线”，作为“党代表”处在风口浪尖，他也不能全离开“左”，但实际上更多是“偏右”。当时的“偏右”多半是符合实际的，是实事求是的。

在一个小单位的小“路线”，无疑主要是由“党代表”定位，他是“中左路线”的核心和关键人物。这个“小路线”，我认为主要有三个特点：

一是在政治上“跟而不紧”，不搞新花样，那个时期不少系揪出过这种“集团”，那种“俱乐部”，相比之下，历史系却显得风平浪静，有关的“事件”很少。这里我讲一点趣闻。1964年，学校也搞起了“四清”，历史系没有什么经济方面的事，主要“清思想”，就是让大家“交心”，也可谓公开的“诛心”。魏先生是总支书记，得带头在大会上进行自我清查。当时明面提的是“洗温水澡”“搓背”（批评帮助）等。“四清”在暑期进行，天很热，魏先生自我检查那天，穿着短袖背心、短裤、拖鞋走上讲台，说到“搓背”时，他转过身来，撩起背心，请大家帮助“搓背”，逗得大家哈哈笑，这个幽默有近似滑稽的小动作，却使所谓的“四清”变得不那么沉重。我之所以至今记忆犹新，是因为事后在总支曾受到“左派”们的严厉批评，说他不严肃等。在我印象中，非硬性的政治方面的事，他传达一下就“了”，不再过问或督促、检查。

二是有机会就抓业务。郑天挺先生、雷海宗先生、吴廷璆先生是大专家，不用多说，他们在业务上起着样板和指导作用。但他们的作用能否有效发挥，这要取决于当时的“政治”安排。魏先生、杨生茂先生总是谆谆告诫年轻人：有时间多读书！魏先生常以郑先生为例说，郑先生白天忙于公务不能读书（任西南联大总务长、北大秘书长），夜间、假日要补回来，要向郑先生学习。新一轮“千万不要忘记阶级斗争”的号角已经吹响，他还热情地要青年向沈元学习（沈元，一位学历史的少年“右派”，在家励志苦读，写出了出色的学术文章）。这个班子还商定，要每个青年教师订出进修计划，并指定导师负责，定期检查和汇报，有点像在职研究生。

三、尊重、（尽量）保护和招纳人才

魏先生十分尊重专家的带头作用，并依靠他们推进教学与研究。二十世纪五十年代，这个领导班子狠抓教材建设，在当时是一项全新的学术事业，王玉哲、杨志玖、杨翼骧诸先生的几本中国古代断代史相继出版，雷海宗先生的《世界中古史》也交付出版社，后因被划为“右派”而终止。其他先生也都有相应的讲义印发给同学。师辈们的努力为南开史学的发展打下了扎实的学术基础。然而风云突变，一场急风暴雨席卷南开，雷海宗被康生点名定为大“右派”。说起来有点蹊跷，这位大“右派”改正很早。随后又给他配备了助手，进行专业“抢救”，1961年又被请上了讲台。魏宏运先生在这中无疑起了关键的作用。杨志玖先生因为雷先生辩护遭到大报署名文章的批判，如果在其他单位难逃“右派”的厄运，但由于魏先生再三说服有关人员，以杨先生出身劳动者之家，此前又是党的依靠对象，不要因一时之误把他划为“右派”，于是杨先生免遭一劫。杨志玖先生多次同我说起，没有魏先生的庇护，后果不堪设想，别的不说，一家七口（五个未成年的子女，夫人为家庭主妇）不知如何生活下来？感激之情溢于言表。王玉哲先生一向不问政治，不知从哪来了一股激情，在讲授中国上古史时竟兴致勃勃地宣扬铁托在普拉的演说，这不能不招来批判。由于杨志玖先生得到庇护，王先生也就较平稳地过了关。如果真的把杨志玖先生、王玉哲先生划为“右派”，我敢说，南开中国古代史后来就不可能被评为重点学科。

在招纳人才方面，魏先生也有特别的眼光。有几位颇有才学的先生，由于所谓的“政治原因”，原单位都视为“包袱”，魏先生和杨生茂先生竟请来在历史系安家落户。这里我只说一下对周基堃先生的引进。周先生是二十世纪五十年代外文系出类拔萃的教师，只因与几位教师对某位领导有过稍微尖锐的批评，就被打成“反党小集团”，其实那位领导还不是中共党员，只是一位高级的统战对象。这个小集团涉及多位才华横溢的人才，周基堃先生就是其中之一，从此走入背运。六十年代初，魏先生和杨生茂先生把周先生请入历史系，当时人们多有议论，魏先生多次出面说明周先生是一位很正直的人，敢于承担。他多次证明，新中国成立前夕，周先生公开走上反蒋群众集会的台上，支持学生的义举，慷慨激愤地自报姓名、并向特务们叫板：有种的请向我开枪！周先生精通英文和德文，俄文也有相当水平。魏先生说，这样的人才别处没人理，我们要用！引进和启用周先生在“文化大革命”中是魏先生的一大罪证。

凡此种种，每次政治运动一来，“革命者”都要批魏先生的“右”。在1957年的“大鸣大放”批资产阶级知识分子和“大跃进”中，魏先生不能说不加入，但他比较低调，不赞成一、二年级的同学去编写大学教材，对某些教师的过火批判持有异议，提出要讲道理，不能扣大帽子和人身攻击等。就是因为这些，1959年差一点被戴上“右倾机会主义”的帽子，处于半倒状态，被“挂起来”。“文化大革命”乍起即把魏先生打成“走资派”“牛鬼蛇神”的保护伞，这无疑是很合乎当时的政治逻辑的。

在历史系一群人中，魏先生的革命资历比较长，又没有“历史问题”，出身“贫农”，他的言行多半属于重业务、依靠专家之类，也说不上什么大的政治问题，即使一时被打倒，到落实政策时又能勉强站起来。“文化大革命”中期搞“三结合”干部时，还只能是他，并且继任系主任。1971年开始招收工农兵学员，他“痼疾”依旧，抓的第一件事就是动员大家编写教材，把多数人又引入“业务”之中，成就了“文化大革命”后的一批教授。

我讲这些就是要说明，没有以魏宏运为领头的“中左路线”，就没有“人和”，就没有相对平静的读书环境，就没有学术气氛，就难有学术积累和学术梯队，我也敢断言，历史系也不会有三个重点学科的降临。有人说，还是“左”了一点，或许是这样。但有一个事实：魏先生两次是因“右”而倒台。再“右”一点会如何？有道是：“人生长恨水长东”！

打倒“四人帮”魏先生兴高采烈，在随后的平反冤假错案中，魏先生做的坚决彻底，有些错案过去他也参与其中，但他敢于面对，勇于纠错，赢得了多数被冤枉的人谅解。

在前后三十年中，作为系主要负责人，无疑在一些小问题上也有是是非非，但未影响大局，这已经是很难得的了。我们应该为此庆幸！

魏先生在学术上的成就由行家去说，无需我这个外行唠叨。其实我是知道一些的！

刘泽华，曾任南开大学历史系教授、主任，2018年5月病逝。

南开大学历史系的好掌门人魏宏运先生

王敦书

魏宏运先生是又红又专、德才兼备的优秀的中国共产党党员，是南开大学历史系的好掌门人，是国际闻名的中国现代史尤其是关于华北农村革命根据地的大专家。我愿通过简略回顾近六十年来魏先生与我之间平凡而又有些特殊的接触与关系来表达对他政策水平与高尚人格的感知。

1957年2月，我考上南开大学历史系世界上古中古史专业副博士研究生，到历史系办公室报到，第一次见到了魏先生。他当时是历史系系主任助理和历史系党支部书记，也是中国近现代史教研组的教师。他表示欢迎我到南开历史系来做研究生，并说雷海宗先生是著名的历史学家，学问渊博，希望我能好好跟着雷先生学习。我是一个普通群众，与魏先生的专业也不相同，除系里开会时见到外，没有更多的接触。我对他初步的印象是：年轻、能干、直率、有魄力。

不久，1957年四五月间，全国开展整风鸣放运动，至6

月转入反右斗争。魏先生是南开历史系全系整风反右运动的领导人，特别是教师方面的直接负责人。当时，历史系研究生只有4人，与进修教师合在一起，属于教师队伍。7月中下旬，南开大学反右斗争初步告一段落，开始放暑假。历史系教师方面只批判了两个人：一个是教师，一个是研究生。雷先生与我都没有受到冲击。8月中下旬，由于康生点名，天津市与南开大学对雷先生进行了批判。大约10、11月间，魏先生找我谈话，让我对自己在鸣放时期的言行写一份思想检查。我写完交上去后不久，魏先生又找我谈了一次话，认为我检查得不够彻底，让我集中问题再写一份检查。我按要求又写了一份交上去后，暂时未见下文。

1958年一二月间，南开大学展开反右补课与处理右派的运动。我在历史系受到了批判，被划为“右派”。对研究生右派的处分由重到轻依次有四种：开除学籍，劳动教养；撤除学籍，劳动监督；取消研究生资格，另外分配工作；免予处分。对我的处分是第三种，即取消研究生资格，另外分配工作。说实在的，这时我对魏先生有怕的心理，怕见到他，怕他找我谈话，怕再出什么问题。那么，我对他有没有怨恨之心呢？那倒没有。我觉得，反右斗争是党中央决定的，魏先生只是执行中央的政策，对我没有个人的恩怨；而且给予我的处分还是比较温和宽大的，没有把我送去劳动教养或劳动监督，就是不幸中之大幸。

于是，我忐忑不安地等待分配工作，不知将被分配到什么地方担任何种工作。我内心仍想继续搞历史业务，希望系领导与魏先生能网开一面，考虑到我的业务与外语能力，留我在南开历史系工作。一个月过去，3月下旬，人事处通知我去天津市西郊区大韩庄随南开大学下放干部队伍劳动，名义是随队下放，不是处分。我感到高兴，因为这样的安排虽最终结果还在未定之天，但毕竟我暂时还算是南开大学的人，如果改造得好，有可能留在历史系或南开大学工作。我想，这种安排肯定征求过历史系领导与魏先生的意见，或就是他们提出的，由此我看到了一线光明，内心也产生了一分感激。这样，我开始了长达三年之久的先在大韩庄后在南开大学农场随南开大学下放干部队伍劳动的生活。在此期间，我受南开下放干部队部管辖，与历史系及魏先生断绝了联系。1959年，党中央公布了给改造好了的右派分子摘掉帽子的决定。次年10月，我在南大农场摘掉了“右派分子”的帽子，回到了人民的队伍。我希望能调回历史系工作，但听说历史系的党领导已经有了变动，历史系设总支，党总支书记是从外面调来的李云飞书记，魏先生好像暂时不在系里。我仍然在南大农场劳动。

1961年3月下旬，下放干部队伍通知我被调回历史系。我万分高兴，赶快到历史系办公室报到，见到了魏先生。魏先生对我说：“回来了就好，在资料室工作吧，我也刚回来不久。”话不多，但代表历史系容纳了我，安排了我的工作；并说明他刚回来不久，接替李云飞同志担任历史系党总支书记。我想，调我回历史系工作，显然是魏先生的意见，至少是他同意的。

一个多月后，5月初郑老从北京参加文科教材会议归来，召集教师开会传达会议精神，并说明在史学方面会议决定由吴于廑先生主持编译一套《外国史学名著选》，南开历史系接受了选译李维的《罗马史》与希罗多德的《历史》二部名著的任务。会后，郑老与魏先生找我谈话，将选译任务交给了我，说《李维〈罗马史〉选》必须尽快译出，先出版小册子单行本，有问题可请教雷海宗先生。我感到无比兴奋，觉得他们把选译外国史学名著如此重要的任务交给我来完成，是对我的信任和对我的业务与外文能力的肯定。在雷先生的指导与审校下，我很快完成了李维《罗马史》的选译工作，在7月1日之前将译稿寄给吴于廑先生作为对中国共产党成立四十周年的献礼。考虑到雷先生与我的“右派”问题，我只写南开大学世界古代史教研室译。约两个月后，系办公室通知我说，吴于廑先生来信询问《李维〈罗马史〉选》究竟是谁翻译的，让我与吴先生联系。我随即写信告诉吴先生我与雷先生的政治情况。没想到，吴先生回信说，《李维〈罗马史〉选》将出版，为尊重译校者的劳动准备署我们的名字。1962年夏，《李维〈罗马史〉选》与吴先生主持翻译的另两本《普鲁塔克〈传记集〉选》和《朗克〈教皇史〉选》一起由商务印书馆出版，获好评，受到史学界的重视。《李维〈罗马史〉选》的具体署名是王敦书译和吴廷璆、雷海宗校。这样的安排固然是吴于廑先生提出的，但肯定是跟南开历史系的领导及魏先生商议后决定的。这本书是我的处女作，甚至在某种意义上可说是我的“成名作”。我感谢吴于廑先生，也感谢郑老和魏先生。

1963年夏，魏先生有一次在历史系资料室给青年教师作关于走又红又专道路的报告，手拿蒲扇，讲得非常生动。他号召大家一定要“红”，要“政治挂帅”，要学习理论，学习马列主义和毛泽东思想；同时也必须“专”，要钻研业务，认真读书，写出好文章。他提到了沈元，说沈元发表了一篇《〈急就篇〉研究》。他的这段话给我深刻的印象，使我受到很大的鼓舞。沈元在1957年时是北京大学历史系的本科生，被划为右派，后离开北大，自己在北京图书馆用心读书。1962年写出《〈急就篇〉研究》一文，在《历史研究》发表，一炮打响，被黎澍看中，调入中国科学院近代史研究所工作。1963年在《光明日报》的《史学》又整版发表《洪秀全与太平天国》文章。我想，魏先生这样说，表明他是爱惜人才的。我在资料室只要好好工作，做出成绩，还是有前途的。

1966年6月，“文化大革命”在全国正式展开。当时，我随魏先生及历史系大部分师生都在河北省盐山县参加“四清”运动。6月15日全体调回南开大学投入“文化大革命”的洪流。一回到系里，只见走廊上贴满了大字报，批判魏先生是“何娄黑帮反党集团”的重要成员，网罗“牛鬼蛇神”，是“牛鬼蛇神”的保护伞，并列出图表，而我是他的“黑线黑网”最下端的小爬虫。我感到莫名其妙。我是在魏先生手里打的“右派”，回系不过是个资料员，怎么会是他网罗保护的小爬虫？不久，组成“牛鬼蛇神”组，共十六人，魏先生和我都在其中。我觉得，自己原是“右派”，揪出来当“牛鬼蛇神”自然不成问题。但魏先生是党的领导人，现在却与我同为“阶下囚”，真是世事变化无常。

之后，“八七开花”，批斗游街，拔草扫马路，直到“一批三查”，抓“四一八反革命分子”，魏先生受尽折磨。但他守住底线，不承认自己反党，我佩服他的气节。拔草扫街时，有人责问他对劳动改造的态度，他直接回答说：“劳动是光荣的。”我觉得他答得很巧妙，也大义凛然。1967年初的一个夜晚，管“牛鬼蛇神”组的红卫兵让我去魏先生家叫他来开会。在路上默默行走时，他忽然跟我谈到不久前从历史系毕业工作的学生回来打他的事。这是“文化大革命”以来我们两人之间唯一的一次谈话。魏先生与我的身份地位大不相同，私人谈不上话。我想，他是在万般无奈无助、孤愤难平的情况下，才会对我“诉苦”的。我很同情他，但又能说些什么，敢说些什么呢？不过，在万炮齐轰、墙倒众人推的时刻，我没有写过一份揭发批判魏先生的大字报或材料，在“牛鬼蛇神”组里也没有发过一次针对他的言论。

1976年10月，打倒“四人帮”，“文化大革命”正式结束。1978年末，十一届三中全会召开，拨乱反正，改革开放。在南开历史系，尝尽人情冷暖、世态炎凉的魏先生两落两起，再次成为系领导人。1979年夏，我的“右派”问题得到改正，职称定为讲师，讲授世界古代史课程，工资恢复到1956年在武昌任中等专业学校教师时的水平69元。大约1980年时，我突然接到了北京大学历史系主任著名历史学家邓广铭先生的亲笔来信。他欢迎我回北大，推荐我去季羡林先生主持的南亚研究所工作。我有点心动，又犹豫不决，就持信去见魏先生，征求他的意见。他亲切地接待了我，微笑着对我说：“老王啊，留下来吧，很快一切都会好起来的。”听了他的话，我感到了温暖，就没有离开南开。

1981年5月，我在天津宾馆参加关于亚细亚生产方式问题的大型学术研讨会时，南开历史系进行系主任换届选举，魏先生蝉联当选。这次对副系主任人选采取“组阁制”，即由系主任提名任命。没想到，魏先生竟提名我当他的副手。消息传来，我大吃一惊。我有自知之明，从来没有梦想当“官”。我是一个普通群众，不是党员，却当过“右派”；没有领导和管理的经验，只有接受监督被管理的经验。不过，我为人还算比较老实肯干，尊师重道，不搞小动作，不阿谀奉承，也不落井下石，在世界史专业与英语水平上有较好的基础和能力。我想，魏先生大概比较了解我的这些情况，才会信任我，委托我担任副系主任的工作。

在魏先生的领导下，南开历史系取得了巨大的成就，经国务院学位办公室批准成立了中国古代史、中国近现代史及世界地区国别史三个博士点，先后召开了数次关于明清史及华北农村抗日革命根据地的大型国际研讨会。魏先生本人出版了多部学术著作，多次出国讲学，享有很高的国内外学术威望，并成为国务院学位办公室历史学科评议组评议员。在魏先生的关怀支持下，我也逐步成长，学有所成，才能得展，比较迅速地晋升为副教授与正教授，多次到国外研修讲学，1990、1995年作为中国史学家代表团成员出席国际历史科学大会，1990年被国务院历史学科评议组评为世界上古中古史专业博士生导师，1993年成为全国政协委员。我衷心感谢魏先生对我的帮助与提携。

总括上述，可知魏先生是一个优秀的共产党员，正确地执行党的政策，是南开历史系的好掌门人。反右斗争时，初期在系里教师研究生的队伍中只批判了两个人，数量是比较少的。后来，由于康生的点名，才不得不批判雷海宗先生，并最后牵连到我。处理右派时，根据中央按人民内部矛盾处理的精神，对我留有余地，给予出路，没有一棍子打死。虽给我以取消研究生资格、另外分配工作的处分，却没有完全放弃我，还给我随南开大学下放干部队伍到农村农场通过劳动改造思想的机会。在我摘掉“右派分子”帽子回到人民队伍后，调我回历史系资料室工作，给我选译外国史学名著的任务，尽量调动我的积极性，化消极因素为积极因素。改革开放后，我的“右派”问题得到改正。魏先生就进一步信任我，任用我，发挥我的才能。魏先生是一个睿智的大学者，他善于发现人才，培养人才，爱护人才，造就人才。魏先生是一个高尚的人，和蔼可亲，平等待人，一视同仁，与人为善。他自称“老魏”，不喜欢别人称他“魏书记”或“魏主任”，喜欢大家叫他“老魏”，也叫我“老王”。仁者，人也。仁者爱人，与人为善。魏先生是仁者，是一直与人为善的。

王敦书，曾任南开大学历史系教授、副系主任，全国政协委员。

忆“大跃进”中的魏宏运先生

于　可

半个多世纪以来，魏宏运先生长期担任历史系的教学和领导工作，是“双肩挑”、元老级的教授和领导人，其背负任务之艰巨，可想而知。在他九十华诞之际，回首望去，历史系今天的发展壮大和规模，无不浸透了他的汗水与智慧。然而，这些成绩的取得，并非一帆风顺，他身处逆境的时间、深度和次数远比他人要多。本文主要谈谈二十世纪“人跃进”运动中，他的处境和尽力补救教学工作损失的事迹。

一、1958年的“大跃进”运动

1958年“大跃进”的高潮已席卷全国，我校自不能幸免。年初，正常的教学秩序已无法维持，各种体力劳动接连不断，历史系的同学被分配搞多种劳动，有掏大粪、挖河泥、拔草等体力劳动。学习“大跃进”事迹的讨论亦接连不断。清晨，朗朗的读书声没有了；晚上路灯下看书的人也不见了。代之而起的是“大跃进”的歌声。如“五年计划看三年，三年计划看头年，昨天定的计划，今天翻一番，翻一番。一天等于二十年。嘿！”

到五月，全校已停课。学校宣布：今年不放假了，要过共产主义暑假，大搞科研，大搞劳动。但是具体搞什么，怎么搞，谁也不知道。这时，作为历史系助理和党总支书记的魏宏运先生无力改变现状，只能把群众的热情尽力转移到与历史学科相近的活动。于是有的年级搞中国现代史大事记，有的搞亚非拉民族解放运动史。我们则去图书馆整理编写书目。教师的一部分参加指导同学们的活动；一部分编写《毛泽东论历史科学》。后来又组织同学下厂，我们到学校印刷厂学习排字和印刷。一个月后，我们印出了金色封面的《毛泽东论历史科学》2000册，受到好评。后来又派人到北大和北师大出售，结果销售一空，反应很好。

九月，中央公布了党的教育方针是“教育为无产阶级政治服务，教育与生产劳动相结合”。为贯彻此方针，总支安排我年级和十几位教师走出学校，去开滦煤矿、唐山机车车辆厂、秦皇岛港务局、山海关桥梁厂，访问老工人并编写矿史、厂史。我们同时也带了两门课下去，即外语和哲学。外文系和哲学系也派教师前往辅导，实际收效不大。1959年春，回校上课。但此后也安排了不少劳动和下乡支农。

这些都是以群众运动的方式进行教育革命“大跃进”的一个方面，主要是打乱了正常的学习秩序，专业学习受到了很大的损失。但是，在“大跃进”和浮夸风中破坏性更大的是“拔白旗”运动。

二、针对任课教师的“拔白旗”运动

约1958年8月底，河北省委给高校的“大跃进”运动增加了新内容，即开展两种思想、两种路线的斗争，在斗争中采取了“大鸣大放大辩论”的方法，在红专大辩论中，搞“插红旗”“拔白旗”，实际上形成了对持有不同意见的老教师的围攻，严重伤害了他们的感情。这对教育工作来说是致命的。这也是第一次在高校发动自下而上的，以群众运动的方式对任课教师的“大揭发”、“大批判”。当时，要求学生和青年教师以大字报的形式揭发、批判他们。学生们多以查笔记或以开会讲话为依据贴大字报。历史系更是“全面开花”，凡授课者皆为对象，对准了郑天挺、吴廷璆、杨生茂、王玉哲、杨志玖、杨翼骧、雷海宗、来新夏、陈文林和魏宏运诸先生。

贴大字报首先在胜利楼走廊，然后对大字报较多者集中在教室，名曰“西瓜园”，首开西瓜园者为郑天挺先生。围攻的主力是学生，老教师只能接受被动挨打，中国教育传统的师道尊严被推翻了。所贴大字报多有断章取义或歪曲理解、扣大帽子、无限上纲之处。有的大字报说郑天挺来系后，考据形成了一股系风，实际上有误人子弟之嫌。郑看此大字报后，相当委屈，当即向组织提出了退休的申请，并说“我已年老，不必在此误人子弟了”。经总支多方工作，始作罢。在“人有多大胆，地有多大产”的口号影响下，历史系激进的“左”派曾组织一年级的同学给四年级的同学写讲义，认为年级越低，越没有旧的条条框框。魏对此提出了异议，并派教师去指导。结果他被批为“让资产阶级知识分子来统治”，因而遭到批判。当然，大字报中也有正确的部分。但只许学生围攻教师，被围攻者无解释、说明之地，这就造成师生的对立，破坏了师生的和谐关系，致使许多教师不敢承担教学任务，普遍产生了不求上进的思想，扼杀了他们追求真理、独立思考的精神。同时，有关人员将大字报油印成册上报，其中有魏宏运先生的几篇。此后，有关上级单位将京津地区，包括北大南开和北师大等校的大字报选编，由人民出版社出版成书，其中最后一篇是关于魏宏运先生的大字报。此材料就成为1959年党内“反右倾”机会主义和此后“文化大革命”批判的重要依据之一。

1959年春，在同学们下厂、下乡回来后，学校开始恢复正常的教学秩序，强调“精雕细刻”，严格执行教学计划。郑天挺先生和魏宏运先生继续在会上提出要攻克外文和古文两座大山，只有如此，才能掌握第一手材料，实事求是地开展史学研究。各年级都复了课。但好景不长，夏天，中央召开了庐山会议。此后各级组织层层传达会议精神。市里要求南大批判“右倾机会主义分子”。首先，校级批判楚云与张义和。各基层则批判知识分子出身的总支书记。魏宏运先生自然就成了历史系批判的对象。据说在党内批判了一个月，每天都批判到深夜12点。我只参加过一次会，也可能是最后的一次批判会，参加人员为总支委员和支部书记。批判的问题大体是说他重业务，轻政治，走“白专道路”；“包庇”雷海宗和某某某，“向资产阶级投降”；依靠资产阶级知识分子，打击工农同学；讲课不突出政治，史料多，且引用一些野史，如《金陵春梦》等；倡导攻克两座大山，不要马克思主义，把学生引上了邪路等。最后，他原则上表了态，愿认真考虑大家提出的问题。当时，我坐在他的对面，见到了他第一次戴上了眼镜。并且他在表态时第一次委屈得流下了一滴眼泪，用帽子的边轻轻拭去。

这次“拔白旗”运动和“反右倾”运动，虽然时间不长，但其危害极大。开始了学生以大字报的方式批判教师和干部。一些歪曲夸大之词也没有澄清，致使老教师背上了沉重的包袱。魏宏运先生被批判后，离开了历史系，被借调到天津市历史研究所工作。

三、贯彻“调整、巩固、充实、提高”的八字方针

“拔白旗”运动后，虽然复了课，但下厂、下乡劳动，仍然接连不断。直到1960年底，极左的“大跃进”和浮夸风的危害已暴露无遗。上级遂于1961年春，公布了“调整，巩固，充实，提高”的八字方针。魏宏运先生也重新调回历史系，担任总支书记。原总支书记已调其他单位工作。

为切实贯彻此方针，必须查清楚前几年运动仍频，正常的教学计划和秩序被打乱，知识分子政策被破坏的情况和问题。然后他采取了果断的措施。

为了发挥老教师的积极作用，他规定每周召开一次党政联席会议，参加者为总支委员和教研室主任，讨论研究系里的方针大计，如教学计划，课程设置、师资培养，毕业生分配等重大问题。这样集思广益，有效地调动了各方面的积极性。

为了正确贯彻党的知识分子政策，按党委指示召开“神仙会”。由魏宏运先生和我主持（我当时担任党总支统战委员），参加者有郑天挺、雷海宗、王玉哲、杨志玖、杨翼骧、辜燮高、林树惠诸先生。首次神仙会召开时，魏发言说：这几年受极“左”路线的干扰，造成许多不良后果，大家怨气不少而不敢谈。这次神仙会采取“三

不政策”，即不抓辫子，不打棍子，不戴帽子，畅所欲言，做到心情舒畅。他代表总支向被拔过白旗的、受到不公正批判的老先生赔礼道歉，希望大家打消顾虑，发发怨气。事后，他还重点访问，进行了个别谈心。此后，在神仙会上，大家说出了几年来不敢说的，不理解的心里话，从而调动了老教师的积极性。

九月，教育部发布《高教六十条》，规定了高校的方针、任务。学校据此制定了《南开大学学则》，包括奖惩、留级、退学的条例，经全系讨论，公布执行。为加强本科教育，学校提出老教师要上教学第一线，部分青年教师可随堂听课，继续提高。系党政联席会议，制定了青年教师培养计划，还确定了重点教师名单，中国史为刘泽华，世界史为张友伦。措施是减少他们的行政工作，以便有更多的时间学习提高，并可优先外出进修和学习。

为了保证广大教师的进修时间，《六十条》规定要保证教师每周六分之五的时间用于专业业务，六分之一的时间用于政治学习。魏宏运先生认为，为解决政出多门，会议繁多，影响了教师的读书和补课时间的问题，规定今后一切党政工团会议都集中在星期六下午开。这样，大家就可以每周有五天半的时间用于教学与科研。

为了提高教师的英语水平，历史系举办了教师的英语高级班，由外文系李景岳先生授课，每周四节，大家反应很好。为了干部熟悉教学，魏多次提出，办公室可留一人值班，其他全部人员都去听课，认真学习钻研业务。

为了抢救老教授的珍贵成果和满足青年学子的希望，他请雷海宗先生开设了新课，西方史学史和西方史学名著选读，这是教学计划中规定的，但各高校都没有开出的课程。

主楼125阶梯教室不仅座无虚席，而且通道和教室门口也坐满了人。听众中不仅有外系的教师，还有市内来的听众。雷先生讲课声如洪钟，口若悬河，不带讲稿却对历史人物、事件、年代脱口而出，准确无误。惜讲课后不久，雷先生与世长辞，系里为他开了庄严肃穆的追悼会。

1962年4月，中共中央发出关于加速进行党员、干部甄别的通知指出：凡是在“拔白旗”、“反右倾”运动中批判和处分完全错了的和基本错了的党员、干部应当采取简便的办法，认真地迅速地加以改正。总支以此为依据，清查了工作中的错误，落实了政策。对“大跃进”和浮夸风中的一些极“左”思潮和做法进行了清除。当然，这只是在高校极“左”路线暂时告一段落。

1964年，又兴起了半工半读的教育制度。即一个学期中，一周学习，一周劳动。劳动的一周要与工人同吃，同劳动，每天八小时，日夜三班倒。魏建议到较近的工厂去半工半读，这样可以减少来回的路程，从而增加学生的学习时间。同时，他特别告诉我，老教师安排劳动应适当照顾。具体是：可以不上夜班；白班可安排六小时劳动，在工种上可安排轻体力劳动，不必和学生一样排队步行上下班。对体弱的教师也可照此办理，让老教师尽快恢复体力，备好课。

此后，随着全国形势的发展，极“左”的思潮不断袭来，且一浪高过一浪，直至“文化大革命”达到了顶峰。但是，正确与错误的路线都必然要受到人民的检验。“文化大革命”终以其彻底的失败而告终。魏宏运先生在这场运动中，力所能及地选择了正确的方面。

于可，曾任南开大学历史系教授。

魏宏运先生是对我影响最大的师长

王鸿江　徐云莲

回忆在南开学习和工作期间，在众多的师长中，魏宏运先生是对我影响最大的一位。当时，先生既是老师，又是历史系的领导，对这样的老师，大家称之为“双肩挑”。今天回想起来，魏先生当时给我们印象最为深刻也是难能可贵的是做到了教学科研与行政工作两不误。能做到这一点无疑地是因为先生坚持了一条正确道路，而在当时是作为“白专道路”来批判的，但先生的业绩受到了师生们的广泛好评。直到退休之后，先生仍继续科研工作，仍笔耕不辍，成果丰硕，继续为党和社会作贡献，成为党的优秀学者型领导。精神可贵，令人钦佩。

回忆“文化大革命”前夕，高校的政治氛围是要改变资产阶级知识分子“一统天下”的局面，为了改变这种局面，让工农兵进校“掺沙子”；与此同时也抽调一批学生党员，提前毕业，参加工作，鸿江担任了历史系党总支秘书。当时鸿江本人虽不乐意，但作为党员服从了。魏先生很理解鸿江的想法，教导他边做行政工作边做些研究工作。后来魏先生让另一位同志接替了鸿江的工作，鸿江调入明清史研究室，在郑天挺先生主持下，鸿江与研究室同仁共同标点、校勘二十四史中的《明史》，后由中华书局正式出版发行。回想起来，在鸿江的阅历中，这段时期是他大学生活中最舒心最得意的时光。这要感谢魏先生给他创造了这一条件。

后来，鸿江被调离了南开到市委工作，但在南开学习和工作的那些岁月里，留下的印象永镌脑中不会磨去。魏先生的关心和教诲永远是砥砺我们前进的力量，在云莲的学习和工作方面也受到了魏先生的关心和照顾，虽已过去数十年，仍记忆犹新。

2014年3月15日

王鸿江，原天津市委常委、市人大常委会副主任。

是师长，也是朋友

——我眼中的魏宏运先生

肖　黎

去年年底，魏宏运先生给我寄来了他刚出版的一部论文集——《锲斋文录》，透着墨香，我大体浏览了一遍。从书中的目录得知，先生从1952年开始发表论文，至今已有半个世纪了。这本书只收录了先生30多篇论文，涉及中国现代史各个时期的各个方面，都是他的代表作。在翻阅先生的一篇篇呕心沥血之作时，我有所不恭，时时走神，不想其文，却想其人，这勾起了我与魏先生交往的回忆。

我1958年上大学，正赶上“大跃进”和“三年困难时期”，在极左思潮的影响下，成天不是搞政治运动就是劳动，很少上课，五年光阴没学到什么东西。说句实话，我对母校的感情不深，与老师的交往也很少。

魏先生当时是历史系的党总支书记，是讲师。我那时不是党员，是一个很普通的学生，和先生没有任何交往，只是听过他的课。大概是1961年前后，魏先生曾给我们上过中国现代史（也可能是中共党史）课。他那时嗓子有毛病，每讲一句话就要干咳一两声（十几年后再见面时已听不到干咳了），印象较深的是遵义会议那节课。

师生关系，首要的是平等，没有平等，只能是敬而远之。1978年，我调到《光明日报》社以后，经常参加史学方面的学术活动，与魏先生接触较多，慢慢地对他有所了解。魏先生给我的感觉有点内向，他不事张扬，谦和待人，就是与同学相处也从不摆老师的架子。特别是他关心同学，帮助同学排忧解难，令我十分敬佩。

二十世纪八十年代初，我到哈尔滨市去采访，遇到了几位大学同学，他们都交口称赞魏先生。1963年我们毕业时，有几十位同学被分配到黑龙江省各地煤矿里当中学老师或做宣传干部。“文化大革命”结束后，他们纷纷要求专业对口，却遇到了种种困难。恰在此时，魏先生应邀到哈尔滨市讲学，师生见面，分外高兴。魏先生以他的威望和各种关系，在讲学之余帮助协调关系，解决了好几位同学的工作调动问题。我也曾请先生为两位同学的工作调动开具相关证明，他都尽快予以办理。在许多人眼里，学生都毕业20来年了，他们的工作和生活问题早已与己无关，是可管可不管的事情，可婉言谢绝，亦可搪塞了事。魏先生是系主任，既忙于行政工作，还要搞学术研究，他的时间是很宝贵的。尽管如此，他对同学所托办的各种事情，都能认真地一一办好。十分难得！魏先生乐于助人，关心学生，因而他在学生中的口碑极好。他的人格，赢得了我们的尊重。

由于工作关系，我与魏先生还是能够经常见面的。有时他到北京出差一住下，就会给我打电话，或是在电话里，或是我到宾馆去拜访，聊聊学界动态和相互的近况。一天，传达室来电话说我的老师来看我，我急忙下楼赶去，原来是魏先生和他的夫人王黎女士来看我这个学生，真让我受宠若惊。先生就是这么随和，平易待人。我是个心直口快的人，与先生说话也很随便。记得二十世纪八十年代初，在谈到母校时我曾经向他发过牢骚，说在南开念了五年书，基础没有打好，治学方法也没有学到，完全靠毕业后自学，困难很大。先生是个非常宽容的人，不仅没生气，还跟我说心里话："那时政治气候不好，在极左思潮的大环境下，小环境也没办法，好心的同志说我左，可党内又说我右，我是经常挨批的。老师也都是自身难保，怎么能讲好课？"魏先生如此坦诚待人，发自肺腑的言谈，拉近了我们之间的距离，师生的感情越来越深。

我刚到报社时，对史学界的情况生疏，很多学者也是只知其名不识其人。只要是在会上碰到了魏先生，他就会主动地领着我去认识各地的史学名家，还托付他们一定要支持我的工作。他还经常嘱咐我，不仅要当好编辑、记者，还要抓紧一切时间搞好学术研究，要拿出自己的成果来。我努力地读书、写作，以不辜负先生的教导。每当我发表论文后，只要他见到了就会鼓励我，希望我做得更好，使我感受到了在上学时没有感受到的师生之情。

做学问，首要的就是要扎实，要甘于寂寞，“不怕板凳十年冷”，肯于下功夫，才能成为真正的学问家。魏先生就是一位扎扎实实做学问的人。他认为：“衡量研究水平深度之一，是作者是否使用了独特的史料和可靠的事实。对研究者来说，发现材料是一件大事。材料是客观存在的，但发掘出来，加以新的解释，则须另一番功夫，使论述有活力。”[①]先生是这么说的，也是这么做的。中国现代史的资料浩如烟海，种类繁多，做学问自然是很辛苦的，魏先生却不以为然。从聊天和他的有关文章可知，他已经把到图书馆翻阅大量旧的报刊、积累资料，视为人生的一大乐趣，“是星期日最大的享受”。以做学问为快乐的人，自然胸襟宽广，淡泊名利，不受外界干扰，反而成果累累。

作为老先生，为了求得历史的真实，走出书斋，不惜跋山涉水，在华北地区的老革命根据地查阅档案资料，并进行口述史学的实践，先后主编完成了《晋察冀边区财政经济史资料汇编》（四册）、《抗日战争时期晋察冀豫边区财政经济史资料汇编》（两册），积累了丰富的史料。魏先生把书本知识和社会调查结合起来的这种求真精神，难能可贵，令我辈后学汗颜。

原载肖黎《虎坊桥随笔》，兰州大学出版社2003年版。

① 《我的史学观》，广东人民出版社，1999。

南开人的楷模

李宪庆

魏宏运先生，1925年出生于陕西省长安县一个只有六十余户人家的李家窑村。家境贫寒，童年受苦。十九岁加入共产党外围组织进行革命工作，临危不惧，艰苦斗争。1951年大学毕业留校任助教以来，先后做历史系助理，党总支书记、系主任等工作。为南开大学历史系的创建、发展和建设贡献了心血和才华。他不是一段时间的兼职干部，而是长达五十多年的双肩挑干部。自1961年至“文化大革命”前，我有缘在先生治下做学生党支书；“文化大革命”后先生主政时又聘我做系办公室主任。回想起来有如下几点十分深刻。

一

魏先生1961年任系总支书记后，首先是澄清了浮夸风和1958年以来“左”的思潮，全面贯彻党的知识分子政策和“双百”方针，及时把全系的工作重点转移到以教学科研为中心的轨道上。恢复正常教学秩序，抓好课堂教学，提高教育质量，是先生一贯的教育思想。用61级学生的实例能说明当时大概情况。同学们1961年9月入校后，首先感到系行政工作井然有序，下大力保持教学秩序和课程安排，同时大家非常关心的助学金分配安排得很合理。为保证教学不受干扰，规定周一至周六上午，不准开任何会议。所有会议全都放到周六下午。我们年级没有设政治辅导员，班主任是资深的中年教师陈枬先生，她静谧儒雅，对学生真诚、慈爱，还有就是大家对系领导不称呼官衔，都称呼先生。对吴廷璆系主任，魏宏运系总支书记，师生喊吴先生，魏先生。大家感到既不失尊敬，又觉得亲近、宽松。历史系的学术气氛和宁静的人文环境在逐步形成。

注重课堂教学，提高教育质量。教学第一线全部是有经验的老师上课。中国史的老师有刘泽华、孙香兰、赵树经、王文郁、李义佐、陈志远等，世界史有陈枬、陈文林、张义德、张友伦、张象等。要求助教随班听课，课下辅导。专题课大部分由教授担任，先秦史王玉哲、隋唐史杨志玖、史学史杨翼骧、日本史吴廷璆、美国史杨生茂。在历史系大力提倡学好古文、外文，为此郑天挺教授做了“磨刀不误砍柴工”的讲座。为了提高阅读能力，他提倡“精读一本书”。

为开拓同学们的视野，活跃学术气氛，经常请著名学者做学术报告。梁寒冰、冯文潜、黄钰生、吴晗以及中国科学院、故宫博物院的相关专家先后做过报告，深受同学欢迎。

重视学生成绩考核，加强学籍管理。期末和升级考试内容既有标准又严格，其中口试方式最受同学喜欢，能通过师生问答进行交流从中得到启发。当时正值贯彻高校“六十条”和制定南开大学“学则”，因1961年政策压缩，只招收45人，录取分数较高，水平整齐。这年级学生是贯彻新学则的典型单位。有5位同学因身体有病或学习成绩不合格留到1962级。这些规定促进了学习，效果良好。

学生每周六下午组织党团活动或政治时事学习。大家政治热情很高，校系组织的各项活动，如当时教室和学生宿舍，尤其是宿舍的厕所，没有清洁工人服务，由学生轮流值日，大家很负责任，轮着打扫。我系学生宿舍卫生环境和文化气氛很好，受过学校表扬。

从1961级这个缩影的情况，可以看出历史系重视教育质量、管理严格、学风严谨的风气已经形成。当时《人民日报》曾以《南开学风，堪称一流》为题，进行报道。大家都认为，全系无论在教学、科研方面，还是在学科建设、师资队伍培养方面都有很大发展。历史系进入了黄金阶段。

二

当这个年级学生的正常的大学生活到五年级第一学期的时候，学校决定1965年9月11日由魏先生率历史系师生到河北省沧州老区参加“四清”运动。出发前他向师生做了动员报告。历史、数学、经济三个系及校行政部门被分配到盐山县。魏先生是“四清”工作团团部领导成员之一。1966年3月份，学校的领队娄平、冯伟已先期返校，由先生接受南开大学在盐山“四清”的全盘及结尾工作。他在盐山县辛辛苦苦工作八个多月，返校时“迎接”的是主楼二楼西侧教室、走廊里贴满的大字报，最显眼的通栏大标题是“打倒历史系最大走资派魏宏运”。当时处境可想而知。

随着形势的逐步恶化，魏先生被学校党委的领导人定为“何娄黑帮”成员，被扣上历史系“牛鬼蛇神”的保护伞、执行“黑学则”急先锋的帽子，被诬陷为大地主、大资产阶级、大军阀出身，这三大出身的杀伤力当时最大。从此以后的被批斗、游街、殴打、抄家、摧残、迫害更加严重。魏先生对历史系的发展贡献最大，挨批斗、受摧残最严重，大家不理解，尤其说他大地主、大资本家、大军阀出身，大家有疑问。人们心里惴惴不安，不敢明说，但也有人向工宣队负责人反映情况。

1968年工宣队进校后，王鸿江同志让我参与历史系的调查清理工作（王鸿江同志是系领导小组成员之一）。我和铁路系统工宣队的路师傅去魏先生家乡陕西省长安县魏家寨李家窑村，调查其家庭出身和相关问题，是其中内容之一。

我们先在长安县公安局查其父魏应中的档案资料，再到李家窑村访谈。调查结果为：家境贫寒，童年受苦，贫农成分。其父魏应中早年参加方振武驻西安时成立的军政学校，后来转入冯玉祥的察绥抗日同盟军，1933年该军被蒋介石派兵打败后，回家乡与村民共同创办魏镇启智小学；1936年又从军在杨虎城部下，担任机枪连连长。1942年经人介绍回长安县自卫队任第二队长。1949年与毛云鹏、常秉乾在长安县起义成功。村民说：他家早年只有两亩地，主要由其祖父做些小生意，维持家用。他父亲在军队只是正连级，新中国成立前起义，没有跟胡宗南的部队走。为人忠厚正直，做事公道，口碑很好，有“魏善人”的说法。调查回来路师傅向相关领导汇报后，内部看法有所改变。

三

魏先生在十年“文化大革命”中，受到难以名状的政治迫害和身心摧残。他以常人没有的忍受和心智，艰难而从容地走过一道又一道坎。这是因为他的心强大，坚信自己一路走来是正确的。俗话说，真金不怕火炼，逆境成就人。南开就有这样一些人，滕维藻、吴大任、郑天挺三位老校长，在历次运动中，尤其在“文革”中，同样被揪斗，关牛棚，无论遇到怎样的挫折和迫害，他们都一样坚持信念，不忘宗旨。经历的运动越多，时间愈久，人们才真正了解他们。他们因此赢得人气、民望、尊重和怀念。他们以南开人的气度风骨，续写南开精神在一个时代的奋斗篇章。

“文化大革命”结束，他利用历史系的教学科研基础和师资力量，使全系工作很快就进入了恢复和发展阶段。他的教学思考具有创见性，深谙当时的社会需求，在其他同类学校尚未行动时，却不失时机地申请创办旅游专业（在国内综合大学办得最早），博物馆专业也相继成立，实现了他与郑天挺先生多年前的设想。在历史研究所增加了日本史研究室和美国史研究室；创办《南开史学》杂志作为学术园地。

1980年3月，中国历史学会恢复活动，在北京召开全国代表大会，郑天挺先生当选为常务理事、主席团主席。同年7月，国务院学位委员会议在北京召开，南开大学历史系被确定为历史学科的召集人单位。

1980年8月，魏先生和郑先生敏锐地察觉到一个中外文化交流融合的新时期正在到来，因而不失时机发起召开了首届国际明清史学术讨论会。有十个国家和地区的一百多位明清史专家共聚南开。南开大学历史系在国内外的影响，受到了国家和社会的关注。

作为一代著名史学家，先生不仅在学术上达到了较高境界，在树立“为公”志向，养成“奉公”的操守和“大公”的襟怀上，同样堪称楷模。他从1951年学校任教开始，就用大学时间兼职做党政工作，而且是从基层做起，坚持半个多世纪，从这时他就树立了为国家的教育事业奋斗终身的胸怀。在以后履行其岗位责任过程中，他注意把方便让给同志，把困难留给自己。如对学生毕业中的不合理要求，他坚持原则，提出自己的意见；学生中有一些倾向性问题，如宿舍调整大搬家、学生随便不上课、喝酒打扑克、对下连当兵锻炼有的党员不起好作用、讲怪话等不良现象，他及时进行分析和批评，他讲的“雷锋与搬家”“炮楼酒家”（当时有的学生在校外津河边的战时遗留碉堡里喝酒），这些名言令人至今不忘。为了招揽人才，他把保护人才，留住人才，吸引人才，做得十分到位。当时每次政治运动后，有些单位都减少人才，历史系在“反右倾”、反右派运动后，不仅保住了人才，还吸引了有特长的专家来历史系工作。

作为一个教学科研任务繁重的教师，作为一个思想敏锐、视野开阔的著名学者来说，魏先生投入几十年的时间忘我地为南开历史系的创建发展呕心沥血，体现了一个中华民族优秀学者的无私奉献精神。工作中，他诚恳敬业，乐于负责，勇于担当；大事面前，他首先想到的是国家利益，事业的需要，所以才有那种薄冰在前，我自信步的勇士气概。人格力量使其同仁与部下都愿意同他一起为教育事业而奋斗。

魏先生以实际行动诠释“允公允能”，用丰厚的研究成果和工作佳绩创造了“日新月异”。这种始终不渝地坚持“允公允能”的精神，为南开人树立了样板。他的人生经历在南开相当典型，有深刻内涵，对研究南开学风，南开文化是一笔宝贵财富。

如今，南开大学历史系在各方面都取得了辉煌成绩，这是几代人艰苦努力的结果。而魏宏运先生在新中国成立后十七年的中后期和改革开放前期的关键阶段为历史系的发展建设起了核心作用。魏宏运先生在南开大学教育事业上努力开拓，成果累累，他的名字将永远与南开大学紧密联系在一起。

回忆与魏宏运先生交往二三事

王成彬

人的记忆是很奇怪的，有时遇到很重要的事情，可是过后不久就忘掉了，费了很大的功夫搜索才能再回忆起来；但有的事情，很细微很不起眼，譬如一个人的音容笑貌，言谈举止，在当时认为这没什么，也不怎么在意，随随便便就过去了，但往往经过很久很久的时间流逝，却能随时清晰地浮在眼前。我对恩师魏宏运先生的有些记忆大概就属于这后一种情形。

1963年，我考入南开大学历史系，时任系主任是兼任南开大学副校长的郑天挺先生，魏宏运先生任系党总支书记。秋季入学后不久，也就是9月15日，我们年级全体同学便都去天津西郊小卞庄防汛，记得一同去的还有名教授吴廷璆老先生。我们用筐抬土“加固堤坝”干了两个礼拜的活，9月30日返回了学校。1964年春，我们年级又到河北省霸县搞粗线“四清”四个月；下半年上了半年课，这也是在五年大学里上课最长的一段时间。1965年上半年，我们年级又到天津市北仓铸锻件厂搞半工半读，与工人师傅“三同”（同吃、同住、同劳动）了半年；所谓的半工半读，读书是次要的事情，主要是通过与工人“三同”来进行思想改造，学习工人阶级的好思想，好品质，好作风。

1965年下半年，我们年级又到河北省盐山县搞“四清”。我被分配到城关公社西隅大队，历史系总支书记魏宏运和名教授杨翼骧、杨志玖先生就在西隅大队搞“四清”。安排我的任务是一边参加“四清”运动，一边照顾好魏宏运、杨翼骧、杨志玖三位先生的生活起居。因此，我有缘与这三位先生朝夕相处了很长的一段时间，白天一同下地劳动生产，晚上一同开群众会；一日三餐同吃一个锅煮的饭，晚上同睡在一个土炕上——冬天睡觉天冷压脚有时还同压一床被子；劳动工作之余有时还到街里或地里散步聊天。期间，三位先生教给了我很多的书本上学不到的知识。尤其魏宏运先生给我的教诲实在是太多、太深刻了，经常和我谈心释疑解惑。记得有一次在地头聊天，我和先生说，我们这个年级入学已经三年了，防汛、粗线“四清”，半工半读占去了将近一年的时间，在学校上课的时间仅仅半年多，没有学到多少知识，这次又下来搞“四清”，还不知道什么时候结束，觉得很无可奈何，不知如何读书学习。对此，魏先生对我说，在大学里，课堂上老师授课固然很重要，是学生学知识不可或缺的主要途径，但搞“四清”、半工半读都是党的政策，必须执行。

再者，课堂上听老师也不是学习知识的唯一途径，还得靠日常的课外时间学习。课外自学，日积月累非常重要。他给我讲了一个“不积跬步，无以至千里”的成语典故，还给我示范“跬步”一小步一小步地向前走，边走边说：课外学习犹如走“跬步”一样，一小步一小步地积累，才能走远，使知识丰富起来。魏先生当时走“跬步”的那种轻盈步态，说话间的那种静默有趣的神态，举手投足，我至今记忆犹新，还萦绕在我的脑海里。后来，我将这个成语典故总结成“跬步”学习法传给了我的孩子们。现在，对我的孙儿们就用“跬步”法指导他们的学习。魏先生的教诲言行一直影响着我的全家，惠及我的子孙！

1966年6月，盐山“四清”告一段落，南开大学师生返校参加“文化大革命”。返校第二天，也就是6月16日，在历史系某些人的怂恿下，历史系所在的学校主楼二楼就贴出了“打倒历史系最大的走资派魏宏运”的大字横幅标语。后来，多次召开批斗魏先生的大会、小会，戴高帽游街，还被抄家，认定魏先生是南开大学“反革命修正主义教育黑线”在历史系的“领军人物”；是历史系“牛鬼蛇神”的保护伞；是历史系“三敌”之一。“三敌”者，系主任郑天挺先生，系党总支书记魏宏运先生和名教授巩绍英先生。1968年8月，天津市工农毛泽东思想宣传队（简称工宣队）进驻南开大学；同时进驻的还有解放军毛泽东思想宣传队（简称军宣队），二者合称双宣队，共计有几千人，仅10月20日评选出的“五好宣传队员”名单就达2194人，可见队伍之庞大。双宣队的主要任务是搞“斗批改”，开展“革命的大批判”，进行“革命的大联合”；还创办了指导“斗批改”运动的一张报纸——《工农战报》。在1968年9月9日创刊号第四版上刊登了工宣队驻历史系“三团四连三排四班”的一篇批判文章，题目是《教育必须革命》。文章点名批判了所谓的“反动学术权威郑天挺，大右派雷海宗，历史反革命来新夏”和不点名批判了历史系“走资派”魏宏运先生的“反动罪行”，并以1958年的调干生李跃琴1962年期末考试四门成绩不及格而被退学为例，批判“反动的资产阶级教育路线”迫害工农出身学生的“罪行”。1968年11月，双宣队在主楼二楼还举办了“历史系活人展览”，11月18日《工农战报》第五版刊登了《历史系现场批判展览会深受革命群众热烈欢迎》的报道。这个展览分为“旧历史系人权究竟掌握在谁手里”、“彻底砸烂反革命修正主义教育制度”、“血泪的控诉”三部分，批判郑天挺、魏宏运、来新夏、辜燮高。在展览中还陈列出从魏先生家中抄走的所谓的“封资修黑资料”《西行漫记》《续西行漫记》《金陵春梦》《国父全集》等文献资料。郑天挺、来新夏、辜燮高先生还要天天到展览现场交代“罪行”，现场接受批判。

“文化大革命”后期，工宣队把我与杨翼骧、杨志玖、王玉哲、杨生茂等先生安排在一个学习班里“斗私批修”，我负责组织讨论和记录，然后向工宣队汇报。我对老先生们颇有点照顾；这些老先生都不孤高，虽不多言，但和我都谈得来，没有梗堵、不愉快的事情发生。期间，我得到了这些老先生们的关照呵护，还给我讲了很多史学方面的知识，也聊一些发生在社会上的人和事。我在这几个月学习班里所学到的东西比在大学里其他时间所学到的知识要多得多，令我终生不忘。人生就这么有趣，在南开大学的5年中，四年时间搞运动不上课，但命运之神对我特殊关照，竟然安排我两次与这些名教授一起劳动、工作、生活或学习；我一生学到知识最多的时间就这么两个阶段，一段是与魏宏运、杨翼骧、杨志玖先生在盐山县搞“四清”那段时间，一段就是“文化大革命”后期与杨翼骧、杨志玖、王玉哲、杨生茂先生在一个学习班“斗私批修”那段时间，我实在是感谢这些老先生们！令我终生不忘！毕业后我被分配到河北省沧州地区孟村回族自治县工作，二十世纪八九十年代前后大概有六七年的光景，每年的中秋节或春节我都要带上鸭梨、鲜牛肉等土产品回南开登门谢师，看望历史系的老先生们。有时在午间——很少在晚间，怕老先生行动不方便——还要请老先生们在“大学城”品茶叙旧，魏宏运、杨翼骧、杨生茂、杨志玖、王玉哲诸先生是常客，根据老先生们的意见，有时会邀上历史系主任——先后有刘泽华、陈振江、朱凤翰诸先生参加。我记得第一次聚会入座前，杨翼骧老先生便幽默地打招呼说："成彬是我们的老同窗啊！是同一个班的同学，老学友又见面啦！"杨先生还风趣地进一步解释说："'文化大革命'办学习班时，成彬是我们班的班长，五个月朝夕相处，友谊颇深，很有点'莫逆'的感觉。"三杯茶下肚——老先生都不喝酒，以茶代酒而已，老先生们回忆起"文化大革命"时期遭遇的一些往事，感慨万千，竟你一句我一句地"打起铁"来做了五句嵌名打油诗："魏宏不走运，郑天也不挺，杨翼不吃香，杨志不长久（玖），王玉也没辙（哲）。"说到这时，有的仰面哈哈大笑，有的捧腹笑出了泪花，有的伏案忍俊不禁，此时的大家——这些老先生们都忘记了忧恨，摈弃了烦恼，回归了本真，复归于婴儿了！

"魏宏不走运"，在"文化大革命"时期，魏先生所遭受的磨难和痛苦，确实是令人难以想象的。然而魏先生谈起此事时却一笑泯恩仇，以平常心待之。有一次魏先生和我谈起"文化大革命"事时说："的确，那是一段痛苦难堪、难以回首的日子！可坎坷的人生路还得走下去啊，不能嫉恨那些整过自己的人，尤其是年轻的学生们。我相信这些学生将来会悔悟的，会自责的。我不怪他们。"

"我不怪他们"，魏先生修炼成这种宽阔的胸怀，往前看，不计私仇大怨的性格，很值得我们晚辈品味、学习、继承。"心宽能增寿"，心宽者，雅量容人之谓也。先生九十大寿，是与先生"不怪他们"的这种宽阔胸怀分不开的。

魏先生是我的良师益友，逐渐成了“忘年交”。我就像走亲戚一样常去拜访魏先生，聆听先生教诲。魏先生和王黎师母在保定讲学闲暇之余也会到我家中小憩。1988年春某日，我去天津办事，顺便去南开看望先生。师母留我吃午饭，我也没推辞。结果，师母用一个上午的时间在马蹄湖畔亲手挖野菜回家摘净，精心包了一顿荠菜鸡蛋素馅水饺，好吃极了，至今不忘！

曾记得一天晚上，魏先生突然打电话到我家里，说有急事，要我立即去学校商量如何解决。第二天一早，我急忙赶到了南开大学，魏先生告诉我：刘泽华先生情势很危急，要帮助刘泽华先生脱困。魏先生连连嘱咐我说：“这个事很有难处，但不管多难，也得保护好刘先生，不能让刘先生受累。”魏先生还仔细地规划出了一条外出路线。于是，我按照魏先生的安排，把刘先生和夫人阎铁铮先生一起接到车上，开车回到孟村回族自治县我的家中。刘先生夫妇委屈地在我窄陋的家中吃住了三日。随后陪同刘先生夫妇到刘先生的老家石家庄住了下来，并回家看望了老人。此间，魏先生放心不下，不断打电话询问刘先生的情况。在石家庄小住了一段时间后，魏先生告诉可以回来了。我才将刘先生夫妇送回了南开大学。为了保护好刘先生，魏先生不计个人安危，做了常人难以做到的一件事情。一位宅心仁厚的长者，常常透过一些事情彰显出最美好的心灵，无论到了什么年纪，都会赢得人们的尊敬和爱戴。

《陋室铭》有云：“斯是陋室，惟吾德馨”。解人一难，胜过七级浮屠。“德高可延年”，德高者，解人之忧、助人为乐之谓也。是魏老先生的“德高”迎来高龄大寿啊！

我认识的魏宏运先生

任洪林

魏宏运先生，是老地下党员（1948年国民党败亡时，疯狂屠杀共产党人，那时，他却加入了共产党）。南开大学历史系博士生导师，中国近现代史学术带头人，国务院学科评议组历史学组成员，南开大学荣誉教授。先生著有学术著作多部，论文、杂文等数百万字，笔耕不辍。

最近我阅读了《炎黄春秋》刊载的《南开大学“文化大革命”往事》及《1966年南开大学“八七开花”纪实》，使我更加翔实地、具体地知道了魏公与南开一大批有名望的老知识分子在“文化大革命”中受到的无端迫害。什么“何娄黑帮”的喽啰有他，“八七开花”首批被抛出的重点人物也有他，被抄家、轮番批斗、游行等人身迫害、人格侮辱，他都未逃脱。先生积累大半生的图书、资料、手稿、卡片，大批被抄去，或被私人占有，或被毁，都没了下文。

我戎马十几载，正是人入中天之时，“文化大革命”

开始了。那时的野战部队的干部、战士在军训间隙，茶余饭后争论，造反有理？造谁的反？谁在造反？夺谁的权？大多想不通。革命军人只知道使命是“安内攘外”，国泰民安。实际那时已经全国军民大乱了。野战部队较好些。就在这时，一九七一年初（留系工作），我被派到南开大学历史学系作“军代表”后，被任命为历史系党总支书记，后又兼系主任。真是赶鸭子上架，一介年青的武夫，既无高学历，专业知识，又无大学管理经验。来校时，还在所谓清理阶级队伍，抓什么“五一六”、“四一八”分子。实际人们把主要精力放在抢救“工农兵”学员的各工作上来，学校经常组织讨论办学方向、培养目标、学制问题等。我记得一次讨论学制时，中文系李何林老先生发言，强调说，“工农兵”入学未考试，文化水平参差不齐，三年学制，根本学不完大学课程，达不到毕业水平，这不是砸大学的牌子吗？

10月份，“工农兵”学员入学，历史系招收22名，开课后又有一名二分之一加二分之一不知等于几的田姓青年从数学系转到历史系来。

对“工农兵”大学生的第一堂课，我们安排了一级教授、副校长、老系主任郑天挺老先生讲授。题目是：学好中外历史，古为今用，洋为今用，培养成社会有用之才（社会人才，专业人才）。这堂课也请全系中青年教师来听，我记得在主楼二楼西头阶梯教室里。上课前，给教师准备暖壶、茶杯，开讲时我给郑老先生倒上一杯热水，中间有一次换水，以示尊师重教。

历史系作为一个学科，专业性强，我身为系的领头人，不懂专业，又无管理经验，自知是无法组织管理的。在其位不谋其政也不行，只有请教老先生们，如办公室的杨珣老师，王金堂（总支秘书）先生也去家中走访，请教最多是黎国彬先生，郑天挺（老校长，老系主任）老先生，他们讲得最多的、给我印象最深的是，办学不能“误人子弟”，这正是师德的高尚所在。

不能误了工作，我想出一个办法，辞掉系主任，请既是学者，又有经验的人出来主政。通过调研，征求郑天挺，黎国彬等先生们的意见，认为魏先生是最合适最理想的人选，尽管有人反对，我仍还是向校党委打报告，经党委同意，请魏先生回来（当时魏还在大苏庄劳动改造）主持历史系教学及系行政工作。

先生上任后，制定了教学计划，修订了教学大纲，抓教学队伍建设，特别对中青教师，要求讲课必备讲义，并以老带新，一带一，一帮一，组织得很具体，落实到人，要求大家多读书，读原著，鉴于大家古汉语、外语基础薄弱，就请出黎国彬先生开小班。黎先生极其认真，批改作业时字斟句酌，对每位学生作的作业都从头到尾、一句一句地修改，对英语教学的提高起到关键作用。魏先生重视社会调查，如安排陈振江先生带领学生，多次到廊坊进行

“义和团”“廊坊大捷”调查，抢救资料，当时还能找到老义和团团民，有的已经九十余岁，尚能回忆当年情景。魏先生也带中青年教师到华北抗日根据地做实地调查，获得了不少现代史中不可多得的第一手材料。

魏先生主政中，专业上得到大发展。1973年，分出了世界史专业并开始招生30名。1979年，受教育部的委托，举办党史进修班，培养专业人员和党政干部，还正式恢复明清研究室（郑天挺任主任），日本研究室（吴廷璆为主任），美国史研究室（杨生茂为主任）。1980年，创办了博物馆专业并招生。1981年，创办旅游专业并招生。学术氛围浓厚，专题讲座多了起来。

魏宏运先生主持系工作十几年来，发扬严谨治学、学术传承、尊师重道的学风，教师队伍中成长为名师的也多起来。重点学科壮大发展，获得学界的认可。

1984年，魏先生辞去系主任，刘泽华先生继任。

魏先生长我十余岁，是吾师、是益友。

任洪林，曾任南开大学历史系党总支书记。

良师益友

左志远

我和魏宏运先生相识，至今已近六十个年头。那是1956年9月，我有幸考入南开大学历史系学习。当时，历史系有两位台柱子，即资深教授郑天挺和雷海宗先生，还有一批受人尊敬的老师。魏宏运先生是系助理，又是党的负责人。由于魏先生的特殊身份，在我们刚入学的同学们眼中，他既是行政又是党内的负责人，所谓双肩挑的又红又专的人物，因而也深受大家的尊敬。

在半个多世纪里，我与魏先生接触较多，因而也就对我的影响颇深。现今述如下：

第一，魏先生既教书又育人，他那高尚品德和治学严谨的态度，对于我们起到了潜移默化的作用。同时，他极其重视对人的培养，尤其是对年轻教师与学生的培养。他总是谆谆教诲，学生的主要任务是学习，要接触第一手资料，要踏踏实实地坐下来念书。在那运动频繁的年代，先生的观点是难能可贵的。

魏先生对历史学科的建设和发展倾注了心血。记得每周召开行政和党的负责人碰头会上，经常针对社会上的需要，研究开拓历史学科新的领域。早在五十年代中期，国家文物局直属的北京文化学院，要举办文博研讨班，参加者是各地博物馆馆长和陈列部主任。系里认为这是一个很好的学习机会。经联系后，决定派青年教师娄曾泉和我（当时我是尚未毕业的大五学生）去参加。在该院我们认真学习业务，听取他们总结各地的实践经验，参与编写文物和博物馆概况两本书，为我系成立博物馆专业创造条件，随后又设立周恩来研究室和旅游专业。这就是今天南开大学博物馆专业，周恩来政府管理学院和旅游系的前身。

第二，魏先生在过往的运动中，曾受到不公平的对待，尤其是在“文化大革命”中，身心受到了严重摧残。可是在“文化大革命”结束后，在改革开放的春天里，他抛开个人的得失，满腔热情地投入学科建设中来。

1977年5月，红四军入闽五十周年，由厦门大学牵头在江西省才溪乡举办纪念研讨会，魏先生要我随行。在会议期间，他利用一切机会开展教学和科研活动。一是为编写中国现代史急用教材，联络杭州大学、湖南师范学院、北京师范学院和吉林师范大学共同编写。大家一致同意并推荐魏先生担任主编。经过五院校多年奋斗，终于在1980年10月，《中国现代史稿》（上下册）由黑龙江人民出版社发行。它是“文化大革命”后第一部中国现代史教材；二是魏先生依据南开大学地处华北的有利条件，确立科研以华北农村尤其是抗日根据地作为研究的重点。会上恰逢财政部财政科研所负责人也出席会议，先生主动和他们接触。获悉他们正在筹备编写晋察冀和晋冀鲁豫抗日根据地财政经济史，并说他们有查阅档案的便利条件，又有研究经费，但苦于缺乏研究人员，而我们有人，但缺少研究经费，因此双方商谈的结果，是一拍即合。

返校后，在人员安排上凡能参加者都投入华北研究领域。我们先出版了《华北抗日根据地纪事》和《华北抗日根据地史》。接着和财政部财政科研所共同协作，出版了大部头《抗日战争时期晋察冀边区财政经济史资料选编》（66万余字），于1984年7月由南开大学出版社出版；《抗日战争时期晋冀鲁豫边区财政经济史资料选编》（390余万字），1990年7月由中国财政经济出版社出版。

由于有了上述研究成果，经学校批准，在魏先生主持下，于1984年8月和1991年8月先后举办了两次华北抗日根据地史国际学术讨论会。来自美国、日本、英国、德国、荷兰、法国、澳大利亚和我国的近百名专家学者出席了会议。通过这些活动，历史系中国近代史研究，在国内外有了良好的声誉。

第三，开展国际学术交流。1990年8月，经原国家教育委员会国际合作司的认可和批准，由魏宏运教授牵头和日本国一桥大学、放送大学、上智大学、宇都宫大学联合访问华北农村，历经长达六年之久（每年利用假期半个月左右）。

我们本着内外有别、依靠地方、热情安排、成果共享的原则，先后访问过北京市房山、顺义，天津市静海县冯家村，河北省栾城县寺北柴村和山东省平原县后夏家寨村，听取调查达511人次。魏先生虽年岁已高，但每次仍和大家一起走街串巷听取和记录被访人口述内容。最终日方依据整理资料，于1999年2月，由汲古书院出版（日文）；中方《二十世纪华北农村调查记录》（中文版）共约471万余字，修正了日文版中的一些错误，于2012年2月由社会科学文献出版社出版。

中日文版的发行，体现了成果共享的原则。通过联合访问，促进了中日学者的交流，建立了感情。至今魏先生的两位博士生仍在日本国大学从事教学和科研工作。

中日学者对华北农村联合访问调查学术活动，是改革开放政策的实施后的新鲜事物，也是中国学术界走向国际化的标志性事件之一。

魏先生是我的老师，同时也是我们的朋友。每当与先生外出，他总是像兄长和朋友一样关心我们。记得一次由杭州返津途中，要我们到餐车上去用饭，每次都由魏先生解囊，我们享受；一次由山西长治赴太原，虽乘坐的是卧铺车厢，但条件太差，到处透风，夜间先生总是关怀照顾，使人倍感亲切。

以上简要回顾，至今历历在目，难以忘怀。

左志远，曾任南开大学历史系教授。

深切缅怀魏宏运先生

李治安

2021年7月21日中午，魏宏运先生与世长辞。噩耗传来，我和杨栋梁兄立即去先生家吊唁。23日早，又赴北仓殡仪馆向先生遗体告别。在鞠躬和瞻仰遗容的那一刻，我联想起十多年来吾师辈诸先生相继凋零。先是业师杨志玖先生，接着是王玉哲先生、杨翼骧先生，还有王连升先生和刘泽华先生。如今魏先生又离我们而去，不禁潸然泪下。几个月来，我的心情常常难以平静，还找出了一张1997年南开历史学系吴廷璆、杨志玖、王玉哲、杨翼骧、杨生茂、魏宏运、来新夏、辜燮高、周基堃、刘克华等11位老先生在马蹄湖畔的合影。看着当年诸位老师精神矍铄的合影，魏先生等南开老一辈学人的往事，不断地浮现在眼前。

魏先生1951年留校任教，应该是新中国建立伊始南开较早的毕业生之一。1957年，魏先生担任系党总支书记，正赶上第二年教育部的院系调整，北大郑天挺先生和清华雷海宗先生分别调任南开历史学系主任和世界史教研室主任，魏先生遂有机会和郑先生协同共事。那时郑先生因早年丧偶，子女们都在北京，只身一人来南开，生活起居困难颇多，不得不多数时间住在北京。又兼，1957年雷海宗先生被划为右派，政治运动接二连三，郑先生等开展正常的教学和科研活动也举步维艰。幸而身为总支书记的魏先生，执行了一条“中左”路线（刘泽华语），始终不愿放松南开的教学科研业务，尽可能尊重依靠郑先生及雷先生。每次运动来了不能不搞运动，运动过后就竭力强调教学科研。此举显著改善了二十世纪五六十年代南开历史学系的治学环境，还尽力保护一些学者。1959年，魏先生努力争取并恢复了雷海宗先生的授课资格，雷先生患病期间还派青年教师前去陪侍。1963年又将郑天挺先生的儿子和儿媳从中科院学部历史所调入南开，照顾老父，以保证郑先生在南开的生活和正常工作。1971年，魏先生从“劳改队”解放，改任历史系主任。1980年8月，他以会议秘书长身份全力辅佐郑天挺先生在天津成功举办了首届明清史国际学术讨论会，襄助郑先生将毕生从事的明清史研究推向巅峰。还想起一件事情：杨志玖师病逝后，师母的身体也每况愈下。魏先生夫妇前去看望，我在旁作陪。临走时，魏先生夫妇硬是留下人民币1000元给师母买营养品，可见他们之间的感情深厚。

人们经常看到“文化大革命”前后一些兄弟院校历史

学系党总支书记与系主任不和，甚而导致日后学科队伍的矛盾对立。南开却没有发生此类情况，反而呈现二十世纪末南开历史学科诸位学人和睦相处、潜心治学的良好局面。这不能不归功于“党代表”魏先生的“中左”路线，不能不归功于魏先生尊重学术前辈而开风气之先。

魏先生对中国现代史教学研究的杰出贡献，令人佩服。记得在职攻读博士及赶写行省制等书稿之际，我往往会在图书资料室查阅文献，直到下班铃声响起，魏先生多半是比我走的还晚。他比我整整年长24岁，查阅文献资料依然如此下功夫，毫不懈怠。魏先生还不时把自己的著作赠送给我。从这些著述中，我清楚地看到了先生50多年来一步步攀登的学术路径和非凡成绩。1956年，先生在南开率先讲授中国现代史课程。1980年，先生率先主编《中国现代史稿》上下册，又率先招收中国现代史硕士和博士，有力地带动了南开乃至全国高校的中国现代史学科建设。二十世纪八十年代中期，先生率领的团队整理编纂了800万字的晋察冀、晋冀鲁豫根据地的财经史料。在此基础上，又适时开展抗日战争史和华北农村史研究，出版《抗日战争与中国社会》等论著。接着，又和日本学者联手对华北六村进行系统的田野调查，整理并出版了口述资料汇编《二十世纪华北农村调查记录》4卷本。几乎与此同时，冯尔康先生倡导并积极开展中国社会史研究，创建了教育部人文社科重点研究基地中国社会史研究中心。魏先生所从事的华北农村调查，不仅把社会史研究的时空拓展到20世纪的华北地区，更重要的是将国际通用的社会学田野调查方法引入中国社会史研究。这些都是对方兴未艾的中国社会史研究的强有力支撑。有位南开世界史教师曾对我讲述魏先生指点其科研方向的一件往事：二十世纪七十年代中期，他向魏先生谈起希望今后开展亚非拉民族解放史的教学研究，魏先生则建议他专门搞非洲史。后来的实践证明，魏先生的指点非常正确，帮助这位老师赢得了学术研究的先机与主动。我还观察到，魏先生曾利用自身英语较好的优长，到美国讲授中国史课程一年多；曾和王连升、李喜所、王晓欣等几位中青年教师共同编写了一套面向来华留学生的《中国历史教程》（上、下册）；还积极运用20世纪末中外大学联合培养博士生等机会，尽可能派送中国现代史多名博士生出国深造；又积极鼓励几位优秀博士留在日本、澳大利亚等地的著名高校任教，尽可能推动南开历史研究走向世界。

我和魏先生的初次见面是在1978年历史学系的迎新会上。当时魏先生担任系主任，他谆谆告诫：南开是个很有学术传统的地方，要认真读书，珍惜来之不易的学习机会。这番话我只听懂后半，触动已然较大。在日后读书和工作中我逐渐弄懂了南开历史系优良传统何在，也明白了魏先生的良苦用心，故而不时用这些话语鞭策自己。也是在1980年魏先生协助郑天挺先生举办首届明清史国际会议之际，我们刚读本科三年级就有幸去天津干部俱乐部旁听会议。借此我第一次听到日本东北大学寺田隆兴教授有关明代徭役的学术报告，学习到不少教科书上未曾有的知识，故印象深刻，受益匪浅。在读硕士的一次赴京查阅图书资料中，凑巧遇到魏先生的公子魏晓明，我们相伴相随三四天，成了朋友。1985年，我留校任教，由是和魏先生的接触渐渐多了起来。记得他在青年教师交谈中，督促我们打好学业功底，学好外语和古汉语。这样，魏先生也就成为我在南开受教益良多的老师之一。在我担任图书馆和历史学院负责人期间，魏先生更是经常给予宝贵的指导与支持。后来的二三十年间，每逢春节，我都会登门给魏先生拜年。在先生热情诙谐的谈笑风生中，共同度过一段喜庆时光。直到2019年疫情来临，登门拜年不得不改为电话方式，且因先生听力下降，多半是由夫人转达。

魏先生的辞世，使我们痛失一位可敬的师长。让人宽心的是，先生培养的一批弟子才俊，能够弘扬光大先生为之奋斗一生的事业。这应是对先生在天之灵的最好告慰与回报！

李治安，曾任南开大学讲席教授、中国元史学会会长、国家社会科学基金评委等职。

与人为善
——回忆魏宏运先生二三事

陈志强

魏宏运先生走了，以97岁高龄离开了我们，也是高寿善终者。

说起善字，有多种解释。古时中外贤者哲人都有论及，显然是人性中比较好的一种表现。但通常人们理解的善多指善良。按照目前的理解，“从（最初‘善’）全字的结体来看，以‘羊’表意，以‘二言’（dàn）表音，有人称道（争说）‘羊’的驯良美好的品性之意，所以‘善’的本义是‘良’、‘好’、‘驯善’，其后又引申出‘友好’、‘擅长’、‘赞许’、‘容易’、‘熟悉’等等意思来。金文把‘羊’下面的二言省剩一‘言’。到了隶书阶段，字的下部形体起了很大的讹变，把‘言’变成现今的样子。楷书继承了这种讹变的形体，发展成今天的‘善’字”。我在此过度解读“善”字，是因为魏先生和我闲聊时说的最多的是“与人为善”，而魏先生留给我的最深刻的印象就是个“善”字。

我们七七级同学自1978年初进入历史系学习，与魏先生开始打交道，尤其是我当时连任了好几年的班长，少不了常常找当时的系主任魏先生提出问题或请求帮助。如今四十多年过去了，魏先生深深地刻在我的脑海里，他总是那副笑口常开的样子，我从来没见过先生生气发怒、厉言厉色的样子，也想象不出来他生气是个什么样子。我们七七、七八级的同学年龄偏大，不仅都有丰富的社会阅历，也都有各自的独立思考和见解，更因为当时每个同学内心有强烈的求知欲和时代责任感，除了疯狂学习读书外，在听课之余常好发表个人见解。课下时间甚至课间短时，同学们常常会争论某个问题而“激战”，一些授课教师都有“招架不住”的感慨。情况反映到魏先生那里，他哈哈一笑，“这不很好吗？”有一次我去先生家里寻求帮助，顺便探讨一下班里活跃的情况，因为有些老师对同学“不知深浅”的问题很不以为然。我对此也心里忐忑不安。魏先生还是那样，仁慈地看着我反问道：“你们班同学在宿舍里也这样吗？”我毫不掩饰自己的看法，总觉得大家没有思想框框才能学有收获。魏先生似乎非常同意我的看法，认为“你们这些同学将来要担负起国家的重任，必须有见识有思想有能力，老师们也要提高，跟上形势的发展和教学的需要”，但是他随后补充说，学术争论是正常的，说什么都不要紧，关键是不能吵架。现在想起来，还觉得心里暖暖的，很踏实。

1982年初，我毕业留校任教，是历史系留在世界史教研室教历史课的唯一本科生。教研室主任于可老师安排我寒假一过就去长春东北师大历史系朱寰先生主持的受教委委托举办“第一届世界中世纪史研究班”进修学习，临行前在主楼西侧历史系主任办公室外走廊恰好碰到魏先生。先生还是一如既往地笑脸相逢，问到我对去长春进修学习做好了准备没有，告诉我教研室于可主任的安排很有长远眼光，而东北师大历史系出了很多讲授世界史的老师，他们在许多大学讲授世界史课程非常出色，嘱咐我去了要好好学。最后，他很认真地说：“长春那个地方很冷的啊，你得多穿点儿！”魏先生关怀备至的谈话令我很受鼓舞，先生的关心让我感动，其实他不知道的是，我在东北待了十个年头了，对那里的严寒深有体验。这样充满善意的关爱在我后来去希腊留学时，再次降临。但这次有所不同的是，作为历史系负责人的魏先生正式与我这个公派出国留学青年教师进行谈话。那时，我对什么是拜占庭帝国几乎一无所知，也对要不要出国学习希腊语和拜占庭帝国史心存疑虑。魏先生似乎看出了我的心思，很认真地说：你能获得这样的机会非常不容易，好好学习外语，对于你以后从事外国历史研究和教学都非常重要。先生的话和系里许多老先生如杨生茂、吴廷璆、黎国彬先生的说法一样，和于可主任的说法如出一辙，都是鼓励我要坚定克服困难的信心，好好学习，都同样强调掌握好外语的重要性。最后，魏先生微笑着说：“有什么困难，组织上可以帮助你解决，就是到了国外要特别注意安全！”先生的话语长久地回荡在我的心头，后来在国外学习中遇到难解的困难时，我都得到了教研室主任和历史系领导的鼎力支持，由此得到的很多红头文件至今还珍藏在我的“百宝箱”里。

二十世纪八十年代初，留学生活是新奇的，而留学学习也是艰苦的。1995年上半年，我学成归国教授世界中世纪史等本科必修课和几门新的选修课，同时按照组织安排参加历史系领导班子的工作。记得已经年过古稀的魏先生那时身体很好，还没有退休，经常到系里查找资料或者翻看报纸，只要碰上了，先生总是和我聊聊。他还是那样笑口常开，好像心里充满了欢乐，没有任何痛苦的回忆。事实上，我作为先生的本科生“老学生”对先生的痛苦经历并不了解，特别是“文化大革命”期间那些事一无所知。不久，我看到了魏先生和刘泽华先生发表的文章，谈到那时魏先生遭受的苦难，深感震惊。我们这些参加过红卫兵造反，亲身体验过“文化大革命”动荡不安的人从来没有仔细领悟过受批判的“牛鬼蛇神”们的心境，我那时收集积累的相关书籍都是仔细阅读过的，但还从没有看到过身边的“受难者”的详细追忆。先生所言不虚，都是有根有据的。在那个特殊的环境中，魏宏运先生真是受苦了，他是怎么熬过来的？人性的丑陋极大地震撼了我的内心，还有那些躲在暗处散布流言蜚语、制造谣言恶语中伤他人以求自保、发挥才智编造谎言用来表忠心的“积极分子”，心里是何等龌龊，何等阴暗？魏先生让我看到了人性之恶在那个年代是如何暴露无遗的，丑恶的人性如何在特殊的环境里得到充分的发挥。人性“善恶”之争，一时间似乎在我心里有了答案。为此，我们在老同学和朋友中争论不休，有人甚至认为魏先生的这篇文章表明，他是位“性恶论者”，他以其痛彻心扉的苦难岁月的受难经历讲述人性之恶。但我并不认同，因为人性包括了善与恶，既有善良也有丑恶，每个人都是天使与恶魔同体的高等生物。在以善为美的环境里，人性善的一面得到发扬光大，而在动乱年代的环境里，人性恶的本性就会发作。有的人生来善良，即便在动乱环境里也不为虎作伥，有的人善良的本性少些，在特殊环境里就会本性难移，作恶多端，丑陋面目暴露无遗。人性之善源于人的社会属性，因而促使人类成为地球上规模最大社会群体的高级生物，而人性之恶则源于人的物质属性，因而为争夺占有永远相对不足的物质资源和繁育资源争斗不休。魏先生的文章在读者震颤的心灵深处，鞭笞丑恶，主张良善。在最痛苦的时候，魏先生坚信正常的生活一定会重回人间，他还不惜笔墨记下了在他饥饿难耐时偷偷塞给他馒头吃的人，还不忘淳朴的乡民私自让他这头“拉犁耕地”的“老黄牛”歇歇脚。先生看重这些人的善良，相信善良一定战胜丑恶，后来的事情证明先生的看法是正确的。人类世界正是在人性之善良和正义推动下，摒弃野蛮无知和人性之恶，不断走向更加文明的境界。我想这也是魏先生笑口常开，保持乐观主义的内在动因。

成立历史学院后，我在首任院长李治安教授之后，担任了五年院长工作。那时，魏宏运先生已经是耄耋老人，但他仍然身体健康，我在学院走廊常能见到先生。不论多忙，先生总是拉着我到院长办公室里聊一会儿天。作为我的师长前辈，魏先生常常亲切地问我工作中有什么困难，我则主动请教先生，他是怎么把历史学科领导得那么成功，不仅在风雨飘摇中保持一支强大的学者群体队伍，而且使得大部分老师能坚持学术研究和学者追求不动摇。先生笑笑说：我的秘诀就是与人为善，不论老师同学，总会在工作和学习中面临各种难题，我们做领导的就要帮助他们解决困难，我们在基层当然是要执行上级的指示，但是在如何落实时要动脑筋，要抱着与人为善的原则，设身处地地为处于困境的老师同学着想，千方百计帮助他们解决问题，这是做好老师同学工作的关键。与人为善是我记忆中魏先生的口头禅，也是先生同辈人或年纪小一些的老师对先生的评价，在反右扩大化时就是先生抢救下了杨志玖先生这个“中农教授”，在保护杨先生的同时，魏先生也为受屈的雷海宗先生仗义执言。我记住了先生的话，也在工作中注重与人为善。

记不得是哪年了，魏先生突然请人传话，让我去他在西南村“南开一号”的家里。我不知道有什么情况，便立马前往。没想到，魏先生已经在楼下等候我了，他拉着我说，“来来来，就差你了，我们俩照个合影”。原来是先生出书需要书影。在下午的斜阳中，我们站在楼下密植的树墙前，深绿色的背景和明媚的阳光，至今想起来还觉得内心充满了光明，先生周身散发的善良吉祥之气永在心头。

陈志强，南开大学讲席教授，兼任中国世界中古史学会会长、天津历史学学会理事长，曾任国务院学位委员会世界史评议组成员。

追忆良师益友魏宏运先生

李惠兰

我认识魏先生是在1980年左右，我的老伴调回南开大学经济系任教，我老伴是魏先生二十世纪四十年代南大的同学，所以见面就很熟悉了，又加上我的女儿1980年考入南大历史系，所以我们就经常去拜访魏先生，我在1985年参加了四川绵阳举行的宋哲元将军诞辰一百周年纪念会，又在1986年参加了《卢沟枪声五十年》的拍摄，我把大量的当年参加抗战著名人士的相片带去给魏先生看，魏先生对我说：既然你能够和这些人有这么深的关系，你为什么不把有关这些人的历史写出来？魏先生就介绍我去南京大学去见民国史张宪文教授，我就参加了张宪文教授所组织的《西北军将领》的编写，由此我身为一名世界史教师而走上了关于西北军史的研究之路。我在1997年出版我独立写作的《七七事变前后》，并以此参加了北京抗日纪念馆和社会科学院联合召开的国际学术会议，魏先生为我这本专著题写了序言，这本书在2007年再版，获得了全国档案文献史料二等奖，此后三十多年我连续出了七本关于七七事变的专著，这些成果是离不开魏先生的指导和帮助的。

我在1988年首次接到了美国的学术会议约请，此时的我已经几十年与国外失去联系，心中不免有些忐忑，于是我去找魏先生商量有关出国的注意事项，魏先生就对我说："到外面要随时注意到以中国为本。"这句话我至今铭刻在心。

魏先生在学术道德方面也给予过我重要的指导，在学术研究领域他时时刻刻秉持着历史学者的求真求实精神，因此我每次参加学术论文的稿子都会请魏先生过目，他也总是积极地帮助并提出建议，他说："如果你觉得你的观点是对的，那么就要坚持下去。"这种求真求实、坚持真理的精神也贯穿于我的学术生涯。

李惠兰，天津师范大学历史文化学院教授。

回忆魏宏运教授

顾　琳（Linda Grove）

南开大学历史系在国际上是有名的，中国近现代史史学家们研究项目强劲有力，特别是华北农村历史和抗日战争史的研究。魏宏运教授在提高南开国内和国际声誉上都扮演着重要角色。我写这篇短文，想回顾一下魏宏运教授在日本学者团队和南开历史学者共同进行的一项主要国际合作项目上的领导角色。魏教授1950年代初从南开历史系一毕业，学校就给了他一个职位，教书并做历史系的行政工作。不幸的是，正是系里的领导工作使他成为“文化大革命”时期的针对对象，导致将近十年的痛苦经历。近些年他写了一篇文章做了记述。

尽管这样的经历也许会使一个普通学者避免卷入危险活动，但当中国二十世纪八十年代开始向外部世界打开大门时，魏教授却热心促成国际学术讨论会和合作项目。他鼓励南开研究生与外国同行交往和寻求海外教育机会。在这篇短文中我想对他们和一个日本学者团队共同进行多年的华北农村史田野调查项目表示一下个人看法。我是个美国人，但我的工作生涯一直在日本。我参加了一个日本人研究团队，受惠于魏教授的领导和努力。

我第一次见到魏教授是1980年春。1979—1980学年是中美学术交流项目的第一年，我有幸获得一笔资助在南开做为期十个月的访问学者，研究二十世纪前半期华北农村的工业化。我正式的接待方是南开经济研究所。这个研究所是研究战前华北经济的一个重要中心。很幸运，感谢魏教授和其他人的帮助，我遇到了历史方面的人士并发展了同他们的友谊。在南开那年我还有机会以不同的方式和魏教授互动。我参加了一个练习太极拳的小组，每个星期有几个早晨在校园里外国学生宿舍附近一栋楼前的一块空地上练习。魏教授是这个小组的带头人之一。我不是一个很好的学生，从未掌握拳路，但很享受晨练后随便谈话的机会。

1980年的南开和今天的南开是大不相同的，八里台校园小得多，学生活动仍然受到限制，有时看起来教师人数几乎和学生一样多。实地环境上，你可以看到1976年唐山大地震的残迹，一些建筑被毁坏。你还可以看到裸露的黄土，没有植被景观。我们得知那是“文化大革命”的结果，当时对花草和风景点缀有兴致被看作是不必要的资产阶级浪费。

南开校园景物乏善可陈，但是在求知上这却是一片激动人心之地。随着大学入学考试恢复，新一代学生走进了南开。这可能是一个全新的时代，十年孤立之后教师和学生们投身之前被禁止的活动。1980年夏南开召开了“文化大革命”后头一次国际史学讨论会，即明清史讨论会，魏教授任组委会秘书长。一百多位来自中国、日本、美国、澳大利亚和欧洲的学者参加了会议，包括许多最受尊敬的专家，有南开的郑天挺、厦门的傅衣凌、中国社会科学院的刘大年、华中师大的章开沅和许多后来成名的年青学者。第一次明清国际讨论会后，魏教授在1984年和1991年又主持举办了两次抗日根据地国际讨论会，都吸引了中国和国际学者的热情参加，会后魏教授还带领大家参观老革命根据地。

正是南开历史系对国际活动这种开放态度，使我的日本同事和我走近魏教授，商讨合作一个农村田野项目的可能性。我们的建议是不同寻常的，这不是来自一所大学或研究机构，而是来自一个研究小组，学者来自几所日本大学，对二十世纪华北农村社会史有共同兴趣。这种非正式的研究小团体在日本是相当普通的。我们小组的成员包括三谷孝（一桥大学）、浜口允子（放送大学）、笠原十九司（都留文科大学）、内山雅生（宇都宫大学）、末次玲子（独立学者）、中生胜美（樱美林大学）和我（上智大学）。我们小组于1977年组成，至1980年代初都是每月聚会一次，宣读和讨论华北农村社会的研究资料。这些资料是在战争年代收集的，通常归类为“惯行调查”或“满铁调查”，都是根据与河北和山东村庄居民面谈记录整理的，二十世纪五十年代在日本出版。那时的日本调查者寻求对“习俗法”（customary law）的理解，问题包括家庭和家庭组织的运作、宗族组织和功能、经济活动、土地占有和买卖、租种和分期购买习俗、市场和市场运作、年度庆典、出生与死亡、结婚和葬礼、村庄领导、村庄治理、村庄与镇、县政府的关系，等等。资料吸引人的一个地方是用原始的问答方式记录下了与村民的面谈。我们渴望访问这些村庄，见到二十世纪四十年代参加现场受访者的后代，了解他们的生活和家庭。

二十世纪八十年代我们小组的几个成员包括三谷孝和笠原十九司获得了在南开做研究的机会，另外几个人有短期访问，都受到了魏教授和历史系的欢迎。因此当我们寻找项目研究伙伴时，小组成员都同意要与魏教授和南开历史系一起工作。我们的目的是试图了解从二十世纪四十年代到五十年里基层组织在中国政治、社会和经济变化中所起的作用。

当然，不是仅有我们这些学者对上述问题感兴趣。至二十世纪末和二十一世纪初中国的大学和研究机构的学者，不仅是历史学家，还有社会学家、人类学家和经济学家都在进行村庄研究，以了解中国农村在国家经历快速工业化和城市化之际所面临的挑战和变化。我们的南开同事们就进行过类似的研究，他们带领学生下到村庄进行短期口头采访。然而，我们建议的项目规模较大，需要有人支持，特别是根据抗日战争时日本人收集的资料选择地点，涉及带领一个外国人团体深入农村。

魏教授和他的同事面对的挑战是，一旦接受我们的建议共同进行这个项目，就涉及对“满铁”资料使用的态度问题，这是很重要的。二十世纪八十年代末至九十年代初，对“满铁”资料使用的态度与今天大不相同。在二十一世纪第二个十年的今天，“满铁”资料在中国已获得承认，是研究战前华北农村社会的重要史料。华中师大农村社会研究所的学者们翻译了六卷本，已由中国社会科学出版社出版。但是在我们首次提出合作的二十世纪八十年代，这些资料的使用是有争议的，不仅在中国，在美国和欧洲也有争议。“惯行调查”是在战争条件下日本军队侵占地区进行的。一方面我们研究小组非常明白，关于“满铁”资料的问题已经出现；另一方面我们也相信，那是了解战前和战时普通农村基层社会底层的无价之宝。[①]

① 见拙文“Revisiting the kankochos a villages：are view of Chinese and Japanesestudies of North China rural society”（重访惯行调查村庄：回顾中日研究华北农村社会），*International Journal of Asian Studies*（《国际亚洲研究期刊》）第 11 卷第 1 期，2014，第 7 页。中国对这些材料感兴趣是由于三本书使用了这些材料。这三本书均有中文版，即黄宗智：《华北的小农经济社会变迁》，中华书局，1986；马若孟：《河北和山东的农民发展（1890—1949）》，江苏人民出版社，1999；杜赞奇：《文化权利与国家——1900—1942 的华北农村》，江苏人民出版社，2003。

由于资料的争议性，我们开始工作时魏教授面对许多问题。最终，访问村庄工作超过五年，行程多次。日本方面研究团队包括最开始我们小组的成员，加上参加部分工作的佐藤宏（一桥大学）和小田则子（爱知大学）。在中国方面，团队由魏教授和他的两个同事左志远和张洪祥带领，天津社会科学院的张利民和南开的一些研究生协助，他们都有教学和研究任务。团队成员包括江沛（现南开历史学院教授）、李恩民（现樱美林大学教授）、祁建民（现长崎县立大学教授）和张思（现南开大学历史系教授）。[①]

在我们日方全力申请研究资金做准备的同时，由魏教授领导的中国同事有很多困难的任务要完成，以获得各个机构对田野调查的批准和安排后勤工作。项目首先需要中国教育部的批准，然后南开团队开始和省或城市当局、县当局、镇和村机构开始艰难的商谈与沟通。五年多时间里我们参观采访了五个村庄：顺义区沙井村（北京市）、房山区吴店村（北京市）、静海县冯家村（天津市）、德州

① 三位青年学者根据这些资料出版了研究专著，依出版时间顺序是张思：《近代华北村落共同体的变迁——农耕结合习惯的历史人类学考察》，商务印书馆，2005；祁建民：《中国における社会結合と国家権力：近現代華北農村の政治社会構造》，御茶の水書房，2006；李恩民：《中国華北農民の生活誌》，御茶の水書房，2019；张思与其指导的研究生合作出版了另一卷关于侯家营研究的著作，张思等：《侯家营——一个华北村庄的现代历程》，天津古籍出版社，2010。

地区平原县后夏家寨村（山东省）和栾城县寺北柴村（河北省）。每一个地点魏教授和他的团队都必须亲自去踩点，解释项目，安排后勤，并同村领导谈话，获得他们对没有什么实际利益项目的支持。由于我们团队里中日人员都有教学任务，研究只能在酷暑或严冬假期进行。五年里魏教授和他的同事放弃了休假和我们一起参观村子，进行采访，处理我们这个不小的研究团队冒出的所有问题。除了采访五个村子的居民，我们还和县及镇官员交谈，了解每一个地区的总体发展情况。如果可能，我们还试图参观县档案馆参考文字记录。魏教授领导和当地档案馆负责人的协商，使我们研究项目的重要性增加，具有文字和口述史结合的优点。

至于在村子里的研究，我们合作研究团队在采访时大多是两人一小组，一人是日方人员，一人是南开团队人员。和村里官员商讨后，我们通常先采访较年长的村民，然后按年龄依次采访较年轻的人。采访每个人的第一次面谈从询问个人生活史开始，包括家庭背景、家庭成员、土地改革前拥有的土地、教育、婚姻、土改中的经历和后来的运动等等。两人组里的每个人都对这第一阶段的工作负责。然后我们接着采访，两人组里的每个人特别关注专门问题，例如我和张利民一起，在每个村子里询问关于整体经济发展问题，所以我们花很多时间和生产队、大队会计交谈。浜口允子常和魏教授一起，采访村领导，了解村史，村里如何做出决定和实施决定，与县及镇的联系，政治运动等。内山雅生和他的队友，特别是祁建民，专注农业组织的变化，农活和传统农村合作形式。三谷孝和他的队友调查村里的传统组织形式和土改后组织形式的变化。笠原十九司和他的队友负责教育体系，花很长时间和老人谈他们的教育经历，并和在乡村生活中起重要作用的乡村教师交谈。中生胜美是我们中唯一的人类学家，关注家庭和家谱系、纪念生死嫁娶的仪式和变化，以及如何庆祝传统节日和新节日。

所有的采访都有录音和照片。每一次田野工作结束，南开的助手们在南开团队的监督下制作采访副本。这些副本是最重要的出版依据，是我们集体项目的结晶。日本团队出版了三卷，内有副本的日文翻译，还有进行项目时搜集的其他资料。[①]中国团队出版了一套三卷，使用的是中文采访副本和搜集的资料。另有一卷类似的采访和搜集的资料是由张思和他的学生访问了“满铁”调查的一个村庄完成的。这个村庄是昌黎县侯家营村，我们联合团队没能去访问。农民用自己的语言讲述二十世纪的生活，录音里的人名和词汇都必须与副本核查，为此魏教授和他妻子

① 日文三部分别为三谷孝主编《農民口述的中国現代史》，东方书店，1993；三谷孝主编《中国農村変革と家族・村落・国家》，汲古書院，1999；三谷孝主编《中国農村変革と家族・村落・国家 2》，汲古書院，2000。

王黎，以及张思等年青学者和研究生付出了大量的时间和精力。

在中文第一卷序言里，魏教授写下了他自己对我们联合工作的感想和意义。关于采访他写道："中国农村数十年来走过了曲折多艰的道路，访谈中展现的种种场景，在每个调查者心中留下深刻的烙印。农民讲出了实实在在的心声，反映了历史和时代的特点。这部书是记录性的，没有抽象的概括，没有理论的阐述，没有文学家的描写，没有华丽的辞藻，语言朴实无华，反映的正是普通村民的生活足迹，是华北地区农村历史沿革的缩影和农民生活与生产变化的实态，散发着浓重的乡村气息，也依稀可见乡村社会变革的历史脉络。"（总序）①

我们相信，我们合作团队共同努力所录下的五个华北农村的普通农民的声音，将是未来了解二十世纪农民生活急剧变化的原始材料。这些声音和经历的展现，没有魏教授和他的同事们的奉献是不可能的。他们克服了极大的挑战，获得了工作的成功。五年间，我时常担心调查工作能否进行下去。我还记得，每当有缓慢稳步进展时，我们大家分享喜悦的心情。后来我们合作团队有人重访这五个村庄，看到了戏剧性的变化，这是改革开放四十年中国快速

---

① 魏宏运、三谷孝主编《20世纪华北农村调查记录》，社会科学文献出版社，2012。张思是第四卷主编。

成长的结果。顺义县沙井村已经不存在了，居民都搬进了公寓楼，村民不再务农，而是从事其他职业。其他村子，以前的农民变成了流动工人，许多家庭搬进城镇里，年轻一代寻求与父辈和祖父辈完全不同的职业生涯。感谢魏教授和他的同事们的合作，我们在关键转折期录下了村民的声音，记录了他们的经历，为将来想了解二十世纪农村生活的学者和普通民众提供了真实记录。

顾琳，曾任日本上智大学副校长、荣誉教授。

学术生涯的恩师
——魏宏运先生

笠原十九司

我和魏宏运先生的初次见面，是在1984年3月底，此时魏先生结束在美国蒙大拿大学任客座教授一年的工作并顺访斯坦福大学后回国途中，因航班原因经过日本之际。当时，我参加的以日本一桥大学三谷孝教授为中心的“中国农村例行调查”研究会（以下简称中国农村研究会），十分渴望得到以魏宏运先生为学术带头人的南开大学历史系的协助，能开始对中国华北的农村进行田野调查。因我此时任职宇都宫大学，出于地理位置上的便利，我便前往成田机场迎接魏宏运先生。

在机场的出口处，我从来自美国航班的人群中找不到看起来像中国人的旅客。正在为难之时，一位戴着机车男孩帽、乍一看如美国人一般的绅士，站在出口和我打招呼，那正是魏宏运先生。为了向前来迎接的我表示谢意，先生送给我一本《简明英汉词典》（商务印书馆，

1976）。那本先生用旧了的词典，现在已成遗物，让我倍感珍惜。

魏先生在东京停留期间，我向他转达了中国农村研究会计划到华北农村当地实地调查的愿望，先生真诚接受了我的建议。此后，我于1990年8月对北京市顺义县沙井村和房山区吴店村进行了实地访问调查。这次实地调查之所以能够实现，是魏宏运和左志远、张洪祥两位先生经过与当地政府、农村繁琐的交涉和安排的结果。

1990年8月至1995年9月的六年间，得益于日本文部省科研经费的赞助，中国农村研究会和南开大学历史系共同完成了对华北农村调查的项目，除上述提及的北京市所属的两个村外，还有天津市静海县冯家村、山东省平原县后夏家寨村和河北省栾城县寺北柴村，双方学者进行了以口述为中心的调查。对华北五村庞大的口述调查记录，在日本被三谷孝编入《中国农村变革和家族、村落、国家——华北农村调查记录》（汲古书院，1999）和《中国农村变革和家族、村落、国家——华北农村调查记录第二卷》（汲古书院，2000）并予以出版。在中国，除由魏宏运、三谷孝主编的《20世纪华北农村调查记录》第1—3卷（社会科学文献出版社，2012）外，由张思主编的《20世纪华北农村调查记录》第4卷，主要收录河北省昌黎县侯家营村1949年后的相关文献，也一起合并出版（社会科学文献出版社，2012）。

在上述华北农村的实地调查中，年逾60岁的魏宏运先生全程与我们同行。在各村的调查中，我围绕着抗日战争时期华北农村和农民生活，对当地老人进行了口述调查；对于农村学校的教育状况，我访问了学校并对老师们进行口述调查，我还观摩了课堂教学。农村调查期间，我与魏宏运先生等共同生活，十分有幸听到了先生讲述的有关抗战时期各根据地和农民抗日斗争的故事。

在日本和中国出版的《华北农村调查记录》，为后世留下了现已消失的北京市顺义县沙井村、房山区吴店村和天津市静海县冯家村的历史记载，具有重要的史料价值。

在以魏宏运先生为首的南开大学历史系老师们的帮助下，我得以在华北农村进行了口述和文献调查，这些经验成为我得以进一步深化抗战史研究的重要契机。

通过走入中国农村，在没有文献记录的情况下，以当地农民的口述来了解抗日战争时的体验，这种研究方法使我受益匪浅。2001年5月至2002年4月，我在南京郊外的农村访问，向身为南京大屠杀被害者的农民口述取证，正是借鉴了华北农村调查中的口述访问办法。南京大屠杀发生的区域不仅限于南京城内，还包括现为南京市行政管辖区的郊外六县。基于我自己提出的判断，形成了在南京大屠杀中近郊农村区域人民的牺牲数量比城内庞大得多的假说，实施了这次调查，并将当时的口述调查记录在案。这些记录，后来经整理出版了《南京事件——27名亲历者讲述大屠杀与之后人生》（高文研，2006）。

我认为南京大屠杀的范围，也要考虑南京近郊农村的意见，得到了南京师范大学张连红教授的赞同。张老师指导学生在2004年、2005年对闻沛进行调查，最终成果编入费仲兴、张连红编《南京大屠杀史料集（27）·幸存者调查口述（下）》（凤凰出版社、江苏人民出版社，2006）。

在受益于与魏宏运先生等人共同进行的华北农村调查中，我意识到，需对抗战时期侵华日军对华北各抗日根据地、抗日游击地区进行的“治安战”（包括“三光”作战）进行分析，我增强了相关历史问题的研究兴趣，深化了问题意识。我从魏宏运、左志远先生主编的《华北抗日根据地史》（档案出版社，1990）中获益良多。我收藏的这本书扉页上写着：“笠原十九司教授雅正，魏宏运、左志远、张洪祥、江沛敬献，1990年8月”，附有四位先生的亲笔签名，这是在上述第一次华北农村调查时赠送给我的。

从魏宏运先生那里得到了很多关于侵华日军在华北各区域进行“三光”作战的教导，就此我整理出版了《日本军的治安战——日中战争的真相》（岩波书店，2010）。

在华北农村调查期间我曾经在南开大学停留，与包括魏宏运先生在内的历史系老师保持着良好关系。1992年，我受聘为日本学术振兴会派遣的特定国家研究人员，魏宏运先生办理了繁琐的手续，使我得以在南开大学进行访问研究。

1992年4月1日早上，我从位于栃木县国分町的家中出发，下午2点40分到达北京机场，南开大学历史系讲师祁建民老师前来迎接我，我们乘坐南开大学的小巴士抵达南开大学专家楼，魏宏运、左志远、张洪祥等先生在专家楼迎接我。那天晚上，魏宏运先生请我们夫妇到家中便餐。晚饭由先生的夫人王黎女士主勺，其女魏晓静女士和她的丈夫（天津社会科学院张利民研究员）和她的儿子张逸竹，侨居美国返津省亲的儿子魏晓明及他的未婚妻王筑津也在场，全家都在欢迎我。回到专家楼，南开大学历史系江沛讲师，帮助我们把18.5千克行李送到了我的房间。

我在南开大学期间，以上提及的这些人，对我极为关照。魏宏运先生全家对我的款待和照顾，令我无比感激。

以日本学术振兴会派遣的特定国派遣研究员的身份，我在南开大学停留到8月31日。此后我在9月1日至10月31日访问北京大学、11月1日至11月30日访问北京师范大学、12月1日至12月14日访问河北师范大学，12月14日回到南开大学度过新年，1993年1月31日回到日本。

我在中国研修留学时间长达10个月，妻子也同行。在南开大学的六个半月中，受到了魏宏运先生等老师的关照。期间，我聆听了魏宏运先生和其他老师的讲座，参加了多场报告会，自己也参与讲课，在报告会上作学术报告。此外，我还前往南开大学图书馆、天津图书馆等地调查、收集文献和史料。其中对我来说的最大收获，是师从魏宏运先生的夫人王黎女士学习了中文会话与写作。

我的中文是在东京教育大学文学部东洋史专业上学时，作为第二外语学习的。当时是1964年，中日尚未建交，学校没有中国老师，只能从汉语古典文学专业的老师那里学习中文。对于日本人而言，中文的四声发音很难，有些发音从日本人口中是听不到的，还是要从中国老师那里学习。我上学时从汉语古典文学专业老师那里学了错误的中文四声发音，这是很致命的。我来中国后才知道，自己的中文发音中国人完全听不懂。

我和妻子都师从王黎女士学习中文会话，妻子因是初学者，学习得很快，我则需要先纠正之前的错误发音，这个过程很辛苦。被教授了错误的中文发音，让我深切感受到了“教师的弊害”。尽管如此，王黎夫人还是纠正了我错误的中文发音，渐渐我也能和中国人对话了。

我每天都会用中文写日记，请王黎女士帮忙修改。夫人有编辑经验，能给我的中文写作做出准确批改。多亏了王黎女士，我能够用中国人可以理解的中文写书信和讲义笔记，真是帮了我的大忙了。

二十世纪九十年代，中日间的学术交流逐渐密切，尤其是有关抗日战争史和中日关系史的国际学术讨论会在中国各地的大学和研究所开始举办，我也时常被邀请参加，并经常用中文进行报告。能够做到这一点，多亏了王黎女士在纠正我中文发音的基础上，教我会话与写作。我由衷地感谢王黎女士。

2000年初，在魏宏运先生和南开大学历史系王永祥先生的极力推荐下，我有幸获授南开大学客座教授的荣誉。3月22日，我访问南开大学。3月24日，在“南开大学向笠原十九司客座教授致聘仪式”上，魏宏运先生介绍了我的简历，南开大学副校长陈洪向我颁发了聘书。这是我一生中的无上荣誉。

此生我能与魏宏运先生相识，真的非常幸运。

在此，我谨向已千古、成就了我学术生涯的恩师魏宏运先生，表示最衷心的感谢。

笠原十九司，日本都留文科大学名誉教授。译者齐若羽，大连外国语大学日本语学院2020级本科生。

缅怀与悼念：追忆我与魏宏运先生的几次见面

郑会欣

昨天（7月21日）上午，突然在微信中见到金铮兄发出的一则消息，方知魏宏运先生仙逝的噩耗，我即予以回复："惊悉魏先生遽归道山，不胜震悼。"其后整整一天都在悲痛之中，同时又回忆起与魏先生相熟相见的往事，今天将其整理草成一篇小文，用以寄托我的一片哀思之情。

魏宏运先生是中国现代史学科的重要学术带头人，特别是他在抗日战争史以及华北根据地财政经济史方面的造诣闻名海内外学界。我虽然早就听闻他的学术成就，但第一次与魏先生相见，应该还是在1987年南京召开的"民国档案与民国史学术讨论会"会议上。那时民国史研究方兴未艾，自1984年春在南京召开了首届中华民国史学术会议之后，在国内外引起强烈反响，趁此机会，中国第二历史档案馆遂联合中国社会科学院近代史研究所、南京大学历史系等多个单位，决定在南京召开一次规模更大的民国史会议。此次会议除了规格很高，而且还有一个重要的特点，那就是计划广泛邀请海外学者共同参加。当时我已从南京大学历史系毕业，并在二档馆工作了几年，馆领导就将筹备会议的工作交给我负责，所以我有幸与国内各单位的学者保持密切的联系（国际学者由李宗一、张宪文等老师负责），其中就包括南开大学的魏宏运、来新夏等令人尊敬的学界前辈。

当年10月，会议在南京新落成不久的金陵饭店举行，来自海内外100多位知名教授齐聚金陵，交流学术，畅叙友谊，会议召开得十分成功。虽然我与很多学者以前并不相识，但因负责会前的筹备，故而有机会向诸位学者请教。特别是魏先生，因为我提交会议的论文是《抗战初期国民政府财政金融政策述论》，不仅与先生报告论文题目的时段、内容极为相似（魏先生的论文名为《抗战初期国民政府经济政策透视》），而且主要观点亦大致相同。我们被安排在同一个小组进行报告，我在宣读拙文之后，立即得到魏先生的谬赞，他对我能够参阅和利用二档馆馆藏的原始档案撰写论文尤为欣赏，鼓励我今后继续努力，让我深受鼓舞。会后我参加了论文集的编辑工作，又有时间与各位学者继续联络，亦与魏先生多次书信往返，后来这两篇论文都一并收在《民国档案与民国史学术讨论会论文集》（档案出版社，1988年）一书中了。

金陵饭店会议结束后不久，我因私赴香港探亲，其实此行还有一个更重要的任务，那就是联络香港大学，计划在香港举行一次更大规模的民国史学术会议。然而最终这个会议未能成功举办，而我却阴错阳差，于1988年底移居香港，并到香港大学攻读研究生了。

来到香港后，人地生疏，所有的环境都发生重大的改变，一切都得从零开始，我将这些情形向以前结识的诸位老师汇报，立即得到众师长的关切与问候，魏先生更是经常来信指教，在我初到香港的十多年中，魏先生每年的圣诞节都会给我发来贺卡，询问我最近的生活和工作情况，并祝我克服困难，不断前进。我曾查了一下，自1991年至2000年，我手头至少还留下魏先生给我的六封来信（分别是1991年6月20日，1992年1月24日，1997年7月6日，1998年4月10日，1998年9月11日，2000年2月11日），魏先生的这一份关心和情意，让我永远铭记于心。

记得是二十世纪九十年代初，我已到香港中文大学中国文化研究所工作，突然收到魏先生的来信，说他正在澳大利亚访问，准备回国时途经香港，届时会与我联络。数天后，我就接到他的电话，说他住在香港科技大学，将于某天到中大来，我即提前到大学火车站等候，见到魏先生夫妇和刘健清老师，并陪同他们一行在中大游览访问。虽然这只是我与先生的第二次见面，但因之前经常通信，先生对我十分关心。他不仅询问我的近况，还反复嘱咐我不要中断学习，要积极创造条件，继续从事民国史的研究。

先生的鼓励让我重拾信心，这也成为我以后继续学习的强大动力。后来我在先生自撰的年谱中，看到他对此次香港之行也有所记载，没想到我这个无名晚辈的境遇，也时常在先生的关注之中。在这之后，魏先生还将他的文集及其主编的《抗日战争时期晋察冀边区财政经济史料选编》等重要的史料档案邮寄给我，使我获益良深。

2000年7月，香港中文大学历史系举办“中国商业史国际讨论会”，邀请海内外众多学者参加，我也提交论文《复兴商业公司的成立及初期经营活动》。那时我与张利民还不相识，一天在会议间隙的茶叙时我正与几位内地学者聊天，问起多位学术前辈的近况时，在旁边的利民兄突然拉住我说：“你就是郑会欣吗？我是天津社科院历史研究所的张利民，是魏宏运先生的女婿。我来香港前，老爷子反复嘱咐我，说你到中大一家要见见郑会欣！”这句话不但让我与利民兄一见如故，我更为先生对我的关怀而动容。

2003年7月，我为查寻董浩云先生早年在天津的活动，前往天津档案馆搜集资料，得到宋美霞、张利民诸位的大力协助，这也是我第一次到天津，因此在查档之余，我就请利民兄带我到先生家去拜访，记得王翔兄亦同行。在这之后，我又有几次到天津开会的机会，只要有时间，我都会抽空去见见先生。尤其令我感动的是，一次我到天津后即向利民兄提出何时方便去见先生，没想到过了一会儿利民对我说，老爷子听说你来天津了，他说要亲自到宾馆来见你。我说这怎么可以，我应该到先生府上拜望的呀！利民兄说，老爷子的脾气你是知道的，他说要亲自来就一定要来。当天晚上，魏先生真的就在利民兄的陪同下来到宾馆，还带来他新近撰写的专著赠我。对我来说，这一切都非常感动，但更多的还是惭愧与内疚。

2019年，又是7月，我从东北师大讲课回程时途经天津，参加南开大学举办的华北区域史学术会议。因为住在南开的新校区，离市区很远，那几天天津的气温奇热，我又突患痛风，行动不便，所以就未能亲自拜望先生，只是在江沛兄与先生通话时顺便致以问候，没想到竟成永诀！

我虽然无缘跻身魏先生门下，亦未曾聆听先生的授课，但先生教书育人，道德文章，风范长存，特别是他对晚辈后学的奖掖与关怀，令人十分感动，这一切也都成为我日后为人处世的楷模与方向。

魏宏运先生千古！

郑会欣，曾任香港中文大学中国文化研究所教授。

回忆魏宏运先生

戴建兵

很早就认识魏宏运先生。二十世纪八十年代后期，我在河北大学读硕士研究生的时候，导师是傅尚文先生，据说新中国成立前和魏宏运先生是在一个地下党组织，而且两人新中国成立后同任《历史教学》杂志的编委，审阅中国近现代史稿件。所以，他们之间的学术交往非常密切。傅先生主要的治史方向是抗日根据地，特别是晋察冀根据地，和魏先生也有共同之处。傅老师的第一个大弟子是李金铮教授，他比我高两届。他毕业以后，一些关于同学们的各种闲杂事等，傅老师一般就交给我来办。特别是我们毕业的时候，当时河北大学在天津还有留守处，地址在马场道。傅老师一般把答辩都安排在南开大学，由魏宏运先生主持，因此那个时段里，我就经常在保定和天津来回跑，住在河北大学天津留守处，然后去南开大学去向魏宏运先生请教，并且联络同学们的硕士答辩事宜。那个时代向魏老师提了很多荒唐不羁的问题，魏老师都一一作答，在此期间结识了王黎老师，那时她在博物馆工作，我对历代钱币比较感兴趣，因此也就多了一个相关话题。

我们的硕士答辩后来当然是在南开大学举行的，当年傅老师让我做一个关于中央信托局的硕士论文，结果因为当时南京二档中央信托局的档案不开放，实际上也是自己能力有限也做不来，后来就跟老师商量把它变成了近代的信托事业，答辩的时候一共记得有南开大学和河北大学的七八位教授参加，一边是历史学的，一边是经济学的。我的老师傅尚文先生，当年在招硕士的时候还是很有前瞻性的，我们在河北大学算是历史系和经济系合招，上了很多相关经济学的课程，比如说跟刘永信老师整整学了一年半的《资本论》，还有和经济系的老师上包括《社会主义宏观经济学》《统计学》等等课程，这为以后我们师兄弟（有的一直到今天）还能够在经济学领域站稳脚跟打下了坚实的基础。后来我也从事了将近8年的金融学的教学和管理工作，那个时代中国的信托业还不像今天这么发达，国内还没有信托公司和相应的信托业务，所以答辩很快顺利结束了。当魏老师说你的答辩通过了的时候，心里非常高兴，记得从会议室走出来，在南开大学的校园里觉得神清气爽，连呼吸的空气都是甜的。可是乐极生悲，因为当时很多老师抽烟，人又多，我就买了两盒火柴，比管行政老师要求的多买了一盒，一盒火柴两分钱，因此被管行政的老师严肃批评了一顿。但是就是那么一篇今天看来特别不像样子、谬误百出的小论文，日后成了自己做经济史、金融史、货币史学术的开端。

记得当年跟魏先生交流最多的是关于抗日根据地的货币问题，因为我对钱币学、货币史非常感兴趣。在刚有国家社科基金项目的时候，我就申报了一个抗战时期的货币相关的国家社科基金项目，课题很快获得了批准。这是河北省高校获得的第一个国家社科基金项目。小书《金钱与战争——抗战时期的货币》后来由广西师范大学出版社出版，也专门向魏老师请教，得到了先生的肯定。再后来又申报过关于中国私票的国家社科基金课题，多年后才知道这个课题评审时，获得了先生的支持。所有这一切看似都在学术层面上，有的时候想，魏先生80多岁的时候，90多岁的时候，还经常或寄或托人捎来他一年在报刊上发表的文章纸本或复印件，现在感悟真是一种人生精神上的引领。他让人认识到的不仅是学问，更多的是人生和学问之间的关系。既有努力，更多的是睿智。没有前人的扶持，哪有什么后人的成长。

我的岳父王福海教授是研究国际共运史的专家，他和魏宏运先生的私交非常好，我在走上了学术道路以后才逐渐知道，岳父在新中国成立前跟随刘邓西南工作团从上海一路步行到了四川，有时是一边走路一边睡觉，就这样从上海走到了祖国的大西南。新中国成立以后，他到南开大学历史系作为干调生读书和魏宏运老师结缘。后来在社会动荡和艰难时期，他们有过非常深刻的思想交流和非常密切的相互帮助。如今两人均驾鹤西去，两位长者当年通信、面晤的一些飞鸿尺素、零星片段均历历在目。愿他们在异乡依然开怀畅谈，纵声长笑。我们会永远记住他们。

戴建兵，原河北师范大学党委书记、教授，中国史学会副会长。

与魏宏运先生的几次“同框”缘

张　思

我与魏宏运先生有四十多年的师生缘，还有三十多年的同事缘。除了当年在课堂上仰视魏先生的一景一幕，我还与魏先生一起编过书、一起下过乡，有长时间密切接触的机会，因此就有了更多的“同框”之缘。

一

我第一次聆听魏宏运先生的教诲，要追溯到1978年凛冬散尽的3月。那是在我们历史系77级同学的入学欢迎会上，地点是主楼西侧二楼大阶梯教室，魏先生作为历史系系主任致欢迎词。这应算是我步入大学的第一堂课，只可惜如今我只记得魏先生语重心长的神情，却全然不记得先生说了些什么。这是情有可原的，那天我坐在能容下一二百人的阶梯教室最后排，不停地走神，不停地怀疑自己是不是在做梦，不停地拧腿、掐脸……

虽然很遗憾没记住魏先生的第一次教诲的具体内容，但1978年春天里魏先生为我们致欢迎词那一幕却永远“定格”在脑海里。我可以骄傲地说，我们这一代人有幸在中国改革开放的历史转折时期与魏先生结下师生之缘，有幸亲眼见证了魏先生这一代人在这一重要历史时期为南开史学的发展所做出的杰出贡献。

我大二的时候上课好像不再走神了，在学业上有些上道，开始热心学术，这应该感谢魏先生。那段时间，魏先生总是利用一切机会邀请国内外学者来南开做学术讲座，先生此举既促进了南开史学的繁荣发展，也极大地开拓了学生们的视野，引发起学生们的学术兴趣。大学四年我参加了不少学术讲座，但印象最深刻、记忆最清晰、冲击最强烈的好像只有一次。那是1979年春天，魏先生邀请加州大学黄宗智先生来南开历史系，记得魏先生在讲座上介绍说，他与黄先生刚刚在外地的学术研讨会上相识，当即便邀请黄先生来南开讲座，而且不容分说当即就拉着黄先生乘火车过来了。此前，我一直对宋史，对邓广铭和漆侠先生很着魔，而这次讲座竟轻易决定了我一生的学术兴趣和研究方向。怎么说呢，这不怪黄先生说话太煽情，要怪魏先生拉来这么个讲座。

2019年，时值南开百年校庆，我邀请黄宗智先生前来助兴。听说黄先生已十多年谢绝讲座邀请，为此我给黄先生去信也尝试煽情，这当然要回忆40年前的那次讲座，当然更要打出魏先生的旗号。

二

我与魏先生真正意义上的“同框”是在1981年，而且有两次，距今也都40多年了！那年年初刚开学，还是在那个大阶梯教室，魏先生对全体同学讲话，说将要举办“‘五四’学生论文比赛”，说今年是首次举办，以后年年都搞，云云。这次我坐在前排，不仅没走神，魏先生讲的一字一句都听得真真切切、热血沸腾。很奇怪，我班的大牛们此刻可能走神了，不然以后获奖肯定就没有我的事了。闲话休提，那年南开大学的校报1981年6月8日第一版显著位置上，有一篇《历史系举行学生论文比赛发奖会》的报道。“五月二十九日下午，历史系举行了论文比赛发奖会。由系主任魏宏运教授宣布了获奖论文的题目和作者。”“历史系决定，这次获奖的学生论文将作为《南开史学》专辑刊载出版。”很幸运，我忝列获奖者之中，而且名字也出现在那篇报道里。更巧的是，在这一版里还有一篇报道与历史系，与魏先生有关，即右下角的《历史系民主选举系主任》。“四月二十五日，历史系召开了全体教职员工大会，直接投票选举系主任，原系主任魏宏运同志当选为系主任。”这就算是我与魏先生第一次“同框”吧（见图1）。顺便多说一句，如今见证过历史系直接投票

图1 《我校第十二届学生代表大会胜利召开》

选举系主任的人可不多了。

令人感慨的是，“‘五四’学生论文比赛”活动的确如魏先生所愿，薪火相传四十载不断，但如今南开历史学院的师生们恐怕都不知道当年魏先生的奠基之功了。本人则因与魏先生的这段“同框”之缘，多少年来始终支持并参与这项活动。每次院团委的人请我为一篇篇参赛论文写评语，我很少拒绝过。甚至有很多其他老师指导的学生来找我，我也会耐心细致甚至一字一句地指导。同学们获奖后会感谢我，却不知道我是如何想的。不为别的，这是魏先生他们开拓的事业啊。

1981年11月，临近毕业的历史系77级同学拍毕业照，搞得有些盛大空前（见图2）。我们何其有幸，张再旺书记、滕维藻校长、崔希默副校长都来了，魏先生也率领全体教职员工来了，最幸运的是全系宿儒元老们一位都没落下，都在这张毕业照里聚齐了。前面说过，我们这一代有幸见证了魏先生等老一代学者在国家改革开放初期的风采，而老先生们也没忘记为我们做见证。我们共同见证了那个时代。

三

我与魏先生在史学研究的田野里“同框”，可以追溯至四分之一世纪之前。1994年夏天开始，我以东京大学博士生的身份参加了“中日学者华北农村联合调查”。此次调查的原委与经过等细节不必赘述。魏先生是这次调查计划的中方代表，为该调查的顺利实施做了大量的贡献。我则是时隔6年与母校的老师，与魏先生重逢，一起从事农村调查研究，蛮兴奋的。我跟随着中日学者从北京市顺义县的沙井村，到山东省平原县的后夏家寨村，再到转年的河北省栾城县的寺北柴村，一路调查下来，其间与魏先生合影留念（同框）不计其数，没什么可炫耀的，只觉得有一些与魏先生一起走乡串户，一起与农民们深入聊天的“同框”经历值得一晒。我那时比较关注魏先生的调查方法及风格，会在旁边默默观察。我早就听说过，魏先生于1965年在盐山实实在在参加过“四清”，可谓老工作队员。果然，魏先生能很快与农民拉近距离，能捕捉到农民关心的话题，能盘腿上炕，能拉家常，很有当年“三同”的影子。这一切对我来说很不简单了，但魏先生却不以为然，他跟我说，当年赛尔登、毕克伟他们在饶阳五公村调查，都是光着膀子在炕上和农民聊天的！外国佬，光膀子，魏先生给我讲的这个田野标杆实在太刺激了，这辈子都忘不了。魏先生对我的这些影响有好有坏，多年来我带学生进村做田野调查，一旦看到有女生怕晒打着阳伞晃悠，都想严厉呵斥。

1994年8月中旬，中日华北农村调查团队走进平原县后夏家寨村。16日上午，我约好找村会计和团支书兼民兵副连长访谈，魏先生带着韩国留学生欣然同行。魏先生听了我的调查计划后建议：“我们先问一下摊派的事吧。”结果便成就了一回我与魏先生一起从事田野考察的“同框”记录。

当年魏先生对农村摊派问题极为关心，是出于他对中

图2　第二排右起第8位是魏宏运先生

国农村问题的忧虑，出于对农民大众的同情，我认为这是魏先生为我们树立的又一种治学模范——做现当代中国农村问题的学术研究，应该保持对重大现实问题的关怀，而且应该有同情心，甚至可以带着感情。这样做不仅不会影响学术研究的质量，还会使研究更具个性，更有创新性。

四

我与魏先生长时间密集接触有两次。一次是为编辑《二十世纪华北农村调查记录》（4卷本），从2006年开始前后用了六年时间。再一次是2004年春天，我与魏先生、王黎师母一行去河北省昌黎县侯家营村做调查，我们一起在村里住了有一周，天天都会近距离接触。据我所知这应该是魏先生最后一次做农村调查了。此前，我曾向先生汇报过我在该村的调查成果和重要发现。能看出先生对侯家营村的故事很感兴趣，对去该村调查期待已久，毕竟十年前先生和日本学者曾两次被挡在村外不得而入。我做了充分的准备，因队伍越来越膨胀，从吃到住到联系村干部和受访村民，费尽心思。这次师生们都安排在老乡家里吃住，当然我给魏先生夫妇安排在条件最好的村民家里。算起来，魏先生上一次与老乡们同吃同住，是参加“四清”的时候，已过去快四十年了。魏先生有幸，看到了新农合，看到了国家对农村的反哺，看到了千年农业税的废除，心情一定很舒畅。我为先生办了一些事，这算是最得意一次了。

有很多照片捕捉到魏先生这次农村考察的瞬间。

图4和图12两张照片，被我选出放在南开大学范孙楼中国社会史研究中心的宣传橱窗里摆放了十多年，直至迁到新校区。一想起魏先生，脑海里总会浮现图5、图6中那些画面——在魏先生的带领下，南开师生浩浩荡荡行进在田野中。

张思，南开大学历史学院教授。

图3　在昌黎县侯家营村集体留影

图 4　欢迎标语

图 5　师生们在魏先生的带领下

图 6　八十年前“满铁”调查员走过的村路

图 7　在村委会小憩

图8　在村书记家

图9　在村民家促膝访谈

图 10　与村民街头欢谈

图 11　访问饱受磨难的老村民

悼魏先生

翁有为

惊闻魏宏运先生仙逝噩耗，心情悲痛无以对，展读先生昔历年赠赐年谱文集史料集各书有感。

先生少年忧神州，求学革命竞潮头。
北国学运建功勋，平津教界出新秀。
开国津门创新局，南开史系成砥柱。
护佑大儒爱新才，为学现代学脉厚。
“文革”十年受磨难，改革开放意方遒。
内整学风百花放，外开交流美日欧。
治学最重根据地，评议贡献教育部。
惠泽学界大已矣，大师树人功不朽。
与师向学已有年※，每得教诲正所求。
而今魏师长眠矣，追忆不禁泪满流！

※注：魏先生二十世纪八十年代后期应邀到河南大学

助教进修班授课，余时读研究生，即随听先生所授课程。那时尚不敢单独请教，故先生尚不识我。余毕业后留校任教，后河南大学1992年校庆80周年时召开“中华人民共和国国史研讨会”，邀请中国现代史诸大家与会，其中魏先生应邀（同时应邀有彭明先生、王桧林先生、陈铁健先生等名家）。我因是青年教师，负责接待诸先生，故与魏先生有了进一步接触，并聆听教诲。魏先生回津后不久，即将所著《华北抗日根据地史》一书相赠，先生大家平易近人风范由此可知。先生此后每有新著相赠。1994年底余调入《史学月刊》后，与先生交往更密，魏师每教诲曰：“编辑同时不忘读书！”余虽未得正式入师门，颇感魏师以弟子待己，时常相互有电话与通讯联络，余亦以编外弟子然谨遵教诲，受惠颇深。先生受邀长期担任《史学月刊》顾问，时给予指导与帮助，我刊亦受惠良多。先生治学开拓创新如其书斋所标识，锲而不舍，视学术为生命，至老仍笔耕不辍，此乃学人真本色，最可敬佩！追忆先生道德文章及音容笑貌，不揣谫陋乃不能自禁而书。魏先生千古！先生学术精神永存！

2021年7月22日

翁有为，曾任《史学月刊》编辑部常务副主编，现为河南大学历史文化学院教授，博士生导师，河南省特聘教授。

同乡先达魏宏运先生的学问人生

钞晓鸿

魏宏运先生的老家，就在关中浐河岸边，距离汤峪温泉不远。

浐河是灞河的最大支流，发源于终南山汤峪，今称汤峪河，流至魏家寨附近有岱峪河来汇，形成浐河干流。魏家寨、西坡、李家窑几个村子紧密相连，习称“魏寨三村”，曾有文昌楼等古迹，村民以魏姓为主，据说是从临近的白鹿原迁居而来。魏宏运先生于1925年正月十八出生在李家窑村（今属西安市长安区魏寨街道）。

灞浐一带水源充沛，人杰地灵。蓝田猿人、半坡遗址闻名遐迩，是人类演化与中华早期文明的典型代表。汉唐两朝，地处畿辅首善之区，文化教育更胜一筹。明清时期，魏寨三村一带属于西安府咸宁县，嘉庆《咸宁县志》记载有鸣犊社（镇）“魏家寨，西坡，李家窑”等村；1914年咸宁县撤销后，归长安县管辖。李家窑村距离省城西安不过25公里，虽非地当要冲、商旅辐辏，但在士农工商方面还是得风气之先。魏先生的父亲魏应中，曾为杨虎城十七路军警备一旅机枪连连长，参加了著名的“西安事变”，后解甲归田，在家务农。魏宏运先生10岁时由村小学转入西安师范附属小学，1946年考入辅仁大学历史系，成为李家窑村新中国成立前走出的大学生；后来坐镇南开大学，成为著名历史学家，享誉国际史坛，道德文章为人称颂。

我与魏先生相识虽晚，亦非其入室弟子，但作为同乡晚辈，得先生的关心与帮助良多，谨撰此文，以寄托对魏先生的深深怀念与感激。

我最早是在大学期间，从现代史教材上谋得魏宏运先生大名的。在当年，从中学到大学，教材常常被当作范本尤其是考试的基本依据和标准。莫说是大学的著名学者，就是当年中学教师，若某师参与过高考阅卷，那在学生的心目中也有难以企及的崇高地位。因此对于当年的中学生与懵懂的大学生来说，教材有着莫名的神圣地位，而编写教材的专家简直就是无所不知、无所不晓的神圣人物了。高不可攀、遥不可及的大人物，这是我对魏先生的早期感受与认知。后来由于我业务上主攻明清史，对于魏先生所倡导的现代史心不在焉，参加工作与各类学术会议，直到自己走上教授岗位，虽然从各种报刊上经常看到先生大名，但恕我不敬，并未过多留意先生的研究与著述，不知道他显要的学术地位背后还有为人不知的辛酸故事，不知道他也是陕西关中人，更未见过魏先生本人。

与先生第一次见面，是在2007年的厦门大学。这年冬季，先生应邀前来历史系讲学，夫人王黎先生陪同。我当时负责历史系的部分工作，所以也参加接待活动。在欢迎宴会上，第一次见到魏先生：蜷曲疏发，矍铄洒脱；直率中不乏睿智，随和中又有原则；人生故事与学术问题，娓娓道来，真是尊者容态、大家风范。离开家乡一甲子，魏先生的言语中基本已无关中腔调，而我虽在闽南这个地方普通话还算讲得不错，但开口没几句，关中口音即被魏先生夫妇识破。由于同来自关中，所以也引出一些家乡的话题，魏先生总能恰如其分、画龙点睛地予以叙述与点评。例如谈到他的府上，我现在仍清楚记得，他说“我家距汤峪很近”。这对于在西安生活过的人来说，一下子就能定位到他老家的大致位置了，无需过多解释说明。清晰直白，达意实在，甚至还有些乡土气息，这大概是魏先生讲话与行文的风格吧。后来看到在2007年南开大学春节团拜会上，作为“南开一号”的魏先生，校党委书记和校长均让他先发言。一般而言，在这样的场合，发言者多少会说一些冠冕堂皇的应酬话，谁会想到他说：“学校是培养人才之所，应加强师资，校领导应走进课堂！”这多少有点话不应景，但直白实在。而关于学术研究，他说的就更加直白并带有乡土气息：“做学问要有猪向前拱的精神！”这接地气的表述，令人拍案叫绝又浮想联翩。但凡在农村生活过、养过猪的人，对此的感悟就更真切了：做学问是件苦差事，要勤奋努力，埋头苦干，不怕脏不怕累，不能一天天混吃混喝过日子；也要发挥自己所长，苦干中有方向，开拓进取，一往无前，取得新成果。

而魏先生正是开拓进取的典型。在同辈中国史专家中，外语是他的强项。早在辅仁大学求学期间，他就注意外语的学习与应用，所选课中，就包括唐悦良的英语选读与会话。1948年9月转学南开大学，次年即师从杨寿钧学习俄语，后来还将自己的学习俄语经验，撰文刊发于《天津日报》。尤其是在受到批判与下放的逆境中，还想方设法学习外语。1971年在静海县南开大学“五七干校”改造劳动期间，他被分配在厨房烧火、看守水泵，就带了一本英文版《毛主席语录》，无人时拿出来朗读学习，来人时就赶紧放入衣袋之中。功夫不负有心人，后来他与欧美专家学者交流，应邀赴国外讲学受访等，外语发挥了重要作用，而他受赠与购买的外文书亦不少。我曾在陕北做课题调查，涉及陕甘宁边区与中国革命的相关研究，某天忽然对一本外文专著感兴趣，顿时心血来潮，觉得魏先生应该有这本书，于是不假思索径自讨要，不久就收到了魏先生的来信，并寄来了该书的复印件。一位年轻学人，让一位德高望重八十多岁的老先生为自己复印一本书，今天想来还是觉得鲁莽失礼。实际该书自己也没好好看，也没有相应的研究成果发表，更感愧怍无颜。

但魏先生却没这么看，奖掖、提携后学是他的又一风范。2012年他与日本学者三谷孝等主编的《二十世纪华北农村调查记录》出版，煌煌4大册。他将此书一套专门寄我，签名日期“甲午年八月”。每当我看到书架上这套醒目的赠书，心中就产生莫名的感慨，感念着长辈贤达的关爱与期许，期盼着能与先生再次晤面。

2014年6月，我借到南开大学参加学术活动之机，到先生府上拜访。事先打电话联系，师母接的电话，我听到师母招呼魏先生说“钞票电话”。“钞票”是二老的特指，显然不是货币，而是对我的昵称，亲切而又温暖。我到魏府，看到厅堂的“南开一号”匾额，出自画家范曾之手；二老招呼着“钞票来了”！见面坐就，促膝相谈，从学术到家乡，有说不完的话。时间过得特快，我告辞时，师母才恍然发现只顾着说话竟忘了给我倒杯水喝。这次看到先生，与上次厦门大学见面相比，我感到先生虽然思路清晰，谈笑风生，但体质却已明显下降，这令我感伤不已。先生对我不只是对晚辈、后学的关爱，还有着小老乡的浓浓情谊。当《魏宏运自订年谱》再版后，我就收到了赠书，签名如下：“晓鸿教授老乡雅正。茶余饭后一笑。王黎、魏宏运敬赠。2016年3月1日。”先生晚年写些回忆文章，包括针对“文化大革命”的回忆与反思。他也将刊文的报刊原件或复印件寄我，并签名让“老乡”收存。但是收到了邮件不久，我又收到他的另一封邮件，里面的作品却是相同的。这重复寄来的作品，或可反映出先生晚年记忆力可能出现些许问题，但其中所饱含的却是一位世纪老人对晚辈、后学、小老乡的牵挂与爱心。

历史与家乡成为我们共同的话题，而阅读魏先生的作品，除了学术长进之外，也能感悟人生，对我来说还感到特别“走心”。例如《魏宏运自订年谱》，其中既有先生的人生轨迹，也有大量的学术内容，是难得的知人论学资料。有些专家学者的作品我比较熟悉，但作品之外的人生际遇、交流沟通却并不知晓。阅读《年谱》可以把作品与相关专家联系起来，可以真切了解到活生生的学术场景与日常社会。《年谱》中包括魏先生与国内外著名专家学者、社会名流乃至普通百姓的交往与通讯，反映了先生的学术交往、成就与影响力，由此可以看出先生顺利、成功、幸运的一面；也能看到逆境、遭批判、不幸的一面。由农村而成才，由低谷而振拔，他自强不息的精神毅力与心路历程则是励志奋斗的活教材。

在考入大学之前，先生在家乡20余年的生活场景与人生阅历总能引起我的共鸣与追忆。关中乡俗，红白喜事、逢年过节，会用到蜡烛。以前点蜡烛的主要功用不是照明，多为仪式之用。一些人家常常用动物脂肪炼制蜡烛，自用之余，拿去售卖。这些蜡烛就地取材、土法加工，所以称作“土蜡（烛）”，以与后来的“洋蜡（烛）”相区分。1945年春节，还是中学生的魏先生到集镇去售卖家里做的土蜡，《年谱》记载："家里做土蜡烛，和堂兄魏恒新到魏镇、焦岱去卖。一次，鸣犊乡公所抓集敛钱，我与之对抗。乡民见我义正词严，群起响应。那一集乡公所敛钱未成功。"我上中学时期，家乡早已用上电灯、洋蜡，很少见到制售土蜡了。但联产承包责任制后，各户在粮食生产的同时也种些经济作物，其中就包括难以保存、需要及时售出的西瓜。有一年暑假我与姐夫拉西瓜到县城去卖，销售还行，最后剩下西瓜不多了，就分别装上篾笼（一种竹编大篮子）到二马路去卖。天热难耐，树上的蝉声似也有气无力，但我却有着"心忧炭贱愿天寒"的心理，希望天气更热一点，这样西瓜销路就会更好点儿。翘首以盼，好不容易等来一人，穿着文明，骑着自行车到我摊儿前，问"西瓜多少钱一斤？"我连忙站起回应，以为随后就是挑选西瓜了。哪知这位从兜里拿出来的是罚款单据，不管三七二十一，让我交钱；不然就要没收我的秤杆和西瓜。没见过世面也不知所措的我，只好舍小保大，交了罚款，这样以为就没事了。但是该人又说，路旁散落的那些西瓜皮，一一捡拾再放行。我捡了几块不知何人留下的发蔫西瓜皮，望着这位哼着小曲扬长而去，就自认倒霉、垂头丧气地收摊了。不仅没卖到一分钱，还交了罚款（后来才知这种没有公章的罚款单是无效的）。两相比较，感叹自己既无魏先生当年的勇气，更无先生的睿智与号召力。而更加引起共鸣甚至触动我内心伤痕的是失恃之痛。《年谱》1927年3岁条记载："母亲因肺病去世，年仅24岁。母亲生于1903年（光绪二十九年），属兔。"次年4岁条载："以野菜充饥度日，饥寒或有委屈时，辄哭诉于母亲坟前。"此正谓没妈的孩子像根草，数九寒天，在避风处晒太阳，这是取暖的最经济方式。关中有谚语："九九八十一，穷汉顺墙立。"我的母亲也属兔，因患肺病而早早离世。读到《年谱》此处，我悲从中来，难以控制情绪，泪水夺眶而出，也更能体会到魏先生幼时的艰辛与酸楚！

2021年7月21日，魏先生驾鹤西去，走完了他丰富、跌宕、辉煌的一生。就我的接触、学习和了解，魏先生不甘受命运摆布，以永不言弃的精神，顺应时代潮流，自立自强，以理智与毅力创造、实现了自己的人生价值。这是许许多多学问书中所没有的学问！为学与处世紧密相连，许多论著揭示了学问怎么做，但并未昭示人生该如何走。魏先生的著述与经历，学问、人生兼备，道德、文章并举，这正是乡先达魏宏运先生留给我也是留给后人的宝贵财富。

钞晓鸿，厦门大学特聘教授、图书馆馆长、历史系教授。

回忆锲斋听课时

张同乐

魏先生驾鹤西游，悲痛万分。因疫情阻隔，不能赶往天津吊唁。静夜独坐书房，翻阅当年聆听先生授课时所作笔记，回首往事，先生的音容笑貌又浮现在眼前。

那是2001年9月，我考入南开大学历史学院中国近现代史专业攻读博士。入学的第二学期，即有幸到魏先生家里聆听“中国现代史论”课程。这个学期魏先生先是在南开大学北村旧居听课，记得他房间里到处是书，空间小，拥挤不堪。我和张殿兴、高志勇、李凤琴、秦立海等每周一个半天听魏先生讲课。后来魏先生乔迁新居，搬入西南村，我们又追到先生的新居听课。

翻开课堂笔记，我听魏先生第一次课的时间是2002年3月4日下午，星期一。所讲专题是《华北区域史研究》。魏先生说，华北区域史研究开始于改革开放之后，虽然华北区域变动很大，但是该区域的问题很多，如可以研究城市、农村、灾荒、生态环境等。地域环境对社会影响很大。社会学是横的，我们社会史是纵的，可研究的东西很多，最好把历史和现实结合起来，这样就可以使人受到启发。魏先生说，从二十世纪八十年代初开始，他每年都到农村搞调查。魏先生与财政部合作到晋察冀、晋冀鲁豫太行山区进行调查，到县级档案馆查找资料。魏先生谈到他在涉县的档案馆发现有很多档案。历史研究一是扎进图书馆，二是深入实地调查研究。调查研究可以找到一手资料，可以写出好文章。魏先生倡导研究华北区域史要多查档案，多搞社会调查，他以亲身经历引导我们进行华北区域史的研究。魏先生谈到他首先是到晋察冀、晋冀鲁豫及太行山进行社会调查，在其中感到农民的知识很丰富，文化落后，语言表达缺少文学性，在调查研究的基础上他写成了《晋察冀的货币贸易》《抗战第一年的沙井村》《1939年华北大水灾述评》等论文。后来用得到的一手调查资料先后到美国、丹麦、德国、澳大利亚、日本讲学。他讲的题目是《华北农村》《太行山与中国革命》。讲起怎样在农村收集资料，在治学方法上，魏先生谈到研究要从一个方面入手，可研究出一些问题来，与众不同，标新立异，目前学术研究偏重理论，实证资料上要多下功夫，还要从史料中跳出来。因为在史料里不识庐山真面目，还需要跳出来观看。这些治学至理名言，我一直记忆难忘。

魏先生讲的第二个专题是他到美国参加学术会议的情况，主要是中国现代史研究的学术动态，介绍学术研究前沿问题，开拓学术视野，让中国现代史研究走向世界。魏先生学识渊博，以到美国参加国际学术研讨会为主，介绍国际上对中国现代史的研究。国际视野，信息颇多。

他介绍了到美国参加学术会议的论文的内容。他谈到在这一次学术会议上，有的学者研究晋冀鲁豫边区商业贸易，有的研究庙会与集市的关系。魏先生注重介绍了他研究的问题，主要是晋冀鲁豫抗日根据地的贸易战。抗日战争期间在晋冀鲁豫，根据地与沦陷区的贸易从开始的经济绝交到后来开始的贸易往来。经济与战争由于战争，物价的波动和比价出现了起伏，这也都是很值得研究的。要深入研究，需要查找一些珍贵的档案资料，还要查阅抗战期间边区出版的报刊史料。

第三个专题，听魏先生讲课是在西南村魏先生的新居。他的新居比原来北村的宿舍面积大多了，宽敞而明亮。一进入西南村魏先生的新居，引人注目的是客厅东面墙壁上挂着的木质牌匾，上刻范曾先生手书“南开一号”四个大字。我们站在木刻的牌匾旁边，请教来历。魏先生淡然一笑，道说由来。因为在这次分房排队中，南开大学全体教师打分排序，结果魏先生分数名列第一，由此而得“南开一号”的美誉。范曾先生欣然命笔，题写力透纸背的四个字：“南开一号”。人过留名，雁过留声，魏先生堪称“南开一号”。

在魏先生新安村新居的这次课更是别出心裁，首先由他指导博士生王兆刚介绍博士论文《训政时期国民党政权体制研究》的内容、研究方法、学术创新，然后让我们研讨评论，魏先生总结点评。这俨然是博士论文的预答辩。实际上通过这样一个实践性的教学环节，把我们这些准备选题写论文的博士生带入真正论文写作状态。现身说法，评说论文，师生互动研讨。这样，魏先生的课堂转化为学术实践研讨会。印象深刻，受益良多。

第四个专题，魏先生说是“漫谈”。其实，翻阅这一天课堂笔记，内容反而很集中，很多。魏先生说最近他出版了一本论文集，集子的名称是《锲斋文录》，“锲斋”那自然是魏先生自取的书房名号，文集有30多万字，所收内容涉及民国初期政治社会、抗日战争时期华北区域史、近现代人物述评等。论文集荟萃了魏先生的学术精华。魏先生一篇篇介绍，谈到主要文章的写作过程，选题思考、史料搜集以及发表情况。先生畅谈自己学术经历，以启发后学。

第五个专题，魏先生讲博士论文选题。他把多年指导的已出版的博士生论文进行展示，然后讲一个一个选题的由来，不时插入一些选题中的花絮。比如乔培华《天门会研究》、朱德新《二十世纪四十年代河南、冀东保甲制度研究》，以及此后傅建成、李正华、杨跃进、王彦民、李金铮、江沛……一篇接着一篇，如数家珍。每一位同学怎样选题，怎样完成博士论文，如何出版，其学术价值、现实意义何在等等。魏先生说："要选有利于自己发展的、有利于学问上站住脚的选题，不要近视眼……要相信自己，不要崇洋，不要轻易否定前人，不要说填补空白。大家都在探讨，给自己多留一些余地。博士论文搞一个模式不行，今后工作发展是要各式各样的。"

这堂实例教学令我震撼，令我记忆难忘，受益终生。什么是精品课程？什么是大师讲学、传道授业解惑？那就是锲斋听课，那就是魏先生。

第六个专题，魏先生讲新疆问题研究……第七个专题讲外文史料在中国现代史研究中的价值。他先让每位同学读一段英文版《中国日报》的文章，然后大家讨论。这是魏先生的又一个授课"绝招"。怎样运用外文资料，这一搞便明白了。

魏先生治学追求中国特色，国际视野。怎样把中国现代史研究推向世界，其言谆谆，令人受益无穷。当年魏先生已近八十高龄，我曾经在天津市图书馆看到先生借阅英文《中国日报》。听图书馆管理员介绍，魏先生多年来一直坚持到天津市图书馆阅读英文报刊，发掘中国现代史资料。魏先生曾多次讲过，一篇史学论文，首先的创新就是在史料挖掘上有新进展。

讲完论文选题，史料查阅，接下来魏先生讲怎样申报国家社科项目，怎样实现学术创新。翻阅聆听魏先生讲课的笔记，我感觉到先生总是用他的心血，用他多年的教学科研实践经验，现身说法，由介绍学术前沿问题——史料积累——论文选题……一步步将学生引入学术研究的殿堂。

记得2002年6月17日下午魏先生讲最后一个专题，课间他发给我们每位同学一页复印资料……先生用心良苦，授课赠言至今留存在我的课堂笔记里。尽管纸页泛黄，但精神永存。那是黄炎培赠贾佛如的一段话：

> 公私分明，不时不难。人多自私，我独不为，则难。人以私利诱我，而我不动，则难。假公营私，得利归我，失利归公，冒险以图利宜若可为，而不为，则尤难。我有急需，假公以济急，宜若可为，而不为，则难之又难矣。惟有就可能范围，公款付之公开，断我自私之路，亦即绝我自私之心。
>
> 爱惜物力，尽物之力而用之，虽一丝一粒，不放弃，宜也。对人不然，须于斟情酌理之中，宽留余地。
>
> 人须有自知之明。至少须认定个性，如偏于放纵，须从谨饬上努力；偏于拘谨，须从宽厚上努力。
>
> 宽厚待人之实施法，可以无与，我宁与之。但对已须从严格。可以取，可以无取，我宁不取。
>
> 观人察物，须识得透。但评论人长短，非取得特殊谅解时，不宜深深揭破。其深度应以对方理会得而

不损其颜面为准。

忠须辅之以恕。居一机关领袖地位，公家物力，珍惜一分是一分，忠也。但有时还须借物力以激发感情，使人人肯为公家尽力，激发一分是一分，是恕也。亦是忠。

人生修养功夫，得力于不断地勤求知识。求知识在读书。然亦不限于读书，遇事必思，见物必格，时时反省，改过迁善，从广远处用力以求其大，从切近处用力以求其实，从繁复艰困中用力，以求其精且坚，则得之矣。

想得到。说得到。还须做得到。

佛如弟索吾赠言有年矣。上所云云与其谓为为吾弟说，不如谓为为一般人说，更不如谓为为自家说，吾原与有志修养者共勉之。

民纪29年10月25日

黄炎培

这份珍贵的资料，实际上寄托着先生对我们这些学生的殷切希望，更承载着魏先生人格的力量。先生既教书又育人，在治学做人上为我们指明了方向。我们这些从魏先生北村旧舍到西南村新居的这一堂一堂课，真真切切沐浴了大师的智慧春风。

回忆在先生门下听课，接受精神洗礼的日子，抚今追昔，百感交集。山再高水再长，比不上先生提携学生的情意长。

德重仰高风雅教常萦昔日金言铭肺腑凝练锲斋精神，情长牵后浪恩波永在众生功绩驻人间堪称南开一号。

追忆先生“革命者治革命史”的传奇事迹，缅怀先生刻苦治学的“锲斋精神”，感慨先生沟通国际学术交往的宏阔视野，感恩先生关爱学生、提携后学的可贵品质。化悲痛为力量，继承先生的意志，在教书育人中贡献自己的毕生力量。

张同乐，河北师范大学历史文化学院教授、博导，教育部河北师范大学人文社科重点研究基地中国共产党革命精神与文化资源研究中心教授。

深切怀念魏宏运先生

李里峰

2021年7月21日，是个不太平的日子。下午五点半左右，突然发现自己被李金铮教授拉进两个群：魏门聊斋，南开大学魏宏运先生追思群。什么，魏先生走了？难以相信！悲恸不已！

我非先生及门弟子，却有幸亲炙教诲。2002至2004年，我在南开大学历史学院从事博士后研究，因以华北土地改革运动为选题，承蒙先生不弃，多次耳提面命，指点迷津。在赫赫有名的“南开一号”寓所中，先生不仅赐示华北根据地相关资料的编纂和出版情况，更津津乐道地回忆自己早年从事革命工作和改革开放后进行社会调查的亲身经历，使我对华北乡村和中共革命有了更深入、更生动的了解，为我顺利完成博士后研究报告提供了很大帮助。

我从南开博士后出站、回南京大学政治学系任教以后，仍和先生保持着联系。先生每有新著或自己满意的文章问世，常会给我寄赠一份，并附上一封长短不一的信，或谈书论学，或闲话家常，字里行间总是流露出对晚辈后学的关爱和期许。信中字体古朴苍劲，独具特色，让人寓目难忘。而我自己的博士论文和博士后研究报告都过了很多年才得以出版，来而不往，无以回赠，只能用信件、明信片或电话来表达自己的感激之情。先生比我年长足足半个世纪，拳拳之心，怎不令人感佩！

先生从革命家到学问家的传奇生涯、对中国近现代史学科的奠基之功、耄耋之年而笔耕不辍的治学精神，学界都早有公论，不必晚辈多言。在我看来，先生治学还有两个重要特点，尤其难能可贵。一是始终坚持开放精神和世界眼光，积极与西方学界同仁交流对话并开展共同研究，绝不闭门造车、自说自话；二是长期从事社会调查，将文献资料与田野观察、口述资料相结合，更全面、生动地揭示中国现代历史变迁的进程。这两点，在先生同辈学人中并不多见，今日之史学研究者亦难兼备，委实令人钦佩。

遗憾的是，离开天津以后，当面聆听先生教诲的机会太少了。2012年暑假到南开参加学术会议时，重访“南开一号”，和先生聊了一个多小时（先生在自订年谱中曾专门提及）。2014年9月，我在中央党校培训研修时无意中得到先生九十寿庆的消息，立刻和江沛老师等人联系，得以作为编外弟子参加活动，亲耳聆听先生发表感言。虽然当时人太多，没有机会和先生私下交流，但是见到先生气色依然很好，思维依然清晰，行动亦无不便，深感欣慰。谁知，这是我和先生最后一次见面了。其后因工作繁忙和出国交流，好几年没回南开。再往后，南开大学主校区从八里台搬到津南，历史学院亦随之前往，两次去开会，都没能进城探望先生，今日思之，不禁愧悔交加！

不久前的7月10月，我在重庆参加建党百年学术会议，还向李金铮教授问起先生近况，得知身体已大不如前。可是我眼前浮现的，仍是那个精神矍铄、聪敏睿智、笑容可掬、侃侃而谈的长者形象，总觉得他活到一百岁乃是顺理成章、天经地义的事情。谁能想到，仅仅十天之后，却得到了先生去世的噩耗！

泰山其颓，哲人其萎。先生走了，您的音容笑貌会长留在亲人、弟子和朋友心中，您的学术志业也一定会由晚辈后学发扬光大。

魏宏运先生千古！

李里峰，南京大学政府管理学院教授。

沉痛缅怀魏宏运先生

李秉奎

2021年7月21日，著名史学家魏宏运先生与世长辞。我记得特别清楚，听到噩耗的第一时间，当时竟然觉得一时难以相信。理性上认识到，魏宏运先生已有97岁高龄，但是感情上仍然希望他能够更加长寿。我没有在南开大学历史学院学习或工作过。但是，我是在魏先生的宏著指导下成长的，受到魏宏运先生的亲自指导。现在每每想到他的音容笑貌，仍时时感到心气郁结、心绪难平。

2007年7月，在我的导师臧运祜教授、南开大学江沛教授的共同帮助下，魏宏运先生受邀参加我的博士论文答辩并担任答辩委员会主席。当时听到这个消息，我颇感意外。业内人士知道，魏宏运先生是中国近现代史学科重要的奠基人和开拓者。凡是从事历史专业的，应该无人不知、无人不晓魏宏运先生的大名，许多人就是因为学习他主编的教材或撰写的著作而入门。如果能得到魏宏运先生的指导，无疑是十分荣幸的事情。但是，对于尚未迈出校门的年轻学生来说，从未与魏先生谋面，更不了解他待人严苛与否。当时，我把自己的疑虑告诉了导师臧运祜教授。臧老师安抚我说，魏先生是待人温和的长者，不必过于担心。

在我博士论文答辩前的下午，魏宏运先生从天津乘坐一辆红色夏利车来到北京大学的勺园。汽车还没有停稳，便看到车中有位老者笑容满面地招手。等到从汽车中走出来，魏先生主动向我伸出手，一边握着我的手，一边说“你的博士论文，我看过不少遍。能将抗日根据地史写好，很不容易啊”。简单几句话，打消了我的顾虑。我一边陪着魏先生上楼，一边向他介绍我论文的写作和修改情况。魏先生进入房间后不久，便掏出从天津带来的著作《锲斋别录》和《抗日战争与中国社会》赠送给我。从天津到北京大学的乘车时间，少说也要2个小时。后来得知，魏先生乘车路经廊坊时，前方发生翻车事故，被堵在路上耽误了半个小时。至少2个半小时的乘车时间，对于许多年轻人来说，已经不是件轻松的事，更何况对于一位八十多岁的老先生来说呢。魏先生到达北京大学后，一句也没有提路途劳顿之类的话，反而用和蔼可亲的话语指导我如何修改论文、如何治史。

7月2日，是我博士论文答辩的日子。早上陪魏先生在燕园散步时才知道，昨天晚饭后他又接待两位自己以前培养过的学生，谈到很晚才休息。第二天早上，他很早就起床，准备与论文答辩相关的工作。他认真、负责的态度，严以律己的作风，令人记忆深刻。

参加我博士论文答辩的，除担任主席的魏宏运先生外，还有我的导师金冲及教授，另外还有张海鹏教授、房德邻教授、牛大勇教授、刘一皋教授。魏宏运先生曾任中国现代史学会的会长，金冲及教授和张海鹏教授曾任中国历史学会的会长，牛大勇教授当时任北京大学历史学系主任，房德邻教授当时任中国近现代史教研室主任，刘一皋教授曾任中国现代史学会的副会长。他们都是享誉学界的著名学者。导师臧运祜教授良苦用心，为我博士论文答辩搭建如此“豪华阵容”，大概不是“空前”就是“绝后”的了。记得，牛大勇教授还特意请人给参加论文答辩的各位专家合影。

魏宏运先生参加我的博士论文答辩后，我送他离开北京大学到北京火车站乘车。一路上，魏先生还不时点拨我。只是，当时有些愚钝，没有将魏先生的指导意见一一记下来。

我参加工作后，每每有小书出版，都不避浅陋地寄给江沛老师或李金铮老师，拜托他们转交给魏先生。魏先生收到我出版后的博士论文，还特地亲笔给我写了一封信。信中，魏先生语重心长地鼓励我，不要气馁、不要放弃，继续沿着学术道路走下去。学界都知道，魏先生的治学严谨、交友甚广，有“南开一号”的盛誉。在日本、在韩国进行学术交流时，我不止一次地听到他们提到魏宏运先生，内容都离不开魏先生的学术成就和魏先生的人格魅力。

这几年，我先后送走了我的双亲。他们走前，同魏先生一样，已经年迈。但是，我仍然固执地觉得他们应该更加长寿。美国动画片《寻梦环游记》有句经典台词："真正的离世，是世界上再没有一个人记得你。"与此相反，即便我们的亲人与我们生死相隔，只要他（她）的音容笑貌还留在我们心中，他（她）便永远没有走远。

沉痛缅怀和蔼可亲的魏宏运先生！

李秉奎，北京大学医学院人文学院长聘副教授、研究员。

铭记师恩

张殿兴

2021年7月20日上午，我乘高铁自洛阳回天津，行至郑州时，被告知由于连降暴雨，道路被冲毁，所有车辆停开，被困郑州高铁站数小时。期间，由于滞留旅客太多，加之站方管理缺失，造成秩序混乱。所幸我于午夜时分挤上了仅有的一列经停郑州的火车借道北京，21日上午返津。下午，我还未从这次糟糕透顶的旅行中缓过神来，却又意外惊闻恩师仙逝的消息，令我心情更加沉痛。回首往事，先生对弟子的指导、关心和帮助的情景，一幕幕展现在眼前，先生的音容笑貌不时浮现在脑海中。

我与先生的交往始于20多年前。那时的我还是河南一所高校的教师。在近10年的教研生涯中，时常有专业知识欠缺的感觉，难以适应担任的工作，亟须进行“充电”，但一直没能如愿。直到20世纪90年代中期，才有了外出进修的机会。考虑到专业兴趣及交通等因素，在联系进修学校时，我首选北京的高校。按照规定，国内访问学者时间是一年，而当时我所在单位只能提供半年的进修时间。在与所选学校协商未果后，我抱着试试看的心态给先生写信联系，表示愿意到南开大学历史学院进修，接受先生的指导，并希望得到他的帮助。

此前，我与先生并未有任何联系。以当时先生在中国史学界的声名和地位，我作为无名小辈，不揣浅陋，冒昧致书先生，实属无奈，对仓促之举，自然也未抱太大的希望。谁知却很快得到先生的回函。得知我的情况后，年逾古稀的先生亲自到历史学院，找到分管进修事宜的领导和老师争取。经过沟通协调并征得学校教务处的同意，将我的访学分为两个阶段，先到南开大学访学半年，以后有时间再来访学。正是由于先生的争取和关照，我的愿望才得以实现。

初到南开，年逾古稀的先生到我的宿舍嘘寒问暖，看我有什么困难需要解决，令我十分感动。访学期间，除了在先生指导下完成“抗战时期国民党正面战场的抗战”研究外，先生开设的“中国现代史研究方法论”等课程，对我专业知识和科研能力的提高有极大的帮助。通过先生的讲解，开阔了研究视野，丰富了历史知识，也增长了见识。以前我对历史的认识仍停留在传统史学和革命史学阶段，将中国现代史等同于中共党史和中国革命史，认为中国现代史主要是研究中国现代政治、军事、经济、文化等方面的问题，从未关注过中国现代史上的社会问题，尤其是偏重于中国现代政治史和军事史的研究，而且在选题时，往往是追求“大而全”，这种大题小做，只能泛泛而论，加上不注意搜集新的史料，根本提不出新观点，写不出新意，只是在进行重复性劳动，事实上失去了研究的意义。先生一再告诫我，历史研究一定要学会另辟蹊径，要小题大做，要注意发掘新资料，做到题目新、资料新、观点新，只有这样，才能将问题分析透彻，才能提出新观点，成果才能为学界所认可和接受，才能在史学界立足。先生的一番话语，让我耳目一新，也使我对历史研究的认识上了一个台阶。

与此同时，我开始重视外语学习，因为先生一再强调，史学工作者要翻越古汉语和外语“两座大山”。他认为，研究中国史，必须过古汉语关；历史研究离不开对外交流，因而又必须过外语关。先生在这两方面做得很好，他的研究领域广泛，研究成果丰硕，成果中既有中国史方面的，又有世界史方面的；既有古代史的，又有近现代史的。先生多次到欧美和日本讲学，所以对弟子的外语水平要求较高。我的外语基础较差，在大学四年学的一点外语，参加工作后长时间不用，基本上丢掉了。随先生上课时，需要阅读外文，促使我重视外语学习。刚开始不习惯，遇到难度较大的外文资料，尽管事先进行了充分的准备，但讲起来仍难免磕磕绊绊。每当出现这样的情况，先生总是进行鼓励。渐渐地，我的外语水平不仅得到了恢复，而且还有所提高。

半年时间，转瞬即逝，时间短暂，但收获很大。辞别先生时，他特意设宴送别，并一再叮嘱我要在工作之余坚持外语学习，多写科研论文，如果有问题可随时与他联系，他一定尽力帮助解决，令我十分感激。此后，我一直与先生保持联系，先生在信函中除了在专业方面进行指导外，还鼓励我报考博士研究生，争取更好的发展空间。

2000年9月，我再次到南开大学访学。期间，先生送我由他主编的《抗日战争时期晋冀鲁豫边区财政经济史资料选编》《晋察冀边区财政经济史资料选编》和《东北解放区财政经济史资料选编》等资料集。我不仅参与了先生主持的“九五”国家社会科学重点项目《二十世纪三四十年代太行山地区社会调查与研究》部分章节的撰写，还参与《新编中国现代史》等书稿的校对工作，并随先生参加在北京举行的关于抗日战争的学术研讨会。

2001年，我入南开攻读博士学位。在此后的三年时间里，先生继续在学业上进行指导，在生活上给予关心和照顾。确定博士论文选题时，先生充分尊重我的意见，在开题和撰写环节，先生都提出了许多意见和建议，并提供了大量的相关资料。初稿成形后，先生又针对论文中存在的问题，提出了修改意见，为论文增色良多。读博期间，他一直动员我毕业后留在天津工作，这样对自己今后的发展有好处。我原本联系了天津市的一所高校，但因家属的工作无法解决而放弃。先生得知消息后，先是帮我联系了北京的一家单位，由于种种原因没有成功，继而推荐和介绍我到了天津市委党校工作。可以说，没有先生在学业上指导、工作上的帮助和生活上的关心，就没有我的今天。

工作之余，每次去看望先生时，他仍免不了要问些学业和工作方面的问题，诸如最近都看了哪些书、写了什么文章、有什么新的想法等等，并一再提醒我，有想法一定要写出来，要将想法变成文字，一个社会科学工作者的价值主要通过著书和写文章来体现。每次见面，先生还不忘询问家属的工作情况和孩子的学习情况。

先生既是知名学者、名师，又是一位慈祥的长者。作为知名学者，先生享誉海内外，著作等身；作为中国现代史专业的开拓者，先生为学科建设贡献了毕生心血；作为中国现代史第一个博士生导师，先生早已桃李满天下；作为长者，先生关心晚辈，其恩情终身铭记。先生乐于助人，无论何人，有问题找他，他总是来者不拒，热情帮助。从先生那里，弟子不仅知道了如何做学问，还学会了怎样去做人。

张殿兴，中共天津市委党校党建教研部教授。

事业导师　人生贵人

任吉东

人的一生会遇到许多人，有的人遇到了便遇到了，不会在你的人生中带来丝毫的波澜，但有的人遇到了，就会成为你一生最诚挚的师友，对于后者，我常常心怀感激，而无疑，魏先生就是指点我迷津的导师和引领我前行的贵人。

和魏先生的相识颇有戏剧性。我是1995年考入南开大学历史系的，那时的历史系还在南大的主楼二楼，几间不起眼的办公室，几位亲切热情的办公室老师，使得我这样一个从农村里出来、之前从未远行过的学子有着近似于家一样的感情，历史系也成了我大学四年时光最为留恋的地方，在那里我常常会碰到一位慈眉善目、有着大家风范却平易近人的老先生，见到他的人莫不尊称一声“魏先生”，而无论何人，魏先生也总会停下来，说上几句，最后以一句“好吧”结束谈话。

之所以对“好吧”如此印象深刻，是有一次同宿舍的付强写了一篇关于魏先生的短文，其中有一段话使我备受感动："先生每次见到我（付强，当时是中国史班班长），总是亲切地询问几句，然后说：'好吧，你去忙吧。'有一次因为行色匆匆，和魏先生擦肩而过，仅仅问了句好，等我走远了，先生的一句'好吧'，才迟迟传过来，我不由心中为之一振，脚步也放缓了。先生待人待物，如此恬静从容，令我们这些整天忙忙碌碌的晚辈汗颜。"这可以算是我对先生的第一印象。

真正感受先生的学术魅力，是在一次学术讲座上，那是一次关于田野调查主题的讲座，先生在台上结合自己的学术经历侃侃而谈，既有学理的阐释，又有着通俗的演绎，睿智中透着风趣，大气中显现胸怀，整个阶梯教室座无虚席，不时爆发出一阵阵笑声和掌声，先生的风采着实让我们这些平常一贯不知天高地厚的热血青年从心中折服与钦佩。在随后的提问环节，大家踊跃发言，纷纷向先生请教学术和人生的诸多疑窦，我也不甘人后地写了份纸条向先生请教田野调查的事情，但由于提问的人过多，没有轮到我的问题，主持人就宣布时间已超，为了照顾魏先生的身体，不得不结束了这场意犹未尽的精彩讲座。这也算是我对先生的进一步认知。

真正和先生相识是在我大四那年，由于被保送研究生并参加首届研究生支教团远赴青海一年，我又想起先生在讲座上的教诲，"处处留心皆学问"，正好利用这次难得的机会在当地开展社会调查，以此来锻炼和提高自己的学术访问能力，因此我又斗胆给先生写了封信，信中详细地汇报了自己几年来的学习情况，并把即将去青海的事情和想在青海开展社会调查的想法向先生提出请教，然后怀着一颗惴惴不安的心情把信放在了先生的邮箱里。

在接下来的日子里，我一直患得患失，先生如此繁忙，能有时间关注我这个不知名的后学末进吗？我的自作主张会不会给先生带来不必要的麻烦？然而就在隔天的晚上，当我上完自习回到宿舍的时候，付强就跑过来告诉我，魏先生给我打电话了，让我明天去家里一趟。我的心怦怦直跳，有种不敢相信的感觉，我反复询问付强，确定他不是在开愚人节的玩笑，最后烦的他见了我直躲。

现在想起来，当时的我正是"初生牛犊不怕虎"，也幸亏是遇到了先生这样勤于提携后进、心胸坦荡宽广的学者，否则我的行为很有可能被视为冲动、冒昧的不敬之举。而当时无知者无畏的我竟然第二天空着双手就去了先生家里，当时先生还住在北村，房子是面积不大的两居室，四壁全都是书，连地板上都堆着厚厚的书和杂志，但是看上去整洁干净，没有一丝凌乱之感，窗台上还有几盆含苞怒发的花朵，更增添几分温馨舒适之感，后来想想，这应该全是师母之功，否则以先生醉心学术的生活节奏，定不会留意这些生活末节。

那时的先生精神矍铄、言谈有度，先生详细询问了我的有关情况，对我能报名去参加支教活动表示非常赞赏，认为年轻人就应该多出去历练历练，不能总闷在书房里，“读万卷书，行万里路，”先生笑称我这是真正的行万里路，因为青海到天津的距离来回是8000多里，再加上两头的路程，应该有1万余里了。先生的平易近人使原本拘束的我渐渐放松，开始向先生请教社会调查的相关事宜。先生不厌其烦地给我讲述了他开始社会调查的缘由和经过，告诉我在调查时应该注意的问题，还语重心长地告诫我不能在支教的时候放弃学习，尤其是对英语的学习，师母也在旁边叮嘱我一个人在远方，一定要学会照顾自己，注意饮食等各个方面，面对先生和师母的谆谆教诲，我一一铭记在心，涌起浓浓的暖意，这是除了我父母亲人之外，如此善待于我的长辈，先生和师母丝毫不以我衣着简陋、孤陋寡闻且是一无名小辈而有任何轻慢之心，这才是真正的大家风范、世家修为，也令我这个晚辈由衷地尊重和敬仰。临别之时，先生还送我他所编写的一套根据地财政史资料，叮嘱我有时间多多研读。

带着先生的嘱托和教诲，我踏上了远赴青海的征程，在这一年中，我始终牢记先生的谈话，一方面认真教学，完成本职工作，另一方面也利用课余时间走遍了民和县的山山水水，虚心向当地的考古专家、学者们请教，参与了当地颇有特色的“花儿”对唱会，采访了全国仅有的土族村落，探寻了原始氏族社会的遗址，结识了许多文史界的朋友。我把这些活动一一向先生做了汇报，先生在百忙之中亲自执笔给我回信，给予我肯定和赞扬，并告诫我再接再厉，使我倍受鼓舞。很可惜由于几次搬家，先生的信函不知道放在什么地方了，否则今日读来肯定会有另一番感动在其中。

2000年9月，我又回到了阔别已久的南大校园，开始我的研究生学习，但遗憾的是由于先生年事已高，不能再带硕士研究生了，先生把我推荐给了刚刚从日本回来的张思老师，成为张老师的第一个硕士研究生。由于距离近了，我时不时还会去先生那里坐坐，向先生请教学术上的问题，向师母说说生活上的琐事，两位老人以他们的热情和睿智关怀指导着我，使我在远离故乡外找到一份深厚隽永的亲情，收获着丰厚的精神食粮。

硕士毕业后，面对纷繁复杂的社会求职和人心浮动的社会风气，先生告诫我首先要明确自己的人生目标，不要被社会上那些蛊惑人心的各种具有诱惑性的职业所蒙蔽，同时也鼓励我走出八里台，向更高更远的目标迈进，找好方向，脚踏实地，才能一步一个脚印地前行。谨遵先生的教诲，我在众多当时看来颇具诱惑力的岗位中，脚踏实地地选择了一家科研单位，继续我的学术生涯。这个选择在今天看来，无疑是最为明智和有远见的抉择。

我所在的天津社会科学院历史所久负盛名，和我同时进入的是一名女博士，她也是社科院第一个招聘来的女博士，她的到来也给我带来了一些压力，那就是学位上的差距，于是第二年我就报考了南开大学历史学院刘景泉老师的博士生，再次进入了象牙塔。

先生对我的博士进修很是支持，他在自己的家中给博士生们上课，也特意准许我参加进来。记得那时的先生十分注重博士们的英语学习，常常告诫我们多学一门外语就是多打开一扇了解世界的大门，先生的英语非常好，这既得益于先生在上学期间就读的辅仁大学的英语教学，也和先生几十年来严格要求自己，不断充实学习分不开的，先生常年赴国外教学，一口流利的英语使我们这些“哑巴英语者”愧疚不已，先生常常说英语学习要日积月累，而且还要敢说常说，不断培养自己的语感。我和几位师兄每周去先生家学习英语，先生事前指定一篇英语文章，有时是报纸上的，有时是书中的一段，让我们阅读和翻译，可以说是字字句句手把手地教，师母则在一旁负责后勤工作，端茶倒水，一大屋子其乐融融。说来很惭愧，自从博士毕业后忙于日常琐事，英语学习也始终隔三差五，三天打鱼两天晒网，至今仍然是只会纸上谈兵的中式英语。

后经系里老师介绍，我和爱人相识相爱并准备结婚，先生得知后非常高兴，特意把我找去，除了祝福之外，专门送我一套英汉双文辞典，寓意好事成双、百年好合，并专程和师母出席我的婚礼，给我带来新婚最美好的祝愿。在我的孩子出生后，先生和师母多次打电话叮嘱，告诉我不少育儿的知识，得知孩子总爱咳嗽，师母还从报纸上找来一些治病的小偏方，让我参考使用。对我爱人也是关怀备至，常常告诉我要多体谅关心爱人的身体，多次嘱咐我要支持爱人的工作，还找来一些信息让我爱人参考。可以说，先生和师母待我们如孙辈般关怀体贴，我们的每一次进步或每一个行动都深深地牵动着两位老人的心绪。记得我刚刚被评为研究员的时候，先生比我还高兴，虽然他当时在医院检查，仍给我打电话祝贺，对我的关爱和眷顾令我感激涕零。而当我有幸担任历史所所长一职，先生在祝贺之际，还不忘言传身教，教授自己在工作上的心得体会，告诫我学术研究是立身之本，职位是一时的，不能顾此忘彼，更不能舍本逐末，一言一句宛如家人先辈对子侄的谆谆教导。今先生仙逝，再没有长者赐教，再没有叮咛嘱咐，回想起先生音容笑貌，仿佛就在昨天，不由潸然泪下……

回顾你的人生，每个阶段会有一两个印象深刻，时常让你回想的人，他（她）必然在你的生活中给了你很大的帮助和积极的影响，这种帮助和影响或许改变着你的人生，或许在你的精神领域给予引领，或许改变了你的思维方式，或许让你的心灵更加地充盈。总之，人生如大浪淘沙，而你的导师和贵人就是永驻在你心灵深处的一块巨石。我常常在想，自己何德何能，能够有幸结识先生和师母，可以毫不夸张地说，先生和师母是看着我从一名学生成长为一名研究员的，这其中有着先生和师母的诸多心血，他们以博大的爱心一直在旁边默默地为我祝福和加油，为我的人生道路指点迷津，以长辈的经验启示我，以师友的情谊激励我，如此大恩大德，无以回报。惟有以百倍的努力，千倍的真诚，万倍的祝福以求不辜负先生和师母之厚爱与期望。

愿先生在天堂安详，如有来世，再做您的弟子，再续师徒父子之情。纸短情长，无法自已。

著文立说，开一代史学先河。

教书育人，成一世桃李芬芳。

任吉东，天津社会科学院历史研究所所长、研究员。

好大一棵树

孙丽萍

7月21日，从南开姬丽萍教授转发朋友圈的讣告中，得悉南开大学魏宏运教授因病去世的消息，悲痛和哀思顿时涌上心间。跟同事取得联系，他把我拉进南开大学魏宏运先生线上追思群。想说的话有很多很多，又觉思绪纷杂，一时无法表达。追思群里的信息不停翻新，每一个时辰就会增加几十条。几天来，追思唁电雪片般飞向这条长线，多所大学的文化机构，社会文化机构和诸多贤达、学人，用单位的名义或以个人名义，在这条线上传递着对先生的崇敬热爱和无尽哀思，对先生亲属的关心安抚慰问……我在想，先生无疑是一棵中国历史文化研究领域枝繁叶茂的常青大树，不然怎会有如此巨大的成就、如此众多的爱戴者、如此长远的影响力？

我不是南开学子，却因十六七年来曾得到先生的慷慨指教，兼有近些年来与先生多次书信往来，故而对先生的生平抱负、学术造诣和高洁人品有了更多的认识，对先生一生追求光明追求真理追求学问以及锲而不舍的科学精神有了更多了解，对先生的崇敬也在与日增长。

2014年国庆长假过后，我收到天津出版传媒集团、天津古籍出版社出版的《仰望锲斋——贺魏宏运先生九十华诞》一书，该书由先生的弟子江沛教授主持编写，遵江沛之嘱草成一篇，诚心诚意讲述先生在我的学术之路上对我的几番指点和重大影响，后以《为师之道授人以渔——写在魏老九十寿诞之际》为题，收录在本书亲友篇。私下自忖，吾人何德何能，竟然得此殊遇？却也不时生出小小的满足感。

北方的许多地方，为长者做寿宴时，通常以虚龄而论，先生出生在1925年，过九十寿诞却放在之前的一年。此前，在南开园里，曾得到王先明教授的引导和作陪，与魏老夫妇及其女儿女婿一起在南开园吃过便饭，记得魏老当时戴了条红色的围巾，显得特别精神，席间侃侃而谈，兴致盎然；王黎老师轻声慢语，闲适优雅，散发出浓浓的爱意。想想当时他们已是八十多岁的大学者、老学者了，从他们的生活细节到精神世界，都是那么丰富多彩精致美好，真是令人神往。之后，我又见过先生一面。

2015年春，得知先生住院，我邀同事郑林华去了天津。先生和师母俩人在病房，亲切地跟我们聊天，时间大约有一个小时。先生的声音依然浑厚，笑容依然亲切。话题多为学问之事，魏老继续给我们传授道理：做学问的根本是要在学术道路上锲而不舍地耕耘，没有其他捷径。先生阅历丰富，见识不凡，看待事物尤其通透。2017年的冬天，先生在南开园用毛笔抄录一份唐代僧人的偈语寄来，纸张约四开，字有方寸大，我且当作是先生对功名利禄的参透，也是用另外的方式对我进行指点吧。

2018年5月，我在病休一段时间后回单位上班，看到先生的两封来信。一封嘱我为他寻找购买《抗日游击战争的理论和经验》（1938年上海中外编译社出版）。我找两位年轻的同事帮忙，落实先生交代之事，他们从网上购得复印本，寄给先生。二是询问几年前他给《红色太行》杂志写过的一篇小稿，他想知道是个什么状况。看着先生熟悉的手写书信，笔锋依然遒劲有力，却也随着时光的流转，多了一点点抖动的笔痕。虽然有些心酸，但更多的是对先生坚持学问之道、坚持把自己的真知灼见反哺大众的由衷敬佩。之后，我与山西省委党史办的钟启元同志和杂志社负责人杨宏伟取得联系，对先生的手稿进行了仔细辨认和核校，拟写了标题和一则简短按语。6月中旬，以《魏宏运教授荐读〈延安一月〉》为题发表。之后先生来信感谢，并寄上自己的签名题赠的学术年谱，这也是我珍存的先生多种著作中的一册。

每每翻看先生的学术著作和学术年谱，总会得到思想的滋养，知识的拓展。我真正为先生这种活到老学到老、著述到老、贡献到老、精彩到老的崇高精神风范所折服，先生永远是我学习的楷模。

先生千古风范长存！

2021年7月24日

孙丽萍，中央党史和文献研究院研究员。

怀念彼岸的先生

张雅晶

清明夜，凝视着火光中缓缓升腾的白烟，感觉这缕缕白烟正穿过时空、穿过生死两界，环绕在先生身边。先生知道，家人都好，弟子都好。先生收到，会在彼岸买书读。我仰望夜空，就这样和先生无声地、会心地交谈。

先生仙逝数月，悲怆与感恩与日俱增。回首往事，百感交集，先生与我亦师、亦友、亦父。

我博士所学虽非先生的现代史专业，但先生视我为入室弟子，并向陕西亲属好友和北京、厦门等地的同道老友正式介绍，这与我是莫大的荣幸。

因为先生的宽大襟怀，先生视后学的我为忘年之交。2001年7月，我邀请先生和师母到大连旅游，在旅顺白玉塔下先生以朋友的身份讲述了他的起伏人生和学术之路。先生经历中华民国和中华人民共和国。他一生视学如命，锲而不舍、情怀致远。那次谈话对我产生了巨大的震动。之后的多年里，先生总是坦诚相待，像位老朋友时常给我指导和鼓励。我在北京市社会科学院工作后，先生还给我写过多封信，先生提醒我关注若干台湾地区问题等，我总是能从信里得到力量。

因为先生和师母的善良仁慈，视我为他们的女儿。在南开家里，我度过了五一、十一、中秋节、元旦、除夕至初七等重要的节假日。先生送给我书的题款称呼，按年排序依次变更是：同志、学友、好友、博士、挚友、女儿。和老爸老妈相处，让我倍感温暖。

先生于我恩重如山，刻骨铭心。

因为我是外语专业出身，博士论文选题又是敏感的近现代中日关系内容，先生亲传治史方法，他提倡学术研究要有国际视野，“读万卷书，行万里路”是一种治学方法。我去台湾辅仁大学回来后，向先生汇报在那里收集的资料，先生以他睿智的理性思考，帮我分析日文资料和蒋介石史料中的真假成分。尽管史料有官方和报刊记载，但也有可能不是客观史实，日记里记的也未必是真心话。

2007年陪同先生和师母在厦门大学做学术报告，先生和厦门大学几位老友见面的感人场面，让我终生难忘。孔先生对我说：“魏先生在我心中是永远屹立着的。”这十四字，折射出先生何等的人格魅力呀。

2008年陪同先生和师母在延安干部学院和延安大学作讲座，又陪先生和师母回陕西长安故里寻找先生曾经的足迹。一路上，先生谆谆教导学问是需要内心安静的，当他有可能当南开大学副校长，他的选择是专心教书做学问，先生还举了古今中外诸多例子来证明“非淡泊无以明志，非宁静无以致远”。

先生身患糖尿病，唠唠叨叨一再要我们保养好身体，“不能太熬夜，早睡早起好的作息习惯，长此以往是一定会有好作用的”。平淡话语中透着善良朴实的慈悲之心，可惜的是，我们依旧如故，熬夜通常到东方鱼肚白，不听老人言的结果是很快就成为医院的常客。

随先生和师母回故里祭祖，寻着先生当年的足迹，从魏家寨中心小学到西安师范附小再到兴国中学，一路北上到北京。这次回故里收获颇多，其一，拍了许多珍贵照片，先生曾经住过的老房子现已全塌。其二，结识了陕西省人事厅副厅长李民仓大哥，回京后，民仓大哥提供了魏家寨的陈年往事，还委托民仓大哥把先生的亲属关系制表，其三，认识了先生在魏家寨和西安的亲属。这些为写《魏宏运传》做了前期必要的准备。

先生在世，对他治学之道和人品美德评价颇多，有：“信念坚定的革命者”“中国现代史研究的拓荒者”“卓有建树的史学家”“教育家”“世之懿范”“人生教科书”等等，在我和先生的接触中，先生是那么的平易近人和宽宏大量，尽可能提携后进，尤如“邻家长者”，温和慈祥。先生真正领悟平常心，他的精神境界至高至纯。

先生仙逝，“魏门聊斋”群中李金铮教授通知众弟子，几分钟后我看到此消息，立即冲向北京南站赶往天津。三日送别先生，鲜花丛中那“邻家长者”平静安详地熟睡在党旗下。史学界对先生的哀悼以磅礴之势扩展着。“高山仰止，景行行止。”先生，就是这样的先生。

夜深沉，泪眼蒙眬。焚香烧纸祭奠先生。告慰先生所赐墨宝“业精于勤，行成于思”，和“天行健，君子当自强不息”已悬挂在书房；《魏宏运画传》将会在近年出版。

怀念先生，清明夜更是倍加怀念，弟子满怀虔诚之心，遥祝彼岸的先生安好。

张雅晶，1997—2000年南开大学博士生在学，获历史学博士学位。

弟子篇

恩师与我人生新道路的起步和学术新方向的起飞

慈鸿飞

我是魏先生1981年招收的第一个硕士研究生，是他的开门弟子。

当其时我只是刚从北大荒黑龙江生产建设兵团返城时间不长的“老三届”下乡知青，年过而立，又以同等学力报考（只在黑大读了两年英语），可以说学术背景甚差，但先生并没有嫌弃我，面试时，先生认为我好学，书读得不少，于是破格录取了我。从此我的人生轨迹发生转折，开始了一个真正读书人的生活。先生不但改变了我的命运，也改变了我女儿的命运，小女后来随迁天津，在南开大学附小、附中度过了她青少年的美好时光，现已定居美国。三十多年来，我每念及于此，都热泪盈眶，感激之情，无以言表，觉得此生难以为报。

到南开后，每逢年节，我都带家人到先生家中做客，先生与师母总是嘘寒问暖，亲如家人。先生爱子魏晓明，与我为同学，年龄相仿，加上师门关系，自然亲密无间，非同一般。我们经常一起聊天，有时一起外出游玩，一起钓鱼，或同上北京购书。回忆在南开的时光，确实其乐融融。

“大学之道，在明明德”，学艺先学做人，先生以身示范，其崇高品德素养显现于日常生活的一言一行，他对我说，待人要至诚，对人要一视同仁，而不论其地位高低。他是这样说，也是这样做的，他永远与人为善，永远谦和宽厚，即使对待小辈的学生，也是这样，即使学生犯了错误，他也总是正面指出，循循善诱，从不疾言厉色。师母也是对学生充满仁爱之心，总是嘘寒问暖，凡事叮嘱。有一次我骑一辆无刹车的破自行车在马蹄湖旁的大道上飞车，恰被师母看见，师母马上把我拦下，告诫我说，不要骑太快，这道上人多，会出事的，生活小节也要注意呢！我惭愧不已，马上表示谨遵师母教诲，一定改正！先生有两件小事，给予我极深印象，令我终生不忘。一是先生在学术界地位崇高，又在校内担任系主任，但他总是谦虚谨慎，对资深的老先生执礼甚恭，经常登门看望。二是，有一次系里举办全系春节团拜会，因留校研究生很少，我也受邀参加，开会时学校一中层干部也来拜年，并谦恭地请先生赐教，先生说“要我说拜年话，好，‘上天言好事，下界保平安’！”此幽默风趣的话一出，哄堂大笑。我当时觉得生动有趣。后来有一次和学兄们聊天，谈起此事，有一年长学兄说，你知道魏先生这句话有什么含义吗？原来此中层干部本是我系毕业生，高升至校办，但他在系内时曾向上级打过小报告，惹得一些教师不满。魏先生引用民间灶王爷的一副对联，一是表示要爱护本系师生，二是对那位干部的提醒。我听了恍然大悟，心中油然升起对先生的无比敬佩之情，觉得此小事足证先生的超然大家风范，以一句生动民间谚语显露了出口成章的语言艺术和深厚的仁爱之心。

向先生学习治学，学习如何做学问。人们都看到先生一直都在孜孜不倦地醉心于华北农村社会经济史的调查与研究，这是有历史性的，先生早年即曾开设土地革命史课程和研究过革命根据地的土地分配制度问题，改革开放之初，先生即把工作重点放在了华北抗日根据地财政经济史资料调查编纂上，特别是先后出版了《二十世纪三四十年代冀东农村社会调查与研究》《二十世纪三四十年代太行山地区社会调查与研究》两大套研究专著。幸运的是，我研究生入学之初就恰逢先生主编晋察冀边区财政经济史资料，我有幸参与了部分资料摘抄和编辑工作，且此部分资料在大型资料选编正式出版前曾公开刊行过。此后我虽未直接参与过华北农村经济调查，但却多次参加过先生主持的相关学术研讨会，如1984年主持召开的中国抗日根据地史国际学术研讨会，先生在会上宣读了《论华北抗日根据地发展经济的道路》的主题报告，这是在国内开学术先河之举。毫无疑问，参与这些活动深深地潜在地影响了我日后研究方向的选择。的确，我在读研期间就选择了要把经济史作为我未来的学术研究方向。只是我当时的硕士毕业论文却进入了一个相当敏感的经济史领域。

二十世纪八十年代之初，中国刚步入改革开放，学术上的禁区还很多，常常会听到同学们说某个选题不能做，或是说有的导师会劝阻某种选题。我在选择论文题目的时候，考虑到要做一个有新意的题目。当时关于国民党政府经济政策的研究刚刚开始，空白点不少，因此我想做这方面的研究，可又担心导师不会同意，但当我向先生汇报时，先生不但没有责备我，反鼓励我独立思考，放开手脚，大胆钻研。由于有了先生的鼓励，我在学术道路上的第一步就迈得扎扎实实，获得了成功，我作为硕士研究生的第一篇论文《关于国民党政府的关税政策》就发表在当时的权威学术刊物《中国社会科学》的内部刊《未定稿》1985年第5期上，而作者仅是一个硕士研究生。（此文于1983年春在南开历史系召开的研究生学术研讨会上曾受到不少师生质疑，但先生却未置一词，这足以证明先生对我的默许和支持，足以证明先生的学术包容和民主精神）。

我关于币制改革的毕业论文在当时就得到了经济史学界泰斗吴承明先生和南开经研所刘佛丁先生的极力称赞，并由此推荐我参加了1984年在浙江海宁召开的第一届全国经济史学术研讨会，也因此我被推荐在南开经济研究所留校任教。可以说，我在学术上的初步成功主要归功于先生对我的鼓励与信任，归功于先生对学术的包容和民主精神。

我毕业后分配在南开大学经济研究所工作，先生很高兴，他跟我说，南开经济研究所的声望很高，不仅现在国内名列前茅，历史上也曾享有国际声誉，鼓励我搞好学术研究；他说以往研究往往侧重政治军事，经济层面、物质生产层面涉及较少，现在改革开放了，经济史研究很重要。我虽离开了历史系，但我搞经济史，先生搞农村社会经济史，研究方向相同或相近，虽不在一个单位，却可说殊途同归，我仍是先生的学生，常追随先生身边，且我和先生多个领域都有重合之处，由于我写过多篇民国经济史的论文，二十世纪九十年代，受先生之命，我荣幸担任了《民国史纪事本末》第二卷的第一作者，也参与过先生主编的《二十世纪中国农村社会》撰述工作。先生每有重要论著出版，都会恩赐予我，特别是他主编的《二十世纪三四十年代冀东农村社会调查研究》和《二十世纪三四十年代太行山地区社会调查研究》对我影响极深，我深入拜读后，深深地感到了农村经济史研究的极其重要性和未来广阔的学术前景。先生说“历史研究总是要从某一地区的生产力和经济关系的状态开始”，这一论断正是依据马克思主义关于经济基础与上层建筑关系的学说，先生极其精辟地指出：“以农立国的中国，农村是一个广阔的天地，农村的变化对中国历史的发展有着重大影响。要全面了解中国历史，就不得不了解中国农村，不了解中国农村，也就无法完整、透彻地了解中国，把历史科学研究的视线投向农村，是探索中国文明发展史的必经之路”，[①]正是在先生的不断帮助、影响、指引和教导下，加之我本幼年生活在农村，“文化大革命”中又以老三届高中下乡知识青年身份长期战斗在北大荒拓荒生产第一线，对农村有着天然的感情，因此自二十世纪九十年代中期起，我即把农村经济史作为最主要的研究方向，全力以赴，连续发表多篇农村经济史论文，其中就包括《二十世纪前期华北农村商品市场与资本市场》等连续在《中国社会科学》发表的3篇有重要影响的论文。二十一世纪初我受聘担任南京师范大学特聘教授后，更进一步把研究方向集中在农村土地制度问题上，带领包括博、硕士生的研究团队，对中国历史上的农村土地制度问题作了全方位的深入探讨，发表了众多的论文和专著，内容包括一方面从微观层面对江南地区的苏、浙、皖、赣、闽等省和部分北方地区近代以来的农村土地制如永佃制、族田制等作了广泛深入的探讨，另一方面也从宏观层面对中国农村土地制度作了古今中外的比较分析，以探求能为现实土地制度提供有益借鉴的中外历史

① 见魏宏运主编《二十世纪三四十年代冀东农村社会调查研究》前言，天津人民出版社，1996。

经验和教训。

我来到南京师范大学后，虽然相隔数千里，但我与先生依然心息相通，并得到了先生更大的帮助。由于我担任学科带头人，学科建设是我的主要职责，在这方面，先生给予了我极大的帮助，为我的工作拓展了方方面面的学术联系，并多次亲自接待我们学院的来访人员。尤令人感喟的是，在我到南师大不久，先生就以八旬高龄，亲自到我校考察，这不仅是我的荣耀，更重要的是为我的工作创造了优越的环境。

回顾十多年来，南师大历史学科由一个博士授权的空白点学科一跃而成了博士授权一级学科，这一切先生功不可没！

先生安息了，但精神永在，业绩永在，对学生的四十年恩情永在我心中，我要学习先生活到老，学到老，学习先生淡泊名利，超然望尘，学习先生永远谦虚谨慎，平等待人，终身学习先生的品德，传承先生的精神！

慈鸿飞，1986—1989年随魏宏运先生攻读硕士学位。历任南开大学经济学院教授、南京师范大学中国经济史研究所所长、社会发展学院教授。曾受聘北京大学中国经济研究中心客座研究员。

悼魏先生挽联

景　魏

一

直笔写真史宿学鸿儒千秋功，慈怀施教泽良师懿范万世德。

二

泪眼望长天感念恩重如山，哀思越重洋缅怀情深似海。

景魏，1987—1991年随魏宏运先生攻读博士学位。曾任南开大学历史系副教授。

远见卓识的国际型学者

李恩民

闻着桌案上6卷本《魏宏运文集》的墨香，翻阅着每一行文字，魏先生的音容笑貌不禁浮现在眼前，在先生身边所受之教，亦历历在目。

2014年，魏先生九十华诞之时，我曾写下了一篇短文，题目是《言传身教：在魏宏运先生身边散记》，[①]从出国留学、到给先生在日本讲学当翻译，再到与先生同行在华北农村进行历史调查等几个侧面，谈了诸多所受教诲之事。为避免重复，这里追记几件先生关于教学与讲学的思考与轶事。

---

① 详见江沛编《仰望锲斋——贺魏宏运先生九十华诞》，天津古籍出版社，2014。

一、预见教学语言会多样化

我的专业最初是中国近现代史，专攻中国近代史方向，1988年硕士研究生毕业后留校，在南开大学历史系中国近代史教研室任教。那时，魏先生已经在全国率先开设了中国现代史课程（以前多以党史为中心展开），提倡将中国近代史（那时多指1840—1919年的近80年史）与中国现代史（一般指1919—1949年的30年史）打通。我对近现代中外文化交流史（特别是科学、经济等近代词汇的传播）抱有浓厚的兴趣，遂于1990年考取在职博士研究生，在魏先生的指导下，一边钻研现代史方向的课题，一边作为刚评上讲师的青年教师，准备开设新课程。

那时，改革开放已经进行了十多年，虽然有过短暂的挫折，但学校的气氛仍然是宽松而活泼的，教师们个个充满活力，都愿意在教学和科研方面开启一项新事业，创建一个新课题。记得在开选修课的问题上，我曾前往魏先生家里求教，先生说，今后中国大学的国际化将是时代的趋势，教学语言也必然走向多样化，历史系的中国史和世界史各个专业仅有“专业英语”这门课是远远不够的，建议我试着用英语授课，随后还亲自游说系领导刘泽华教授和王敦书教授以及我硕士时的导师陈振江教授并获得同意。对于一个从未出过国，也没有在英语专业接受过任何训练的我来说，这的确是一个极大的挑战。也许是受到先生的鼓励而已经无后路可退的缘故吧，1991年春季，我竟然在历史系开设了全程英文的《中国近现代外交史》这门课。

记得当时，手头只有从图书馆借来的*The Cambridge History of China*，[①]即《剑桥中国史》的晚清卷（第10—11卷）和中华民国卷（第12—13卷）这4本厚厚的书来作参考。我挑选了有关的章节，边手抄（那时已有复印技术但太贵）边查字典，然后写成教案，基本上属于现学现卖。班里有30多个学生，其中有8名是来自美国（6名）和日本（2名）的短期交换留学生。幸运的是，这些留学生非常善良，课后经常帮我矫正发音，教我日本人名和地名的英文读法，那段经历对我来说真是刻骨铭心，虽然非常辛苦，但也明显感觉到了英文表达能力的长进，同时也真正体会到了教学相长的深义。正是在那个时候，我被确定为国家公派留学预备人员，在填写《日本政府（文部省）奖学金留学生申请书》时，魏先生在1991年6月24日所写的英文推荐信中，还特意提到我讲课之事。先生在信中说，我英文很好，除翻译并发表过学术论文之外，“今年他甚至用英语为中国和外国留学生开设了中国近现代外交史课程，深受好评”。

① 这4本书被翻译后，以《剑桥中国晚清史1800–1911年》（上下卷）和《剑桥中华民国史1912–1949年》（上下卷）为题，由中国社会科学出版社分别于1985年、1994年出版。

30年过去了，如今，无论是在南开大学，还是在中国的其他大学，还有亚洲的其他国家如日本、韩国、泰国、印度尼西亚等地的大学，用英文授课，用英文写论文并授予学位，已经成为一种追求国际化的教育模式，也是大学教育评价的一项重要指标了。[①]对于未来高校教育的展望，魏先生的先见之明，如今回想起来，真的令人感叹不止。

二、倡导中国学者走向世界

毫无疑问，在中国历史学界，魏先生是一位国际型的学者。他非常乐于与东西方各国史学界的硕学泰斗以及中青年学者进行交流，就以多次访问日本为例，每次他都会应邀到各教育机构讲演，仅我陪同的就有很多次，如应山田辰雄教授之邀去庆应大学演讲，应顾琳教授之邀赴上智大学演讲，应三谷孝教授之邀到一桥大学演讲，还有应滨下武志教授之请在东京大学座谈等等。记得我还在一桥大学读博士的时候（九十年代中期），有一次，魏先生在完成近2个小时的讲演及其后近3个小时的宴请返回酒店之后，我曾担心地说这样下去身体吃不消，不如谢绝演讲只搞座谈为好。先生的原话，可惜我没有笔记下来，但甚觉

① 我所供职的樱美林大学每年大约有160多门专业课是用外语（包括英语）开设的，如国际关系、日本政治，日本文化、日美交流史、中美关系史等等。

先生有胆有识，遂铭记在心。大意是：目前中国与外国的交流基本是以学习人家的先进科学技术和研究方法为主，是单向型的。但我们的历史尤其是中国史研究有自己的长处，在资料和研究传统上都有自己的优势，应该有勇气走向世界。只有登上国外大学的讲坛，讲述我们的研究，讲述我们自己眼中的历史与文化，才能说我们的历史研究真正走向了世界，这才是真正意义上的双向型的学术交流。约30年后的现在，这种双向型的学术交流已经完全实现，国外学者到中国的大学应聘教职，中国学者到国外的大学进行短期和长期的讲学，甚至应聘教职，都已不再时尚，而成为一种新形态了。

魏先生在与弟子们交谈时有一句口头禅，那就是“假如我能年轻30岁……”，常说羡慕我们所处的时代和社会环境，羡慕我们能在国内外接受良好的教育，羡慕新一代华人华侨已经能在外国的大学与当地学人平等任职等等。2016年6月，承蒙宋志勇院长的盛情邀请，我在南开大学日本研究院讲学一周，获悉魏先生因病住院。6月27日上午，我骑车去天津总医院第二住院楼去拜望先生。正在病床上侧身记事的魏先生见我突然来访，非常高兴，先询问了在日友人和我家人的近况，然后和我讨论了华侨华人在国外大学教授历史的一些难点。魏先生所言大意如下：你们这些在国外已经定居的历史学者有特色，是新型的历史学者。因为你们既与外国自己培养的历史学者不同，也与中国本土培养的历史学者不同。你们这些人源自中国，但在国外接受了严格的学术训练，经历过漫长的职场磨炼，最终才成了大学的教授。因为这个特殊的背景，你们是生活在中外两种文化的边缘，也许可以说是前沿吧，语言与文化的交叉与碰撞比较多，应该有一种特殊的历史感知。所以，你们这一代人不应只是满足于搭建中国与外国之间的学术桥梁，而是应该利用自己多元化的经历、知识与多语言能力，创造自己的史学风格，提出独到的史学解释。旅美的华人历史学家黄仁宇、余英时、黄宗智等先生既是你们的楷模，也是等待你们超越的目标啊。

魏先生的指点，使我开始有意识地去关注新一代华人华侨学者的动向，有意识地在教学和研究中，结合我们的文化底蕴和学术修养，尽可能地做出新探索。现在，改革开放以来出国并定居海外的新华侨华人学者，无论在哪个国家都是一支不可忽视的力量（据说在日本各大学担任全职教授者就有1000多人）。仅就历史学而言，他们用中文和外文著书立说，在大学讲授着中国史以及中国与其所在国的关系史，在很多领域正在或者已经成为主要开拓者或领军人物。

三、最后一次相见

2017年10月，第二届东亚日本研究者协议会国际学术大会在南开大学举行。我应渥美国际交流财团之请，率10多名博士生参加。10月29日星期日，我借机去南开大学西南村拜会魏先生。92岁的先生依然精神饱满，非常健谈。让我吃惊的是，他居然还记得我夫人及女儿的名字，并垂问她们的生活和工作情况。临别，魏先生详细询问了参加过中日华北农村调查的顾琳教授、滨口允子教授、笠原十九司教授、内山雅生教授等友人的近况并让我转达问候，惋惜三谷孝教授的过早离世，最后乐呵呵地对我说，“我现在就是垂死挣扎，不过每天还要过得有乐趣、有意义”。说完他哈哈大笑。那一瞬间，先生的笑容笑声以及那充满智慧、幽默与自信的表情，形成了一种巨大精神感染力，深深地感染了我和在旁陪同的王黎师母，我们大家均开怀大笑起来。魏先生的那份敞亮和洒脱，让我常常有一种错觉，仿佛我们之间不仅有师生情，更是忘年交。魏先生的那种永远不变的从容潇洒和朗朗笑声，如今让人更为感念。

2021年7月21日，魏先生乘风驾云而去，他的生命将在有无数圣贤的天国以一种新的形式存在，直至永远。先生留给这个世界的那些美好的文字以及所显现的精神，将会成为一种文化遗产，不断地被传承下去。文字在，精神在，先生就永远与这个世界同在。

李恩民，1990—1996年南开大学博士生在学，为中日联合培养的博士生，先后获得南开大学历史学院博士学位和日本一桥大学社会学博士学位。现任日本樱美林大学国际语言文化学群教授。

“十年磨一剑”
——恩师主编《中国现代史》教材

庹　平

我于1991年考上魏宏运先生的博士研究生。在校期间，魏先生正在计划主编《中国现代史》教材。这是教育部“九五”国家级重点教材，其定位是“可作为高校历史专业的教材，也可供党校和其他专业选用以及社会读者阅读”。魏先生安排我撰写本书1937—1945年的历史。[①]从接受任务开始到本书出版，其间跟着先生学到了很多东西，还有一些永远留在心底的回忆……

一、要“十年磨一剑”

这部教材从撰写、修改到出版的时间长达10年，是我

① 师弟周云、刘永祥和师妹邓丽兰分别撰写1919—1927年、1927—1937年、1945—1949年的历史，学兄王同起、魏继昆撰写了全国抗战时期思想文化的部分内容。

完全没有想到的。

1992年下半年的某日，应魏先生之召我到他家里去，接受了一个令我惊喜的任务。他嘱咐我说，第一年的专业必修课你已经修完，博士论文的选题也确定了。你要把准备博士论文当作头等大事来抓。要看完能找到的所有资料再写，不要急于求成。接着，他说，他在计划主编一部中国现代史教材。这部教材要不同程度地体现1919—1949年中国历史的政治、经济、军事、文化和社会生活等各个方面的重要发展进程。简单地说，就是要全面地反映历史。1937—1945年的历史交给你来写，你按这个要求先去准备吧。这部教材质量要求很高，你要好好下功夫，撰写的初稿要达到应有的水平。不要着急交稿，要“十年磨一剑”，写完后先放一放，过一段时间后，再拿出来看看，按我刚才说的这个要求修改，直到自己满意后，再把稿子交给我。

接受这个任务后，我根据魏先生的要求，在准备撰写博士毕业论文的同时，还安排时间收集撰写这部教材的相关史料。1994年上半年，我完成博士论文答辩，从南开大学毕业，被选调进入中国人民解放军军事科学院原军事历史研究部工作了6年。这期间，魏先生多次与我联系，要我多关注学术前沿，特别要关注新史料的披露，一定要把新的并且重要的正确观点、可靠的史料吸收到教材中来。在他的指导和推动下，我利用业余时间认真地撰写这部教材。初稿完成后，我按照魏先生提出的要全面反映历史的撰写要求，进行反复修改和补充。几年过去了，初稿修改了很多次。由于魏先生没有催稿，我也不着急交稿。每放一段时间后，再拿出来修改一次。每次修改都不满意，总是觉得拿不出手，不敢交稿。时间一年又一年过去了，我还没有交稿。在初稿修改过程中，我为了弄清新四军抗战的情况，查阅很多资料，撰写了《长江作证——新四军抗战纪实》一书；为了弄清国民党军在华北敌后战场的情况，查阅很多资料，还写了一篇《华北敌后国民党军的游击战及其失败》一文，这些都成为参加编写这部教材的副产品。到了2000年，因工作需要，我转业进入原中共中央文献研究室工作，主要从事朱德研究。由于工作任务重，这部教材初稿的修改也就暂停下来。过了一年，魏先生与我联系，找我要初稿。我怀着忐忑不安的心情交了初稿。魏先生有长达近10年的深思熟虑，早已胸有成竹。在1年左右的时间里，他就完成了全书的修改、统稿和审定。这部打磨10年之久的《中国现代史》教材，终于在2002年1月由高等教育出版社出版。

在教材撰写的长达10年间，由于有多样化的研究方法，有相继大规模整理资料的出版，有不断解密的文献档案资料，中国现代史研究也上了一个台阶。这给魏先生主编《中国现代史》教材既提供了有利条件，也带来进一步创新的压力。魏先生提出要以“十年磨一剑”的精神撰写这部教材，足见他不怕压力巨大，足见他目光深邃，足见他治学严谨。很值得魏先生欣慰的是，这部教材不仅得到很高的评价，而且还多次印刷发行，除了满足教与学的需要之外，还客观上成为中国现代史教材体例不断创新的推手。

二、“开罗会议很重要，要用一节的篇幅写”

在这部教材出版前，魏先生根据我提供初稿的情况，对我单独进行指导修改过一次。而这一次修改，令我终身不忘。

记得那是2001年夏天的某个星期六下午，魏先生打电话告诉我：“你撰写的这一部分要修改，北京到天津很方便，你今晚过来一下。”我不知修改任务有多大，更不知道要修改的具体内容，就只带了洗漱的用品去了天津。到了魏先生的家里，寒暄几句，进入正题。魏先生对我说，你把初稿看一看，关于开罗会议写的太少了。这次会议很重要，它为中国在第二次世界大战后成立的组织联合国安全理事会中的常任理事国地位奠定了基础；它明确承认被日本侵占的东北、台湾和澎湖列岛都是中国固有领土，为中国战后收回被日本侵占的领土提供了依据。这部教材一定要用一节的篇幅写它。说完，他把我的初稿拿到我面前，要我看看原稿，琢磨怎么写。的确，我在初稿中，有关开罗会议的部分只极简略地写了一句："根据1943年12月开罗宣言和1945年波茨坦公告，被日军强占了50年之久的台湾地区也由中国收回，台湾地区日军的受降仪式是在10月25日举行的。"看完后，我对魏先生说，这方面我没有相关资料，需要回去修改。他回答说，"时间紧，出版社急着要排版，你看是不是今晚就在这里完成修改。"说完，他带我到书房拿出早已准备好的10来本有关开罗会议的资料书，其中有一本世界知识出版社1961年出版的《国际条约集》。他要我自己斟酌，力争今晚能够写出来。

我在客厅里把这些书摆在沙发上，一本又一本地找到相关内容看了很久后，在电脑键盘上敲出一个约2000字的初稿。我的脑子笨，手也笨，这时大概已经凌晨4点了，我不想去卧室叫醒魏先生，自己在电脑上把稿子反复修改和核对后打印出来。不知不觉，已经到了凌晨6点左右。这时，只见魏先生来到客厅对我说，你连续作战了一个晚上，累坏了吧，饿了吧。快去洗漱一下，去厨房吃早饭。师母很早就起床，卡着点给我把早饭做好，专等我来用餐。在南开大学3年时间里，我多次吃过师母做的饭菜，她知道我的口味。这顿饭吃得可香啦！

在我吃饭时，魏先生在看稿子。我吃完饭，他把稿子也看完了，并说这个稿子能用。接着，我与魏先生和师母告辞，就乘车返回北京。在回京的列车上，我感到很疲惫，背靠在椅子上打盹，似睡非睡，脑海里不时地浮现魏先生书房里为主编《中国现代史》教材准备的各种书刊史料，不时地浮现魏先生翻阅这些书刊史料的身影和师母给我做饭菜的身影……

三、从多元的视角创新科学的中国现代史体系

魏先生在1981年主编出版了国内第一部中国现代史教材《中国现代史稿》。当时，学界涉及中国现代史研究的成果极少。魏先生是在搜集资料认真备课，并结合有关教学中需要解决的重要问题，进行深入研究的基础上主编和出版的这部教材。这部教材的一个最大特色，就是在中国现代史体系创新方面作了初步探索和尝试。功夫不负有心人。该教材已为学界所公认，先后被100多所大学的历史学科中国现代史专业作为本科基础课教材。我在湖南师范大学历史系读本科和硕士研究生时，学习的就是这部教材。正是这部教材的吸引力和魏先生在中国现代史领域的拓荒者地位，我才报考他的博士研究生。第一部教材出版后，魏先生曾重点强调并发表文章阐述和宣传的观点是：我们要“从多元的视角去全面认识现代中国经历了一个怎样的剧烈历史变革”。“中国近现代历史的发展复杂而曲折，内容极其丰富，就是在已经涉及的研究领域，也仅仅是开端，要继续走下去，而且许多领域的研究价值甚至还

没有真正被认识到”。[①]基于这些认识，魏先生主编这部新编《中国现代史》教材，是要在《中国现代史稿》的基础上，广泛汲取学界已有的现代史研究新成果，以从多元的视角，对1919—1949年的中国历史作全面、科学、客观的论述，还要对这30年间的社会政治、经济、军事、思想文化和社会生活等方面的互动作用进行深入的探讨，力求“中国现代史研究领域的扩大”。[②]为了更好地达到这一目标，魏先生力求创立一个更为科学的中国现代史体系。这个体系是以新的框架独具匠心的，它突破以往人为分期的局限，遵循历史本身发展的行程，从1919年五四新文化运动，写到1949年中华人民共和国成立。这个新框架既保持了历史的完整性，又能从多角度呈现复杂历史的多元性。

我撰写1937—1945年这段历史的初稿，虽然想在框架上体现魏先生的这一主旨，但在具体操作上却力不从心，只能根据自己的理解从多方面撰写，并把所有内容分别归属在3章、9节和33条之内。这种框架，离魏先生的要求相差甚远。经魏先生修改后，原有的章、节和条都变了样，成为“全面抗战爆发”“华北、华中战场”“敌后战场的开辟”“外战与内战”“反轴心国联合战线”“文化和社

① 魏宏运：《中国现代史研究的热点与走势》，《河北学刊》，2007年5月第27卷第3期。

② 魏宏运：《中国现代史研究的热点与走势》，《河北学刊》，2007年5月第27卷第3期。

会”“国统区危机与抗日战争的胜利”8章，8章下共分42节。魏先生还对我撰写的抗日战争时期思想文化方面增添了部分内容。这些增添的内容，是魏先生安排他的学生王同起和魏继昆撰写的。在此，我要向这两位学兄表示衷心的感谢！经过魏先生修改后，在全新的科学的中国现代史体系统领下，1937—1945年以全面抗战为主体的历史领域更加宽大了，各种重要历史事件的互动感更强了。正如魏先生所说的，“抗日战争时期所发生的诸多事件，是研究不绝的课题”。[①]其中许多重要的历史事件，都在这部教材的章节中有不同程度的体现，都能够成为从事中国现代史研究的学者可以继续研究的课题。

魏先生从多元的视角创新科学的中国现代史体系，得到学界的高度评价。有些学者称这部新编《中国现代史》教材，“在体例创新方面进行了有益的探索和尝试，代表了中国现代史学科研究的最新水平”。这个新体系，能够把经济、社会与文化，战乱与天灾，外战与内战，和平民主与内战专制的较量、国统区和解放区的不同景象、内战时期的思想文化等等这些“或是过去现代史教材所忽略的，或是近年现代史研究领域所刚刚开辟的园地”统领起

① 魏宏运：《哈佛大学“战时中国”学术研讨会之我见》，《史学月刊》，2003年第6期。

来，“更真实地接近了现代中国的面貌”。[1]

魏先生虽然于2021年7月21日离开了我们，但他主编的这部《中国现代史》教材承载着厚重的历史，继续在大学和社会上传播；他的音容笑貌永远留在我的心里。当我思念魏先生时，我曾拿出他在2013年初秋送给我的墨宝，默默地念着他抄录的龚自珍的诗：“九州生气恃风雷，万马齐喑究可哀。我劝天公重抖擞，不拘一格降人才。”这时，我深切感到：已是耄耋之年的魏先生，仍然是老骥伏枥，志在千里；他寄给我的这幅墨宝，意在鼓励和鞭策我！

偶尔，当夜幕降临时，我思念魏先生，就独自倚在23层高楼住宅的阳台上，望着满天的繁星，想着哪一颗是我的恩师呢？我鼻子一酸，泪水溢满了眼眶……。

庹平，1991—1994年南开大学博士生在学，获得博士学位。曾任中共中央党史和文献研究院研究员。

① 张殿兴、赵金康：《读魏宏运先生的新编中国现代史》，《史学月刊》，2004年第10期。

魏宏运先生培养学生注重治学方法

杨跃进整理

我是魏宏运先生1992级的博士研究生。从1993年至1994年，先生都要按计划给学生讲授中国现代史专题问题。听先生讲课，是一种享受和乐趣。他和蔼、慈祥，风趣、幽默，史学知识渊博，一堂课中思想智慧的光芒熠熠闪烁，给人以启迪和教导。先生在每一次的讲授中，在分析中国现代史一些重要的事件、人物时，都特别强调治学的方法。正是这些治学的方法传授，给了学生深深的教益与影响。现根据先生的讲授笔记，将他的一些关于治学方法的思想语录整理如下，以表达对先生的深切怀念。

研究历史，理论水平很重要

研究历史，理论水平很重要。搞历史，要用自己的眼光和思维去判断，不能去照抄历史材料。马列的著作要翻阅，他们的论述很精辟、很深刻。所以，写东西一定要用自己的语言去表述，要有自己的思想和灵魂。

研究历史，历史档案固然重要，问题在于怎样利用档案、取舍档案、论述档案，而不能陷入档案，完全按照档案来讲历史。历史档案当然要用，但要加以说明、论述和分析，否则，就是死材料。这就要看你的理论功底和水平如何。

理论水平怎么提高？没有什么捷径，只有日积月累地学习、积累和思考，多读经典，用心琢磨，勤于写作，才能逐步显现出真实的功夫和水平。

整理档案是史学工作者的必修课

研究历史的基本要求，就是要搞清楚历史的因果关系，理清历史的脉络线索，做到这一点，根据就是查阅整理档案史料。查阅档案必须沉静而耐心。中国现代史的一些基本专题都已有了档案，档案不是少了，而是非常多。我们之所以感觉少，就是因为档案枯燥，我们从中获得的比较少，没有耐心，坚持不住，因此，查阅档案就必须沉下心来，要耐得住，这样才能从中不断发现一些新的档案资料。但是，我们又不能根据获得的这点材料就进行历史的研究探讨，也就是说，对档案资料不能拿来就用，还要对查阅的档案进行整理。对这些整理的档案资料也不能完全相信，还需要我们用哲理的思维去分析和鉴别。因此，整理档案资料也是非常辛苦的事情。查阅整理档案能丰富自己的历史知识，能很好地训练人，能提高研究者认真的素质。

在历史发展中，并不是每一件事、每一个人都有档案可查的。当档案资料不够的时候，还要重视收集口述历史资料。这些资料不全集中在中央和省级档案馆，有的集中在各市县地区。口述历史资料可以丰富我们的研究，而重视社会调查访问也有很重要的价值意义，它可以让我们获得档案与资料中得不到的东西，可以填补我们研究中的一些空白。进一步说，文件档案反映的大都是好的一面，可实际并不是这样，因此要深入调查具体的历史现实，才能使研究深入。

研究历史切忌用感情来取代理论思维

历史是客观的，对它的研究是无穷尽的。文字记载的历史只是历史的一部分，但不是全部。接近客观的历史，一个重要渠道或方法就是调查。调查可以丰富历史。教科书上得不到的东西，可以从调查中得到。

历史研究要有理论。没有理论就等于没有灵魂，研究的东西等于一堆材料。即使是文献档案，也需要用理论思维来阐述。有理论才有深度。有理论思维才能确定某个历史事件的地位和作用。研究中切忌用感情来取代理论思维。理论思维发挥的程度，决定着你研究的水平和质量。

某种程度上思维比材料还重要

撰写研究文章，要大处着眼，宏观考虑，思考背景原因与条件。要小处着手，不能离开具体的历史环境，切忌空泛空洞。历史事实是不能变的，但怎样加工，要靠自己的思维。这个过程中，组织材料十分重要。组织好材料，研究的东西就有力量。要组织好材料，就要有思维。某种程度上，思维比材料还重要。对历史材料要有选择性，选择对历史事件有说明性，这就要对材料进行归纳。历史学家给后人提供的是一个客观系统的认识规律，而不是给人们提供一堆历史的资料。

研究历史不能太抽象，也不能太具体

研究历史，不能太抽象，也不能太具体。但有的过程要具体写出来，因为这些过程不被人们注意。研究历史的细节过程，描述它的复杂性、具体性，可以增强史实的完整性和真实性。历史是具体的，但研究历史又必须抽象，达到具体的抽象。

研究历史问题，必须参考十几种书籍材料，以此为背景，才有思考的余地，才能发现问题，才能校正史实。但要注意，发现材料和利用材料是两码事。对历史中的某个问题要有分析，不能单独地摆过程，否则就是流水账。史料中的不少数字不能随意引用，因为虚假的东西较多。历史上正确的、反动的、先进的、落后的都应当研究，以求达到以史为鉴的作用。

研究历史人物的思想和心理才有价值

历史人物的研究看起来比较容易，但实际上非常困难。深入研究历史人物的思想和心理是很不容易的，但也只有朝着这方面研究才有价值意义。研究历史人物不能注重生活方面。有的历史人物生活方面很乱，但历史学不能去研究这些，要研究大节，要研究他们对社会政治方面的影响，研究他们在历史发展进程中的作用。

研究历史要判定已发表著作的价值

历史研究中，一项重要工作就是要判定已发表著作的价值。有的著作可以引用。有的著作可作参考并可引用。有的著作不可引用，但不能缺少。有些文章公开发表后，其中的一些观点也不一定是对的，应根据历史事实做出自己的分析判断，不能做一些文章的俘虏。研究问题不能从概念到概念，应当从历史事实出发搞研究。

研究历史不能平铺直叙

研究历史不能平铺直叙。要选择材料，判断材料。要突出自己的选择和判断。要做到这一点，就必须广泛接触材料。脑子里要装一些书目，坚持不懈地学习，材料接触多了，才能发现问题。寻找历史材料的方法之一是顺藤摸瓜。历史学研究，别人不注意的东西，自己注意。在研究中，搞年谱是一个基本功，它需要查阅、分类和整理资料。这样做可以打下研究的基础，在这个基础上又可以确定自己研究的课题。课题确定后，就要积累材料，逐渐使自己的思想丰富清晰。

没有倾向，不成为书

研究历史，谁都有主观倾向。没有倾向，不成为书。问题在于主观与客观相结合。一般来说，撰写文章有两种考虑，一是平铺直叙，一是追因强调，但不管如何，文章要写出特点来，不能四平八稳。文章要有起伏，否则就是流水账。文章要写出思想和兴趣，写出曲折，经得起推敲，要多加思考。要让自己的倾向更接近于客观。写文章一定要用自己的语言去表述，要有自己的思想和灵魂。

文章的功夫在于提炼分析

写文章要提炼。文章的功夫在于提炼、分析。在研究论文中，很大的问题在于分析，但分析的方法要讲究。事实不能一个一个地摆，要综合、要分析。把背景、条件等各种重要因素综合起来分析。文章中引用的东西不能太多，要把别人的东西理解消化后变成自己的语言。文章叙述要夹叙夹议，要有学术味道，避免生硬地批判腔调。做到这些，有一个最基本的态度，那就是不能怕苦怕累怕麻烦。

杨跃进，1992—1995年南开大学博士生在学，获博士学位。曾任职中央统战部党外知识分子工作局。

深切怀念魏先生

王彦民

惊悉魏宏运先生逝世，一连几天，我寝食不安。

魏先生和我父亲同年，都生于1925年，都属牛，都有牛的精神，与人为善，任劳任怨，甘苦备尝，奋力向前。他们都经历过几个时代，经历过多次战争、动乱、灾荒与极度困难，经历过多次政治运动（尤其是“文化大革命”），晚年乐见改革开放与发展。战争、动乱及灾荒与困难，磨炼了他们的性格和人品，丰富了他们的教训和经验。不管怎样，他们都坚持前进的方向，充分发挥自身的力量。魏先生为中国教育事业，做出了杰出的贡献。他对我和同学们的教育，值得永远怀念。

魏先生始终勤于学问，追求知识，追求真理。他每次给我们讲课，都有新的学术信息，新的教学内容，使我们不断加深对历史和真理的认识。无论课堂还是课前课后，也无论毕业前还是毕业后，我从未听先生讲过一句假话。他一贯实事求是。

魏先生的性格和人品，是正直的，高尚的。知识是人类进步的阶梯，而要达到目的，关键在于真理。直到去世前，先生仍孜孜以求，读书看报，获取知识，探寻真理，并不断写作和联系。他最后写给我的信，虽然难以辨认，但我深深地感到，他还在执着地追寻知识，追寻真理，还有对学生的关心和期冀。师母说，他晚年经常给人写信，许多信因无法辨认，而没有代他寄。我想尽管如此，那些信中，依然蕴含着追寻知识和真理的信息，以及对别人的关心和慰藉。

魏先生胸怀世界。在烽火连天的岁月里，他只身离开故乡长安，辗转上海，到北平求学问难。改革开放初期，他又从天津八里台，走向更为广阔的世界。他给我们讲课时说，要从南开走向世界。他是这样说的，也是这样做的。他先后应邀到日本、美国、欧洲及澳大利亚访问和讲学，认识世界的多样性，了解各国的历史与现实，也向所到各国，尽力宣讲中国。他还从日本、美国及澳大利亚请来多位知名专家教授，分别给我们讲学。这让我们懂得外国人研究中国近现代史的方式方法及其成果，让我们开阔思路和视野。先生希望我们能够行稳致远，为国家和人类，做出应有的贡献。人类具有共同的真理，和各种各样的生活。先生的远大目标，就是获得共同的真理，实现更加美好的生活。

魏先生思想境界开放。讲课时，喜欢讲多方面的内容；讨论问题时，鼓励每人提出自己的观点。认为不妥之处，适时指出，但不强加于人，避免让人难堪。不同观点，有时争辩，先生持重，亦欣欣然。先生与我们坦诚相处，让我们感到无拘无束。师生之间，有时开开玩笑，犹如老少顽童，其乐无穷。

魏先生兼具自知之明与知人之明。他多次说他得益于许多老先生。说如果不是郑天挺先生多次带他到北京，他怎能认识北京那么多人物。他以自己的亲身经历，说明雷海宗、吴廷璆、滕维藻、杨生茂、王玉哲、杨志玖等南开人物，和北京及其他地方著名或知名人物的学术成就，以及他们的人格形象，意在鼓励我们，好好学习，勤奋努力，做出优秀的成绩。他对我们每个人的心性脾气和志向，了如指掌。因而常常因材施教，鼓励各人发挥其长。

魏先生关心学生，爱护学生。他多次到我们宿舍，了解我们的学习情况，问寒问暖，问有无困难。有时还和我们一起，在宿舍聚餐，促膝交谈，其乐融融，如在家里一般。

魏先生注意身体，坚持锻炼。我们入校时，先生身体消瘦，患有糖尿病，因而注意节制饮食。我们常去先生家，有时也在先生家吃饭。先生很少吃主食，一天只吃三四两；主要吃些素菜和小鱼虾等，都是师母精心烹饪的。他不抽烟，不喝酒。逢年过节，召集我们聚餐，桌上有酒，是为大家准备的。课余时间，我们经常看到，先生和刘泽华、刘健清、左志远等几位老师，一起在校园散步，边走边聊，十分愉快。生活很有规律，散步也是定时定量的。有患糖尿病的熟人，向我说起病情时，总是心理负担很重。我便以魏先生为榜样，建议怎样调理和坚持锻炼。魏先生没有心理负担，而经常有说有笑，积极乐观。

魏先生的工作和业绩，与我们师母王黎分不开。日常生活自不必说，先生处处得到师母精心照顾。记得王永祥老师曾经表示羡慕。先生生病期间，师母不但陪上医院，而且反复查阅医书，为先生寻找治病良方，尤其是中医药书，仔细看过不少。先生布置我们写的抗日战争史稿，多半是师母帮助修改的。师母的文字水平相当高。看过师母修改的文稿，实在感到受益匪浅。师母还帮助先生，亦是帮助学生，阅改一些论文稿。师母的照顾和帮助，出于对先生的挚爱，是先生取得成就的重要因素，也是先生人格魅力之厚遇。先生与师母，心心相印，相依为命，甘苦共尝，为我们树立了榜样。

毕业后，庹平师兄，我和李正华、杨跃进同学，还有师弟刘五书、赵庆杰，师妹文松，工作都在北京。魏先生因公多次到京。我们知道后，都尽可能去看望他，总是非常高兴。有一次，他和人民大学戴逸先生住在一个房间，相见甚欢。两位老教授、老专家的形象，至今犹在眼前。记得2007年，魏先生由师母陪同，应邀来中央党校讲学，我和妻子难得地就近看望，共同聆教于崇学山庄。师母还来家中，和我们共话家常。亲切关怀之情，我们终生难忘。我因为先生行动不便，未能来家而若感遗憾。后来，我又回南开看望先生，每次相见，均感温暖。南开百年校庆当天，我先去家里看望先生和师母，师妹贾晓慧，也非常高兴地前来看望。这时，先生已95岁，精神和气色，都还很好，看到我们，喜笑欢颜。没想到，这是我和先生最后一次见面。

月有阴晴圆缺，人有悲欢离合，此事古难全。但愿魏先生在天之灵，有如日月星辰；先生的世界情怀，高尚人格，道德品行，思想境界，求真务实，锲而不舍的精神，还有那牛的精神，永远光照我心间。

2022年5月1日，于北京大有庄

王彦民，1992—1995年南开大学博士生在学，获博士学位。曾任职中共中央党校科研部。

难忘的1995年
——怀念魏宏运先生

李正华

“魏先生”“先生”，是我们学生平时对魏宏运教授的称呼。尊敬中又显亲切。

说到“先生”，就会呈现出这样一个形象：一位面容慈祥、经常带着微笑的老头；头发不多，还微带卷曲；额头宽大，还很晶亮；严肃的时多，有时也调侃、开点玩笑，偶尔幽他一默。

这位老头快离开我们一年了！

在我心目中，魏先生既是我的学业导师，也不仅只是我的学业导师。

我跟随魏先生学了六年，最难忘的是1995年的毕业季。

这一年是我完成博士毕业论文答辩，告别先生，离开南开大学的一年。也是我到当代中国研究所报到，开始从事中国当代史研究的一年。

遥想当年，离开南开到京城，走向新的研究领域，多少带有一些偶然。

我是1986年9月第一次与先生相识的。这一年我通过学习《中国现代史稿》得知先生大名，慕名从湖南师大历史系考入南开大学历史系，跟随先生攻读中国现代史方向硕士学位，1989年毕业。1992年又考进南开，跟随先生攻读中国现代史方向博士学位。先生在1992年招了三名博士，除我之外，还有年长于我的王彦民、杨跃进两位师兄。

我们仨共同住在19楼，一起听课，一起散步，一起上图书馆、资料室，也一起议论先生的seminar、“三座大山”，谈学习体会。“三座大山”是先生的一个形象比喻。他将古汉语、外语和写作水平比作是中国现代史专业学生需要攻克的“三座大山”。针对一些学生认为搞现代史不必阅读古代经典著作，学习外文没有什么用，不重视古汉语、外文的学习，写作基础也成问题的现象，他认为，从事中国现代史研究必须学贯中西，通古知今，必须要有过硬的文字处理能力。只有攻克这“三座大山”，才能在专业上有所提升。他常给我们讲二十世纪五十年代他和郑天挺教授号召历史系同仁攻读外文和古汉语的故事。他要求我们认真研读《毛泽东选集》《饮冰室合集》中的文章和五四以来优秀的白话文，阅读中华书局编印的《中华活页文选》，努力提高写作水平，他有时还选取《史记》和《明史》的部分篇章印发给我们阅读和领悟。他亲自开设专业英语课，带上复印材料，给学生上课，带领大家阅读英文经典。上先生的专业英语课，总感压力巨大。因为经常会发生先生拿出不知从哪里复印来的英文材料，让你当场阅读、翻译。

偶尔在周末，我们会到天南街买些肉食鸡蛋，在宿舍改善伙食，打牌、聊天、喝啤酒。有时也邀请先生、师母共同参加。他们二位基本上每邀必到，高兴参与，不嫌学生宿舍的简陋、拥挤。师生团聚，吃喝谈笑，无拘无束，令19楼的其他同学羡慕不已。

我们仨都是成家有家小的人，离家别小，再读书，要克服许多困难。1994年暑假，为了赶写抗战史书稿，先生硬把我们留在南开园，家属也只能前来陪同。

博士三年，艰苦而愉快。时光很快就过去了。

我的博士论文最终定为“二十世纪三四十年代华北乡村集市研究”。1994年下半年，试着与哈佛大学费正清研究中心联系，该中心对我的博士论文选题比较认可，居然同意接收我毕业之后去哈佛大学费正清研究中心做访问研究的申请。先生很高兴、很支持，鼓励我加强与哈佛方面的联系，指导我做好相关准备工作。他还介绍我向精通英文的王敦书老师请教。感谢王敦书老师对英文材料所作的细心热情的指点。那时通信靠邮寄，偶尔紧急时，也不得不借用工科同学的电脑发个“伊妹儿”。联系不方便但进展顺利。

1995年4月，哈佛大学来函，明确同意我去哈佛大学做两年博士后，每年的资助经费22000美元。明确要求提供的材料当中要有6月6日之前获得博士学位的证明。

先生得知这个消息十分高兴，说有这个机会很不容易。看得出，他比我还高兴。他要求我们仨加快博士论文写作进度，安排我们在五月份完成论文答辩。先生邀请东北师大的郑德荣教授、国防大学的何理教授从外地赶到南开，主持我们的答辩会。

答辩顺利通过后，先生将我的情况跟南开大学研究生院作了报告，希望研究生院开一个证明，证明我6月6日前已通过博士论文答辩并完成了相关程序，以便回复哈佛大学。但是，研究生院的领导认为，按照惯例，博士论文答辩通过后要报教育部备案，由教育部统一发放博士学位，不能破例。为此，先生甚至还找过母国光校长，母校长过问了这件事情，也没有改变研究生院的态度。

我不得不如实将这一情况转告费正清研究中心。费正清研究中心回函感到遗憾，称只能“next time”了。2006年，曾担任过费正清研究中心主任的傅高义教授来当代中国研究所作高级访问研究。我把当年这段经历跟他说了，他也感到很遗憾，还调侃，如果当年你去了哈佛，我们今天就不能够这样见面了。

没去成哈佛，先生为我感到很惋惜，安慰我下一次再努力，同时，也为我的工作问题担心，要我赶紧找工作单位。

此时，找工作的最佳时机已经错过。

跟随魏先生多年，我知道他有一个规矩：一不主动向工作单位推荐自己的学生，二不主动给学生出论文题目，三不主动给学生推荐论文发表。当时觉得很不理解，还戏称“三不”先生。后来自己也带学生了，体会到先生的这个“三不”规矩的良苦用心，他是希望学生自己大胆地去闯，充分发挥主动性和独立性，克服依赖性。这对学生的成长是很有好处的。

我当然不敢坏了先生的规矩。

但是，关键时刻，魏先生给我提供了很多信息：北京师范大学王桧林教授招收博士后；清华大学也在成立文科院系；天津市委党校要人还待遇优厚；南开大学留校虽然没有指标了，但是也可以先干，以待下一年增补，等等。王彦民师兄也给我提供一个消息，他原来联系当代中国研究所，最后偶然原因又改变决定，去了中共中央党校。他告诉我当代中国研究所的情况，建议当代所也可以备选。

毕业在即，时间紧迫，找工作此前毫无准备，我意先读博士后，于是北京师范大学博士后便成了我的首选。我立即前往北京找合作导师王桧林教授，当面向他提交申请。王桧林教授是我尊敬的老师，他对我也不陌生，当即表示愿意接收我做博士后。

感谢王桧林教授的慷慨收留！我毕业去向总算有了

着落!

因北师大与当代中国研究所相距不远，时间也还够。我告别王教授、出了北师大，便又去当代中国研究所。当代中国研究所人事处的领导接待了我，收下了我的简历和介绍信，进行了不到20分钟的谈话，就说，你先回去等我们的消息。

北京求职顺利，一颗悬着的心终于踏实了。我从北京站坐火车当天回到南开。

回到南开19楼已晚上7点多了，同学告诉我说，魏先生来电话啦，叫你回校之后赶紧到他家去一趟。我赶到先生家，先生高兴地告诉我，说当代中国研究所来电话啦，叫你不要找别的单位了，就去当代中国研究所。我感到惊奇，心想，在当代所前后不过20分钟，根本未抱成功希望，居然就定下来了!

后来当代中国研究所的同志说，原来你的师兄王彦民要来，各种程序都走完了，最后他到中央党校了，当代中国研究所人事部门正在研究此事。你正好来了，你跟他又是一个导师一个专业，所以人事部门很快就定了，并立即通知了魏先生。

我如选择去当代中国研究所工作，怎样向王桧林教授交代？是个问题。恰好杨跃进师兄有意前往北师大读博士后，解了我这个围。

这样，我和两位师兄就都进了京城。

魏先生常到国务院学位办和北京其他单位开会、讲学，基本上每次来京都会与在京的学生见面。他关心我在当代中国研究所的工作，时常问及工作和生活情况。他也通过许毅、何理等教授了解当代中国研究所，还曾在开会的间隙专门到过当代中国研究所两次。当代中国研究所，是1990年成立的研究、编纂和宣传中华人民共和国史的专门机构。他知道研究当代史的难处，对我开玩笑说，我当年被“逼上梁山”，从事中国现代史的教学和研究。研究中国现代史都被认为不是学问。你倒好，搞当代中国史研究了，更不是学问啦。他鼓励我，研究当代史尽管有难度、基础薄弱，但是很重要，很值得研究，坚持下来就会有成果。先生的鼓励，坚定了我信心，给了我继续前行的力量。

不曾见过先生生气、发火。极度激动时，他也只是说“不像话”“糟透了”之类的话。比如，每每讲到“文化大革命”期间南开发生的混乱、无序现象时，他会连说：“不像话”“不像话”，“简直糟糕极了”“简直糟糕透了”。讲的次数多了，“不像话”“糟透了”竟成为先生激动之极、愤怒之极的经典表述，有时被学生借用，他听到了，一笑置之。先生自己晚年也发表过有关“文化大革命”、当代史的文章，还曾为吉林人民出版社主编过《中华人民共和国史编年》，让我参加组织和撰写工作。

魏先生读书、写书、教书、购书、淘书、藏书，一生爱书如命。博士在读期间，先生赠送过我一部他收藏的老版四卷本《列宁选集》。我很珍惜它，毕业离校时，把它装箱带到工作单位，多次搬家都将它置于重要位置。先生每有新著，总会赠送给我们，并在书的扉页上认真地写上“请某某同志指正”之类的话，郑重地签上名。工作后，收到先生寄来的赠书中，我夫人的名字也常赫然出现在受赠名单中，署名多是他与师母王黎合署。这是先生的讲究。他与师母相濡以沫几十年，互敬互爱，互帮互助。师母对他生活上细心照顾，工作上全力支持帮助，才有他相对健康的身体和学术上的成就。先生重情，最懂得家和万事兴，他希望通过这种方式，表达对学生和学生家庭的重视，期望学生家庭幸福，工作顺利！翻阅先生赠阅的著作，看到他那用颤抖的手写出的一丝不苟、独具特色的熟悉的字迹，他的音容笑貌就会在我的脑海中清晰地浮现。

1995年，已经过去了27年！

难忘当年的毕业、求职、转专业！

难忘当年的南开园！

更难忘尊敬的魏宏运先生！

2022年4月28日于北京

李正华，1986—1989年和1992—1995年南开大学硕士生、博士生在学，先后获得硕士、博士学位，时任中国社会科学院当代中国研究所副所长、当代中国出版社社长、研究员。入选国家万人计划哲社领军人才项目。

忆恩师

侯建新

我清楚地记得，2021年7月21日上午10点45分左右，一阵手机铃声响起，话筒另一端传来魏先生女婿（也是我好朋友）利民教授急促的声音：“魏先生去世了！”“什么时候？”“几分钟前！”听后惊愕不已，因为仅在3天前刚与魏先生通过电话。近几年，魏先生抱病卧床，经常出入医院，可每次都能奇迹般地化险为夷，习以为常。上次打电话有事情找魏先生，往常电话都是魏师母先接，这次不然，魏师母让直接找魏先生，说自己顶不住了！后得知前夜师母照料病人未得休息，不适，可当时我不知情况，好生奇怪。电话中的魏先生倒是如常，熟料不日之内，竟天人永隔！想到那天不寻常的电话，竟是最后一次通话。

28年前，1993年深秋的一天，在天津至北京的列车上，邂逅魏先生和其他南开老师，我们都是去北京参加中国史学界第五次代表大会。那时魏先生给我的感觉还有几分中年人形象：高高的身材，面色红润，幽默而飘逸，笑起来很温暖。我读硕士在二十世纪八十年代初，学英国史同时做一些中西农村现代化比较，很需要加强中国农村区域实证研究的支撑，谈话中获知魏先生正在做华北农村实地调查，令我神往。我们师生关系缘起于此——津京城际列车上。翌年，我考入南开大学中国近现代史专业，魏先生成了我的受业之师。

魏先生授课不拘形式，谈笑风生。回想起来，他通常比我们到的更早，每次走进教室的时候，他已早早地坐在那里。与我辈形成反差，我们倒是经常踩着时间点匆匆赶过来，紧张兮兮的。上课前，有时他会拿出当天的*China Daily*，挑出一段报道，让人念出并一起议论之。课后，还可能讲出一些学界轶事。一次，一位同学问道：据说“文化大革命”中有大字报称您是大军阀后代，是这样吗？魏先生苦笑了一下说：“捕风捉影。”他出身于陕西一个普通农民家庭，父亲曾在民国时期杨虎城将军部队当兵，做过连长，哪里是什么“大军阀”？一个连长竟被人为地“升格”为“大军阀”，可见那是一个多么荒唐的年代！显然，这是一件带着眼泪的“轶事”，当年因这个罪名吃了多少苦头，他一句话也没有说。略带调侃的语气，好像在叙说很久以前的一个故事。他是诙谐的，也是深沉的。自五十年代初魏先生任教南开历史系，同时兼做领导工作，这使他在“文化大革命”中成为批判对象，经受了痛苦的岁月。

2014年春，我应邀参加在日本东京举行的“农村问题国际学术研讨会”，该会由东京大学和东洋文库联合主办。这次会议规模不大，然而相关研究的日本学者悉数到会，正是这次会议让我深切感受到魏先生在日本史学界的影响。二十世纪八十年代，魏先生曾率领课题组对三四十年代冀东农村社会进行调查与研究，并有专著出版。后经多方努力，获得国家教育委员会批准，从1990年开始，由南开大学魏宏运先生和日本一桥大学三谷孝教授共同牵头组成的“华北农村调查项目”正式启动。

中日学者先后赴北京市房山县吴店村、顺义县沙井村、天津市静海县冯家村、河北省栾城县寺北柴村及山东省平原县后夏家寨村考察，对近百位村民进行口述访谈，积累了大量口述与文字资料。调查范围涉及乡村治理、土地制度、农业组织、婚姻家庭等，相当丰富。与传统的文本研究不同，它采用原始的问答方式，旨在“让农民叙说他们的二十世纪史”，将文字史与口述史有机地结合起来。这一研究项目，继二十世纪三十年代日本“满铁”调查，将上述5个村庄的考察时间范围向后延续至二十世纪九十年代。其调查成果先后在日本和中国出版问世。

中文版《二十世纪华北农村调查记录》（共四卷），2012年由社会科学文献出版社出版。出版后引起较大的社会反响，被称为中国农村实地考察的又一项重大学术工程，为构建二十世纪华北农村社会变迁整体史提供基础性资料与框架，贡献不言而喻。自1990年开始，在长达20年时间里，魏先生几乎投入他的全部精力在这项工作中，虽然年事已高，仍奔走于田间小路和村落茅舍之间。魏宏运的名字当永远记在二十世纪华北农村研究学术史上。

况且，他还带出一批学生，他们的学位论文以近现代华北农村为研究对象，形成了一个相互补充和借鉴的学术群体。例如，慈鸿飞、付建成、温锐、李正华、刘五书、李金铮、于永等，其探索的触角涉及华北农村各个领域：农村市场、农民家庭、农民组织、乡村借贷、贫困救济，以及农村经济变革等等。本人也是其中一员。在他老人家精心指导下，我完成了博士论文《二十世纪上半叶华北清苑：农民家庭收支研究》。随后，以博士论文为基础，形成《农民、市场与社会变迁——冀中11村透视并与英国乡村比较》一书，入选“东方历史学术文库”。该书问世后，魏先生及师弟金铮教授亲自撰写极为有内容的长篇专业书评，给予中肯的评价和鼓励，指出该书自宏观而微观，深入到个体农民家庭的生产生活过程中。该书获天津市社会科学优秀成果一等奖；出版20年后，近日又被列为“2021年度中华学术外译项目拟立项名单”，有望在国外出版发行。

我们的成长有老师的心血；我们的工作是老师事业的一部分。我尤其不能忘记魏先生叮嘱我的三句话：坚持实证研究、坚持中西比较视角和坚持南开史学优良传统。对魏先生最好的纪念，就是传承文脉，守望学术。

魏先生给我留下最深的印象，还是他对学术的执着和对南开的热爱。他将自己的书房命名为“锲斋”，即取锲而不舍，如醉如痴之意。没有直接听过魏先生解释“锲斋”之名缘由，其实观其行就知道了，晚年尤甚。大约两三年前，他已经抱病在床，几乎不能出门。一次，魏先生直接打来电话，要我为他查找一本书。书名记不准了，大概是早期中共党史大事记，还有一个特殊要求—— 一定要延安的版本。我对党史和党史版本不熟，生怕遗漏他的要求，慌忙地找纸片记下来，可是询问几处，没有线索。正在一筹莫展之际，魏师母打来电话，告知答应他就是了，不必真的去找，可能也找不到，过几天他也许就忘掉了。又有一次，魏先生来电告诉我，已经为《经济社会史评论》写好了文章，就要寄去。未几，还是魏师母打来电话，告知实际上没有寄出文稿，但你要给魏先生适时回个电话，就说文章已收到云云。一时真不是个滋味，魏先生实际上已经不能工作了，可是他的生活中不能没有学术，须臾不可离开，于是就幻想出一个世界，依然沉浸其间。

说到《经济社会史评论》，不禁多说两句。2004年该期刊首次面世前夕，魏先生主动操持名家题写刊名，不久拿出一式两幅写好的刊名让我挑选。他总是站在后面默默地关心我们，帮助我们，胸襟宽厚而慈爱。倏忽之间，耄耋之年的他步入生命的最后阶段，可他每天仍然要看书，还要用颤颤巍巍的手写字、写信。魏先生真的老了，但是他内心世界更加纯净——除了学术不知还有其他。

十几年前，在杨志玖先生百年诞辰纪念大会上，曾亲耳听到刘泽华先生诉说，如果当年没有魏先生再三说服有关人员，遭到署名文章批判的杨先生难逃被错划“右派”的厄运。他还说，南开史学有今天的发展，不要忘记那些特殊年代的学术带头人，尤其不要忘记郑天挺、吴廷璆、杨生茂、魏宏运几位多年的老领导。魏先生是老资格的共产党员，总支书记，作用关键，在那个特殊年代，“跟而不紧”，而且，只要有一点机会，他一定依靠专家推进教学与研究。刘泽华的上述评价是公允的，南开学人真心地信任他、依靠他，而他一心保护他们，竭力维持教学和科研正常秩序，遂使南开史学薪火相传，文脉永续。

南开几代学人对魏先生的感情极为真挚，我目睹了刘泽华先生与他之间深情厚谊的一幕。2017年初，刘先生回国就医效果不彰，只得再次返回美国，临行前，生命垂危的泽华先生，却坚持下楼向魏先生当面辞行。一个卧病在床，一个虚弱地坐在轮椅上，两人听力不济，凑得很近说着什么。大家都明白，这次道别无异于诀别，可是他们脸上却挂着淡淡的微笑。如今，他们相继离开了我们，抚今思昔，缅怀无限……

侯建新，1994—1997年南开大学博士生在学，获博士学位。曾任国务院学位评定委员会世界史评议组召集人。现任天津师范大学历史文化学院教授、欧洲文明研究院院长，中国世界中古史研究会会长、天津历史学学会副理事长。

站在八里台，放眼全世界
——吾师魏宏运国际学术交流私记

祁建民

吾师魏宏运，2021年7月21日仙逝，享年97岁。魏师乃一代史学名家，是中国近现代史学科的开拓者之一，也是南开大学中国近现代史学科奠基人，在中国革命史、抗日战争史、华北区域史和现代史料整理上成就卓越。魏师为我国现代史学科第一位博士生导师，培养和影响了一大批中坚学术力量。他曾任中国现代史学会名誉会长，天津市历史学会理事长，香港学术评议局成员，在海内外享有崇高学术声誉。大师逝去，学界同哀，他的业绩值得永远缅怀。本文仅就魏师对中国革命史研究国际学术交流的贡献从本人经历角度加以记述，以为怀念。

魏师一辈子说话带陕西腔，一辈子研究中国革命史，这可能会被以为土得掉渣，也可能会被以为鲜少海外交往，其实恰恰相反。他学富五车，驰骋于世界学术前沿；他风采照人，具大师伟岸风范。魏师活跃于国际舞台，他曾出访过十余个国家，在几十所国外大学和研究机关讲学、演讲或出席会议。他是国内革命史研究者中最早走出国门，大力推动海外学术交流，贡献卓越的学者之一。魏师常教导我们要“站在八里台，放眼全世界”，八里台乃南开大学老校区地址，就是教导我们研究历史不可局限国内，要有国际视野。

魏师喜欢出国，从不忌于办理出国手续的繁杂、颠倒时差的痛苦和在海外奔波的辛劳，反而乐在其中，精神抖擞。这除了他有着旺盛的好奇心，还有就是他要竭力推动中国的革命史研究走向世界，传递中国声音，吸收海外成果。1982年4月，他作为南开大学访美代表团五名成员之一，由滕维藻校长带队，到美国东西部多所大学访问。这是改革开放后全国第一个出访国外的大学代表团，魏师此行大开眼界，由此得知海外研究的真实状况并切身感到开展国际交流的必要。回国后他在本校和多所大学演讲海外见闻，我当时作为一名本科生聆听，确实大受刺激。

魏师出国不是为了游山玩水，他把与外国学者的交流当成一种乐趣和使命，珍惜机会，不遗余力。有一次出国开会，有关部门审查手续繁琐漫长，眼看会期已近，魏师没办法，不得不向他地下党时的战友、时任天津市市长聂璧初求援。有次去日本访问，由于中间资料传送迟滞，签证迟迟未下，日方一位接待教授的丈夫身为政府高官，亲自到外务省代办签证。魏师对于国际交流始终充满激情，我参加国际东亚汉学研究学会，我们理事会最初要在文史哲三领域各聘请一位顾问，文学是美国的王德威，史学是魏师，哲学是日本町田三郎，魏师愉快接受。有一年该会要在西安召开国际会议，我邀先生参加，他很兴奋期待，但在与同门江沛商量时，他说魏师已经年近90岁，最近身体不好，最好别出门，我便谎告先生说会议取消不能来西安啦，惹魏师不悦。烈士暮年壮心不已，实令吾辈敬佩。

国际学者交流由于国度不同，价值观各异，解析史料的侧重不一，在国际交流中不同观点的交锋实为常态，魏师坚持原则性与灵活性的统一，既达到交换意见、切磋学问的目的，也没有伤和气、不愉快。1983年魏师赴美讲学1年，行前美国使馆一秘准备宴请魏师，那位一秘说到日本二战投降是因为美国原子弹的威力，魏师则讲中国人民8年抗战的功绩，两人你来我往，都表达了各自意见，但也未损外交礼仪。先生在美讲学1年，大受欢迎，美国的基金会特颁发证书奖励先生为中美两国人民交流做出的贡献。有美国教授纳闷，魏师讲的是中国革命史观点，为什么会有那么多人热心听讲。其实魏师访问前做了精心准备，翻拍图片，制作幻灯，阅读国外的研究著作，从西方人的知识体系切入，用事实说明，这样外国人便可以理解到中国革命的真谛。1996年魏师赴悉尼参加华北抗日根据地史会议，与会的有周锡瑞、古德曼、陈永发等学者几十人，魏师的讲题为“抗日战争中晋察冀边区社会变迁”。会议中围绕延安道路发生争论，虽然激烈，但是都能心平气和地讲出各自的观点。1991年他在接待苏联科学院通讯院士波利雅科夫等时特别提议在编写第二次世界大战史时应该以足够的分量反映中国抗战的地位和作用并详细加以说明。魏师与外国学者交往热情周到，不卑不亢，颇具绅士风度，广受尊敬。这大概与南开的校训校风有关，南开校训中规定：气象，勿傲勿暴勿怠；颜色，宜和宜静宜庄。魏师对外交往既非常自信又十分友好，这与他的信仰有关。本来革命就是正义的，凡正义的就有自信，有自信就用不着疾言厉色。魏师很会开玩笑，有时一个玩笑就能化解僵局和尴尬。同门江沛在怀念魏师力行国际化时引用了“越是民族的就越是世界的”一语，我则想再引申一步，即“越是革命的就越是世界的”。革命推动了历史发展，中国的革命如此，世界上的革命亦同。

魏师造福学林的一大功绩，就是主办两次抗日根据地国际学术讨论会。两次会议规模盛大，中外顶尖学者汇聚一堂，这对推动革命史研究影响深远。当时与会的外国学者有美国的赛尔登、范力沛、周锡瑞，英国的班国瑞，法国的毕仰高，澳洲的古德曼，日本的顾琳、三谷孝等。记得周锡瑞在会议报到处见到魏师时高喊“老魏”，两人相互拥抱，足见友情之深。在天津古文化街参观时毕仰高用中文向街头小贩询问窗花剪纸工艺，实乃一位中国通。两次会议的论文集现在还是一些研究者了解国外研究状况的参考书。在第二届国际会议上，同门温锐学兄关于中央革命根据地的研究深得美国学者赏识，温兄大作此后得以在美国翻译出版，颇有影响。

国际学术交流既要走出去，当然也需要请进来。魏师为外国学者研究中国革命史提供了很多帮助。有一位美国学者从事1930年代的冀南、豫北革命史研究，魏师为他联系到当年领导当地革命活动的聂真、王从吾等老革命家，一次带我从天津去参加座谈，在全国政协的会议室，访谈深入具体，了解到许多仅靠史料无法弄清的问题。姬田光义是日本研究中国革命史的著名学者，他到南开在魏师处访学半年。其间魏师和张洪祥老师介绍姬田结识唐山市党史办原主任陈平同志。陈平是冀东老革命，他对于日军制造的无人区进行过详细调查，有论文发表。姬田要求与陈平合作开展无人区调查，那时我和正在南开留学的丸田孝志陪同姬田老师到冀东调查，陈平曾领我们到一个山洞前，告诉我们当年日军扫荡时，有几十位八路军在这里牺牲，有他战友。姬田从山坡上采来野生花草，供在山洞前双手合十致哀。姬田和陈平合写的冀东无人区著作在日本出版，使许多人知道了日军又一侵华暴行。魏师为国外学者研究中国提供便利，穿针引线，这类事不胜枚举，他则乐此不疲。他陪同副岛昭一访问天津市政协，找老人座谈日伪在天津的特务统治；陪弗里德曼去河北饶阳农村调查；介绍前山加奈子访问天津基督教青年会。

魏师与三谷孝老师等合作进行的中日联合华北农村实地调查，历经5年，成果丰硕。日本学者按照各自的课题分别对农民进行访谈。笠原十九司研究日军暴行和农村教育史，每到一村，魏师都先向村干部介绍笠原老师的研究目的，请他们尽量找到受害老人或他们的后代接受访谈。笠原老师后来在关于华北"治安战"和抗日战争史的著作中充分利用了华北农村调查的经验和资料。这项华北农村调查的村落都是二十世纪四十年代日本"满铁"调查部调查过的村落，为什么选定这些村落？曾有人提出疑问，其实这除了要保持调查的连续性外，魏师也要从中探寻村落一级的革命史遗痕。例如静海县冯家村，"满铁"调查员当年调查了几天就发现气氛不对，停止了对该村的调查。经过这次再调查终于明白了这个村有八路军武工队活动，他们晚上进村与农民商量如何对付日本的调查。由此，我们对当时冯家村周边的中共抗日活动进行调查，并与日方的社会史调查资料对照，将革命史研究结合到地方社会史之中。

魏师教育和鼓励研究生和青年教师开展国际交流并为我们创造各种条件。他每年都请国外著名学者来校讲学，我印象较深的就有黄宗智、范力沛、山田辰雄、顾琳、三谷孝、滨口允子、笠原十九司、内山雅生、森久男等。山田先生有次时间匆忙，仅与青年教师和研究生座谈，我们每人简述自己的研究课题与计划，山田先生在研究动向和资料上予以点评指导，时间虽短，收获颇大。森久男老师来校进行集中讲义，主讲蒙疆政权研究，我做助教。当时我正为博士论文选题犯难，森老师力劝我研究蒙疆，走时将他所带来的十几册资料全部送我。

魏师支持和鼓励我们学好外语，具备国际交流的基本功。魏师英语好，这是他开展国际交流的一大长处。当年他在辅仁大学读书时用功学英语，他曾对我们说，他学英语就是大声念，大胆说。在1948年转学南开时他以英文作答，成为得以进入南开的重要因素。“文化大革命”之前他和郑天挺先生就提倡青年教师学好古汉语和外语。魏师亲自教我们英语，有一个时期，每周六上午都把我们叫到教研室的资料室，围着大桌子一起念英语。同门刘五书已经考过英语8级，论文答辩通过，就等着拿派遣证赴京工作，魏师打电话把他叫来一起学英语，魏师说，虽然你8级通过了，但在我这里还没通过，你发音不标准，要继续补课。当时我和张晓唯的一外是日语却也被叫来学英语，跟不上。晓唯私下对我说，咱们能记住一些单词就行了。

魏师广交天下学人，也为我们打开海外求学交友之路。魏师具体引导和鼓励我们如何与外国学者打交道，如何善于利用会议间休息时或宴会时与国外学者交谈，这些现在看来是很常识的东西，但在国门刚刚开放的当年，的确需要有人引导示范。同门中要去海外留学的都是通过魏师联系导师，介绍他在海外的朋友予以关照。我们在海外都得到过魏师朋友的帮助，记得我刚到东京时，内山雅生老师带我参加辛亥革命研究会，那天人比较多，晚上恳亲会是自助式的，久保田文次老师主持干杯仪式，由于有野泽丰、田中正俊等许多老先生在场，我站在很后面，久保田老师特意让我站到前面来，对大家说今天来了一位客人，是南开大学魏宏运的学生，他让我讲句话，看我有些怯场，他在后背用力推一下说，讲。在一些会议上遇见一些不常见面的老师，如关西的狭间直树、西村成雄、安井三吉、森时彦等，他们见我后第一句话都是，最近跟魏宏运先生有联系吗？他身体好吗？笠原十九司老师对我说，这辈子很幸福，有两位恩师，一位是野泽丰，一位是魏宏运。记得第一次进並木赖寿老师研究室时，並木老师对我说，魏宏运先生主编的《中国现代史稿》是经典啊。我切实感受到魏师在外国学者眼中的地位，也由此间接得到魏师带来的恩惠。

就我浅见，魏师对于中国革命史研究至少有两大贡献，一个是用社会史方法研究革命史，将革命运动放在宏大的社会历史场景和复杂多样的地域社会中来认识，阐明社会变迁与革命运动的辩证关系。另一个就是将革命史研究推向国际化，利用多元资料，鉴别不同观点，推动相互理解。在学术领域不同观点的交锋不会是你输我赢式的零和游戏，而是通过交流双方都扩展了视野，使认识更加接近于事实。近年，同门李金铮倡导新革命史研究，领学术之先，是魏师用社会史方法研究革命史的新发展。本人不才，势单力薄，但亦想在革命史研究的国际化上做些努力，以弘扬魏师遗志。

祁建民，1995—2002年南开大学博士生在学，获南开大学历史学博士学位；后再考入日本东京大学，并获学术博士学位。历任南开大学历史系副教授、日本长崎县立大学国际社会学部教授。

难忘师恩

邓丽兰

当接到晓静姐的电话，匆匆从新校区赶往八里台时，忍不住泪眼蒙眬。走进“南开一号”，魏先生安详地卧在他平日休息的床上，就这样宁静地与世界作别了。晓静姐说，老人家还正常地吃了早饭。

在老人家最后的那段日子，我的心情常常非常纠结。不去探望呢，时常会想，先生、师母近况如何？去了以后，看到以前如此爱护我们的老人家，生命之火慢慢地暗淡，不老松慢慢地枯萎，那种心痛伤感的情绪会纠缠几天。

当然，如今我相信老人家在天堂里依然笔耕不辍，依然慈爱地护佑着我们。

本科四年，也许在教学楼里曾与魏先生擦肩而过，但没有留下深的印象与直接的接触。

老人家给我留下的第一印象，是他拿着个布袋子，穿着正式的西服，给我们上中国现代史通论课。那是所有中国现代史老师轮着上的硕士生专业课。魏先生拿着几本旧书，也没带讲义，就娓娓道来。我记得，他主要介绍了李大钊的《史学要论》，向我们讲了史学研究的目的，理论与史料的关系，唯物史观的基本内涵等等。当时魏先生给我留下的印象是，他比其他现代史专业的老师都洋派些。

读硕士期间另一件印象深的事情是，老人家曾参加周末学术活动，作了严肃的“训话”。我们这两届研究生，曾参与撰写一份通俗历史类杂志的专栏小文章。编辑部那边反馈回来，某一期出现了不当有的知识性差错。有比较“袒护”我们的老师的意思是，年轻人嘛出差错难免的，有则改之，无则加勉就可以啦。但魏先生强调，作为南开的研究生也代表着南开的学术形象，小失误堆积起来，也会成大问题。这次周末“训话”给我留下很深的印象。

硕士毕业南下广东期间，我用孙中山本人保留的辛亥革命时期的英文藏档完成了一部作品。通过硕士导师刘健清老师托请老人家作序的时候，我们按“惯例”附了一份草稿。等拿到序言的时候，我发现魏先生基本抛弃了那份“草稿”，亲自写了序言。魏先生出版了国内第一本《孙中山年谱》，家里也保存着多种版本的孙中山文集。老人家自己也长期刻苦学习英语，要求学生要过英语关。魏先生对我能够翻译孙中山英文档案的能力十分看重，估计这是他亲自撰写序言的原因吧。

因着这种缘分，我学术生涯中的一件大事，是报考博士后从刘先生门下转入魏先生门下。这之前，我完全不清楚报考魏门、刘门，都是如何地热门与困难。刘泽华先生希望招收中国近现代史方向博士，完成主编大部头中国思想通史的愿望。我的硕士导师刘健清老师的专业方向是中国近现代政治思想史，在健清师的推荐下，我报考了刘先生的博士。回南开参加博士生入学考试时，想到魏先生曾为我的书作序，我便去先生家中拜访。先生和师母热情接待了我，仔细问了我在广东上班的情况，夸我英语好，询问我在广东是否还在学英语。我解释说，在学校读本科时，英语课是跟着世界史班上的，有外教教口语课。到广东上班时，看不懂粤语电视剧，几乎天天看香港电视台那边的好莱坞大片。当时，南方一些搞辛亥革命和孙中山研究的老先生们觉得我转去读古代思想史博士有些“浪费”了英语。后来当我博士论文选题遇到困难时，希望转回近现代史领域，这实在也给当时担任系领导的朱、张老师出了难题。在魏先生、刘先生、系领导的理解与帮助下，完成了转导师的高难度动作。如今回想起来，自己也没在中国现代史研究领域做出什么名堂，但三十年前，我因一批孙中山的外文档案南下广东，多少年后，这批东西仍由我主持整理翻译出版，这多少可以告慰那些曾经器重过帮助过我的学者吧！

记得读博期间，魏先生家住北村，常去系里取信。博士生宿舍楼又离历史系所在的主楼很近。有几次，我在返宿舍的路上，会偶遇取信回家的老人家。如果天气好的话，师生二人会在路边或坐或立，聊会儿天。有次一位熟悉的女博士告诉我，远远看见你和长得很像外国人的老爷爷在聊天呢，感觉老爷爷很慈祥，你很陶醉，阳光洒在你俩的身上，那感觉美得像一幅画。我赶紧解释道，不是外国人呢，是德高望重的魏宏运先生，传说他祖上有一点契丹血统而已。如今再次走在大中路上，高大的树木仍然器宇轩昂，原来的博士生宿舍早已变成上课的二主楼，慈爱的老人家已不复可以和蔼谈心。物非，人也非。

我留校不久，南开历史学同仁中，就有我是四川省高考状元的传言，而且在一代代学生中一直口口相传。我在不同场合多次澄清过我不是高考状元，但效果不大。这个传言的起因是，我有次去魏先生家办事，发了点小感慨，说不知怎么回事，高考时我的数学考了全省第一名，过了30岁，买菜都算不清楚账了。魏先生把我这段话听进去了。当念到博士第三年时，学校面临学科评估，但南开中国近现代史学科还没有一名博士学位获得者，所以系里希望我提前答辩毕业。因为我要提前毕业，魏先生必须去学校的学位评审会上答辩。会上，当场有老先生就提出来问，魏先生，您说学生是如何优秀，为啥她的英语才考70多分呢？魏先生一着急，就蹦出一句：人家是状元！就这一句状元，所有的质疑都不复是质疑，我就莫名其妙的提前毕业啦。我后来才弄清楚，读博时我考大学六级英语的成绩是70多分，在学校上课的英语成绩是90分以上。但因为我提前毕业，我的校内英语成绩还没有正式登录到成绩单上呢。当时的学位评审会上还有张国刚老师在场，他听到魏先生说我是状元，就曾经在比较正式的场合说过我是四川省高考状元。弄清原委后，我曾很认真地找过国刚老师提出，我是四川省高考总分前十名，数学全省第一名，不是高考状元，您能不能在全系大会上帮我澄清一下呢？国刚老师可能心里只装大事，不在意这种芝麻绿豆吧，哈哈一笑说，四川是个人口大省，四川的高考前十名约等于小省的状元。今天把传闻解释清楚，我心里好像坦然了不少。

先生和师母这辈子是那种阅人无数，但仍心地善良，乐于助人的老人家，用他们的能力帮助提携过很多人，这也是他们在学术界备受爱戴的原因之一。魏门弟子、先生师母周围一些爱戴他们的后学，大多都会有魏先生和师母“最爱护我，最关心我”的自我感觉。也就是说，他们的关爱是没有厚此薄彼的，但又会让每个弟子或晚辈感觉自己是那个被先生师母疼爱的“最”。我自己，也是有“最”感觉的一分子。

我留校后，面临家属两地分居的难题时，魏先生跟我商量说，准备找校党委薛进文书记，必要时我得拿着魏先生的信直接去见薛书记。我当即表示，您都是已经退休的老人家啦，又不是掌握实权的领导，万一学校领导不搭理您，那不是很丢脸吗？魏先生非常认真地答复我说，办不成也不是什么丢脸的事儿，“文化大革命”时期挨批斗，在大中路上披着大字报游街，那时他也没有怕过丢脸呢。说着，老人家用手往脸上比划了一下，又作了一个放进衣服兜里的动作，微笑着说，把“脸皮”放进兜里就行啦。薛书记也是一位领导艺术十分高超的领导，当我真的拿着魏先生的信见到他时，我也把“丢脸说”告诉了薛书记。薛书记马上说，这是老人家关爱学生，爱惜人才的表现，哪是什么丢脸的事情呢。这样，在薛书记的关心下，我的先生从广东顺利调进了南开大学图书馆。

而据我所知，魏先生的亲外孙，学业十分优秀，博士毕业后在上海上班，对南方气候身体不是很适应。但魏先生并没有动用关系，将自己的外孙调进南开大学。这位有为的年轻人回到北方，凭借自己的实力去了天津大学。

有意思的是，我的硕士导师刘健清师跟魏先生既是同事，也兼着学生的身份。如果我和健清师以师生关系论的时候，刘先生非常关爱我。但如果共同作为魏先生的学生的身份时，刘老师这位“老学生”偶尔会表现出“嫉妒”我这位“小学生”的情绪。刘老师会半开玩笑半当真地说，老魏重视你不重视我，老魏喜欢你不喜欢我。我有次告诉魏师母说，刘老师说他也算是魏先生的老学生呢，说魏先生重视我不重视他，喜欢我不喜欢他呢。师母乐得合不拢嘴，说，谁说不喜欢他啦，当年什么什么事情，也是向着他的呢。要说不喜欢，也是因为他调皮，做学问不够刻苦。我明白了，先生师母可能偏爱一点刻苦的学生。当然，真实的情况大概是，刘先生较早心脏就有房颤的毛病，做学问就稍微有些耽误吧。健清师因病故去时，魏门弟子都向魏先生绝口不提。但老人家还是通过别的途径知道了。魏先生不顾家人的阻拦，一定要亲往健清师家中致祭。我在刘家接到魏师母电话急忙出去迎接，出刘师家门一拐弯，远远就看见在保姆搀扶下，魏先生靠着一把椅子慢慢往刘家移动。家中的保姆告诉我说，魏先生悲痛不已，几乎无法行走，但一定要到刘家来。家里又没备有轮椅，不得已搬着一把椅子，让他靠着慢慢挪动，走几步又搀扶他坐一坐。当目睹魏先生老泪纵横地向自己老学生的遗像鞠躬致祭时，我心里暗暗向刘师说，咱们师生二人在魏先生面前的“争宠”游戏该有答案了，魏先生还是最喜欢您老人家的。

生命的最后几年，魏先生住院的频率明显加快了。每次去医院探望老人家，仍然见魏先生在勤奋阅读，奋笔疾书。有次去医院，老人家又问候起家里人的情况。说起我女儿将去欧洲留学，魏先生主动说，需不需要介绍信？我在丹麦和德国都有老朋友呢。我当时就乐啦：您的老朋友还不都是八九十岁的老人家啦，而且都是搞历史学研究的，帮助学计算机的20多岁的年轻人怕已经力不从心啦。我还告诉老人家，小朋友在国外有同学，可以结伴周游列国，现在出国已经是很简单的事情。

魏先生的最后一段时光，已逐步进入高龄老人的半失能半失智状态，时而非常清醒敏锐，时而又有些迷糊忘事，但依然在坚持他的“研究”。有几次，魏先生打电话请一些外地的师兄、师弟帮他查询文章是否发表。师兄弟们又来问我某篇文章的下落，但我手里也没有文章呢。绕了一圈，原来是几段简单的文字，被晓静姐收藏起来了。有时师母也交代“哄着老魏玩儿”，让你打字你就打，但不要真的去投稿了。疫情隔离期间，我有段时间没去老先生家。待再次去的时候，家中的保姆指着书房里的一箱子信封说，那都是魏先生给他人写的信，有的是要了解资料情况，有的是要投稿。那些信笺上的字迹，除少数能辨识外，大部分都是“天书”。保姆听从师母的吩咐，没有拿出去邮寄，而是偷偷拿来放到书房里。魏先生也曾指挥保姆去复印材料，家里复印的资料也堆积起来。后来保姆也学会了应对招数，出去走一圈，拿着以前复印的材料向老人家“交差”。每当目睹这样的情形，我都百感交集。一方面感佩老人家的治学精神，但暗下决心，自己步入老年后的日子不能像魏先生这样过得太单调了。

魏先生周到地照拂着所有的人，要说老人家亏欠了谁呢？那大概就是师母啦。魏先生是出身于陕西长安的农家弟子，师母王黎是黑龙江推事也即检察官的女儿。师母10多岁时的照片，穿着洋装就像宋庆龄、宋美龄小时候一样。革命时代的爱情，经受了时代变迁的考验，伴随着他们走过历史的风风雨雨。师母亲自照料着魏先生的衣食住行。魏先生有糖尿病，师母会看《本草纲目》来给老先生调药。但师母身体偶有不适了，魏先生依然在翻阅老报纸。目睹此情形，我禁不住代师母抱不平："师母一心扑在魏先生身上，魏先生一心扑在《大公报》身上。"听到我的"抗议"，魏先生这才"觉悟"过来去安抚师母。

有段时间，不但魏先生病了，师母身体也出现了状况，入住有名的部队医院，记得那是师母少有的一次住院。查来查去，除血压的高压低压之间的压差大一些外，身体没有任何毛病，但头痛、失眠、厌食、心跳异常等现象，一直存在。师母吩咐我拿着各种检查单和病历，去咨询胡师母。健清师的夫人胡师母是南开大学校医院的医生，退休后仍是老先生们的免费保健顾问。胡师母仔细看完所有单子说，老王的身体不错呢，没有任何器质性的毛病。她是不是过于担心老魏的身体啦？这样吧，让她吃点谷维素试试，这是营养神经的，很便宜，基本没副作用，小药店里就有。我直接去西南村的小药房买了三块钱一瓶的谷维素，告诉魏师母说，胡师母说您没有任何问题，让您吃三块钱一瓶的谷维素，我都买上了。第二天还是第三天，魏师母给我打电话说，哈哈哈，小邓，你买的药很灵，头一天吃了一颗，第二天吃了两颗，所有的症状都消失了。我也高兴地告诉师母，您这是担心魏先生引起的心病呢，调理调理就好啦。

魏先生晚年住院时，即使有护工，先生和师母会住在同一间病房里。开始我们都觉得挺不错，两位老人家可以同时调理调理。但我有次去医院探望，发现师母居然是搭个床，住在病房里的过道上。我当即说，师母您也是八九十岁的人啦，您不能这样长期在医院陪着，更不能住在过道上。师母马上说，床位紧张，住过道只是暂时的，她马上就会有正式的床位了，老魏离了她会活不下去的。这事上我不止一次干预魏先生家的“内政”，多次劝说师母不用再住在医院，师母后来终于放弃了亲自陪着住院，由护工和晓静姐陪护。晓明哥是一位斯文有礼的儒雅兄长，已定居国外，只能利用假期回国短暂探亲陪护。我们有时插手替老人家做点事情，只要晓明哥回国探亲，都会吃到他从美国带回的各色巧克力。晓静姐的公公婆婆也是需要照顾的革命老人，需要在四位老人家之间奔波操劳。师母坚持亲自陪护，想的也是尽量不要太多地拖累子女。她跟我说，人步入老年后也要尽量自理，假如爱自己的孩子，就不要把自己的孩子跟着拖垮。对于子女是独生子女的我们这一代人而言，我觉得师母的教导太重要啦。

我的父亲生前也有糖尿病，师母也曾把她为魏先生配制的黄芪粉，连带空壳胶囊，让我带回老家给我父亲换换药。魏先生故去时，师母不止一次念叨说，小邓的爸爸更年轻，在四川去世都算喜丧，老魏早晚会有这一天的，她顶得住。但办完告别仪式后一段时间，我有点不敢单独面对师母。不是魏先生离了师母怎么活的问题，而是师母离了魏先生怎么活的问题。前些天终于鼓起勇气去探望师母了。躺在床上听收音机的师母，居然爬起来坐着，让我坐到靠窗的那面，离她近些，拉着我的手，又问起我办理退休手续的情况，四川家人、孩子的情况。离开魏家，我又一次忍不住泪目。

别人的爱情伟大不伟大我不知道，但魏先生和师母之间的跨世纪爱情，值得拍一部电视连续剧。

也正是这样一些日常生活中的点点滴滴相处，让我对魏先生和师母产生了超越普通师生关系的特别感情。先生和师母的榜样，教育着我的为人处事；先生和师母的关爱，也会温暖着我的余生。

邓丽兰，1996—1999年南开大学博士生在学，获博士学位。曾任南开大学历史学院副教授。

先生还活着
——追忆与魏宏运师的交往

李金铮

魏先生驾鹤西游，享年97岁，民间俗称喜丧。他走得很安详，几无任何痛苦，可谓一生修来的福分。他终于给自己放个长假，获得解放，可以休息了。

2021年7月21日11点，先生的女儿魏晓静来电话，父亲走了。我急奔南开大学西南村先生的家，同时发微信给“魏门聊斋”群和历史学院办公室白庚岩主任，告知先生仙逝的消息。而就在此前，我刚和白主任约好，下午去学院开具去北京查阅档案资料的介绍信。

在先生家忙完一天，晚上刚回到家，就收到天津海河传媒中心副总裁印永清的微信，他要我写几句怀念魏先生的话，在媒体上传播一下。他是南开历史系校友，我一时不知道写什么，但不写又觉得不好，于是就匆忙写了几句先生对中国史学和人才培养的贡献：

我是他的博士弟子，后来又成了一个单位的同事，相交相知二十五年，极感悲痛无已！我深知他的为学与为人，从他身上学习的东西是难以尽言的。他是亲历过中共革命的红色学者，为党的革命事业和解放事业做出了自己的贡献。他是新中国成立后中国现代史学科的奠基人，始终孜孜不倦，锲而不舍，在中共党史研究、抗日战争史研究、孙中山研究、周恩来研究、当代中国史研究等领域都取得了开创性的卓越成果，对于南开大学乃至全国史学的学科建设、学术发展发挥了重要作用。他严于律己，待人真诚，追求真理，授业解惑，桃李满天下，是享誉海内外的历史学家、教育家。魏先生走了，但他的学术财富和思想遗产仍值得我们继承、弘扬和光大。他，还活着！

这当然是我的真实感受，但总觉得和官面话差不多，干瘪有余，情感不足。不过，最后一句“他，还活着”，我至今仍认为是一句有分量的话。当心情平静下来，写这篇回忆文章时，我最先想到的还是这个题目，所以就原封不动地搬过来了。

人总是要走的，但人走之后，仍能留在活着的人的美好回忆中，就说明他还活着，他的人生价值还在延续。先生就是这样的人，他的去世，没了的是躯体，但其学术遗产、精神财富仍在，所谓“死者可以生”，大概就是这个意思吧。

我不曾写过与先生交往的回忆文章。2014年，南开大学举办先生九十华诞研讨会，同门弟子、学界朋友撰写回忆文章，集成《仰望锲斋——贺魏宏运先生九十华诞》一书，展现先生的人格魅力、为师风范。这个做法很好，让先生在生前就能看到弟子和朋友所受的教益和感动。我之所以没写回忆文章，总觉得这是先生身后之事，因此仅是从治学历程的角度，谈了先生永不松懈、持之以恒的“锲斋”精神，特别写了他荣休之后，更将这一精神发挥到了极致。先生几次和我说，一见到我，就想起我写的《“锲斋”精神》，看来这篇短文给他留下了深刻的印象。

现在，先生的一生已画上完美的句号，我以为到了回忆与先生的交往的时候了，一方面为了怀念，另一方面也为学界的“纪念”碑文增添一点史料。

我从知道先生、学习先生的著作到跟从先生读书，后来又成了一个单位的同事，大致经历了从“虚拟”认识到实际交往的过程，而“虚拟”的认识也许就是前世注定的因果、缘分。

一、从论著资料里“认识”先生

我起初是从教科书上知道先生的。1981—1985年，我在河北大学历史系读本科。当中国通史基础课上到中国现代史时，我读到先生主编的《中国现代史稿》，这可以算作与先生的第一次“相遇”。此著1981年出版，是内地第一部全面系统描述1919—1949年的“中国现代史”教科书。尽管仍有阶级斗争时代遗留的烙印，但毕竟已改革开放数年，叙述方式和对历史问题的看法与以往教科书有了一些变化，因此得到中国近现代史学界的欢迎。教科书对学子的影响远不是几本专题著作所能及的，一本好的教科书也往往奠定了一个学者的地位，《中国现代史稿》使魏先生赢得了极高的声誉。就中国近代史而言，我记得我比较喜欢林增平先生的《中国近代史》。而中国现代史，我比较欣赏的就是这部《中国现代史稿》。一般认为教科书重在客观描述历史过程，不需要表述作者的观点，但我从不认同这一看法，对所谓完全描述的说教式教科书也不感兴趣，因为它不能给人以思维上的启发。大学生的学习，获取知识当然是重要的，但更重要的是批判思维和质疑思维的训练，这个问题到今天也没有解决。

研究生阶段，我仍在河北大学历史系，从傅尚文先生学习。这个时候，我从魏先生主编的抗日根据地史料，对他有了更多的了解。傅先生让助教复印了中国近代经济史著作和资料目录，供我选读时参考。我不仅读了几乎所有中国近代经济史名家著作，还读了中国社会科学院经济研究所编纂的中国近代经济史专题资料，以及中共中央苏区财政经济史料、抗日战争时期陕甘宁边区、晋察冀边区财政经济史料等。其中《抗日战争时期晋察冀边区财政经济史资料选编》（四册）就是由魏先生担任主编，我的导师傅先生为副主编。河北大学早期在天津，傅先生向我介绍了他与魏先生密切的合作关系。傅先生是《历史教学》的创办者之一，后来和魏先生同为编委，负责中国近现代史稿件的评阅。他们又都是中国现代史的开拓者，互相交流较多。晋察冀边区财政经济史料，就是"文革"结束后两人合作的成果之一。傅先生还对我讲，研究生毕业后可以考魏先生的博士。因为以上的关系，我心里增加了对魏先生的亲切感。

硕士论文答辩前，傅先生想请魏先生作答辩委员会主席。按说，老师请谁就是谁，学生是不能参与意见的。而我当时年轻不懂事，竟然不同意，现在想来简直难以理解。也许和我的个性有关，我平时为人低调，不喜张扬，温顺随和，但骨子里坚硬执着，对自己认定的事情会据理力争，直言直语，不做妥协。我提出，我的硕士论文是《近代冀中定县农家经济与农民生活之研究》，应该请最权威的农村社会经济史学者作答辩主席和答辩委员，建议请中国社会科学院经济研究所李文治先生作主席，近代史研究所从翰香先生作委员。我觉得，我的论文只要得到他们的认可，就算成功了。当然，这也不是我头脑发热，而是因为在我撰写硕士论文的过程中，得到过他们的亲切指导。论文定题后，傅先生介绍我请教从翰香先生，从先生又介绍我请教李文治先生，他们都肯定了题目的价值。后来，无论是论文提纲的确定，还是论文初稿的修改，也都继续得到过他们的宝贵意见。另外，我当时对魏先生的了解仍是有限的，认为他是中国现代史、抗日根据地史的权威，并不清楚他正在开展华北农村的调查和研究，相关成果的确也没有问世。事实上，傅先生带了三届研究生，后面两届都是请魏先生做答辩主席的。历史无法假设，如果当时我同意傅先生的安排，就不会等到考博时才认识魏先生了。

1988年，我研究生毕业，留校任教。此时，我对魏先生的论著有了较多的学习。1990年前后，我系统地翻阅了《中共党史研究》，发现中共党史、革命史也是值得关注和研究的领域。1991年，《抗日战争研究》创刊号上发表了魏先生的文章《抗日根据地史研究述评》，我不仅读了这篇文章，还查找了先生和其他学者关于华北根据地史的论文，坚定了我研究华北革命史、特别是晋察冀、晋冀鲁豫边区的信心。晋察冀边区本来也是傅先生的一个研究领域，他很支持我的想法。也就是这个时候，我的研究方向，在以往中国近代乡村社会经济史的基础上，增加了中共革命史。我还在1993年10月10日的《光明日报》上，读到马宝珠对魏先生的访谈录《走出书斋，寻找源头活水》，先生提倡到农村进行实地调查。至今，我还保留着此文的剪报。我查阅了和近代中国乡村有关的国家社科基金项目，其中就有魏先生的二十世纪三四十年代华北农村社会调查与研究。

二、报考先生博士的趣事

研究生毕业时，我并无考博打算，一是因为硕士生在当时很少，在人们眼里已经算得上人才了；二是博士生有一阵子被人们讽刺为“傻子”，有一个古代史博士找工作都困难，于是读书无用论再起。但过了五六年，到二十世纪九十年代初，形势发生急转，在本科教学评估、学位点建设的推动下，博士又受到社会各界的重视，高校掀起考博热，一时间博士成了热词。我不能免俗，也加入了这一热潮。不过，当我选择报考的导师时，颇费了一番踌躇。我查阅了有关高校和导师的资料，经过比较之后，才决定报考魏先生，我觉得魏先生的研究方向与我更为契合，我对他也有更多的了解。其实，当时其他的老师也让我心动过。1994年，我参与河北大学主办的“华北地区保定军校暨抗日战争学术研讨会”，提交了《论保定陆军军官学校》一文，著名学者王桧林先生给予谬赞，他用带有唐山乐亭口音的普通话说“这篇文儿写得不错”。我提到考博士的事，他说他那里招生，可以报他的。莅临会议的另一著名学者陈铁健先生，也说可以报考他的，但近代史名额少，不是每年都招生。感谢两位前辈的鼓励，我考博的欲望和信心陡增。

决定报考魏先生后，我对他的所有论著目录做了编排，有重点地翻阅了一遍，发现改革开放前后，他的治学方向特别是研究路径发生了极大变化，由一个偏向老调的表述者变成一个思想开放、视野开阔的学者，这得益于他走出国门，与欧美、日本等国一流学者进行交流。我写信和他联系，并附上已发表的论文目录，我在《近代史研究》《中共党史研究》和《抗日战争研究》等知名刊物发表了文章，想给他一个好的印象。魏先生回信，说我有潜力、有前途，欢迎我报考。1993年12月初，我到天津南开大学拜访先生，他当时住北村，当时我不明白为什么南开园有北村、东村这样像个村落的名字。这是我第一次和先生见面，打算咨询一下考博的注意事项，尤其是考试科目、试题思路。他说考试科目有三门：中国通史（原始社会至五四运动前）、中国现代史（五四运动至八十年代）和外语（报考专业外语）。对于试题思路，我本来想听听他的具体说法，但他只说都是时间长、面较宽的大题目，主要靠平时积累，让我多读书，为了准备考试，可有针对性地读几本中国通史著作。整个谈话过程，真正说考试的事很少，他谈的更多的是如何做研究。他说，大路货的题目是很难深入下去的，要做实实在在的题目，做区域史、社会史，一篇文章一篇文章地搞，最后串起来，形成一个体系。他认为，黄宗智的华北和长江三角洲乡村研究、陈佩华等学者的广东陈村研究就是成功的例子。他还谈到他儿子魏晓明的北洋军阀官僚资本研究，因为资料翔实具体，突破了以往比较模糊的认识，受到孙思白等学者的好评。他还说文章要发表在《近代史研究》等国家级刊物上，发在这里和普通学报不一样。先生在我没有参加考试、没有进入他的门下之前，就给我上了一课。

专业课考试，我有一定的自信，没做太多准备，主要是复习英语，大量做英语试题，逐字逐句精读了斯诺的英文版《西行漫记》，将所有的生词写下来，挂在墙上背诵，自觉阅读能力提高了一大块。1995年4月中旬，来南开参加考试，住在颐园，和报考冯尔康先生的王善军一个宿舍，善军现在是辽宋史的著名学者了。魏先生知道我来了，让即将毕业的博士生王彦民、杨跃进、李正华来看我，提醒我不要紧张。他们说，专业英语有可能与《毛选》有关。《毛选》我读过数遍，比较熟悉，但我还是让陈志远先生的研究生王暖（本科时我教过的学生）帮我借了一套，大致翻了一下题目。考试时间一天半，除了英语听力之外，其余都很顺利。中国通史科目有两道题，其中一题为“近十年来明清史研究概述”，没想到会出这种题目，但我平时对古代史尤其是明清史的学术动态也有关注，答得还算顺利。考试结束的当天下午，参加面试，除了魏先生，还有刘健清、张洪祥等老师，后来成了同门的江沛老师作秘书。先生问了两个大问题，一是我的主要研究领域和研究成果，二是中国现代史学界当下的研究热点和未来发展趋势。这是我经常思考的问题，我按照自己的了解和理解谈了自己的看法。可能在我介绍的成果中，有定县平民教育实验的文章，刘健清老师问我对晏阳初的做法如何评价，我说以往所谓不革命就是反革命、改良就是反革命的说法太过偏颇，晏阳初领导的实验虽有不切乡村社会实际的一面，但其理想和实践总体上说应予以肯定。面试结束后，魏先生问我何时回保定，我没多想，说马上就走。事后才知道，先生有个习惯，他一般都要招待一下考博的人，以示感谢。未能与先生有进一步的接触，我多少有点沮丧。

回到河北大学，5月初，去高阳县参加日本上智大学顾琳教授主持的高阳纺织业调查。协助这一调查的，主要是南开大学历史系教授兼研究生院副院长王永祥先生、天津社会科学院历史研究所张利民研究员和河北大学地方史研究室陈美健教授。与王永祥、张利民老师也是第一次见面，张利民是先生的女婿，当他们知道我报考了魏先生的博士，关系由此变得亲近起来。

考博成绩下来，外语和专业课都不错。我向王永祥老师打听，他说在报魏先生的十多名考生中我总分最高，我很兴奋，以为很有把握，没有问题了。我打电话向魏先生报告这一情况，他说没想到今年报考人数这么多，尤其是有南开、天津师大的在职老师，压力很大，录取我有点困难。听到他的话，我有点激动，执拗的脾气又暴露出来了，我说我的成绩很好，为什么不录取我？还说如果今年不录取，我明年就转到其他地方报考了。魏先生安慰我不要着急，看看有无其他办法。我说已经决定不录取我了，还能有什么办法呢？没想到过了两天，他给我打电话，说想出了一个办法，申请保留学籍，明年不用考试，直接入学。他说已和王永祥沟通过了。我问以往南开有没有保留入学机会的先例，他说没有，于是我对此有点怀疑，未抱多大希望。不过，我能感觉到魏先生是很想招我的，为此做了很大的努力，我觉得非常温暖，无论结果如何，即便不成，也没什么可遗憾的。按照先生的指点，我写了明年入学的申请报告，包括考试成绩、发表成果、读博愿望等。我拿着申请报告，再一次来到南开，先生在上面签字，让我交给王永祥老师。王老师不在，我找到王老师的夫人白老师，由白老师转交。出人意料的是，过了一段时间，南开大学竟破例同意我的申请，研究院常务副院长戴树桂先生签字同意。现在想来，招收博士是一个极为复杂的事情，当时涉及不少本地的在职老师，先生有自己的苦衷，他的决定是可以理解的。当得知明年直接入学的消息后，我心里踏实下来，特别感念先生的帮助，感谢王永祥老师的帮助，也非常感谢南开大学的决断。就这样，我成了1996级博士生，和江沛、岳谦厚、邓丽兰同在魏门学习。幸运的是，历史系这一届博士生出了不少人才。

三、从先生读博的紧张时光

读博和读本科、硕士生一样，都是改变人生轨迹的重要时刻。1996年9月，我以在职身份入学南开，但完全是脱产学习。除了外语课，专业课都是魏先生开的。从我保留的上课笔记来看，他的课有中国现代史研究法、抗日战争史研究和专业翻译三门课，但实际上是混在一起，不拘形式，对欧美、日本和国内学界动态介绍较多，有时读古文、英文，有时介绍自己的论文，大家讨论，气氛活跃。印象比较深的一次，魏先生让大家讨论侯建新师兄对博士论文的想法。建新师兄详细阐述了国内外关于农民研究的流派，以及对冀中清苑县乡村与英国乡村进行比较研究的思路。魏先生提出，将二十世纪上半叶的冀中乡村与中世纪的英国乡村进行比较，可比性是否成立？这的确是一个必须解决的问题，大家也各抒己见，进行了热烈的讨论，建新师兄做了解答。我对农民研究流派的介绍很感兴趣，我说我们对此了解太少了，对中国农民的研究必须建立在这个基础之上，才能做出更大的理论贡献。记得课后，魏先生曾和我谈到这个问题，似乎不完全同意我的看法。先生还经常邀请海外学者做讲座，如丹麦的李来福、美国的刘易斯、日本的久保田文次、斋藤道彦、山田辰雄、菊池一隆等，讲座后一起吃饭，给我们开了不少眼界。在中国近现代史学界，魏先生是改革开放后较早睁眼看世界的学者之一，我们博士生从中受到许多教益，可谓生逢其时。

先生的教学特色，其他同门都曾做过不少介绍，就不再赘述了。我想借此机会讲点自己读博期间和先生交往的经历，这也可以算作先生教学和研究工作的一部分。先生和美国学者马克·赛尔登有密切的学术往来，赛尔登问他二十世纪二三十年代冀中滹沱河流域是否种植水稻？先生让我查找资料，作出回答。我查阅了滹沱河流域的所有县志、民国农村调查乃至考古资料，抄录了几十页，装订成册，确认滹沱河流域植稻历史甚早，直到民国时期仍在种植。对我“超额”完成任务，先生很是满意。他也曾让我协助香港科技大学的何高潮先生调查晋察冀边区的资料，何是美国芝加哥大学邹谠的博士，博士论文《地主·农民·共产党：博弈论的分析》颇有深度。我们实地走访了晋察冀边区六七个县，登太行山，走冀中平原，既获得不少文献资料，也领略了地区生态环境与抗日根据地发展的关系。先生指导的韩国博士生中，有一个写的毕业论文是《华北根据地农民组织研究》，先生让我看论文初稿，帮助润色文字，并提出修改意见。尽管我觉得比较麻烦，但仍尽可能地找到相关成果、资料，根据自己的理解提出修改看法，文字上也尽力改得顺畅一些。读博期间，先生正主持国家社科基金重点项目《二十世纪三四十年代太行山地区社会调查与研究》，希望我参加。我觉得可以和博士论文相结合，就愉快答应了，还和魏先生、师母到保定地区易县做田野调查，访问在世老人，得到不少鲜活的资料。我的博士论文研究近代华北乡村的借贷关系，对于太行山区这个项目，我写的也是借贷一章。先生还有一个项目，辽宁出版社邀他主编多卷本《民国史纪事本末》，编者多为在学和已毕业的学生。如果说太行山项目与我的博士论文有关，而《民国史纪事本末》则关系不大，我又认为学术性也不像专题研究那么强，就有点不太情愿，但还是参加了编写，而且在课上讨论时得到先生和各位同门的指点，仍是有收获的。此外，先生还让我参加他主持的教科书《中国现代史》的编写，承担者每人约20万字。这一次我没同意，我说必须将主要精力放在撰写博士论文上，否则就很难如期毕业了，当时延期毕业的比例不像现在那么大。其实背后更大的理由，我认为要写好教材太不容易，能得到认可太难了。他对我的莽撞没有批评，而是表现了高度的宽容，默认我的做法。现在想来，老师的集体项目肯定主要由学生来完成，当时先生的态度是非常难得的，不一定所有老师都能做到这一点。

对于博士论文，先生给予了充分的自由，这是那个时候的一个普遍现象。他只是强调两点：一是尽可能做其他人涉猎较少的题目；二是在资料和观点上有所超越。话虽不多，但极有分量，要做到这两点并不简单。由于时间比较紧张，我拿出一天当两天用的精神，经过艰辛的努力，完成并基本上达到了先生所说的这两个目标，我能感受到先生还是比较满意的。在博士论文答辩时，受到李文海、丁守和等专家的好评。

四、在先生的命令下来南开

1999年7月博士毕业前，先生说中国现代史教研室年轻教师少，问我可否考虑留在南开历史系。其实，不仅是毕业前，在读博期间他就对我流露出这个意思。我当然愿意进入一个著名大学的平台，有志于在学术上有更多的作为。但我是一个有工作单位的人，有工作单位就意味着没有离开的自由，改革开放后虽有所松动，但调动仍是一个极为麻烦的事。我所在的河北大学，从我考上博士，一再强调我必须回去，这当然是可以理解的。我对先生说，先申报博士后，缓冲一下，看以后有无机会。我申报了中国社会科学院经济研究所，经过董志凯先生的努力，经研所人事处给我发了博士后录取通知书，这是经济所第一次招收经济史博士后。但经济所要求人事档案转至社科院，我找当时的校领导，领导说没有任何可能性，于是进社科院的机会化为泡影。我又申请复旦大学，高校没有调档的要求，合作导师姜义华先生给予了厚爱，我顺利进入复旦历史学博士后流动站。在此期间，南开历史系主任张国刚先生曾与我联系，希望我出站后回南开工作。2001年7月出站，复旦历史系主任吴景平先生也问我有无留校的想法，我当然愿意，复旦和上海都是令人欣赏的地方。但此时，河大换了一茬新的领导，更是动员我回去工作，我知道反正也不放人，先回去再说。

2002年8月，南开历史学院李治安院长与我沟通，中国现代史教研室的确需要人，还是希望我来南开。我向魏先生做了汇报，他认为越早出来越有利于学术的发展。关键是南开大学允许重建人事档案，这就突破了原单位的人事限制，不放人也无所谓，于是我下了离开的决心，在天津寻找并确定了购房的小区。2003年3月，我来南开报到，付了购房首期款。当一切停当之后，我向河北大学领导通告此事，校领导非常着急，校长带领一行六人到南开谈判，当时河北省主管文教的副省长也做南开领导的工作。其实河大挽留我，还有一个重要原因，中国近现代史学科申报博士点多年，未能成功，原来的带头人年龄较大，改由我主持申报，如果我离开，就等于放弃了。这让我觉得，如果因我而不能申报博士点，不仁不义，“罪”莫大焉，和我的处世之道是不符的。何况，我离开河大并不是因为有什么不愉快，我在河大读书和工作了近20年，已有深厚的感情。然而，不来南开，又觉得对不住南开的厚爱，我陷入进退两难的痛苦之中。比较之下，我最后偏向回河大申报博士点，毕竟南开实力强大，缺我一人也没什么关系。我向魏先生做了汇报，他理解我的苦衷，感到很惋惜。

就在我回到河大，心情刚刚平静时，吴景平主任和我联系，问我南开之事是否结束，如果结束，仍可考虑去复旦。我的博士后导师姜义华先生也认为应该到复旦、到上海，更有利于个人学术发展，也有利于孩子的成长。吴老师问我爱人的工作安排有何想法，我说她最好到学报做编辑。经过沟通，《复旦学报》正好需要一个年轻一点的历史编辑，我爱人去了一趟复旦，面见学报主编黄颂杰先生，给黄老师的印象很好，说马上可以上班。和复旦沟通的事，我没和魏先生讲过，说老实话，由于曾经的一段经历，我没想再来南开了。但去复旦的信息很快传到南开，先明老师打电话给我，说学院领导仍希望我来南开。就在此时，魏先生起了关键作用，他给我下了死命令，大意是如在河大不动则作罢，如果离开，必须来南开，不容有其他选择，你不能给南开增加对手。在我的记忆中，先生从未以如此严厉的口气和我讲过话。我再一次陷入左右为难的境地。

应该说，我和先生已经结下深厚的感情，很难违背他的命令。加之，我有浓厚的“仁义”观念，对2003年没来南开还是有一些心结，现在既然南开还想引进我，我就想通过再来南开的行动，证明我当时的选择不是假的。其实，多少有点赌气的意思。我向吴老师做解释，找理由，其实再多的解释也是苍白的，我只能表示抱歉了。2005年底，我主持申报中国近现代史博士点成功，几乎没有停留就来到南开了。我现在讲述这段故事，是想说明，如果不是魏先生的坚持，我不可能成为南开的一员，先生是一个特别热爱南开的老南开人！我也很感激他的坚持，让我成为南开的一分子。

五、和先生接触最多的日子

2006年初，来到南开任教，与魏先生有了更多直接请教、交流的机会。他2000年即已荣休，按说已进入自由的无欲无求的阶段，但似乎并非如此，他对学术研究越来越急迫，甚至越来越焦虑，总认为太多的题目没有做，而且只有他自己才能完成。从知网统计，先生自1950年代初以来共发表148篇文章，2000年以后89篇，占总数的60%，说明更多的文章是荣休后发表的。他多次讲到，不明白为什么有的教授退休后就完全告别学术，不再发表文章了。我半开玩笑地说，不能拿自己的标准要求别人，没必要整齐划一，每个人都有自己的生活方式，带带孙子孙女也未尝不是对家庭、对社会的贡献。尽管他也同意这一看法，但仍说将一辈子从事的事情轻易放下总有点不可理解，其实我对他的不解是认同的。师母王黎说，曾有几天把《申报》藏在床底下，不让他看到，先生找不到，发了一通火，师母不得不又拿出来。先生发火的背后，有着多么强烈的学术执着，我们作为晚辈又有什么理由懈怠呢！

我每次和先生见面，他对我叮嘱最多的是，不要当官，一定要心无旁骛，以高质量的成果确立自己的学术地位。我笑说，这一点尽可放心，如果我有一丝当官的念头，就不会离开原单位，否则我早就是校领导了。他很少谈家长里短，几乎都是和学术有关的问题。他回顾他读书和治学的历程，回忆和学界名人的交往，评论当下学术风气，表达自己对历史问题的看法；他问我中国史学界尤其是中国近现代史学界有何新的动向；我近期参加过什么学术研讨会，哪些有影响的学者去了，有什么新的看法；我最近在读什么书，有哪本值得推荐，等等。我觉得，这一时期他的思想更加开放，有的文章讲了一些别人不一定敢讲的话，流播海内外，影响极大，达到个人思想认识的高峰。

他一有新的想法，或做什么题目，总会叫我过去讨论。以《中国现代史研究的热点与走势》一文为例，该文发表于《河北学刊》2007年第3期。先生还没选题时就与我讲，日本中国现代史学会会长野泽丰向他约稿，他想将这篇文章同时在中国期刊发表。在选题时，我们讨论过几次，最后决定对近些年中国现代史研究的热点和未来发展趋势做一回顾和展望。撰写过程中，对文章所探讨的几个方面又进行过交流。我向《河北学刊》主编王维国先生推荐了魏先生这篇文章。文章发表后，被《新华文摘》2007年第16期转载，标题还登在封面上，在中国现代史学界产生了较大反响。能为先生的研究做一些服务工作，我感到十分荣幸！

回顾和先生交往的过程，让我受益最多的，似乎不是他哪篇文章，哪一本书，而是他的“锲斋”精神、自由精神，精神的力量是无穷的。我每有成果发表，他都给予了许多赞许，希望我继续努力。当他知道我入选长江学者时，他更是不吝赞美之词，不过仍提醒我，到了现在这个地步，应对自己有更高的要求，不仅是为自己，更要为中国史学的发展做出贡献。我明白，这一期望已经超越了个人，目标更为高远，我会牢记先生这一嘱托，丝毫不敢松懈。

先生远去另一个世界，再也没有机会到他跟前说话了，但心里的念想永远不会散去。给人鼓舞和信心的“锲斋”精神，永存！

李金铮，1996—1999年南开大学博士生在学，获博士学位。现为南开大学历史学院教授，教育部长江学者特聘教授。

追忆先生畅谈中国现代史发展道路的点点滴滴

岳谦厚

“有的人活着，他已经死了；有的人死了，他还活着！”吾师魏宏运先生显然当之无愧地属于后者。

娱乐界有“饭圈”，权力场有“某某会”，学术界有“某某学派”，而魏师及其学系几代子弟却从未放弃过建立一个具有“中国特色”“中国风格”“中国气派”的学术共同体的“大同”目标追求，破毁了“学术有圈子”“学术有山头”的怪态。

先生是推动中国现代史由“课程”向“学科”转变的举足轻重的著名史学家，毕生除从事过短暂的古史研究外，余则始终致力于中国现代史的学科建设和科学研究，故有“中国现代史研究奠基者”的美誉。其研究领域广阔、视野宽远、成果显赫，誉满中外；学术思想丰富，“道德文章”高尚，桃李遍天下。从年龄、社会阅历和学术资历观之，他可以说既是中国现代历史发展的亲历者和见证者，又是中国现代史学科的缔造者和建设者，更是中国现代史研究的奠基者和集大成者。作为这样一个“两栖”人物，最有资格对中国现代史学科或中国现代史研究的发展历程及其道路作出权威性品评。适值先生仙逝百天之际，谨将20年前与之就中国现代史发展道路问题的数次学术谈话剪辑于此，以使其崇高的学术精神与丰富的学术思想传之千秋。

问：先生，您好！我们知道中国现代史是二十世纪七十年代末或八十年代初才真正从中共党史或中国革命史学科中正式分离出来而成为一门独立的年轻学科，其快速发展或开始出现繁荣局面至今还不到30年，而恩师您恰恰正是中国现代史学科体系最早的构建者之一，因为1949年以来国内第一部高等学校中国现代史教科书或第一部以“中国现代史”命名的中国现代社会发展的综合性研究著作即《中国现代史稿》就是您主编的。换言之，中国现代史研究在近30年的快速发展中，您既是积极的建设者，亦是主动的参与者，更是见证者；而且，以您的人生里程和学术阅历来看，您本身就是一部浓缩的中国现代史或中国现代学术史。故可以毫不夸张地说，中国现代史学界谈到本学科的建设与发展绝不会不谈到您，而谈到您就会联想到中国现代史的研究和发展，这很显然是一种互向关系。基于此，我想知道您选择这一领域或产生将“现代史”从中共党史或中国革命史中剥离出来的初始想法，以及有关中国现代史研究的早期情形。

答：小岳好！你提出的一些有关我本人的论断或评价实在不敢当，但作为一名史学研究者，我确实自始至终参与了中国现代史学科的建设与发展过程，可以说这种努力至今没有停歇过。实际上，我选择将中国现代史作为自己的研究领域或专业取向乃至开始构建该门学科体系的努力，是经历了一个思想反复斗争过程的，以致曾一度徘徊于中国古史与现代史研究之间。因为，当时社会上甚或史学界流行着一种非常普遍的观念，即现代史研究不是学问而是政治或时事新闻，“历史”应该是早已发生的“故事”，历史研究就是要弄清楚那些“故事”发生发展的来龙去脉。尽管我早年的革命生涯已经滋长了自己研究中国现代史的志趣，但要一下子完全摆脱那种观念的束缚还是相当困难的，有关这方面的叙述我在接受《人物》等杂志采访时已作阐述，阅读一下相关报道即可知之。

不过，反过来说，学问是一种兴趣，亦是一种价值。由于每个人的兴趣和价值观不同，从而决定了追求学问的志趣和实现人生价值的路径各异。不可否认，人生的各种选择要受到外部诸多因素干扰，但内心深处培植成的那种志趣似乎很难改变，总会通过不同的形式或在适当的场合进行表达。同时，我个人的经历亦使我有充分的资格来表现自己的兴趣、实现自己的价值，将中国现代史上发生的某些事实比较客观地书写下来，或者说以我的亲身经历来研究中国现代史应该说是非常可取的。所以，尽管经历了一个矛盾的过程，我最终还是决定去努力将“中国现代史”作为一门独立的课程“塞进”大学讲堂。进一步说，研究中国现代史既需勇气和胆识，又需审慎和严谨的态度，并以科学的研究方法或“求真”的精神去从事。

中国现代史是一门年轻的学科，它是随中华人民共和国的成长而成长起来的，像近60年来新中国经历过的曲折道路一样，中国现代史的研究亦经历了一个艰难曲折的路程，“文革”前与“文革”后有着相当大的差别。“文革”前的中国现代史与其说是一门学科，倒不如说至多是一个课程或学科名称而已，因为那时的研究内容或研究面很窄，研究视野仍处于中共党史和革命史的架构下，各院校所使用的教材都是党史或革命史的，讲授内容亦完全如此。中国现代史研究的繁荣时期是从二十世纪八十年代才出现的。具体来说，1956年教育部召集有关专家在制定高等院校教学大纲时就将中国现代史作为通史的一部分独立出来了。同时，还确定它的上下时限为1919年五四运动到1949年中华人民共和国成立，“中国现代史”这一名称亦从此为人们所接受并广泛采用，但各高校课程仍多讲中共党史和中国革命史，并以何干之的《中国现代革命史》、胡华的《中国革命史讲义》为教材。1959年高校文科教材会议之后，由许多院校集体编写、李新等主编的《中国新民主主义通史》问世，该书仍沿用革命史名称，只在体例、结构和内容上具有了现代史的性质。就整个五六十年代言之，中国现代史研究基本侧重于中共党史、革命史和帝国主义经济侵略等有限的领域。之所以处于这样的状态，有主客观两方面的因素。中国革命胜利后，研究者出于对革命的热爱，倾注心血，撰写革命书籍和文章，这是必然的，应该加以肯定。但另一方面，“左”的思潮亦的确束缚了人们的思想，影响了人们观察历史的方式。现代史在那时被认为是最敏感的学科，研究者根本不敢将研究课题伸向更广阔的领域，禁区太多，稍一涉足，便有遭诬陷和不测的可能。因此，学者多绕道行走，思想方法上的简单化、公式化的出现亦造成研究领域的真空地带。及至林彪、“四人帮”横行时期，实行残酷的文化专制，社会科学的任何发展都中断了，而丰富的现代史则只剩下几次路线斗争史。直至十一届三中全会召开之后，中国现代史研究才逐渐活跃起来，并随着改革开放政策的贯彻和走向深入而伸展到各个领域，进而出现繁荣局面。期间，最早以“中国现代史”名称出版的关于中国现代社会发展的综合性研究著作就是我主编的《中国现代史稿》，接下来是黄元起主编的、由河南人民出版社于1982年出版的《中国现代史》，再下来是北京师范大学中国现代史教研室主编的、由该校出版社于1983年出版的《中国现代史》，第四本是东北师范大学王维礼主编的、由辽宁人民出版社于1984年出版的同名著作，以后到1987年前后又相继出现四种版本，再以后就更多了，大概像你们年轻的学者都知道！

问：先生在中国现代史研究领域涉及面很广，从中国现代史上重要人物的研究到重大事件的研究，从华北抗日根据地史的研究到华北农村社会经济的研究，从中国现代史课程的开设到中国现代史学科体系的构建，凡此种种，均有开创之功。所以，我想请您着重谈谈当时从事华北抗日根据地史和华北乡村史研究的主要意图或学术动机，以及今后研究者该如何进一步深化并向我们提出一些具体努力的方向。

答：我研究华北抗日根据地史大致起于二十世纪八十年代初。这既可以看成是我早些时候从事抗日战争史研究的一种深化或拓展，亦可以说具有某些偶然性。为什么说有些偶然呢？1979年，我参加闽西革命根据地学术研讨会时正好遇见财政部科研所副所长星光，从他那里得悉财政部拟斥资研究和出版华北抗日根据地财政经济史，需要整合一批科研骨干共同来做。我当时格外高兴，欣然答应参与这一课题的研究。于是，在财政部支持下，我联合河北大学、山西大学多位同仁分赴河北、山西、山东、河南等省，并与当地财政厅和档案馆合作，先从收集资料入手，对浩瀚如烟的根据地资料进行整理归纳。这个过程历时8年，期间先后主编出版了《抗日战争时期晋察冀边区财政经济史资料选编》《抗日战争时期晋冀鲁豫边区财政经济史资料选编》两部约700万字的大型资料集。该成果成为国内外研究抗日根据地史或中共党史的必备工具书，属于我国抗日战争时期及中国共产党早期最重要的经济文献资料汇编之一。

在资料收集和分类整理的基础上，我开始以华北抗日根据地经济史为研究抓手，逐步推进到对华北抗日根据地的整体研究，进而展开对中国抗日战争史的多层面多角度研究。自1984年开始，陆续发表《论华北抗日根据地繁荣经济的道路》《抗战第一年的华北农民》《太行山和中国革命的胜利》《抗战初期中国人口大迁移》《重视抗战时期金融史的研究》等系列论文，出版了《晋察冀抗日根据地财政经济史稿》《华北抗日根据地史》等著作，在海内外反响不错。为推动抗日根据地史研究向更高更深更广的层次发展，我先后于1984年8月和1991年8月在南开大学主持召开了两届“中国抗日根据地国际学术研讨会”，来自美、英、法、澳、加、荷、日、韩等国家以及中国台湾地区和大陆的近百名学者分别与会，就中国抗日战争与抗日根据地的诸多问题进行了广泛学术交流，《光明日报》等重要媒体都进行了专题报道。会后出版的两册论文集，又被国内外学者誉为“中国抗日战争史研究的最新进展和最好水平的体现”。我本人亦由此被称为“中国抗日根据地史研究的‘大家’”，南开大学历史系则被称为“中国抗日根据地史研究的中心”。之后，前来访问和交流的国内外学者络绎不绝，抗日根据地史研究似乎一时成为中国近现代史研究领域中的“显学”。

反过来说，大力开展抗日根据地史研究非常必要且十分有意义。因为，新中国是在人民革命胜利的基础上建立起来的，而中国革命经历过许多曲折和挫折，只是到了抗日战争时期才得到了良好的契机并由此迅猛地发展起来。抗战全面爆发后，毛泽东及中国共产党人与中国国民党捐弃前嫌，将中国工农红军改编为国民革命军第八路军，由陕北开赴华北抗日前线，并以吕梁山、太行山等山系为基地为依托，发动全面的游击战争，不仅将日本侵略军赶出华北、赶出全中国，还进而以此为大本营取得了中国革命的最后胜利。所以，总结其中的因果关系或寻找影响这种历史发展进程的各要素之间的内在关联，正是我们中国现代史研究者的一个重要使命。

至于华北乡村史的研究，我认为中国革命的胜利从根本上讲就是中国共产党赢得了占总人口90%以上的农民支持的结果。而且，如前所述，抗日战争时期是中国革命的一个转折时期，中国共产党及其领导的八路军正是从陕北出发，经在山西建立抗日根据地和实施战略展开，尔后又以此为前进基地迅速推向全华北乃至全中国。华北地位如此重要，自然成为我关注的焦点。再说，社会是一有机体，包含着诸多内容，各部分内容又是相互关联的，有人从地理环境中去研究，有人从政党与社会变迁中去研究，有人从人口方面去研究，有人从乡村结构变化中去研究，有人从宗教信仰和风俗习惯上去研究，等等。历史学者总是将社会发展和进步过程中具有重要性的问题拿来探讨。同时，中国的立国之本是农业，农村问题历来是关系中国社会全局的根本性问题，国家的兴衰存续，社会的发展变动均与农村休戚相关，从历代封建王朝到国民党政府再到共产党执政，无不致力于农业的发展和农村的进步。中国共产党之所以能够战胜国民党就是掌握了当时农村问题解决的主动权和发言权，并通过革命的方式改变了原有的农村社会经济结构，使农村社会发生了翻天覆地的变化。中华人民共和国成立之后，经过多年社会主义实践，既取得了巨大成绩又发生了诸多失误。1978年国家实行改革开放政策，各个领域都出现了史无前例的变化，农村面目亦日新月异，向小康社会迈进。诸如此类的因素，都是促使我将研究重心放在华北地区并将视野转向华北乡村社会的基本动力，目的在于从区域出发来观察当时中国农村社会究竟是一种什么样的存在状态？其基本结构如何且这种结构在近代以来特别是民国时期是否发生过变化，又是哪些元素促成了这种变化或哪些元素迟滞了它的变化？亦在于厘清农民应对国家历代政权以及外来入侵者的动机、愿望、行为及其所作所为，搞清楚农民为什么会选择中国共产党以及中国共产党是如何将农民发动起来的深层原因，等等。基于这样的研究目的和怀着这样的问题意识，我于1986年申请了国家“七五”社会科学规划重点课题

“三四十年代华北农村社会调查与研究”，带领课题组人员深入华北各地农村进行调查访问，搜集了大量第一手的鲜活资料和民间文献资料，在此基础上撰写出版了《二十世纪三四十年代冀东农村社会调查与研究》一书，内容涉及农村基层政权演变、农作物生产及农具和农业技术改良、城镇商业和农村集市、宗族和乡土文化等。从1990年开始，与日本一桥大学三谷孝教授等人组成中日华北农村联合调查团，对二十世纪前半期原“满洲铁路株式会社”所从事过的调查进行追踪回访，最终成果以中日两种文字出版。1996年又承担了国家社会科学“九五”规划重点课题“太行山区社会调查与研究”，随后出版《二十世纪三四十年代太行山区社会调查与研究》一书，从一个新的高度再现了太行山区在日本入侵和中共革命下所发生的一切变化。总的来说，历史学是一门综合学科，传统的政治史无法揭示历史发展的全貌，社会史则能够补充这个缺陷，使历史变成了有血有肉的历史以及富有时空意义的历史。

最后要指出的是，区域史是一个不错的研究视角，社会史是一种很好的方法论，以此视角和方法去指导中国现代史的研究大有可为，对于乡村史的研究尤为如此。然而，有一点需要注意，即“区域”只是观察历史现象的一个视点，问题的终结点则在于“整体”，或者说如何从“区域”出发而后回到“整体”才是历史研究的终极目标。因为，历史研究的基本价值在某种意义上讲就是寻找人类社会演变过程中“共性”的东西，这种“共性”的东西实际就是通常所言的“规律”，而“规律”不仅不以人的意志为转移且是人类无法抗拒的。若从传统史学研究的功能意义上讲，“规律”又可理解为“历史经验”，而这种“经验”正是历代统治者和历代政权用来“资治通鉴”的。

问：先生您一直对弟子们讲，历史学的本质或史学工作者最基本的素养是“求真求实求是”，即尊重历史、尊重历史的客观性，学术成果要建立在充分且可靠的资料基础上。这一点无人不赞成，而且我作为您的学生一直按照恩师教诲在努力这样做。同时，我特别注意到，您在学术研究过程中除注重档案、田野调查等原始资料外，还十分强调对报刊资料尤其报纸资料的发掘和利用。这一点我亦非常认同。人们都知道报纸是中国近代以来才有的一种重要资源，亦是中国近现代史研究者的一种独享待遇。然而，问题是报纸作为一种舆论媒介，其本身至少要受两个方面因素制约，一方面它要考虑发行量或经济效益，另一方面可能会受官方或政治因素影响。对于前者，为了保证发行量或经济效益，其更有可能或在相当多的情形下会采用一种迎合受众的新闻报道取向；对于后者，则为了保持自己在政治上的优越地位或与官方紧密联系而不可能同官方划清界限，甚至会成为官方在舆论上的代言者。换句话说，新闻报道尽管须遵循自由、真实、客观等一系列原则，但这似乎只是一种职业道德追求，实际往往并非如此，假新闻、片面性报道屡见不鲜。所以，我觉得发掘和利用报纸资料首先要看研究的课题是什么样的内容，其次还要分析报纸性质或报人办报宗旨及其思想主张乃至政治立场，如不加分析地一概拿来利用似不可取。

近代以来，由于报纸、广播、电视、网络等大众传媒事业的发展，不仅使人们交往方式发生变化、交往范围得到扩大、社会动员能力无限增强，亦使社会中的利益集团包括国家完全有能力通过这些途径将自己意志或主张整合成一种社会舆论去引导乃至误导受众，特别是近代国家在这方面表现尤甚。由此看来，在中国近现代史尤其中国现当代史研究中，绝不能忽视舆论传媒对史学研究者在立论和判断方面的干扰作用，主流舆论不一定就是历史事实，非主流舆论则不一定不是历史事实。根据历史学“求真求实”的准则，史学工作者的任务就是要仔细厘清“表达性事实”与“客观性事实”之间的关系，特别是官方或某个利益集团表达与历史事实之间的关系。官方或利益集团总是借助于传媒工具将自己意志推销给大众，甚至通过舆论鼓噪将本来不存在的“事件”和“过程”转化成公众认同的或接受的“事实”。所以，报纸在史学研究中是一种很重要的资源，但研究者在利用时绝不能受其主导而将它所宣传或报道的“事实”完全视为“客观性事实”，甄别是必要的。

答：确实如此！收集、整理和鉴别史料是学术研究的基础，而如何处理和运用好史料则又是史学工作者最基本的要求。报纸的特点是明确的，既有及时性的特点，又有媒体效应或“轰动性”效应的特点，后者决定了它的报道有时是失实的或片面的，这就要求研究者在利用时一定持审慎态度，要与其他资料互证，而不能简单化地仅据该项资料作出判断。另外，我完全同意你刚才的一个论点，即在中国现当代史研究中一定要关注官方表达与历史事实之间以及舆论传媒与历史事实之间的关系，进一步挖掘它们之间的差异及其发生差异的原因以及主体方的动机和行为，这亦是史学的本质所决定的。

问：随着学术环境的改善，如大量档案资料的整理公布，以及学术的相对自由和国内外学术交流的活跃，中国现代史研究已取得前所未有的成就。不过，这并不等于说研究过程中不存在问题。在先生您看来目前主要存在哪些问题，问题生成的原因何在？

答：中国现代史研究在近30年里成果辉煌，学术人口不知已经翻了多少番，每年均有成百成千种著作问世和数以千计的论文发表，各种专题的学术研讨会目不暇接。据有人在二十世纪九十年代中期估测，从事中国现代史研究的各类人员至少在50万人以上，这个数字不一定准确，但它说明中国现代史研究确实呈现出一种高度繁荣的景象。

这与我当时选择现代史作为自己研究方向的境况相比，简直是天壤之别！近年来，档案文献层出不穷，研究视角新颖多样，研究领域丰富宽广，学人们依据个人志趣选择题材从不同的角度开展研究，形成“百花齐放，百家争鸣”的新气象。这些课题有的是根据全国哲学社会科学规划选题指南确定的，有的是依据地方社会发展需要拟定的，有的则是出于学人个人兴趣而自行确定的。我曾担任国家哲学社会科学规划组成员整整20年，深切体会到这一组织在推动社会科学发展和繁荣方面所起的巨大作用。尤其国家有关繁荣哲学社会科学文件的出台和研究经费投入力度的增大，以及各地方政府均采取了相应措施，这种推动作用就更加彰显了。在如此学术环境下，学人们立足于新时代，以新思维新方法新史料去认识历史、解读历史，过去许多模糊不清或纠缠不清的历史事实开始慢慢得到澄清，许多被误读的历史开始慢慢得到纠正。这是史学进步的标志，亦是史学走向繁荣的象征。总的来说，历史在不断前进，事物在不断发展，学术在不断进步，各个时代的学人都是以自己所处时代的眼光去观察、分析和评价客观事物，这是一个学术规律，没有人能够阻止它、改变它。

然而，学术研究绝非易事，要有不断适应时代发展的思维取向，要有不断接受新事物的宽阔胸襟，要有持久的心性耐力，更要有科学探索的精神，同时还要有良好的个人修养。这些要素都是不可或缺的。现在的年轻人，甚至还有部分似乎已学有所成的中年学者，往往急功近利，不去认真读书，或东拼西凑，或干脆抄袭别人的研究成果为自己所有。近年来，屡见不鲜的抄袭事件对学界震动颇大，以致教育部和国家科协先后出台有关“学术不端”行为的认定及处置办法，这对于学术界是非常不幸的，亦是一种十分无奈的选择。中国有一古训叫“道德文章”，意思就是作文与做人的道理是相通的。将一个本属道德层面的行为规范提升到具有行政甚至立法性质的高度或非行政和司法力量介入不得解决的层面，这意味着问题已相当严重相当普遍。我既为前面所谈到的成就感到高兴，又为这种局面的出现感到担忧。说到这里，我顺便将不知从哪里看到的一种说法讲出来，让人们好好体会一下其中的意义：西人五年写一本书，国人现在一年写五本书。这种抨击是何等尖锐！你们说这样的著书速度除剪刀加糨糊外还能有别的途径？这样的做法除粗制滥造外还能生产出精品？这对学术事业能有好处吗？

问题远不止于此。新时代的年轻人有新思想，容易接受新鲜事物，但国学基础薄弱，对传统文化知之肤浅，读了一些有关近现代中国研究的“洋书”或西人著作就一味地追求或套用西方新概念新名词，以其思维范式或各种假设来验证乃至推断中国现代历史的发展进程。我不能简单地说这些概念、假设对研究中国问题没有借鉴意义或者说作为一种分析工具没有价值，但中国自己特有的国情和民族长期修成的优秀学术传统或学术风格则需兼顾。例如，中国传统的考证方法在现代史研究中仍然行之有效。而西方的现代化理论家在有关现代化发展道路上的“工业化”和“资本主义”的假设似乎就对中国的现代化研究很难适用，因为中国走向现代化的过程既非基于“工业化”亦非基于“资本主义”的发展，实际上是中国社会内部自身演变的结果，这已为最近的许多国内外研究者所证明。换言之，世界各国的发展不是千篇一律的而是多线性的，如简单地套用一种模式，其结果必与现实相距甚远。所以，将西方的经历等同于中国的经历或者完全使用西方的整套概念、模式来检验中国的做法是片面的，甚至是错误的。退一步说，就是在采借西方概念、体系与理论时，亦须考虑融入非西方化理念，并树立一种“本土化”意识。学术如此，中国现代历史发展的实践亦如此，中国共产党人早期机械性地运用马克思主义来指导中国革命或简单移植苏联经验从事社会主义现代化建设的惨痛教训就是很典型的例证。

同时，历史研究与其他学科有所不同，需要有厚重的知识积累、敏锐的问题意识、健全的逻辑思维、深厚的文学素养，要想将这些“功夫”修炼到家没有几十年不行，试图“一夜成名”的思想应彻底抛弃。有人写了一本书，发表了几篇文章，就觉得自己了不起，用一切手段去包装自己，进而达到抬高身价的目的。这只能蒙蔽一时，不可能奏效一世。我讲这些话的目的是希望年轻人摒弃急功近利的学术浮躁思想，脚踏实地、务真求实地从修炼内功做起。只有这样，中国现代史学界才会出现“学贯中西、通古知今”的中青年俊彦。

问：您讲到的各种学术不端现象实际在当前学界很普遍，亦挖掘了不少很重要的原因。但问题的症结究竟在哪里？是完全归结于研究者急功近利或浮躁的思想行为乃至学术品质的畸变，抑或是不健全的学术体制生成了这样的结果？

答：我实际早就注意到了这个问题，亦在不断呼吁改变这种学术评价体制，要么中国学术发展的前途令人堪忧！但无论怎么说，学术道德和学术品质是个人修养的问题，是个人学养的体现，良好的学术机制需要忠实的学人去推动去建设。不管什么样的一种因果关系，其不一定就是一成不变的，在适宜的条件下可以相互转化。再说，若将学界目前存在的问题反过来一概归结于体制因素亦是片面的，年轻人中存在浮躁思想不是中国今天才有的，古今中外历来都有。换句话说，体制存在问题，许多学人自身亦有问题，学术不端行为并未发生于每个人身上，而体制则是一个常量！所以，体制无疑需改变需完善，而学人更要严以律己。作为学术研究的长者，我坚持认为律他先律己，作文先从修身做起。

问：我最近翻阅您的《锲斋别录》，对收入文集的一篇文章即《中国现代史研究大有可为》仔细研读，启示颇深！文中有这样一段话："研究现代史不能保持纯客观的态度，总要爱憎分明，歌颂进步的，批判保守的和反动的，发挥历史学科的战斗作用。当然不论是歌颂还是批判，都要实事求是，尊重历史，让历史事实说话。这是一个严肃的历史研究者应遵守的准则。随意杜撰，歪曲了历史的本来面目，后人总是要将其从历史资料中割除出去。"这里面有两个关键性的判断，第一个是"研究现代史不能保持纯客观的态度，总要爱憎分明"，第二个是"都要实事求是，尊重历史，让历史事实说话"。既然一个历史研究者有了自己的"爱憎"和"好恶"，那他又怎么能够做到"实事求是"和"尊重历史"？换言之，"实事求是"和"尊重历史"的基本内涵就是"客观"，而"客观"就要求研究者不能有个人感情色彩！

答：我在那篇文章中的说法其实不矛盾！之所以如此说，本旨在于强调历史研究绝不能像哲学家那样依靠推论、思辨和假设，更不能像文学家那样依靠灵感、想象和虚构，而要通过对浩如烟海的史料的爬梳分析，上升为理论并成为有条理的思想，随后还要检验这种思想是否合乎情理、能否经得起历史考验。比如说，近年有些论作在探讨二十世纪三十年代蒋介石"安内攘外政策"和"不抵抗政策"时反复强调该政策的合理性，其立论依据是中国太弱而无法抗拒日本暴力，须等到国内平静了、力量充实了再抗战。这种论调实际上就是重复蒋介石当时讲的话，你们说这亦算研究历史？这亦算“新论”？历史研究是要去结合历史实际考察的。日本会允许中国积蓄力量吗？反过来，即使中国能增加一些力量，而日本因占有中国更多资源，其力量不是增加得更迅速吗？这是普通常识，这就是历史实际！历史研究应冷峻清醒地审视历史，振奋民族意识和民族精神，不应为承担罪责者开脱罪责，应以批判的态度作出公正的判断或有历史深度的回答。

再一层意思是，历史研究并非向社会提供一大堆无头绪的史料，而是当资料收集到一定程度后就应进行比较和分析，去伪存真，去粗取精，判断出原始资料的代表性与可靠性，绝不可以纯客观地照搬过来。历史呈现在人们面前的是相互关联、相互影响而又交织在一起的事物，那么，史料所反映的内容亦必然是错综复杂的。审视史料时，要精细地考察，周详地考证。从某种意义上说，现代史比古代史更复杂，仅就政治势力来看，就相当地多，每一势力都有自己的喉舌和宣传工具，共产党的，国民党的，民主党派的，无党派的，地方实力派的，都应翻阅，其中必然有不确切的，使用时就需要排除出去。即使档案资料亦不能无批判地看待，同样要用求实的态度去处理。

问：先生您在同文中还讲到，衡量历史研究水平高低或价值大小的一个重要尺度是作者是否运用了独特的史料和可靠的史实。又说，历史研究不能完全局限于成文的典籍文献。您谈谈有关这方面的一些具体看法。

答：我认为对于一个史学研究者来说，发现史料确实是件相当重要的事，有时甚至可以说是头等大事。材料是客观存在的，但要发掘出来则须下大功夫，若再要加以新的解释则又须下更大的功夫！对于年轻人而言，练好内功的第一要务就是修炼史料的发现和收集能力，看你有没有这种历史眼光；其次才是发掘和解释能力，看你对历史现象有没有敏锐的洞察力；再次则是语言文字表述能力，看你能不能将那些独特且可靠的资料用准确优雅的语言表达出来并将自己的思想精确地融会其中；最后是检验能力，看你有无能力判断自己的研究结果是否合乎实际、合乎情理。

至于历史研究是否拘泥于成文典籍文献的问题，我认为：当研究者遇到无文字史料可据时就应将已证明是可靠的有价值的口头资料记录下来，以弥补史料不足。这是历史赋予现代史研究者的独特使命和有利条件。口头历史亦即口述历史的收集，有助于对研究的问题作出有历史深度的开掘。它之所以特别重要，是因为创造历史的人没有时间去书写历史。当然，亦有许多回忆录出版，但毕竟有限，此其一；旧中国岁月多半处于战争状态，兵荒马乱，许多资料毁于战争，此其二；在残酷的战争中，很多事实没有留下文字记载，此其三；人为销毁文字资料不在少数，此其四。基于这些因素，研究者要走出自己的书斋，走出大城市，到社会中去寻找知识，利用口头历史，进行资料积累。将没有记载过的东西载入史册，或使沉睡的史料重见天日，这是丰富祖国文化的事业。不过，口述历史的质量不等，有的显得支离破碎，甚至因记忆模糊，枝节上有出入，须要多方核对并加工整理才能使之精确无误。自己过去的经验告诉我，实地调查访问的做法确实是现代史研究者必修的一门课程，在研究中占有重要地位。许多事实证明，从事现代史的人须置身于现代史的回忆和一些不断的总结中，这比仅仅阅读几本书要深刻得多。不能认为读了几本现代史的书，就是懂了现代史。学海无涯，研究历史不仅要有广泛的一般知识，还要熟悉各个领域的一般知识。调查研究是扩大知识面的好方法，并且使人具有开拓性，可以得到第一手资料。有些问题，不通过调查，不看实际的例证，就不能理解。我就是在华北农村调查中扩大自己视野、丰富自己的知识。当时，我们一群人翻阅档案、报纸、县志和家谱等资料，倾听各方面人士的口述，才弄清了一个又一个的问题。通过这样的典型调查，可以领会人类文明是如何发展的，同样亦可以理解民族的凝聚力为什么那样坚挺有力。

研究现代史的一个难题是客观事物一时还不稳定，不好评判。这是实际情况。任何人都不能超越历史，只能在一定历史条件下认识客观世界，历史条件达到什么程度，人们的认识亦只能达到什么程度。而历史现象又极其复杂，常有迷雾。但今日的研究，总可以提供一些比较翔实和具体的材料，亦可以为后来人的研究铺平道路。

问：先生认为今后中国现代史应将研究视野放在一个什么样的高度去寻求新的突破，或以您的经验怎么才能推动中国现代史研究走向一个更高的层面?

答：我觉得我们今后的研究应将中国的现代历史放在世界的全球的大格局中进行考察，放在整个人类奔流不息的文明长河中去考察，并且应吸收外国学者研究中国的成果。旧中国是个半殖民地半封建国家，有不少资料在国外而不在国内，外国学者的著作有不少论述对我们有一定启发，可以丰富我们的史学思想。特别是关于外国列强侵华的资料，一定要设法到国外去找，不然你的研究结果很可能不会令人信服，甚至会被他人推翻。

同时，学术研究必须打“阵地战”“攻坚战”，“游击战”没有出路，成不了大气候，做不成大学问。年轻人一定要有稳定且持久的研究方向，要做到学有专门、学有专攻，要紧紧围绕一个领域甚至一个方向深入钻研到底，搞清楚一个方面的问题后再考虑另一个方面的问题，学问只有这样才能做大做深做强。此外，还需具有广博的知识，具有“瞻前顾后”和“左顾右盼”的视野，“瞻前顾后”就是要考虑历史发展的连续性或纵向联系，“左顾右盼”就是要考虑历史发展的横向联系，若不能兼顾这两个方面的联系，你的研究结果很可能就是“坐井观天”的结果。现代史中许多问题研究的还不深入甚至很肤浅，许多领域尚未研究，这些问题或领域都需要年轻学者今后去深化。

还要特别指出的是，人都是在用自己的世界观和人生观来书写历史，在历史研究领域中施展才能，发挥自己的见解。自己的见解是否正确，要经历时间的考验，谁亦不能超出自己所处时代给予自己的限制，但可以用新思想新史料不断补充和丰富自己的世界观，否则就要固步自封。同时，历史研究领域又是一片辽阔的天地，我们应该站在今天的时代，用现代的思想和认识对过去的历史给以批判的总结，把握住历史发展的轨迹，使中国现代史研究呈现出更加繁荣的新局面。

岳谦厚，1996—1999年南开大学博士生在学，获历史学博士学位。历任山西师范大学历史文化学院教授，山西大学近代中国研究所所长、教授，曾入选山西省“三晋学者”。现为南京大学历史学院教授。

视身如传舍　阅世似东流

——遥忆魏宏运先生

江　沛

2021年7月21日上午10时40分，著名史学家、南开大学荣誉教授魏宏运先生于家中溘然长逝，享年97岁。中国近现代史学科的开拓者、南开史学中兴的领航人和代表性人物之一，历经二十至二十一世纪百年的风雨际会，安然走入历史，留给家人、弟子、朋友无限的哀思。先生床边的书桌上，摊放着翻开的报刊和书籍，似乎在等待主人的再次阅读……

一、那时：历经风云际会

1925年1月，先生生于陕西长安县魏家寨李家窑，儿时家境贫寒，3岁丧母。父亲被迫从军。8岁，开始上村中私塾。9岁入父亲转业返乡后创办的魏镇启智小学。在转入西安师范附小插班时，因同学疏忽，误将其原名魏运新写成了魏宏运，他也将错就错，沿用至今。

1939年9月，先生入省立兴国中学。在班主任影响下，思想倾向革命。1943年考入兴国中学高中文科班。1944年，先生受教师李敷仁（中共党员）领导，开始以民盟身份展开工作。1945年春正式加入民主青年社（属于中共地下外围组织）。1946年8月考取北平辅仁大学历史系，参加“革命青年联盟”，多次组织游行示威。为躲避抓捕，1948年9月转入南开大学历史系，与蔡美彪（后为中国社会科学院学部委员、近代史研究所研究员）同室。同时加入冀察热城工部平津工委会天津支部，调查天津城防，转送进步学生进解放区。1949年天津解放后确定组织关系。1950年参与在南开教师中建立共产主义同情小组的活动。1950年1月与师母王黎结婚。1951年毕业留校任教。

从1951年起，先生在南开工作长达50年之久，1954年9月晋升讲师。1955年，首部专著《史可法》出版。1956年5月任校党委委员，同年开设中国现代史课程，应为中国高校此类课程的初创。1957年底任历史系党总支书记。

1966年“文化大革命”开始后，被列入南开大学“何娄黑帮”，直至1969年5月平反。“三结合”开始后，先生于1971年底任历史系主任。1978年彻底平反。1979年任天津中共党史学会首任会长。1980年参与筹备中国现代史学会后当选副会长。1980年主编的《中国现代史稿》及《中国现代史资料选编》（5卷本）出版，1983年参与全国哲社规划会议，后任哲社规划小组成员暨国家哲社基金评审专家。1984年，主持召开中国抗战史学界最早的国际研讨会“第一届抗日战争史国际学术研讨会”。1985年2月，当选国务院学位委员会第二届学科评议组成员。1992年7月受聘香港学术评审团评议专家。2000年10月退休后笔耕不辍。2011年被推举为中国现代史学会名誉会长。2012年，荣膺南开大学荣誉教授称号。2017年出版6卷本的《魏宏运文集》。直至92岁，仍在发表高质量的学术论文。

纵观先生一世，可谓革命与学术交织的一生，青年时代参加革命、中年时代经历运动、中老年才真正进入学术。面对时代的风云际会，那一代学人无法远离，有人做了时代弄潮儿，有人由此沉沦，有的人飘浮在潮流中并最终回归学术。先生应是后者。

二、那人：“两落三起”中的定力

如上所述，魏先生是早年参加革命后进入高校工作，总任文学院党总支书记、历史系主任、历史系党总支书记等职务。在那个时代，风气所致会令多数人身不由己，人性的自保也是潜意识。在反右运动中，先生毫不讳言曾经伤害过别人。[①]1958年8月，他被列入“拔白旗”行列，

① 《年谱》，《魏宏运文集》，天津人民出版社，2017，第60页。

1959年因偏“右”处于“半倒”状态。1960年，借调到天津历史研究所（一年后调回）。1965年9月，参加全系师生在河北盐山县的“四清”运动。1966年6月返校后即遭批斗，被定性为“何娄黑帮”分子，但他是贫农出身，无大的历史问题，多是讲业务、靠专家之类不合时宜的话，无大的政治问题，即使被一时打倒，仍可再起。先生成了历史系时倒时起、得以顶风而立的存在。这一切的发生，似乎是一种命运的循环，也是体现了那个时代的必然逻辑和复杂性。

与此同时，先生在以教育与学术规律发展历史学科的认识上，具有超强的定力。他曾经与郑天挺共同倡导全体教师，要过古汉语、外语“两关”，即“两座大山”。他也是醉心学术之人，曾因看书着迷被关在图书馆里无法离开。1958年，历史系因急需助教，先生慧眼识珠，拍板留下了大二本科生刘泽华，引起争议。1959年，先生极力推动，较早解放雷海宗并恢复其讲课资格。为雷海宗仗义执言的杨志玖、因激情发言招致批判的王玉哲，如无魏先生的庇护难以过关。除了过早去世的雷海宗之学术余脉外，刘泽华认为，南开史学的中兴，离不开郑天挺、吴廷璆、杨生茂和魏宏运四个核心人物，四人交替担任系领导，但魏先生是其中的“党代表”。四人在政治冲击下，无论如何摇摆，但均如“不倒翁”一样，始终有一个重心所在，即“中左路线”。[1]南炳文也一再强调，魏先生当时年龄最小，但作用最为关键，是南开史学的定海神针。1958年“学术大跃进”之时，先生反对低年级参与教材写作，强调教育自有规律，他也反对教师过火言论。为保证教学不受干扰，先生主持通过决议，在周一至周六上午时期段内，系里不安排任何会议，所有会议均安排在周六下午进行。“文革”时期，担任系主任的魏先生，即使被斥为“穿新鞋走老路”，仍坚持按历史学科特点办历史系。1975年4月，在朝阳农学院经验向全国推广之际，他明确表示“这一经验不适合于我们”。正是有了魏先生等人的坚持，除了1950年代末期、“文化大革命”初期两个极端时期外，南开史学没有过多折腾，没有对教师大规模“触及灵魂”，也没有难以调和的深刻矛盾。人和的局面，与80年代中后期南开史学的迅速崛起不无关联。

改革开放后，魏先生凭借其动乱年代的学术定力，一直潜心学术积累。1980年，先生主编的《中国现代史稿》在全国出版最早，被百余所高校采用为教材。在财政部财政科学研究所支持下，他积极整理晋察冀、晋冀鲁豫根据地的财经史料共800万字，出版专著《抗日战争与中国社会》，大大推动了华北根据地史研究的前行。1990—1998年止，他率南开团队与日本学者组成华北农村联合调查团，对华北六村

---

① 《序跋与回忆》，《刘泽华全集》，天津人民出版社，2019，第251页。

进行了系统的田野调查，口述资料汇编《二十世纪华北农村调查记录》4卷本，引起国际与国内学界的高度关注。直至92岁，他还发表了最后一篇高质量的学术论文。

一位同学后来在回忆南开史学的文章中称：他印象最深的是，在历史系资料室，时常看到秃顶但两边白发卷曲的魏先生，有如爱因斯坦般的风度。他拿着放大镜，在认真阅读着文献。他的身影一直是我努力读博的动力。

先生一生无什么爱好，读书写作几乎是他全部的人生内容。在非常态时期，他极力维持着一种学术与时代间的平衡。他的学术定力源于内心的兴趣，更来自人才、学术之于国家现代化发展影响至深的深刻认识。先生的经历提示我们，高等教育的历史始终是在时代背景下演进的，两者间的复杂关系不可忽视。如何智慧地把握学术与时代间的度，是他留下的一个值得深思的重要课题。

三、那线：串起南开的半个世纪

曾任南开大学党委书记、现为天津市社联党组书记的薛进文讲，南开各学科在全国有名的老先生很多，但极少有人如魏先生一样，以他的经历为红线能串连起南开半个世纪的发展和多个学科的历史。

先生是新中国成立前天津地下党的重要成员，为天津解放做出了贡献。毕业留校后参加筹备校共产主义同情小组，先后任文学院党总支书记、历史系书记和主任，又担任过校学术委员会委员、校务委员会委员。先生经历了五十年代南开的新生，参与了历次政治运动，保护了一批教师，既被批斗还要同时做好行政工作，尽力维护历史学科的发展并抽空从事学术研究。

1959年，先生与郑天挺先生采纳郑振铎、沈从文先生的意见，决定在历史系开设中国史、世界史、博物馆和中共党史4个专业。派相关教师赴北京学习，并经学校同意将马列教学部的中共党史、国际共运史教研室划归历史系进行统一建设，目的在于既分科深化，又尽力打通各学科间的疏离。一年后，博物馆和中共党史专业停办。但中国史、世界史两大专业的根基由此奠定。由此源头，历史系1980年在全国率先建立博物馆专业并招生，此后培养了大批文博人才，适应了国家文化事业发展的需求，声名卓著。

1964年，因国家战略需求，高教部决定在较有基础的南开历史系，建立美国史、日本史和拉美史三个研究室，分由杨生茂、吴廷璆、梁卓生三位先生负责。此后，三个研究室筚路蓝缕、逐步壮大，渐成三个方向的声势。日本研究室后来发展为日本研究所，更壮大为今天独立建制的日本研究院。以三个专业方向为基础的南开世界史学科，在二十世纪八十年代入选国家级重点学科，更在二十一世纪入选教育部世界一流学科建设规划名单。

招纳并保护人才是学科队伍建设的关键所在，魏先生对此极为敏感。1951年，先生本科毕业留校时，历史系只有10名教师、20名学生。自1952年起，郑天挺、雷海宗先生自北大、清华先后调至南开，历史系令人注目。魏先生时任文学院总支书记，他配合历史系、中文系，将周基堃先生调至历史系，充实美国史研究的力量，将张镜潭先生调到中文系。他专门写信邀请著名文学大家李何林先生到南开，邀请了明史专家谢国桢先生加盟南开，不经意间，南开历史系教师增至30余人，实力明显提升。

改革开放后他参与南开文科的规划。任全国哲学社会科学规划组和国务院学科评议组成员后，又常将最新的信息传递回来，在学科建设中具体加以落实。

1981年，经先生与国家旅游局协调并经校方批准，历史系正式成立旅游专业。围绕这一专业设置的反对意见不少，认为旅游不是学术，不宜兴办。时任副校长滕维藻出身经济学，深知未来经济发展后国家及社会需求的变动，力主提前布局。此后，国家旅游局资助建立一座教学楼，旅游专业两年后独立建制，直到成为今天在国内外享有盛名的旅游与服务学院，培养了大批旅游业人才。

回想二十世纪后半叶南开一些学科建设的举措，颇有敢于创新并为天下先的气度，也是那个改革开放时代大潮并立、百舸争流的真实写照。魏先生参与其中，既为南开史学的中兴充当领航人，开拓出中国史、世界史学科的发展路径，从史学分化出若干学科，更如一条红线串连起南开文科半个世纪的发展史。

四、那课：天马行空、引人入胜

先生那一代人，没有经过教育学的训练，全凭自己摸索，课程建设受多方因素影响，不成体系，课程常变，上课内容也全凭教师安排。然而几乎所有成名的学者，都会怀念恩师的启发和教育，说起他们上课时的风采常会眉飞色舞，记忆犹新，如在昨日。在今天高校的规范教学体系中，这样的上课方式已难以见到，教师难以自由发挥，不少学生也深感无趣。何以如此，值得深思。

令人惊异的是，魏先生讲课从来不带讲稿。事先反复备课，用心铭记，梳理逻辑后，他会形成自己的授课思路，也不断锻炼自己的口才。六十年代，这成为批判他授课“十大错误”的罪名之一。

1986年9月我开始跟随先生攻读硕士学位，曾经有幸听先生授课。他说，系统的知识要自己找相关书籍阅读，课上没有时间细讲。他上课内容主要有四，一是介绍相关的学术史，中国近现代史领域有哪些重要史料、哪些档案馆里存放着什么样的档案；二是有哪些重要学者及科研机构，一些名著的主要内容及特点是什么？主要科研机构的主要特色是什么？三是学术研究的现状介绍，最新召开了什么学术会议？尽力介绍最新的信息。海外有什么样的进展也常常讲到。四是讲不同观点，然后就逗一些爱发言的学生挑起话题，再引发争论。年轻气盛的我，有时会忘乎所以地与先生争执，直至先生面露不悦。先生似乎并不在意这些，也从未“打击报复”我们。

刚开始时，我并不适应先生的讲课，总觉得每次课程的内容都不一样，前后不连贯，授课不系统，不能学到扎实知识。后来逐渐发现，先生除了帮我们打下史料基础外，还着重启发学生的思辨能力，或许这些东西才是你能否站得高、看得远、走得长的根本所在。读博期间就开始很享受先生的授课，并由此积累起一定的理论素养，学会了纵横古今、联通东西的思维方式。

当时，先生授课时也有规范和严格之时。他在辅仁大学读过书，有较好的英文底子，对外语学习极其严格，要求每一位学生都要当场诵读，并进行点评。批评起我们的“河南英语”口音时，常让我们极为尴尬。然而也由此种下了努力学好外语的意识，对于后来我们走出国门、参与国际学术交流意义巨大。

教育有时需要如孔子所言，有教无类，因材施教，更要引人入胜，启人心智。如果在高等教育中采用过于规范、刻板的教学方式，只强调知识的系统性而不注重兴趣点的发挥和对学生心智的启发，培育思辨能力，激发思考潜能，那么创造性人才的培养就只是一句空话。规范与创新的结合点何在？这是一个极具探索性的话题。问题是，那个年代的先生怎么可以这样做?

五、那行：从田野到全球

在许多专业人士眼里，历史学用傅斯年那句“史料即史学”的名言即可概括。读史料、读名作、读理论，然后以自己的知识结构串连起历史事件或人物的线索，就可以完成历史学的解释体系。“史料即史学”的名言，道出了传统史学中乾嘉学派的核心要义，也道出了现代史学求真的本相。然而，已有的史料是否即全部文献？在古代历史中，或许文献可以延展至出土文物、方志、碑刻、契约文书、家谱、日记、书信、账本、签诗、日用杂书甚至诗歌民谣等，但对于缺少文献资料的民族史、社会史、地方史、企业史、劳工史、城市史、族群史、移民史、妇女史、农民运动史、家族史、民俗史等而言，就必须借鉴人类学的方法，以田野调查补充文献资料之研究不足。对于中国近现代史学科而言，这一问题更为突出。

魏先生何时意识到这一问题的，现在不得而知。即使能意识到这一问题，要想进行田野调查则是需要一定条件的。早在五六十年代之交，为了突出“阶级斗争史”，南开历史系曾经组织师生到秦皇岛、唐山、饶阳等地，下厂矿、公社和农民、工人家中，去写厂史、矿史、公社史、家史，形成的一些成果有《天津义和团调查》、河北饶阳

《五公人民公社史》等。这些成果带有浓重的时代气息，其问题意识并不在于历史真相，其价值并不算高。

二十世纪八十年代初期，魏先生接受财政部财政科学研究所委托，着手对华北抗日根据地财政经济史料进行收集和编辑，期间，他带领张洪祥、左志远、刘健清等老师多次深入太行山区左权、阜平等地，收集到几千万字文献资料，采访了如戎子和等各根据地主管财经工作的老干部。这些资料的编辑及出版，奠定了晋察冀、晋冀鲁豫根据地财经研究的根基。

二十世纪九十年代初，魏先生率领的南开团队与日本一桥大学三谷孝教授率领的华北农村调查项目组，联合组成了华北农村调查团，利用二十世纪三十年代日本“满铁”的调查资料，对河北、山东、天津、北京等地6个村庄展开了接续性调查。调查持续了10年之久，在所形成的口述访问资料中选取了几百万字，分别以日文和中文的形式出版发行，引起了国际学界的高度关注，形成了一系列的学术成果。

由对中共党史的研究，逐步转向对华北区域史、乡村史的研究，不仅是先生研究思路的转变，更是研究课题强调政治与社会关系的跨度所要必需的。从故纸堆里跳出，走向农民的田间地头，理解农民鲜活的生活，理解农村治理的困境、知晓文化习俗的来龙去脉，这是区域史、乡村史研究的必由之路。先生用理论与实践相结合的方法，做出了一个典范。

越是民族的，就越是世界的。这句话放在先生身上最为切实。由于先生在华北乡村史、区域史、抗战史领域成果卓著，又躬逢改革开放，受到国际史学界的关注。自1983年受邀赴美国蒙大拿大学讲课一年后，屡屡受邀参加国际会议、发表演讲，足迹遍布四大洲。用他的话讲，一个陕西“老汰”居然登上了国际讲台。受其影响和引导，有三位弟子得以就职于澳大利亚、日本的三所高校，均为教授职称。先生说，积极参加国际交流不是崇洋媚外、食洋不化，是为了在比较中启发思考和开拓视野，也为了争取更大的国际学术话语权。

7月21日上午，和蔼可亲的先生平静地走了，没有什么痛苦。有人说这是一生福分的体现。晚年先生耳背，电话交流不清，就给身边弟子写信，但家人没有寄出。如今桌边堆着几大叠信封，字迹看不清楚。他一定有事要说。什么事？猜猜看吧，但肯定不是私事，这是可以从本文总结的那时、那人、那事、那课、那行中得出的答案。

生活中的我们，常常向远处眺望，遥想着奇山异峰的壮丽景观。不经意间，常常忽略了身边矗立着的高峰。“视身如传舍，阅世似东流”（刘禹锡诗句）的魏宏运先生即是如此。

江沛，1986—1989年和1996—2000年南开大学硕士生、博士生在学，先后获硕士、博士学位。现为南开大学历史学院教授。

师门琐忆

周　云

1997年，我离开生活了27年的老家甘肃，来到南开大学历史系，受业于魏宏运先生。2000年，毕业南下广州。算起来，我在魏先生门下学习还不到三年的时间。但先生三年间的耳提面命、谆谆教诲，对我的学术思想和观念以及做人都产生了深刻的影响，并且随着时间的推移，愈发感受到先生的教诲在我为人为学中的分量，可谓是受益终生。

初到南开之时，我内心多少有些惴惴不安。因为我之前的专业和研究方向，都是在中国古代史、西北地方史方面的。如果说有点基础，也只是给兰州大学历史系1994级、1995级本科生进行过两年的中国近代史课程的教学。转读中国近现代史专业的博士，实事求是地说，在专业基本知识、基础理论的认知层面，都有所欠缺。也正是如此，在博士入学考试中，笔试尚且顺利。但在复试中，对一些现在看来属于基础知识的问题，也因知之甚少而回答得不尽如人意。侥幸被录取后，很想尽快地弥补自己的缺陷，于是就此求教魏先生，能不能介绍几本书，读后能够尽快提高对中国近现代史整体的认识。魏先生建议我看剑桥中国史系列中相关中国近现代史的部分，并坦言，国内没有好的本子。我立刻找来开始阅读。说来惭愧，由于剑桥中国史每一册都篇幅浩大，我虽然认真读了一段时间，但最终也没有能够读完。不过已经感觉受益匪浅，最主要是开拓了思路和视野，提高了问题意识。

现在想来，这虽是一件小事，但体现出魏先生对于学术始终是开放的心态，希望学生能够有开阔的视野。以后他又多次谈及出国访学对学术研究的帮助，鼓励我们有机会出去走走。另外，这件事也体现出了魏先生的反思精神。魏先生在二十世纪八十年代初期就曾主编过国内第一本中国现代史教材，影响非常大，可以说起到了创立范式、解放思想的作用。但到了二十世纪末期，他还是觉得由于受到当时政治环境的影响，教材不够完善，谦虚地认为“国内没有好的本子”，这表明魏先生的学术思想、学术视野，是不断与时俱进的，不断地进行自我反思的，不断地对自己提出新的要求的。后来在跟魏先生的接触中，他多次提到，他不赞成一些老先生编全集，认为他们这一代人，学术研究受外界环境影响太大，有些成果违背学术规律，是站不住脚的，重新编入全集在新的时代出版毫无意义。后来接触过一些同魏先生同样资历的老先生，发现他们普遍缺乏自我反思的精神，抱残守缺、孤芳自赏的思想比较严重，相比较起来，魏先生更显其睿智。魏先生直至古稀之年，还不断有学界称道的学术成果面世，这与他不断地进行反思，从而使得学术思想不断地深化密切相关。

我入学不久，魏先生就让我参与他主编的教育部“九五”重点教材《中国现代史》的编写。对此，我开始有些畏难情绪，但在魏先生的鼓励下，还是放开手脚去写了。在魏先生的指导下编写这本教材，对我个人来说，是一段难忘的、重要的学术经历。魏先生很多学术思想，在指导教材编写的过程中，深刻地影响了我，影响了我以后的学术研究。虽然教材编写用去了一年多的时间，使我这三年的博士研究生学习生活在时间上非常紧张，非常辛苦，但今天回想起来，仍然觉得很值得，很庆幸有了这样一个在学术上提升自我的机会。

教材编写一开始，我就觉得头绪纷繁，无从下手，我负责1919—1927年这一段。这一历史时期发生的事件众多，以怎样一个线索，把这些事件合理地安排在教材体系中，我感觉非常困难。后来查了些资料，就向魏先生提出，还是以革命为主线，以革命和反革命的斗争，以及革命阵营与反革命阵营各自的发展变化为三个基本的版块，构成教材体系。魏先生闻后当即严肃地批评了我。他说：中国现代史不是革命史和党史，现代史反映的是当时中国整体的历史，而革命史和党史只是其中重要的一部分。以革命史和党史的线索来编写现代史，必然会遗漏大量的历史事实，只能编成一部不全面的现代史。他要求我解放思想，跳出革命史思维，注重发掘历史内部的逻辑，以历史本来的逻辑，构建教材体系。当时，我有如梦方醒的感觉，随后就按照魏先生的指导调整了思路，最后形成的提纲和书稿，虽然没有完全摆脱传统的框框，但也大篇幅地增加了文化、社会、经济、科技等方面的内容。而恰恰是这些方面的内容，出版后受到了好评。

魏先生对教材编写还提出了另外一个要求，即要摆脱传统教材的长标题的文风。魏先生说，这是受到了苏联教材的影响。魏先生主张用短标题，一事一节，一节一标题。这样的处理，优点很明显，逻辑清晰、叙事清楚，既符合历史实际，也适合教学。魏先生的这个要求，我们在教材编写过程中基本上落实了。我后来从事教学工作，用过多种教材，通过对比，更加深刻地体会到这种体例的优势所在。

魏先生对于教材的细节方面，也抓得很仔细。一次魏先生召集同门师兄师姐讨论我写的一段初稿，看到我初稿中，有一些“我党”“我军”的字眼，便笑着说：“你要找一个外国人来看，‘我党’指的是哪个党？‘我军’指的是哪个军？教材和论文，不是宣传文章，不管是写教材、写论文，要务求下笔清晰、规范和客观。我八十年代初主编现代史教材，就要求作者不要在领袖人物后面写同志，也是这个意思。现在都过了快20年了，这方面要更加注意了。”先生态度虽然温和，却令我感到非常惭愧。我认识到，这不是文字的问题，而是观念的问题。这个观念是多年的传统教育潜移默化形成的，要改变过来，殊非易事。但要做一名合格的、客观的史学工作者，又必须得转过来。此后，我便非常注意这方面的问题。诸如此类的毛病，就很少犯了。

魏先生门下弟子想必都知道，先生对于文字的要求也是很严格的。先生比较介怀的，是我们这一代人的文章中，总是充满了各种连词，一篇文章，“但是”“然而”满天飞。先生说，连词太多，会让文章非常不流畅。这也是思维不顺畅的缘故。先生强调，要以文意、文章内在的逻辑将文章串连起来，而不是生硬地用连词。有次上课，魏先生还特意拿了一本《孙中山文集》，让我们读孙中山的文章，体会一下他的意思。经先生这么一说，回头再看自己的文章，果然觉得生硬，甚至面目可憎。此后，写文章，也就尽量避免使用连词，努力让文章变得流畅一些。由于文字功力始终欠缺，这个毛病直到今天也没有完全改掉，说起来真是惭愧。

教材编写完成之后，我就迅速进入了毕业论文写作阶段。在选题方面，魏先生和我的意见不太统一。魏先生希望我能够写一个社会史的题目，我来自西北，硕士论文也是有关西北地方史的，魏先生希望我在这个基础上，研究一下西北地方的社会史。而我自己呢，则是从兴趣出发，希望写一个思想史的题目。现在回想起来，魏先生的意见更加符合当时史学研究的趋势。不夸张地说，二十世纪九十年代，社会史研究的兴起是中国史学研究的一大转折，极大地推动了史学研究的发展。而南开大学，又是社会史研究的重镇。魏先生对于这一转折，有开创和引领之功。尤其是他在社会史研究中，不单纯依赖于文献，大兴调查研究之风，带领弟子进行田野调查，开拓了研究思路和研究方法，在学术界影响很大。魏先生要我选社会史的题目，大约也是希望我能跟得上学术前沿，有利于我将来的学术发展。不过，最后魏先生还是尊重了我的意见。我最终选择了学衡派思想研究作为论文题目。虽然没有选社会史的题目，但在先生门下耳濡目染，社会史的观念已经深入到我内心，我在思想史的研究中，也引入了社会史的视野，进行了一个粗浅的尝试。由于学力、时间、资料等方面的因素欠缺，这一尝试不能说是成功，但在后来，这样的一种观念一直延续下来，对我的学术研究工作帮助很大。

在南开的三年，魏先生对我的影响，不仅在于学业上的指导，而且还在于他的身体力行，以身立教。我入校时，魏先生已经年逾古稀，但仍然笔耕不辍，坚持进行学术研究。他经常去图书馆，翻旧报纸，图书馆工作人员都印象深刻。有一次先生让我去图书馆帮他核对一个资料，我到了图书馆，却一下子想不起先生交代我查找的是什么报纸（是一份民国时期的报纸，具体的报名已经记不清了）。图书馆工作人员，一听我说明情况，马上说，他知道魏先生看的什么报纸，魏先生在这里查阅了好几个月呢。果然，我在那份报纸中，找到了魏先生用过的那条材料。在后来的工作中，我遇到很多学人，做出一点成绩后，就吃老本，到处“走穴”，把研究的本职工作置之脑后。相比之下，魏先生更加令人敬佩。

魏先生对我的帮助，除了学术之外，对于我个人生活的其他方面，也是百般关心。我写毕业论文时，他多次提醒我注意分寸。这并不是因为魏先生不赞同我的选题或观点，魏先生在这方面对学生一向都很宽容。他这样做，主要是出于老师保护学生的情怀。我毕业找工作的时候，魏先生也非常关心，亲自打电话、写推荐信，帮我联系军事博物馆、山东大学等单位。其中山东大学我已经通过了面试，但由于种种考虑，我还是没有去。对此，我至今还有一些内疚，辜负了魏先生的一片苦心。

2000年毕业南下广州后，远隔千山万水，跟魏先生只见过四次面。第一次是2004年，魏先生和师母在师姐邓丽兰的陪同下，来广州开会，我跟刘永祥师兄前往魏先生下榻的珠岛宾馆看望，魏先生询问了我们在广州的工作和生活，还是鼓励我们不要放松学术研究。过了几个月，逢魏先生八十大寿，我和魏先生一众弟子赴津门给魏先生祝寿。火车到站，坐车进入市区，惊叹短短的四年，天津的市容市貌居然有如此巨大的变化。到学校安顿好之后，即前往先生家拜访，先生已经从我毕业时的北村搬到西南村新居，见到先生，感觉他心情好、精神好、身体好，心中甚是欣慰。再见先生，已经是十年后，2014年先生的九十大寿庆典，由于行程安排紧张，没有来得及去先生家探望，会前在门口与同门师友一起在会场门前迎接先生，先生一路走进来，看到我，用力地握着我的手，用他特有幽默大声说："西北军来了"，一刹那，我竟有些凝噎。在会议发言时，魏先生坚持站着发言，腰板挺得笔直，思维清晰，声若洪钟，真不像是90岁的老人。2017年年初，我参加一本教材的编写会议，再次来到母校，自然是要去探望魏先生，一起开会的石油大学张福运教授也慕名前往。这次见到魏先生，心里感到有些难过，不到三年的时间，魏先生的身体大大不如上次见面之时，已经不能久坐，而要经常卧床。但先生看到我们来了，很高兴，还是跟我们谈学术上的事情，他说学术研究也要注意学术交往和学术动态，要多参加学术会议。在先生的书桌上，我又看到了熟悉的放大镜和民国旧报纸，也看到了先生做的笔记，在身体状况如此不尽如人意的情况下，先生仍然坚持学术研究。

2021年7月21日上午11点多，师兄李金铮突然在师门微信群里说：诸同门，魏先生仙逝了。我顿时感觉脑子发蒙，过了好一会才有点清醒，感到一阵悲痛。随即我就准备前往天津，送先生最后一程。孰料第二天早上起来，感觉身体有点不舒服，似烧未烧，在全国疫情防控形势吃紧的情况下，我犹豫再三，最后，因为担心万一在途中发烧会引起诸多不便，还是取消了行程。这成了永远的遗憾。

先生虽然故去了，但先生的音容笑貌仍然会时不时地浮现在我面前。先生精神不灭，教诲亦会伴随我终生。弟子在此以笔为烛，叩谢先生！

魏先生千古！

2022年4月22日于广州

周云，1997—2000年南开大学博士生在学，获历史学博士学位。现为华南理工大学马克思主义学院教授。

巍巍南开悠悠《往事》
——读魏宏运先生《南开往事》有感

赵庆杰

去岁，母校南开九秩华诞，在当代总理“永远年轻”题字的激励中，一时成为文教盛事。期间，学校隆重推出了一套特色鲜明的“纪念丛书”，描摹出南开大学九十年来秉持着“允公允能、日新月异”去不息奋斗的强劲学脉所在。其中，我国当代著名史学家魏宏运先生著述的《南开往事》（下文均称《往事》）一书，好评颇盛。先生的故交、同仁、弟子纷纷索书存念，我往返于京津两地间，转交出的经先生签名的《往事》就近二十册，最后，出版社给先生的书样全数赠罄，师母甚周折地又购到几十本，才化解“索书”之亟。

先生曾对我说过，他的众多著述中，惟《自订年谱》与《往事》为珍爱之作。我将《往事》置于案头，多次就书中的人与事的细琐根底究问过先生。先后翻阅不下六遍，字里行间愈发感觉到先生博大坦荡的史家情怀与精进平和的学人高风。

《往事》以邈邈的历史视角刻画了“一代一代南开人树立起来的学术大厦”的前行轨迹。[①]让我们这些晚辈透过纸背清晰地看到了南开崛起于新文化运动开创之际的蓬勃生机与磅礴大气，看到了同赴国难弦诵春城的坚忍忠勇与不息奋进，看到了迎接新中国曙光前的坚贞无畏与刚毅果敢，看到了建设新南开的激情生发与理性开拓，看到了“十年浩劫”中知识分子的操守良知与执着信仰，看到了新时期里振兴中华的热切豪迈与大胆实践，看到了新世纪伟大复兴中每个南开人的奋发有为与孜孜登攀。先生以自己六十年的南开人的真情实感告诉了我们“南开精神”的真谛所在——“南开的精神就是奋斗的精神和改造的精神”。[②]

《往事》以婉婉的历史笔触对享誉海内外的南开史学的发展历程做了精当概括。《往事》中展示了张伯苓、蒋廷黻等创业先贤初步奠定南开史学基础的求索过程，展示了杨石先、王金鼎、滕维藻等南开灵魂人物给予南开史学和南开史家的特别关护，展示了郑天挺、吴廷璆、雷海宗、黎国彬、杨志玖、王玉哲、杨翼骧、杨生茂等史学巨擘发展壮大南开史学的不懈追求。先生在《往事》中选取

---

① 魏宏运：《序》，《南开往事》，南开大学出版社，2009。
② 魏宏运：《南开往事》，南开大学出版社，2009，第 64 页。

了不同时期的五篇文章追忆郑天挺先生，其情切切，其义确确，其哀凄凄，其爱深深！二人亦师亦友的真情劝勉、无私无求的互助提携穿越了三十年的世间风雨，亦将影响南开史学后代秉志研习，诚如先生所言“一个随着时代前进而有使命感的人，是永远值得人们尊敬的”。[①]

《往事》以历史情思回顾了先生自己在南开园中的工作经历和治学体验。1948年先生风华正茂之际转学到南开，并领导了校内党的地下工作。六十余载，白驹过隙。已进耄耋的先生已是令人敬仰的学术大家和敦厚长者，被誉为“南开壹号”。如烟往事甘苦各半，如歌岁月襟怀深沉，如画人生写意从容。地下工作惊心动魄，复校学习勤勉刻苦，襄助郑师任劳任怨，主持党务刚正不阿，“文革”受屈信念不渝，改革开放走出国门，开创学科国际瞩目，社会调查提掖后学，道德文章奠基国史。刘泽华先生曾说：“没有郑天挺、吴廷璆、杨生茂、魏宏运几位组合成的‘中左路线’，就没有‘人和’，就没有相对平静的读书环境，就没有学术氛围，就难有学术积累和学术梯队，我也敢断言，也不会有三个重点学科的降临。有人说，还是‘左’了一点，或许是这样。但有一个事实：魏先生几次是因‘右’而倒台。再‘右’一点会如何，谁来

① 魏宏运：《南开往事》，南开大学出版社，2009，第108页。

'右'？有道是：'人生长恨水长东'！"[①]此言不虚！先生海纳百川的襟怀成就了南开历史学人"同梦南开、同路南开"的人生底色！

东汉名臣李固有言："悠悠往事，唯此为大"。先生是以"对母校真诚的爱"为最大，[②]以对学术的执着探求为最大。仰望我巍巍南开，在悠悠《往事》中，我们可以真切地感受到先生的情与思正在他最挚爱的南开园中曼舞着、渲染着、升华着……

（原文刊于《南开大学报》第1107期第3版。）

赵庆杰，1998—2003年南开大学博士生在学，获历史学博士学位。现在北京军队任职。

① 魏宏运：《南开往事》，南开大学出版社，2009，第261–262页。
② 魏宏运：《序》，《南开往事》，南开大学出版社，2009。

回忆与先生师母的点滴往事

文　松

2021年7月21日上午，我的博士导师魏宏运先生驾鹤西去了。回想23年前有幸进入魏门，师从他4年艰辛求学的日子，不时浮现起一些零散的而又令人感动、值得珍藏的记忆片段。

心静下来，待着，把这些记忆的片段一点一点串起，留给今后的自己品觉、回味，也分享给大家。

（一）先生师母伉俪情深

魏先生的一生恰如其名，是宏运当头，终生奋进不止、锲而不舍。而师母则是“光彩射楼塔，丹碧浮云端”，她真的如同魏先生人生天幕上的一道永不消逝的黎明霞光，见证、陪伴、造就了先生一生的宏业。从新中国成立前他们从事地下革命工作时富有传奇色彩的相恋，到“文化大革命”浩劫每天早晨分别时相约活着回来见对方……还有从二十世纪五十年代至二十一世纪初，师母辅佐、陪伴先生长达半个世纪的几乎所有学术活动，二人始终风雨同舟、相依相伴。

（如果没记错的话）2004年夏天，召开魏先生八十寿诞庆祝会，会后我和李晓晨师妹送先生和师母回家，当时师母和晓晨走在魏先生和我前面大约30米的地方，先生望着身穿水蓝色旗袍的师母的背影跟我说道："这哪里是'小蜜'，分明是'老蜜'！"

2019年年初，快要放寒假的时候，在津外的我，突然收到先生（在保姆的帮助下）亲自打来的电话，说："文松啊，你替我看望一下王黎。"这是我2003年辞别先生之后，他打给我的唯一一个电话。原来当时师母体弱住院，先生挂念。当我看望完师母，闻着保姆正在烙饼的香气进入魏宅拜见先生时，发现勤奋成性的先生依然手不释卷，穿得很少，正躺在床上看有些发旧的资料……

魏先生自己并非出身学术世家，而且从青年到行政退休的几十年间，长期伴随着庞杂繁重的革命活动和行政事务，可他却始终没有放弃过学术研究，沉浸其中，锲而不舍。这是他最卓越而常人难以望其项背之处。（有关先生惊人的勤奋，江沛师兄也有一次在众人闲谈时直接问先生道：是什么让您终生如此勤奋、不放弃？）

（二）一位大历史学家的出现，不仅包含着他个人的勤奋，背后往往包含着他夫人一辈子的倾力支撑。

在我师从魏先生求学的后期，一个冬天。师母叫我到西南村一个屋子里帮先生收拾东西。我进门一看，整整一个屋子铺天盖地全是卡片、剪报和收夹剪报的杂志。以前听说刘泽华先生曾做过2万张卡片。当时瞅着魏先生资料屋里的这阵式（加上他家里的资料），估计也不会低于2万张卡片。这次，先生师母还给了我不少卡片和剪报。这些辛勤、厚重的学术积累，我至今还保留着一部分。尽管离开南开之后我无缘继续从事纯史学研究，但这些卡片承载着我当年跟随魏先生，在中国近现代历史学研究领域里的艰辛跋涉，总能让我久久萦怀那些光辉岁月。

记得师母曾说过，当年先生白天上班一堆事务性工作，晚上回家做科研写文章，根本无暇做家务。师母在天津自然博物馆上班，中午下班时把菜买好，为了节省时间，甚至坐在公交车上摘豆角，下车进家洗菜做饭……还有，师母曾持续多年地帮先生抄录、誊写文字。

这让我联想起已故厦门大学陈诗启教授（中华人民共和国建立后的近代中国海关史研究泰斗）的类似的家庭（研究+生活）氛围。“文化大革命”后期，陈诗启先生意外发现旧海关（指新中国成立之前的海关）档案，进而开始研究，之后又不断地从各处搜寻、抄录旧海关档案。二十世纪八十年代中期之前，搞文科的人在研究工作中还没有电脑可用。史料的记载、梳理、抄录、誊写、修改几乎都是靠手工完成。可想而知其中有多大的工作量吧！陈诗启先生从外面奋力、匆匆抄回来的史料，往往需要及时地重新工整、清晰地抄录出来，以备他日后研究之用。这巨大的抄录之功，都是他的夫人黄美德女士和孩子们完成的。此外，黄夫人还要操持全家、照顾孩子们长大。

见闻着魏宏运先生与王黎师母、陈诗启先生与黄美德夫人的这些峥嵘岁月，让我多次感叹。一个大历史学家的出现，往往打的是一场发动全家、起码是发动太太倾尽心力的持久的人民战争！……在所生存的当世，如果能名利双收的史学家倒也还好。那像司马迁、谈迁、蒲松龄（蒲松龄先生虽然不是历史学家，但在所活的当世一样不受世人青睐和重视）这样在当世不是很受待见、生活立世比较困窘、活得很苦的卓越的历史学家、文学家们，他身后的夫人、孩子们该是给了他多大的支持和包容啊！

（三）师母的灵仙之气和她对我的格外垂爱

师母的头脑、见识经常能高别人一筹。求学期间的某个冬天，先生师母召集身边众弟子吃饭。当时恰逢慈鸿飞大师兄正好有什么高兴的事情（所以那顿饭费后来实际是慈兄付的款），点菜上了档次，点了一条蛇做菜。等到大家吃完蛇肉、喝完蛇汤都觉得没事了，这时候师母突然间很怡然地问道：诶，那，这蛇胆呢？的确啊！我们大家确实都没见着。这一问“搞得”店家很被动，迅速上前请安，赔着笑脸说结账时少算钱。好像后来结账时，少算了几十元钱。这在二十一世纪初的学子便宴上，也不算是小数目。看，我们高明、明察秋毫的师母，居然还能给弟子省钱呢！

当我临近毕业离校的某一天上午，突然接到师母的电话，让我“赶快过来”。见了面才知道是先生有事出门，师母背着先生马上叫我来耳提面命，专门叮嘱。现在还记得的有：（1）遇到事情，先不要急于表态，先让对方说，让旁人说，观望气候。如果自己的想法跟别人不一样，一定不要硬顶。而要说：那，我回去再考虑考虑。进入社会，安身立世，不能直来而要迂回。（2）师母问我，找对象是找个他做主、他操心、他主要撑家的，还是找一个家里主要是你操心费力、你（女人）撑起家的人呀？师母建议我选前者。（3）师母说：如果找的那个人比较穷，你（指我）不要逼他（指我不要急躁、不要给男方太大的压力）。（4）师母说：两个人生活在一块儿，原先各自不同的成长环境、家庭背景、生活习惯……一定会有摩擦、磨合。即使是我们（指先生和师母）这么多年了，也没有一天不磕碰的。所以，要（让我做好）包容、磨合（的思想准备）。

光阴似箭，岁月无敌。自二十世纪末有幸进入魏门以来，一晃20多年过去了。在魏先生这位史学巨擘的指点之下，众位师兄弟姐妹经过自己长期的艰苦奋斗，大多业绩斐然。我虽然没有把历史学研究坚持做下去，但师从魏先生进而选择进行中国近代海关史（洋员）研究的几年，也经历了相当的学术训练，也吃了一些苦但也有所受益，也曾在很短暂的时间段内、在中国近代海关史研究领域达到过一定的高度。

群山挽起臂膀，江河奋勇奔向海洋。由魏先生和师母提携指点的人生大道，无限宽广。

魏先生怡然安息吧！

文松，1999—2003年南开大学博士生在学，获历史学博士学位。现在北京联合大学工作，副研究馆员。

怀念魏宏运先生

王兆刚

我求学期间有机会受教于魏宏运先生是在1996年9月进入南开大学中国近现代史专业攻读研究生之后，但有幸亲耳聆听先生教诲是在此前我读本科期间。1992年我考入曲阜师范大学历史系读书，当时教我们中国近现代史的有王作坤、袁素莲、孔凡岭诸位先生，他们的课让我对中国近现代史产生了兴趣，也萌发了将来继续攻读研究生的想法。在读大学期间，有一天突然看到学校里有南开大学魏宏运先生要来曲阜师范大学做讲座的海报，真是兴奋异常，当时魏先生的名字对我们这些历史学系学生来说可谓如雷贯耳。我记得魏先生的讲座是在一个大阶梯教室举行的，讲座开始前教室里早就坐满了人，我没有抢到前面的位置，只好站在后面听，但魏先生讲话的声音很洪亮，精神矍铄，我在后面听得很清楚。记得当时魏先生讲的是关于敌后抗日根据地的抗日活动，其中讲到根据地军民在敌后发明的消息树，非常生动，引起我很大的兴趣，没想到历史研究中还有这么有意思的内容，当时就产生了将来报考南开大学中国近现代史研究生的想法。魏先生讲完后，同学们提问题极为踊跃，足见魏先生讲座的受欢迎程度。

1996年我考入南开大学中国近现代史专业读研究生，同届还有李庆刚、王燕等同学，我当时对政治制度感兴趣，蒙王永祥先生不弃，入于门下。当时魏先生好像已经不招硕士只招博士了，也不再给硕士生开课，但在历史系资料室经常能看到魏先生来查资料，印象中魏先生总是夹着资料，面带笑容，走路很快。有一次先生在新落成的图书馆作学术讲座，我赶去听了，依旧是座无虚席，依旧是站在后面听完，一切仿佛是我本科时初聆讲座的昨日重现。先生讲的依然是抗日战争的研究问题，开阔的国际视野令我印象深刻。

我转入先生门下后，先生即让我到家里上课，记得当时一起上课的有赵金康、张殿兴诸位同门，家里气氛颇为热闹，不大的屋子里洋溢着浓浓的学术气氛。先生讲课极为投入，富有激情，毫无枯燥之感，大家讨论很热烈，置身其中如沐春风。曾单独去魏先生家几次，有一次在魏先生家里看到冯师兄在先生书房整理书，当时冯师兄尚不认识我这个刚转入先生门下的学生，我却认识冯师兄，那时他的大作刚出版不久，一时成为畅销的学术书，魏先生写的序也广为流传。先生家里的书多，有一些是民国时期出版的书，先生从书架中拿出一本杂志送给我，我记得是

《档案史料与研究》，上面登载的主要是近代史的档案，我给先生说我对民国史感兴趣，近代史的资料恐怕没有精力看，先生马上纠正我说读书不可太狭窄，中国近现代史都是相通的，不精通古代史、近代史也搞不好现代史，我听后马上意识到自己的问题，先生的告诫我一直铭记于心，后来在高校任教后我也用先生的话鼓励学生们广泛阅读，开阔视野。先生送我的这本杂志我现在还保存着，近年来日益感受到治中国近现代史“通”的重要性，每念及此总是想到魏先生当年的教诲。

去魏先生家里几次，每次先生都以书相赠，并在扉页签上字。有次我去先生家里帮了一点小忙，先生和师母还请我吃饭。记忆中魏先生和我的几次聊天中，先生讲话总是面带笑容，不疾不徐，谈学术、话人生，言谈间有对年轻人的提醒，更多是鼓励和期望，先生身上充溢着长者之风、师者之风、儒者之风、智者之风，回想起来心里总有温暖和感动。

回忆在南开的求学岁月，我虽蒙先生亲炙时间不长，但先生的精神人格、道德文章一直影响我至今。先生虽已归道山，但先生的精神永远活在我们心中！

王兆刚，1999—2002年南开大学博士生在学，获历史学博士学位。现为青岛大学政治与公共管理学院教授。

对话国际学界　彰显史学价值
——魏宏运教授的对外学术交流

赵金康

魏宏运，1925年生，陕西长安人，南开大学教授，博士生导师，长期致力于中国近现代史的教学和研究，在孙中山研究、周恩来研究、武汉国民政府研究、抗日战争研究、华北农村社会调查研究诸方面所取得的丰硕成果，为海内外学界所注目。关于魏宏运教授的研究，学界重点关注其对中国现代史学科的创建贡献、编写抗日根据地资料的成就，对其所从事的中国近现代史海外学术交流，包括以富布赖特学者身份在美讲学，参加和举办国际学术会议并在学术交流时捍卫国家核心利益，多次应邀到国外大学讲学并邀请国外近现代史权威专家到南开大学交流，和国外学者的华北联合调查、联合培养研究生等方面的研究关注较少，有鉴于此，本文拟就魏宏运教授对中国近现代史的海外学术交流方面的贡献予以探讨，以深化和拓宽中国近现代史的研究领域。

自1956年起讲授中国现代史，[①]魏宏运教授在这一领域辛勤耕耘六十余年之久。关于中国近代史研究及其对外交流的必要性和意义，魏宏运教授有自己独到的判断和认识，他认为中国近现代史这一学科，不只是中国人的学问，中国近现代史的研究早就国际化了。近代以来西方一直非常重视中国历史的研究，从二十世纪五十年代起，西方兴起的"中国学"将重点放在现代中国和当代中国，绝大多数治"中国学"的学者与研究中国历史的中国学者一样，面对共同的研究对象，具有共同的兴趣，也遇到诸多共同的难题，由于外国学者与中国学者具有不同的出发点、不同的视角、不同的理论框架，因而在一些方面可以互相启发，互相补充。通过学术交流，国外学术界可以吸收我们的成果，让我们的成果以最直接的形式走向世界，我们也可以从中增长知识，特别是发现问题，更新观念。[②]在魏宏运教授看来，中外学术交流是双方共同的需要，尤其是中国的历史学研究要放到世界大格局中去考察，"现代世界交往非常密切，中国应当走向世界，世界也需了解中国，任何一国都不能孤立于国际社会之外，文化的交流、影响和渗透，在改革开放的时代是十分重要的，我们

① 中国现代史是学界约定俗成的习惯叫法，为科学起见，本文尊重学界关于"中国近代史"、"中国现代史"的共识，以1949年为近现代分界线。

② 《研究生论坛》特约记者：《追求卓越——魏宏运教授谈博士生培养》，《研究生论坛》，1991年第3期。

的研究，应该把中国放到世界大格局中去考察，放到人类的文明长河中考察，还应该吸收外国学者研究中国的成果”。[①]更为重要的是，魏宏运教授以其敏锐的眼光指出，中国近现代史学界“加强国际学术交流，不仅有利于开阔眼界，容纳新的思维方式和方法，站在国际学术的最前沿，而且也可以让国外学术界了解中国史学家的研究成果，提高中国史学在国际上的地位。”[②]魏宏运教授上述关于中外学术优势互补、把中国放到世界大格局中去研究的中外近现代史交流的这些独到认识和看法，既是他对所从事的中国近现代史学术交流的具体总结，又是他对中国近现代史研究所应有的开放的国际视野以及提升中国史学国际地位的殷切期盼，也是他从事中国近代史研究学术交流的动力和源泉：“就是通过自己的努力，使中国现代史研究摆脱自我封闭的状态，加强与国际社会的交流。”[③]

一、在美国大学讲授中国历史文化的富布赖特学者

作为富布赖特学者，魏宏运教授在美国蒙大拿大学的

① 马宝珠：《走出书斋，寻找源头活水——记魏宏运教授》，《光明日报》，1993 年 10 月 11 日。

② 江沛：《魏宏运》，台北“中研院”近代史研究所编《近代中国史研究通讯》，2000 年第 29 期。

③ 张南：《历史学家魏宏运：奠基中国现代史研究》，《人物》，2005 年第 3 期。

课堂上，讲授中国历史和中国传统文化。1982年，美国驻华使馆官员和富布赖特成员到南开大学，拟聘请一位教中国史的教授到美国去讲学，著名美国史专家杨生茂教授等人推荐魏宏运教授，美国方面看了魏宏运教授的简历，欣然赞同。[①]从1983年9月26日至次年4月5日为该校开设中国近代史、中国古代文明史、武汉政府和今日中国等课程。[②]魏宏运教授成为中国学者在蒙大拿大学讲学之第一人，把中国学界的研究成果交流到美国大学课堂上，传播中国悠久的历史及其灿烂文化。

此前，作为南开大学访美代表团成员实地考察美国大学，魏宏运教授对美国高等教育及历史学学科体系有了全新的认识。1982年4月17日至5月8日，魏宏运教授作为南开大学访美代表团成员，先后访问了明尼苏达大学、印第安纳大学、堪萨斯大学、密歇根大学、奥本尼大学、坦普尔大学、斯坦福大学、普林斯顿大学，[③]美国大学“各校的办学理念、学校规模、专业设置、教师阵容、学术优势是我们考察的主要内容”。[④]在明尼苏达大学，魏宏运教授特别关心该校历史系的教学和研究，到Berman的课堂上

① 魏宏运：《蒙大拿大学任教的一年》，《历史教学问题》，2002 年第 1 期。
② 魏宏运：《魏宏运自订年谱》，商务印书馆，2015，第 148—155 页。
③ 魏宏运：《魏宏运自订年谱》，商务印书馆，2015，第 137—141 页。
④ 邓丽兰、张雅晶：《读万卷书，行万里路——魏宏运先生访谈录》，《史学月刊》，2006 年第 1 期。

听课；[1]访问普林斯顿大学，魏宏运教授与该校校长及经济、数学、物理、历史系主任及一些教授座谈。[2]“访问是成功的，这更激励我们，吸取美国好的经验，办好人民南开。”[3]魏宏运教授个人对这次学术考察印象极为深刻：“这次访问，使我眼界大开，也使我认识到中国高等教育与西方高等教育的差距。回国后滕维藻校长和我向教育部副部长彭珮云作了汇报，提出了应加强中外学术交流，来促进学科发展，挺进研究前沿。”[4]这次实地考察美国大学的教学和科研，他对所从事的中国近现代史研究的重要性有了更深层次的认识，并深刻体认到学术交流对提升中国近现代史研究的促进作用。

完成蒙大拿大学的授课任务之余，魏宏运教授还出席美国举行的学术讨论会并应邀到美国其他大学演讲中美关系和抗日战争研究。1984年2月8日至10日，应爱达荷州立Lewis-Clark学院社会科学部主席Gene Mueller邀请，参加该校举办的国际交流学术讨论会，提交《中美关系的发展和展望》论文。会议结束当天，该地*Lewston Morning Tribune*上登有魏宏运教授的大幅照片，摘录了中国大使

① 魏宏运：《魏宏运自订年谱》，商务印书馆，2015，第137页。

② 魏宏运：《魏宏运自订年谱》，商务印书馆，2015，第140—141页。

③ 魏宏运：《南开大学访美代表团访美汇报》，《南开往事》，南开大学出版社，2009，第218页。

④ 魏宏运：《自述》，《锲斋别录》，天津古籍出版社，2004，第19页。

级参赞张再及魏宏运教授的发言。[①]2月23日，应百灵斯外交委员会（*Billings Committee on Foreign Relations*）主席Duane W. Bowler邀请，魏宏运教授赴百灵斯演讲《今日中国》。[②]翌日，*Billings Gazette*刊登其演讲照片并以Chinese limit Families to 1 child为题，摘要刊登其演讲内容。[③]3月19日至22日，在Brandeis（布兰迪斯）大学讲中国之发展，在波士顿学院讲中美关系，并访问了哈佛大学东亚研究所。[④]3月26日至28日，应威斯康星大学中国问题研究专家Edward Friedman（费德曼）邀请，魏宏运教授在该校讲中国抗日根据地和游击战争诸问题。[⑤]魏宏运教授的演讲，向美国学界展示了中国近现代史学界的研究成果，表达了中国学者关于抗日战争研究等学术问题的看法。

作为中国大学教授，站在美国大学的讲台上，极具挑战意义，因为所面对的学生具有不同文化背景，思维方式迥异于中国学生，授课的方式和灵活性完全不同于中国大学课堂，难度可想而知，作为南开大学首位富布赖特学者，魏宏运教授在蒙大拿大学的讲学非常成功。1984年3月8日，蒙大拿大学历史系致信南开大学校长：历史系颇为荣

① 魏宏运：《魏宏运自订年谱》，商务印书馆，2015，第153页。
② 魏宏运：《魏宏运自订年谱》，商务印书馆，2015，第154页。
③ 魏宏运：《魏宏运自订年谱》，商务印书馆，2015，第154页。
④ 魏宏运：《魏宏运自订年谱》，商务印书馆，2015，第156页。
⑤ 魏宏运：《魏宏运自订年谱》，商务印书馆，2015，第156页。

幸地分享了魏宏运教授作为1983—1984年秋、冬学年富布赖特学者所上的课。他的课及参与的蒙大拿大学社区的大量活动，既有益于学生又有助于教员，学生们喜欢他的课并受益颇多，他们通过魏宏运教授特有的讲学方式体验了中国的历史和文化。我们仅有的遗憾是魏宏运教授在我们学校的时间只有两个学期。他大幅度地增加了今年可供选修的课程。该系主任在信的末尾表达了盼望着今后有更多这样的学术交流的想法。

该校人类学系主任于1984年3月致信南开大学校长：蒙大拿大学非常尊重和欣赏魏宏运教授！他的课及与我们共同举办的讨论会有很多人参加，非常受学生欢迎！魏宏运教授的教学热情、对研究领域的兴趣、教学过程的幽默也颇受学生欢迎。他为师生更好地了解中国作出了贡献。[①]两封信不约而同地称赞魏宏运教授在蒙大拿大学授课的成功，表扬他对传播中国历史和文化的贡献，为使国外师生更好了解中国做出了贡献。这是学术的魅力所在，也是中国历史和文化的魅力所在。1986年8月28日，魏宏运教授赴北京美国驻华大使馆，参加庆祝Fulbright Academic Exchange Program 40周年招待会，获美国富布赖特基金会证书，证书称："魏宏运先生作为富布赖特学者，以其学术成就促进了中美两国人民之间的相互了解，特予

① 魏宏运：《魏宏运自订年谱》，商务印书馆，2015，第158页。

奖励”。[①]“以学术成就推动中美两国人民之间的相互了解”，这是对魏宏运教授作为富布赖特学者出色讲学的赞扬，是南开大学的荣光，也是对他在中国近现代史学在国际交流中作出贡献的褒奖。

魏宏运教授从事的中国近现代史对外学术交流，除了直接站在国外的大学讲堂上向国际学界推介中国学者的近现代史研究成果，传播中国历史和文化，增进了中美人民之间的相互了解之外，还以召开国际学术讨论会推动抗日根据地史研究的深化。

二、推动抗日根据地史研究的国际化

浸润学术研究的学人深知，学术研究离不开交流，召开学术会议，学者聚集一堂，会议上的评议、回应、辩驳、讨论碰撞出的学术火花，有助于深化所研究的问题，进而提升学术水平，因而向为学界所重视。魏宏运教授以其丰富的治学经验证明了这一点，“我们已经习惯于在辩论中发展史学”。[②]作为研究抗日根据地史取得丰硕成果的具有国际视野的学者，魏宏运教授更能体认召开国际学术讨论会促进学术研究的重要性：“抗日根据地这一课题是

① 魏宏运：《魏宏运自订年谱》，商务印书馆，2015，第167页。
② 魏宏运：《开幕词》，南开大学历史系等编《中外学者论抗日根据地》，档案出版社，1993。

学术界所关注的，如能将中外学者聚集一起，交流研究成果，是件有意义的事情，于是决定召开这方面的国际学术讨论会”。[①]经过精心准备，1984年8月1日至4日，魏宏运教授在天津主持召开“抗日根据地史国际学术讨论会”，美国、日本、加拿大、荷兰、澳大利亚和中国的90名学者与会。讨论的主要内容有：抗日根据地形成的特点、抗日根据地在抗战中的地位和作用、农民在抗日战争中的地位和作用、抗日根据地的“三三制”政权与中国政治民主化的关系、根据地的财政经济、根据地历史的分期及研究方法诸问题。作为会议的主办方和主持者，魏宏运教授和他的同事拟定的大会讨论的议题颇具学术意识，匠心独具，视角新颖，具有创新性和重要的学术价值，有引领抗日根据地史研究学术之先的作用。魏宏运教授在大会上作《论华北抗日根据地发展经济的道路》的主题报告。研讨会成绩斐然，斯坦福大学范力沛认为，“海外与国内同行的人很难得有这么好的进行学术交流的机会”，[②]他还赞许会后组织与会者去延安参观的做法。[③]与会的日本学者也认为

① 魏宏运：《我的“治史”道路（代序言）》，《魏宏运书序书评集》，当代中国出版社，2011。

② 南开大学历史系等编：《中外学者论抗日根据地》，档案出版社，1993，第655页。

③ 魏宏运：《魏宏运自订年谱》，商务印书馆，2015，第160页。

“会议的召开本身就是有意义的”。[①]国内媒体予以高度评价：“这是我国首次举办的研究抗日根据地历史的国际性学术交流活动”，[②]“会议给予人们以新的启示，开拓了思路，起到了交流思想和学术观点的良好作用”。[③]抗日根据地史国际学术会议的召开，拓宽了抗日战争研究的领域，深化了抗日战争史的研究，建立了中外学界共同研究抗日战争的模式，推动了中国现代史研究的中外学术交流。

此后，抗日根据地史研究方兴未艾，魏宏运教授和中外学界把抗日根据地史的研究推向了一个新的阶段：1991年8月1日至4日，魏宏运教授主持的“中国抗日根据地史第二届国际学术讨论会”在天津市科技大厦举行。美、日、英、德、法、澳大利亚、荷兰等国的34名学者和国内60余名学者参加。[④]与会代表围绕中国抗日根据地怎样推动中国抗战的历史进程这一主题，展开了热烈讨论。毛泽东思想的形成问题、抗日游击战争的战略地位问题、抗日根据地的政治结构与政权体制问题、中共在抗日根据地的廉政建设问题、农民的政治觉悟与抗日民众的文化心理问题、中

---

① （日）田中仁：《对抗日根据地史国际学术讨论会的评述》，日本《历史学研究》，1985年第1期，见魏宏运：《南开往事》，南开大学出版社，2009，第275页。

② 肖黎：《南开大学主办中国抗日根据地史国际学术讨论会主旨》，《光明日报》，1984年8月15日。

③ 左志远：《抗日根据地史国际学术讨论会侧记》，魏宏运著《南开往事》，南开大学出版社，2009，第271页。

④ 魏宏运：《魏宏运自订年谱》，商务印书馆，2015，第192—193页。

共政策对农民的影响问题、会党武装的改造问题、敌后解放区战场有无战略反攻问题、变革封建土地所有制的方式问题，引起了与会者的广泛兴趣。这次研讨会，对中国抗日根据地史的研究无论在深度与广度上都有很大进展。① 抗日战争是二十世纪影响中国与世界的重大事件，中国学者的研究成果要向世界学术界展示，同时也要借鉴国际学界研究的成果，深入探讨抗战相关问题，互相交流研究成果，推动抗战史研究的国际化，让世界学界认识到中国在抗日战争的重要地位和意义，这也是具有远瞻学术视野的魏宏运教授召开抗日根据地国际学术会议的用意所在。

作为学术交流的重要形式和平台，国际学术会议的意义和价值显而易见，魏宏运教授感触良多："多国学者在一起交流研究成果，的确可以增进知识，开阔眼界，对一些问题的争论，可以深化和端正人们对历史的理解，使人产生新的思考，更深入地调查历史的真实，引导研究走向更高的水平。"②在开展学术交流之时，魏宏运教授把捍卫国家核心利益作为义不容辞的职责。

---

① 王永祥、温锐：《第二届中国抗日根据地史国际学术讨论会综述》，南开大学历史系等编《中外学者论抗日根据地》，档案出版社，1993，第659页。

② 魏宏运：《哈佛大学"战时中国"学术研讨会之我见》，《史学月刊》，2003年第6期。

三、在学术交流时捍卫国家利益

国内外学术交流推动学术研究功不可没，人文社会科学的国际学术交流更应重视捍卫国家利益。从事中国近现代史的国际学术交流时，魏宏运教授自觉肩负起捍卫国家核心利益的职责。1984年2月23日，魏宏运教授在美国百灵斯外交委员会演讲，次日，该地报纸说他在报告中称台湾地区为“国家”，他立即向报社提出抗议，第三天，报社更正了这一错误，表示了歉意。1991年他参加悉尼大学主办的第二届中澳研究协会年会，一位学者说中国共产党在抗日根据地种植的鸦片是“毒源”。魏宏运教授表达愤怒之意，更以学者的冷静和理性回国后潜心收集资料，写出了《三四十年代日本的鸦片侵华政策》，以翔实的史料证明国民党统治区和沦陷区才是鸦片泛滥的根源所在，并于1993年1月在北京召开的“第二届近百年中日关系史国际研讨会”上宣读。[①]1991年11月，魏宏运教授接待苏联波利雅克夫通讯院士、尔热舍夫斯基通讯院士，座谈二战史。魏宏运教授特别指出，在编写第二次世界大战史时，应该

① 张利民、王同起：《魏宏运先生学术活动概览》，江沛主编《魏宏运先生七十华诞之庆——二十世纪的中国农村社会》，中国档案出版社，1996，第8页。

以足够的分量反映中国抗战的地位和作用。[1]2002年6月，在哈佛大学举办的“战时中国”学术研讨会上，一位学者认为，日军侵占中国所扶植的政权不宜称为“伪”或“傀儡”政权，应改为“占领下的政权”，对汉奸应称为“合作者”或“合作主义者”。魏宏运教授撰文予以批驳：“历史的真相是，日本实行大陆政策，以亡华为目的，所采取的手段，一是鲸吞，一是蚕食。在其占领区所设的各种伪组织，一切根据日本特务机关命令行事。那些投降日军的人，认贼作父，卖国求荣，没有任何独立自主可言。他们牺牲的不仅是国家和民族的利益，还有他们自己的人格和良心。”对于加拿大学者所说伪政府职能运作到他们可以操作的程度，魏宏运教授予以反驳：这是谎言，并举例说，汉奸梁鸿志政府所辖的江苏省伪政府想委派一批“县长”，结果全被各地的日人宣抚班所拒绝。[2]魏宏运教授以历史学家客观公正的态度，用事实证明日本侵华期间扶植的伪政权的傀儡真相。

求真求实致用是历史研究的终极目的，亦即历史学的品格，其成就的取得要不断解决最基本的矛盾：历史内容的丰富性和历史学家认识的有限性之间的矛盾；历史的客观性和历史认识的主观性之间的矛盾。中国近现代史的研

① 魏宏运：《魏宏运自订年谱》，商务印书馆，2015，第195页。
② 魏宏运：《哈佛大学“战时中国”学术研讨会之我见》，《史学月刊》，2003年第6期。

究也莫不如此，面对纷繁复杂的历史现象，历史学者的使命和重要职责是书写真实的历史，揭示历史真相。在学术交流时捍卫国家核心利益，是历史学家既关注历史事实又关怀现实的表现，是历史学求真和致用完美统一的表现。魏宏运教授在恰当地处理了这些关系的同时，又把中国传统重视田野考察的历史研究方法发扬光大，并和国际社会一道深入调查华北社会史。

四、联合国际学者从事社会史调查

重视调查是中国史学的良好传统，魏宏运教授在从事中国近现代史研究时也格外重视社会调查的特有作用，他认为，研究历史，除了要收集和阅读文献之外，对于近现代史研究者来说，还应走向社会，开展实地社会调查。[①]从事中国近现代史研究，虽然面对的资料浩如烟海，同样需要重视现场调查以弥补史料的不足，魏宏运教授格外青睐调查研究这一收取资料形式的重要性："接近客观的历史，一个重要渠道或方法就是调查。""调查可以丰富历史。教科书上得不到的东西，可以从调查中得到。"[②]魏宏运教授联合日本学者对华北农村的社会实地调查是其上述

① 魏宏运：《既读书也行路》，《人民日报》，2015年3月2日，第5版。
② 杨跃进：《魏宏运先生治史语录》，江沛编《仰望锲斋——贺魏宏运先生九十华诞》，天津古籍出版社，2014，第110页。

认识结出的丰硕之果，具有学术创新的意义。

1990年8月18日，魏宏运教授与日本学者三谷孝等7人赴顺义县开展社会调查，从此拉开了中日学者大规模华北社会调查的序幕。此项合作项目经国家教育委员会批准。[①]魏宏运教授解释这一调查的历史意义说：选择北京市房山县、顺义县沙井村、天津市静海县冯家村、河北省栾城县寺北柴村及山东省平原县后夏家寨村作为调查对象，是因为此前二十世纪三四十年代日本“满洲铁路株式会社”在上述村庄实施了旨在为侵华战争提供资料准备的调查。抛开这些调查的宗旨，其所保留下来的华北区域农村经济与社会的调查访问记录，现在已经成为蜚声中外学界的华北农村研究的重要资料。在此基础上进行追踪式的调查访问，接续这些村庄在二十世纪三四十年代间的发展与变化状况，可以形成对这些村庄近百年历史变迁轮廓的个案认识，可以较完整地洞悉近百年来中国社会从传统向现代转变间的时代脉络，见证华北乡村社会变与不变的发展特征。[②]“通古今之变”是司马迁以降史家从事史学研究的不懈追求，“完整地洞悉近百年来中国社会从传统向现代转变的时代脉络，见证华北乡村社会变与不变的发展特征”，成为著名史学家魏宏运教授从事华北农村调查的学术追求目标。古今历史学家的学术旨趣天然

① 魏宏运：《魏宏运自订年谱》，商务印书馆，2015，第 183 页。
② 魏宏运：《总序》，魏宏运、三谷孝主编《二十世纪华北农村调查记录》，社会科学文献出版社，2012。

对接，息息相通。

1991年8月12日至17日，按预定计划，魏宏运教授和日本学者三谷孝、顾琳、笠原十九司、内山雅生、滨口允子、末次玲子、中生胜美及中国诸友在静海府君庙乡冯家村调查访问。[①]1994年8月12日至19日，中日学者再次到平原县后夏家寨村调查。8月21日至22日，再次访问顺义县沙井村。[②]从1990年8月到1995年9月止，调查持续了五年之久，取得了丰硕的成果，日本学者先后出版了汇集吴店村调查访问记录的《农民口述的中国现代史》（三谷孝主编，日本内山书店，1993），汇集寺北柴村及沙井村访谈录的《中国农村变革和家族、村落、国家——华北农村调查记录》（第1卷，日本汲古书院，1999）以及同书名第2卷汲古书院2000年版后夏家寨村和冯家村的访谈录，三本调查录的陆续问世，以口述的形式展现了中国近现代农村社会发展的历史画卷，在日本学界引起了巨大反响，带动了日本学界对华北农村研究的热潮，也引起了中国学术界要求出版中文版的呼声。2012年，这项调查成果的中文版由社会科学文献出版社隆重推出，第1卷内容是当时在寺北柴村的调查访问记录，第2卷内容是当时对沙井村和吴店村的调查记录，第3卷是当时在后夏家寨村和冯家村的调查访

① 魏宏运：《魏宏运自订年谱》，商务印书馆，2015，第 193 页。
② 魏宏运：《魏宏运自订年谱》，商务印书馆，2015，第 209 页。

问记录。中日关系的特殊性和敏感性决定这项调查的困难度，主持调查的魏宏运教授对这项历史人类学调查课题体验深刻："中日学者联合对华北农村进行调查访问的学术活动，是改革开放政策实施后的新鲜事物，也是中国学术走向国际化的标志性事件之一。"[①]天津师范大学侯建新教授在2014年9月召开的"庆祝魏宏运先生九十华诞暨中国近现代史研究学术研讨会"上高度评价此次调查成果的学术价值：魏宏运教授和国外学者的联合调查是实证性的、抢救性的，是人类学方法的访问，富有开创性，这个调查对中国社会史的研究是了不起的贡献，得到社会学学界的认可，对丰富史学方法的多样性具有战略意义。

魏宏运教授开展的华北农村社会调查是他从事近现代史国际学术交流的新追求，是中国近现代史研究的国际视野目标追求的具体化，以其取得的丰硕成果为学界所重视。

中日学者在华北农村联合调查的同时，1993年4月1日，根据中国国家教委与日本学术振兴会的学术交流协议，日本宇都宫大学笠原十九司来南开大学与魏宏运教授开展合作研究。其在南开大学的时间共202天。[②]同华北社会调查一样，联合研究可谓是学术交流的创新研究方式。

---

① 魏宏运：《总序》，魏宏运、三谷孝主编《二十世纪华北农村调查记录》，社会科学文献出版社，2012。

② 魏宏运：《魏宏运自订年谱》，商务印书馆，2015，第 196 页。

魏宏运教授还把中国近现代史学术交流进一步深化为与国际学者联合开展社会调查联合培养研究生。作为学术交流的自然延伸，对联合培养的研究生的学术交流，尤其是对与国外联合培养的历史专业的研究生，魏宏运教授有更高的期盼："留学的目的是吸收不同的文化营养，新一代中国学者不能满足于只坐在国外大学的课堂上听课，还要有足够的学识和勇气登上外国大学的讲台。只有走上他们的讲台，去讲我们自己的历史和文化，才能真正说明我们的教育走向了世界。"[①]在国外的讲台上讲述中国的历史，展示中国文化，这是魏宏运教授多年从事中外学术交流思考教育要面向现代化中国应有的追求和认识的结果，符合学术交流的内在理路和发展方向，是中国学者从中国意识出发在培养留学生问题上认识的重要收获，表明魏宏运教授对留学生教育问题深思熟虑的更高层次的追求，他把这些理念落实在博士研究生培养上，创新培养模式，和英国里兹大学、日本一桥大学联合培养博士研究生数名，他们学有所成，有的博士论文入选"三联·哈佛燕京学术丛书"，有几位获聘国外知名大学的终身教授职务，有的成为国内"海外高层次人才引进计划"的入选者，推动国内历史学研究水平的提升，这些都是对这种联合培养研究生模式的高度认可，是魏宏运教授对外

① 李恩民：《言传身教：在魏宏运先生身边散记》，江沛编《仰望锲斋——贺魏宏运先生九十华诞》，天津古籍出版社，2014，第 98 页。

学术交流的硕果之一。

改革开放后，从二十世纪八十年代到二十一世纪初，魏宏运教授先后15次出国讲学、访问或参加国际会议，到40多所大学、研究机构、学术团体授课、演讲，其中美国5次、日本4次，丹麦、英国、法国各1次，德国2次，澳大利亚3次，韩国1次，[①]内容涵盖辛亥革命、南京政府战时经济政策、抗日游击战争、太行山和中国革命抗日根据地的商业贸易政策、华北农村的社会变迁、中美关系的过去和现在、今日中国、“文化大革命”、中国历史的研究现状等国外学界所关心的问题，促进了与上述国家高校、学术研究机构的中国近现代史学术交流。

魏宏运教授从事的中国近代史学术交流是双向的，在应邀到国外从事中国近现代史学术交流即魏宏运教授所说的“走出去”同时，他邀请海外从事中国近现代史研究的权威学者到南开大学讲学，即魏宏运教授所说的“请进来”，和南开大学历史系教师、研究生交流研究成果，开阔师生的学术视野，互相借鉴，互相提高。据不完全统计，自1985年12月以来，先后邀请美国Edward Friedman（弗德曼）、德国汉学家Wolfgang Lippert（李博）、丹麦Lief Littrup（李来福）、澳大利亚格里菲斯大学冯兆基、美国著名汉学家范力沛、日本一桥大学三谷孝、韩国学者

① 邓丽兰：《读万卷书，行万里路》，《史学月刊》，2004年第1期。

李炳柱、日本内山雅生、澳大利亚古德曼、美国学者麦金农来南开大学讲学。来自不同国度具有扎实研究功底的国外中国近现代史专家各具特色的学术讲座，带来了丰富的学术信息，提供了不同的中国近现代史研究视角和研究方法，拓宽了研究生的学术视野和研究领域，研究生享受了一次次丰盛的学术大餐，受益匪浅。

魏宏运教授之所以能走上中国近现代史对外学术交流的广阔舞台，是和如下原因密切相关的，其一，他在大学时代就打下良好的英语基础。1946年8月他考取由天主教本笃会创建的北平辅仁大学历史系。学习的课程中有由荷兰籍神父胡鲁士用英文开设的西洋史。[①]查阅魏宏运教授的私立辅仁大学转学证明书可知在辅仁大学学习的前两年，他选修了“一年级英文、二年级英文和英语会话”等外文系的课程，获得了11个学分。在“庆祝魏宏运先生九十华诞暨中国近现代史研究学术研讨会”上，他深有感触地说：“多亏在辅仁大学外文系听课，打下了良好的英语基础，改革开放后派上了用场，能走出去。”参加工作后，他坚持不懈地学习英语：“我每天坚持读*China Daily*，并常收集其中有关文化、历史方面的资料，也就不怕出国讲学过程中一些听众突如其来的提问了。”[②]良好的英文基础，为

① 魏宏运：《魏宏运自订年谱》，商务印书馆，2015，第31页。
② 邓丽兰：《魏宏运先生访谈录》，《天津史学会通讯》，2000年9月。

魏宏运教授从事中国近现代史的对外学术交流助力。

其二，是他从事的中国现代史研究取得了丰硕成果，这些创新性的研究成果，如最重要的是华北农村调查研究成果为海外同行所瞩目："1994年9月，我应丹麦哥本哈根大学亚洲研究所主任李来福（Leif Littrup）教授邀请去讲学，他给我制定一个题目，让我讲如何在农村收集现代史资料。同年10月，我应德国特里尔大学汉学系卜松山（Karl-Heinz Pohl）教授邀请，在该校讲了我在华北农村进行调查与研究的心得。1993年应澳大利亚古德曼（David Goodman）教授邀请，参加中国研究协会年会，同年到洛杉矶参加美国亚洲研协第45届年会，和在斯坦福大学（Standford University）所作的学术报告，到日本一桥大学、庆应大学所作的学术报告，都是讲的华北农村的过去和现在，我感到各国的汉学家都很关注中国农村的变化。"①

此外，魏宏运教授在南开大学从事中国现代史教学之前，曾讲授过中国通史，对中国文化有深刻领悟，故此，在对外交流中，当国外师生和魏宏运教授讨论中国文化问题时，魏宏运教授都能予以理性解读。

魏宏运教授在中国近现代史研究所取得的成果为海外中国近现代史学界所重视，通过学术交流，中国近现代史

---

① 《历史教学问题》记者：《开展社会调查，记录中国农村的历史巨变——访历史学家魏宏运教授》，《历史教学问题》，2003 年 4 期。

学界既向海外学界展示了研究成果，又借助学术交流开辟新的学术研究领域。这一交流密切了中外近现代史研究学者之间的关系，推动了抗日战争根据地等重要课题研究的深化，中外学者的华北农村联合调查结出了丰硕之果，联合培养的研究生受聘为海外知名大学的终身教授，为中外文化交流做出了贡献。

魏宏运教授从事的中国近现代史对外学术交流，将他从事中国现代史研究的中国问题意识、中国研究模式、中国风格向国际同行展示，是建立中国近现代史学科体系、学术体系和话语体系的有益尝试，把中国近现代史研究的本土化和国际化密切结合，利用人类学的方法在华北社会调查，联合培养研究生的国际合作，取得了不菲的成绩，这是他追求国际学术视野的重要成果，是中华人民共和国改革开放后高等教育国际化的成果之一，是多姿多彩的对外学术交流不可或缺的组成部分。

魏宏运教授把中国历史和文化带到了美国的课堂上，具有重要的学术意义和学术价值，他在学术交流时捍卫了国家核心利益，彰显了历史学研究的求真学术意义和致用价值。

赵金康，2000—2003年南开大学博士生在学，获历史学博士学位。现为河南大学历史文化学院近代中国研究所暨近代中国社会转型研究中心教授。

师恩难忘精神永存
——悼恩师魏宏运先生

李晓晨

2021年7月21日，惊闻恩师魏宏运先生病逝的噩耗，我不相信这消息是真的。第二天急匆匆赶赴天津，刚到西南村先生家楼下，我禁不住泪如雨下。看着先生家熟悉的一景一物，却独独不见先生熟悉的身影，我心如刀割，跪在先生遗像前，痛哭不能自持。先生音容笑貌犹在眼前，谆谆教诲在耳畔。回忆跟随先生学习的时光，其严谨的治学精神与谦和敦厚、虚怀若谷的高尚品格令我高山仰止，终生铭记。

魏宏运先生是我国著名史学家、南开史学中兴的领航人、代表性人物，南开大学中国近现代史学科的奠基人，也是我国公认的中国近现代史研究领域的开拓者之一。其声名远播，享誉海内外。魏先生这样一位学术地位高、声誉隆的史学大家不仅没有一点点架子，反而风趣幽默、睿智谦和。早在1995年我还是硕士研究生时，就聆听过先生的报告，先生语言诙谐，开场就自称是“中原部长”，一下子拉近与同学们的距离。当时我对先生心向往之，期望有机会跟随和蔼可亲的魏先生学习。2003年，我终于实现了这个愿望。在南开学习的四年半时间里，我更加深入体会了先生平易近人、温良敦厚、谦虚谨慎的品德与做事做人的原则。

首先，魏先生对于国内外学术界的同仁总是以礼相待、倾囊帮助。魏先生朋友广泛，海外学者甚多。当他们来看望先生时，他总是热情招待，陪同他们考察，还不时赠送礼物。记得有一次一个外国朋友来看他，给他带来一个包装精美的礼物，等我打开一看，竟然是一个晾衣架，我有些失望。先生却很开心，不仅高规格宴请朋友，还让师姐和我陪同他游览天津，朋友走时还回赠了价值不菲的礼物。正是先生这样宽广的胸襟和热诚待人的态度，使他得到了海外许多学术界朋友的认可。当然，先生国内学术界朋友更多，其中不乏慕名而来的学者。他们有的是来交流学术问题，有的是请先生参加各种学术活动，有的是请先生为著作作序等。面对各种各样的请求，先生总是尽力而为，倾囊帮助，从不端学术大家的架子。师母王黎女士怕他累着，总是劝他少参加活动，少写点文章。我也觉得先生这样的史学大家太好说话了，总是有求必应。先生总开玩笑说：“我就是个本科，啥时候也去读个硕士博士啊。”“博导博导，一驳就倒。”

其次，魏先生对于所参加的学术活动和朋友委托撰写的稿件等总是认真对待，精心准备，绝不因自己的学术地位而自高自大，敷衍塞责。2005年6月，师母王黎女士、邓丽兰师姐和我陪同魏先生去山西，先主持了岳谦厚师兄的硕士研究生毕业论文答辩，接着参加山西省“纪念中国人民抗日战争暨世界反法西斯战争胜利60周年学术讨论会”。期间山西省电视台对先生进行了采访，让先生讲“太行山根据地诸问题”。为了达到节目录制效果，80岁高龄的魏先生坚持四个多小时，反反复复数次，甘当小学生，耐心听从节目主持人的指挥。先生一丝不苟的精神与谦和敦厚的品格感动了在场的每一个人，节目组的工作人员连连竖大拇指称赞先生。他们采访过很多人，像魏先生这样谦虚和蔼的大学者还是第一次遇到。

再次，魏先生到农村调研时与村民同吃同住，和蔼待人，深受农民朋友的欢迎。在历史学界，魏先生是较早倡导田野调查的学者。早在1990年，经国家教育委员会批准，魏先生等人和日本学者山谷孝等联合对华北农村进行综合性调查研究工作，多次深入农村，与调研的农民同吃同住，受到他们的欢迎与称赞。2004年4月，我有幸随魏先生和师母王黎等人至河北省昌黎县侯家营村做社会调研，目睹了先生与村民们打交道的情景，为先生平易近人、虚怀若谷的品质所折服。这次考察由南开历史学院张思老师带队，除了张老师一些本科生外，还有来看望先生的在美华人学者沈于、魏先生的访问学者柳敏和我的博士同学渠桂萍。我们一行10余人，魏先生和师母年龄最大，虚岁已经80岁。考虑到他们的身体和年龄状况，张思老师想安排他们住酒店，但魏先生怎么也不愿意，非得住在农户家里。最后只能尊重他们的意见，安排他们住在小学校长侯振春家里。尽管侯校长家在村里属于条件好一些的农户，也只是房子稍微干净些，睡觉的地方仍然是北方常见的土炕。魏先生和师母入乡随俗，晚上睡在土炕上，白天和大家一起在农户家吃饭。在调研的几天里，魏先生丝毫没有学者教授的架子，他或深入田间地头，或坐在农户家的炕上，与农民们拉家常，很快和村民们打成一片，他们觉得先生这么大的教授太平易近人了，有些话也愿意与他说。特别是侯校长，与先生很快成了无话不谈的好朋友。他积极帮我们协调各方面关系，无私提供村中保存了多年的资料，使我们这次的调研收获很大。2005年10月，我又随同先生、师母、师兄祁建民和日本学者内山雅生一起调研静海冯家村。先生这次调研的目的是要核实即将出版的《二十世纪华北农村调查记录》中一些人名正误等问题。看到此前调研过的村民像老朋友一样热情接待先生，就知道他们之间的感情很深厚。正是先生的言传身教，让我掌握社会调研方法的同时，也深切感受到他所散发出的人格魅力和高贵品质。

最后，魏先生对待朋友和学生总是关怀备至，平易近人。我原来的工作单位河北师范大学有不少先生的老朋友，像苑书义、李若谷、黄存林等先生，魏先生每次见到我，总是问问他们的身体健康及工作生活状况，并不时让我带一些著作和礼物给他们，表现出他对朋友的关心和帮助。对待学生，魏先生更是尽心尽力，不仅关心我们的学习，还关心我们的家庭和生活。记得我每次回家探亲回校，先生总是询问我家中老人和孩子的情况，有没有生活方面的困难，其细致周到，让我感动。即使我毕业多年后，先生总是能张口叫出我爱人和孩子的名字，每次打电话也要问候他们，其慈父般的关心让我至今没齿难忘。魏先生不仅对自己的学生如此关心，对于其他导师的学生也没有门户之见，一视同仁。渠桂萍是王先明老师的博士，她慕先生之名，多次向先生请教，先生不仅尽心传授，还把自己的资料倾囊相助，并带她出外调研，和自己的学生没有任何区别。其他同学也常常求教于先生，他都热情接待和帮助。凡是与先生接触的同学无不为他平易近人、温良敦厚的品德所吸引，愿意与先生接触、谈心，交流思想与看法，从做事到做人，先生总是给予正确的引导。曾记得我上学时因为误会和一位同学产生了矛盾，心里难受，说给了先生。先生没有批评我，而是慢慢和我谈心，从宽容大度的角度引导我，让我认识到自己的狭隘和不足。为了解开我和同学的误会，先生又把我们邀请到家里，让师母给我们包饺子吃，在这样浓浓的家庭氛围中，我们展颜欢笑，误会也就烟消云散了。

如今，可敬可亲的魏先生已经永远地离开了我们，离开了他耕耘多年的杏坛。但他对我们的恩情与谦和敦厚的光辉形象永远留在我们心中。我们永远怀念敬爱的魏先生！

李晓晨，2003—2007年南开大学博士生在学，获历史学博士学位。曾任职河北师范大学历史文化学院，现为青岛科技大学马克思主义学院教授。

忆恩师魏宏运先生二三事

王均寅

时光似水，不知不觉中我自南开园毕业已三十余载，从渤海之滨回到西子湖畔仿佛转眼瞬间。每每忆及当年读研往事，脑海中总会浮现出恩师魏宏运先生的音容笑貌和谆谆教诲。近年人懒，与先生联系少了，但总祈愿他老人家道高德厚，能长命百岁。至某日，忽闻噩耗，心中顿感万分难过，数日难以平静下来。

先生于我，犹若父于子也，事实也如此。先生长我父亲近十岁，不仅授业传道解惑，还对我这个浙江来的毛头小伙在生活上处处关心关怀、悉心教育引导。而自己当年年少不懂事，有几事违拗先生意愿，特别是没听从先生意见考博，执意回杭，也丢了学问专业，而先生并无责怪，随我意愿。如今思来，诚愧疚难挨。

我是魏门最后一名硕士研究生。1987年先生已获批博导资格，当年招了冯、袁二师兄，因为我那年专业课考得还算好，先生破例招了我硕士生，也戏称我为“宣统皇帝”。同年入学的还有秦兴万、邸彦莉、曹春丽、欧阳霞几位同学，分属在教研室其他老师门下。比我高几级的硕士生有黎超良、袁文祥、江沛、李正华等师兄。

我是在杭州大学读本科上课时，学习魏先生主编的《中国现代史稿》，对中国现代史产生浓厚兴趣。不久先生应金普森老师之邀到杭州大学来讲学，听者云集，反响热烈。先生风度翩翩，学识深厚，宛若莎翁再世，在杭大“吸粉”无数，我也是其中之一。后来大着胆子写信表达入魏门意愿，不承想竟收到了先生大教授的亲笔回信，鼓励我报考他的研究生，于是欣喜若狂，坚定了报考的信心。当时杭大历史系中国现代史专业与南开关系紧密，老师间关系甚好，客观上也促成了我来南开园读研的心愿。

初到南开，一切新鲜而陌生，特别是生活环境对南方学生来说有个适应过程。但这不妨碍我们学习研究的热情。教研室当时氛围很好，在魏先生的带领下，陈、左、刘、张、王等老师都是兢兢业业、诲人不倦、待学生如子。南开中国现代史团队力量很强，在全国独树一帜。关键是魏先生德高望重，威望卓著，起了核心的关键作用。我们背后都尊称他为“老板”。“老板”不仅参加革命工作早，新中国成立前就是地下党员，资历深，经历过大风大浪（解放初期就是南开历史系的总支书记，后来长期担任系主任），学问高（我们读研时就是国务院学科评议组成员，相当于文科院士级专家），平时也和蔼可亲，喜欢与大家开玩笑，记得他常乐呵呵地叫左志远老师为“左派”，叫刘健清老师为“地委”，教研室内其乐融融，凝聚力强，所以大家发自内心地敬重他。

先生治学严谨踏实，文风朴实，考证严密，可读性也很强。记得刚到南开时，发现南开园的先生们做学问毫无架子，都是与学生们一起挤在图书馆、阅览室查资料，做卡片，求知之若渴，神情之专注，令人难忘。魏先生就是这样一位以实际行动令学生肃然起敬的老师。当时他已六十几岁，仍整天扑在系阅览室，拿着放大镜全身心查阅《申报》《东方杂志》等资料，那形象至今仍深深铭刻在我的脑海里，并时时激励和鞭策着我。先生是以研究华北抗日根据地史见长的，他教导我们搞研究一定要重实证，多到基层实地调查，去现场走访查看或记录口述历史，如此得来的材料再与文字材料相印证，得出的判断与结论才会准确。他倡导的求真务实的治学作风深深地影响了学生们。先生是一位具有开阔的国际视野、创新的教学思维的历史学家。他不仅常出国讲学，或牵头组织国际学术讨论会、辅导留学生和访问学者，还倡导启发性教学。记得他给我们讲从国外学习的“习明纳尔”教学法，要求每次讨论课事先有个中心主题，由某一位同学先中心发言，其他同学再来发表看法，最后由他来点评。这一教学方法开拓了大家的思路，也激发了学生们研究历史问题的兴趣。先生能讲一口流利的英语，也身先士卒地要求学生们都要刻苦学习英语，特别是锻炼口语和听力，提高与国外同行交流的能力。先生总是这样一点一滴，以自己的言传身教、模范行动，在潜移默化中培养和塑造他的学生。

先生是一位宽厚的长者，对自己的学生常体现出慈父般的关爱，令人难忘。记得读研第一年的暑假，跟着导师到内蒙古草原参加一个学术会议，主办方太过热情，请与会者吃奶茶和羊肉，许多人不适应，闹腾起肚子来，包括先生也是，回来后师母很是心疼，而先生不仅没责怪我们没有起到照顾责任，反而在家热情招待我们吃了顿鲅鱼饺子。先生就是如此，严以律己，宽以待人，尤其对自己的学生视若子女，有着慈父般宽广的胸怀。后来我告别南开回到杭州工作，没能继续专业学习研究，先生仍不忘我这个身处南方的学生，常写信鼓励，或寄上大作，请学生“指正”，每看到先生特有的笔迹，总感到一股暖流涌上心头。再后来，我一度在上虞市政府工作，曾接李正华师兄转达的先生旨意，为先生主编的大作拉了赞助，做了点力所能及的小事，却受到了“老板”几次赞赏，实在是诚惶诚恐。一年后，我偕爱人去天津出差，专门在水上公园附近请魏先生、师母和一些教研室的导师、同学吃饭，师生相聚甚欢。那天先生身着大红毛衣，谈笑风生，精神很好，只是走路已不便，执我手缓行，说了许久。在西南村寓所，还给我们介绍了厅堂挂着的“南开一号”与《老子出关图》的来历。这是先生留给我的最后的记忆。

先生走了，可谓功德圆满，作为中国近现代史和党史著名专家，几乎与党同程，走过了近一个世纪的人生历程，也见证了国家的苦难辉煌、走向复兴。虽已归道山，生命规律使然，但先生的音容笑貌宛在，先生的人格风范长存！永远忘不了先生的教诲与关爱，忘不了先生留给我记忆的点点滴滴。此生有幸，得为魏门入室弟子，愿吾师安息。

王均寅，1987—1990年南开大学硕士生在学，获硕士学位。现任浙江音乐学院党委书记。

学术生活青春永驻

孟宪龄

2021年7月21日，是个令人悲痛的日子。在这一天，我们敬爱的魏宏运老师走了。时光荏苒，如今先生离开我们一年了。魏先生在我的内心深处，如我的父亲、母亲一样音容宛在。所不同的是，老师更是我的精神引领。

1998年至1999年，我作为魏先生的国内访问学者。按年龄来说，此时的先生已是古稀之人。但我感受到的是魏老师年轻的精神状态。在先生身上，我能看到的是深沉的意志、恢宏的想象，炽热的感情。先生的心灵如浩渺瀚海，不断接纳美好、希望、欢乐、勇气和力量的百川。这种青春的精神，体现在先生的教学与科研上，体现在生活中。

一

我久仰魏先生大名，敬慕之情早已有之。我同窗好友杨西云是南开大学历史系著名教授杨志玖先生的女公子。

1983年大学毕业后，我被分配到中共天津市委党史资料征集委员会工作（即中共天津市委党史研究室的前身），杨西云到南京大学去读研究生。每逢放假回来，我就成了她家的常客。逐渐相熟后，杨老先生会放下手中的书，与我攀谈起来。在杨伯父讲他经历时，几次提到魏宏运先生，令我肃然起敬。

能够成为魏师的学生，是一份幸运，也是一种缘分。1998年3月份，天津市政府与南开大学联合举办的纪念周恩来诞辰一百周年国际学术研讨会。因论文入选，我得以参加盛会。开幕式的当天晚上，天津市政府宴请所有与会人员。除主桌外，大家随便落座。我和一位朋友悄悄地坐在靠边的一桌。这时，我的学长王同起（天津师范大学马列主义教研室教授、博士生导师）兄一行几人，簇拥着一位长者，也坐到我们这一桌。同起兄低声告诉我，长者是他的博士生导师魏宏运先生，同行者是他的博士生同学。我和朋友一起问候魏先生，这是我和魏先生的首次相见，真的刻骨铭心。我们这一桌很热闹，来向魏先生敬酒的国内外学者络绎不绝。会后，经同起兄的推荐，我作魏先生的国内访问学者，从此结下师生缘。

二

我所供职的单位——中共天津市委党史研究室，全力支持同仁求学上进。这为我的进修提供前提条件。我们单位有很长一段时间在天津师范大学（南院）办公。我往返于南开大学与天津师范大学之间。在此期间，我主要做三件事：上课、听讲座、做课题。

所谓上课，是魏先生指导博士生与访问学者的教学过程。其方式很独特：大家围坐在一起，研讨与修改《中国现代史》书稿。该书稿是先生主编，列为普通高等教育“九五”国家级重点教材。我有幸参与这部巨著的修改工作。每次研讨，魏师默默地听大家的发言，不时给予指导。在研讨过程中，有时博士生就有争议的问题进行讨论，这是先生所鼓励的。先生认为有争论才有鉴别和思考，有思考才能提高。先生在中国历史上的深厚造诣、幽默风趣的点评方式，深入浅出的简单话语，都给我留下深刻的印象。最初，我聆听大家与先生的交流，不敢发言。渐渐熟悉，先生启发引导我，诸位博士生也给以我很多帮助。不管正确与否，我敢把自己看过书稿后的一些想法说出来。在这过程中，先生教会我研究的方法，怎样查阅、利用图书资料，如何确定研究课题，关于该课题当前研究的现状，以及进一步研究的方向。魏先生主编的《中国现代史》，已于2002年1月在高等教育出版社出版，是为各大学现代史的教材。

在作国内访问学者期间，我还听讲座开阔视野。先生的名字和南开大学紧紧地联系在一起。当有海内外学者到南开大学作学术交流时，先生会请远道而来的朋友与大家一起座谈。我是参加座谈会的积极分子。其中，印象最深的是台北“中研院”近代研究所所长、研究员张玉法先生的讲座。张先生主讲的内容是：中国现代化的区域研究（山东省1860—1916），台北“中研院”集体研究计划的部分成果，其余还包括广东、福建、浙江、台湾地区、江苏、上海、湖南、湖北、四川、直隶、奉天、吉林、黑龙江。集体研究计划的共同纲目主要是区域特性、外力冲击，以及政治、经济、社会等方面发生的变迁，并探讨本时期社会现代化的进程及其问题。最后对本时期现代化进程的有利因素与无利因素，以及现代化的全部进程作一评估。张先生的讲座时间在一个小时左右。然后大家一起座谈，气氛热烈，毫无拘束之感。

作为国内访问学者，我的课题研究工作是《解放前后中国社会经济的变化》。在先生的指导下，我把利用图书馆和档案馆资料与社会调查结合起来，在占有丰富的史料上下功夫，并进行深入研究。撰写论文《1949年历史巨变与中国现代化》，1999年入选中国现代史学会等单位联合举办的“五十年来的社会变迁与中国现代化”学术讨论会，《天津党史》1999年第3期发表。在此基础上，我还撰写论文《1949年前后天津社会经济的变化》。该论文入选并参加天津建城600周年理论研讨会，并获优秀论文奖（只设此奖项）。[①]对于这样的成绩，魏先生给予充分的认可。

让我记忆犹新的是，魏先生告诫我们，史学研究不是商品经济的包装物，不可能产生社会明星或轰动效应。史学本身的博大精深，那种沉静的哲学思考，那种跨越时空的历史想象，那种对历史与时代呼唤的回应，那种从容思索的心灵修炼，都远远不是仅靠运气和天资能够达到的境界，因为史学研究实际上是在丰富人类的思想方式和精神内涵。所以，只有肯付出的人，才能获得历史老人的垂青。这种认识，是先生长期的史学修养的结果，也是他培养、教育弟子的宗旨。

三

一日为师，终身为父是老辈传下来的话。我工作的性质确是延续我和先生、师母缘分的契机。我的工作职责是研究中共天津历史。按照单位分工，我所在的研究一处的重点在民主革命时期。魏宏运先生、王黎（原名王庆璨）师母是解放战争时期的革命青年。二老正是我所从事工作内容的亲历者。换言之，导师夫妇也正是我需要采访的对象。我经常到先生家，与先生、师母谈天说地。时间稍晚，索性留在先生家吃晚饭，享受师母烹制的美食美味。

① 载《纪念天津建城600周年文集》，天津人民出版社，2004。

时至今日都不能忘：那鱼味鲜美，罗宋汤胜过起士林。饭后，先生拿来甜点让我吃。我聆听过先生、师母参加学生运动的工作和体验，令人神往。

魏先生出生于动荡的年代。1935年徐海东部队到了西安附近，魏先生在10岁那年，第一次见到红军。此后，还目睹西安中学生举行“一二·九”周年纪念。游行队伍高呼“停止内战，一致抗日”的口号，进军临潼，向蒋介石请愿。接着“西安事变”爆发。1937年卢沟桥战火爆发，先生和同学们一起到农村宣传抗日，唱革命歌曲。西安南院门附近开设生活书店，极大地吸引了年少的先生，不时地跑到那里去看书，还节衣缩食，省下钱来买一些青年自学丛书，如艾思奇《大众哲学》、潘梓年《逻辑学与逻辑术》、何干之《中国的过去、现在和未来》等，还阅读《学生呼声》《远东杂志》等刊物，脑子开始装进些新思想、新知识。这些对先生以后的人生旅程是很有影响的。

1944年，魏先生参加李敷仁、武伯伦领导的地下“民青”组织。他们经常给先生一些延安出版的小册子。这些书刊对年轻的魏先生给予最大的教益，令先生有进步的史观，向往革命。

先生一面参加抗日爱国活动，一面思考近代中国何以由煌煌大国衰落至任由日本“老拳横击”的原因，发愤研读五四以来思想家之名著，从而打下先生最初之史学基础。1946年春，西安白色恐怖趋重，国民党搜捕共产党人、革命青年和进步人士。因参加革命活动，魏师被学校中的国民党三青团列入黑名单，常遭敌特追捕。先生来到北平继续读书。1946年至1948年，北平学生运动高涨，先生反对蒋介石的独裁，积极参加反饥饿反内战运动、助学运动、反抗“八二〇”大逮捕的斗争；宣传中共的政策；发展组织、向解放区输送干部。尽管地下工作繁忙，先生也从未放松过自己的学业。

1946年8月先生以优异成绩考入由外国教会设在北平的辅仁大学，专攻历史专业。辅仁大学是私立教会学校，要交学费，而且生活费依然没有着落。那时物价飞涨，学费也狂涨不已，空前严重的经济危机把各阶层人民推上饥饿和死亡的绝境，先生也不例外。于是便萌生转入声望很高的国立南开大学的念头。1948年，先生顺利通过考试，被录取插入二年级。那次考试能够成功，靠的是扎实的英语功底，因为在试卷上一律用英语作答，这大概是其他考生没有想到的竞争方法。在南开求学时，先生担任文学院学生会主席、校学生会副主席，并代表学生会参加校委会，工作能力得到很好的锻炼。在学业上，在杨生茂、吴廷璆、王玉哲、杨志玖、谢国桢、黎国彬等诸位师长的悉心教导下，先生从不敢稍有懈怠，常以打下深厚而牢固的史学基础自勉。

不止如此，先生还继续从事地下工作。南开大学地下党有多个系统。冀热察城工部平津工委会天津支部由魏师及另外两名同志负责，魏师任南开大学支部书记。上级党组织对平津地下党配合与迎接人民解放军解放和管理大城市的艰巨而光荣的任务面前，应当如何工作的问题，提出明确、具体的意见。首先要完整地接管，而且能够顺利地发展与建设这些大城市和工业区。为了完成这一任务，魏师所承担的主要工作是：调查国民党在天津的军事部署及设施、军队布防状况，重点调查、保护单位航道、各轮船业、联勤仓库、粮食被服、物资器材、财政部直属税务局、陆军医院、中国银行等，通过各种社会关系，争取在津国民党的一些重要部门起义。有些情报委托王庆璨传递，魏师则一至二周去北平一次，联系地点为宣武门外关中会馆。这是工委负责人之一韩应民一家的住所。其次，天津是进步学生前往解放区的中转站。魏师还接待中转的进步学生，负责安排他们在津的食宿，保护其安全，并帮助他们分别化妆成小商人，再把他们送往解放区。最重要的是，在迎接天津解放行动委员会的领导下，魏师和南开大学各系统的地下党组织，发动、组织群众开展反对南迁和护校斗争。1948年11月间，南京国民党政府密令天津当局将重要工厂、学校的设备及高级技术人员、教师南迁。地下党得知这一情况后，立即发动各界开展反南迁斗争。经过多方工作，南开大学于12月10日作出反南迁决议。在天津战役进行过程中，魏师和南开大学地下党一起带领师生开展护校斗争。为安全起见，南开大学决定南院、北院师生均集中于甘肃路的东院，即当时的财经学院，拥挤在大礼堂的里里外外。师生组成纠察队。当天津市国民党警备司令陈长捷要在楼顶架大炮对抗解放军，学校师生群起反对，使其未能得逞。1949年1月15日，天津解放。魏师和大家一起，组成游行队伍，到市区游行，过鞍山道、罗斯福路一带，欢庆解放。

是年3月，魏师赴北平汇报工作，并办理党的组织关系。回津后，将党员关系移交中共天津市委组织部。新中国成立后，魏师历任南开大学历史系党政领导。博雅、和蔼之外，魏师以德劭年高之政治活动家，夙兴夜寐，自有一副承受时代重负之铁肩。导师既是专家学者又是革命的亲历者，是我的幸运。中共天津市委赋予我所在的单位即中共天津市委党史研究室一项重要任务，就是研究撰写《中国共产党天津历史》（第一卷），要求全面准确地反映新民主主义革命时期党在天津开展革命斗争和加强自身建设的历史实践和历史经验。党史研究室对这一工作非常重视，历任领导对工作的开展给予大力支持，很多同志为此付出巨大努力，为研究编写这一时期党在天津的历史打下很好的基础。1996年组成本书编写小组，我是成员之一。该项目于1997年将本书在《天津市“九五”期间党史工作规划》中立项。2000年完成初稿。我们单位的领导聘请魏宏运教授等专家审读书稿。魏先生对该书稿进行认真审读，就全书框架结构、史料运用、文字表述等方面提出进一步修改的意见。室领导组织我们认真学习，深刻领会魏先生等专家学者及老一辈革命家提出的意见，分工合作，又进行反复修改。《中国共产党天津历史》（第一卷）由中共党史出版社于2005年6月出版。该著作，继获得天津市第十届社科优秀成果奖之后，又获得全国党史部门党史优秀成果奖。能够取得这样的成绩，是与魏先生的亲切指导分不开的。

四

环境和氛围决定人生。在魏先生亲自指导下，我学术研究的视野被打开了。魏先生的学生们给予我很多的帮助。于是，我在努力完成职责任务的同时，用所有的业余时间，加强学习和研究，取得一些成绩。

在做魏先生的国内访问学者期间，先生曾与我讲电话，说：小孟啊，你要写文章到北京去发表。2001年，先生的一位学生与我讲，五篇文章、一本书是你近期的奋斗目标。其余，你什么也别想。不久，先生的另一位学生对我讲，记住了，实力决定论。这样，我努力目标的基本轮廓规划出来。这时，魏先生的另一位学生帮助我设计课题。几经修改，最后确定为研究党的领导制度建设思想，从此开始我艰辛的奋斗历程。

我申报社科课题，得到魏先生的全力支持。我申报天津市“十五”社科研究规划（2003年度）项目是：《毛泽东邓小平江泽民关于党的领导制度建设思想之研究》。在作课题论证时，需成立项目研究小组。我小组中第一位成员，是魏宏运教授。要知道，魏先生是国内外有影响的著名历史学家，任国务院学位委员会第二、三届学科评议组成员、中国史学会理事、中国现代史学会副会长、天津市理事学会理事长、香港学术评审局学科评议专家、南开大学学术评议组成员，等等。我感受到先生对我的支持与提携。坦率地讲，我真是受宠若惊。经天津市社科规划办组织评审，该课题申报成功。这是中共天津市委党史研究室首次申报成功的社科规划课题。单位领导予以充分的支持。经过几年的努力，在取得多项阶段性研究成果和完成初稿的基础上，追踪相关课题研究动态，对课题成果进行修改完善。课题研究成果形成后，提请5位党史学界专家评审，得到专家的充分肯定。2008年社会科学规划办公室办理课题结项工作，已获批准，认定为A级。

在此基础上，我撰写论文：

（1）《毛泽东邓小平关于党的领导制度建设思想之比较》，《党的文献》2005年第3期发表，后被中国人民大学书报资料中心主编的A1《毛泽东思想》2006年第1期重点文章头篇全文转载。市委党史研究室领导对此予以高度重视，特意在天津党史信息2006年第1期发出简讯，并给予奖励。

（2）《抗日战争时期任弼时对党的领导制度建设之重要贡献》入选并参加全国“任弼时生平和思想研讨会”。胡锦涛及政治局常委等中央领导人出席座谈会。在会上，胡锦涛发表重要讲话。该论文收入中央文献研究室编《任弼时百周年纪念——全国任弼时生平和思想研讨会论文集》，中央文献出版社2005年版。

（3）《试论毛泽东的领导制度建设思想》，全国中文核心期刊《党史研究与教学》2004年第3期发表，重点文章头篇刊出。

（4）《试论邓小平对党的领导制度建设思想之杰出贡献》，2004年8月，入选并应邀参加广西百色市委、市政府联合举办的纪念邓小平诞辰一百周年暨百色起义七十五周年学术研讨会，在会上做重点发言。该论文还入选广西壮族自治区纪念邓小平诞辰一百周年学术研讨会，获优秀论文奖。全国中文核心期刊《探索》2004年第5期。

（5）《毛泽东邓小平江泽民对党的领导制度建设的贡献》，经初评、复评等多次评选后，入选并出席全国党史学会、中共中央党史研究室联合召开的纪念中国共产党成立85周年学术研讨会。该论文收入《纪念中国共产党成立85周年学术研究论文集》，中共党史出版社2007年4月版。

这些成绩的取得，是与魏先生的指导分不开，与同学们帮助分不开的。作为一名从事地方党史研究近三十年的工作者，注定会写很多书稿和文章，但很难达到如上层次。

能够成为魏师的学生，是我终生的幸事。一部部学术著作，记载着魏先生一生的史学研究轨迹，闪耀着先生智慧与才干的火花；但魏先生，并不满足于自己已有的成就。先生自我鞭策，勇往直前。人的生命是有限的，而学术研究是无限的。先生的座右铭是“天行健，君子以自强不息”。

我敬佩先生所作出的学术贡献。他为后学者搭建登高的梯子。在学术高峰领略风采的角度，则是学生能力的体现。我敬重先生的教学素养。很深奥的道理，魏师是用平实话讲出来的。领会深浅则看学生的学习能力了。先生的弟子皆慎行明辨，潜修锐进、不坠薪传。成为卓有成就之史学新锐，获博士学位与教授职称者诸多；更有卓越者成为国内大学博士生导师、国外大学的终身教授；做领导干部的也大有人在，可谓桃李满目。我不才，不能辱没师门，对我是一种约束。因此，我一直在默默地努力着。

我们尊崇、爱戴魏先生，不仅在于其著作等身，更在于其人品。先生为人宛若春风祥霭，言说皆称朴实无华，超然之至。见到先生、师母，仿佛是从嘈杂闹市中走来，立刻感受到心灵的净化。大度看世界，从容过生活。每一次看望二老的过程，都是一段荡涤身心的奇妙旅程。

如今魏先生不在了，但先生青春的精神永存。我很欣赏塞缪尔·厄尔曼的《青春》。他认为，青春不是年华，而是心境，青春是生命的深泉涌流。先生那种心中皆有生命之欢乐，奇迹之诱惑，孩童般天真久盛不衰的状态一直活跃在我的心中，引领我的人生。

2022年5月3日

孟宪龄，1998—1999年南开大学历史系访问学者，曾任中共天津市委党史研究室副研究员，研究一处处长。

唁电篇

南开大学历史学院魏宏运先生治丧委员会讣告

中国共产党优秀党员，著名历史学家、南开大学中国近现代史学科奠基人，南开大学荣誉教授魏宏运先生于2021年7月21日10时40分因病于天津仙逝，享年97岁。

魏宏运，1925年1月出生，陕西长安县人。1945年参加革命。1946年入北平辅仁大学历史系，1948年转入南开大学历史系，1951年毕业于南开大学历史学系。留校工作后，历任校文学院总支书记，历史系支部书记，系主任、校学术委员会委员等职，曾任国务院学位委员会历史学评议组成员、国务院哲学社会科学规划小组二、三届成员，中国现代史学会名誉会长、天津市历史学学会理事长及名誉会长、中国史学会理事、香港学术评议局成员、《历史教学》杂志副总编、南京大学民国史研究中心名誉研究员、海内外多所名校的兼职教授，曾任中国史学会理事等重要职务。

魏宏运先生著述丰富，著有《魏宏运文集》（6卷）、《锲斋文录》《锲斋文稿》《抗日战争与中国社会》《中国近代历史的进程》《魏宏运自订年谱》，主编有《中国现代史》（上下）、《中国现代史资料选编》（5卷）、《抗日战争时期晋察冀边区财政经济史资料选编》（4卷）、《抗日战争时期晋冀鲁豫边区财政经济史资料选编》（2卷）、《华北抗日根据地史》《华北抗日根据地纪事》《二十世纪华北农村调查记录》（4卷）等大型资料集和著作，在海内外发表了百余篇高质量的学术论文，具有重要的学术影响力。他培养了40余名博士、硕士，不少已是学界中坚骨干和带头人。他是南开中国近现代史学科的奠基人，南开史学的代表性人物。因在学科规划、人才培养、史料建设田野调查等方面做出的卓越努力，他也是公认的中国近现代史研究领域的开拓者之一。

魏宏运先生千古！

南开大学历史学院魏宏运先生治丧委员会

2021年7月21日

南开大学副校长李靖悼词

各位师友：

今天我们聚会在此，送别中国共产党优秀党员，著名历史学家、南开史学中兴的领航人、中国近现代史学科奠基人，南开大学荣誉教授魏宏运先生。他于2021年7月21日10时40分因病于天津家中逝世，享年97岁。

本来学校领导是要参加魏先生的送别仪式，以示对这样一位德高望重、对南开发展卓有贡献的老先生的尊重。但由于杨书记、曹校长均在北京学习，难以抽身，十分遗憾，他们以不同方式向家属、历史学院表达了他们的敬意。我也是代表他们和学校参加仪式并向魏先生致悼词的。

魏宏运是1945年8月抗战结束前参加革命的老同志，1948年由辅仁大学转学至南开大学历史系，早年是天津地下党的重要成员，曾荣获“庆祝中华人民共和国成立70周年”纪念章、“光荣在党50年”纪念章，是令人敬仰的老革命家。

先生1951年毕业后留校任教至2010年，在南开工作60年之久才退休。他历任文学院总支书记、历史系书记、历史系主任、校学术委员会委员等，对于南开史学的学科规划、队伍建设、教学体系、科研布局，他是具有决定性的人物之一，也是南开70余年来发展的见证者和核心参与者。可以说，他是南开中国近现代史学科的奠基人，南开史学的代表性人物。

二十世纪八十年代以后，他长期任国务院学位委员会成员、国家社科基金规划小组成员、中国史学会理事、天津市历史学学会理事长等职，在中国史学界、中国近现代史领域，著述丰富，影响深远，是一位具有开拓性的领军人物。

魏先生一生培育了诸多的青年才俊，他培养了40余名博硕士生，还有一些访问学者、进修生、海外学生，后来有的人成长为大学校长、地方部门领导人、长江学者、学院负责人和著名教授，有的还任职海外高校，不少人都是学界中坚骨干和带头人，为中国史学发展及中华文化的对外传播做出了积极的贡献。

身处二十世纪八十年代改革开放大潮中的魏先生，紧跟时代，特别注意人才和学术的国际交流。他不仅率先主持召开抗战史学界第一个国际学术研讨会，较早受邀在美国蒙大拿大学授课，还率先展开与日本学者合作的华北农村调查项目，所获口述资料引起了国际学术界的高度注目。他参与国际交流的足迹遍布欧洲、美洲、大洋洲和亚洲四大洲的15个国家和地区，成为真正具有国际视野和知名度的著名学者。

魏宏运先生对于学术研究的执着及刻苦极其出名。他一生著述丰富，很多时间都是在行政之余挤出来的。煌煌6卷本的《魏宏运文集》是其一生著述的集成；《抗日战争时期晋察冀边区财政经济史资料选编》（4卷）、《抗日战争时期晋冀鲁豫边区财政经济史资料选编》（2卷）、《华北抗日根据地史》《华北抗日根据地纪事》《二十世纪华北农村调查记录》（4卷）等大型资料集和著作，对于中国抗日战争根据地史、华北区域社会史的研究具有奠基性意义和重要推动作用。《魏宏运自订年谱》可谓奇书，记载了先生一生所见、苦难与快乐，也记载了南开半个世纪的发展史，常为当代中国史学者津津乐道、引用颇多。他主编的《中国现代史》（上下）、《中国现代史资料选编》（5卷）二十世纪八十年代曾为百余所高校定为专业教材，影响力十分广泛。他因此被公认为中国近现代史研究领域的开拓者之一。

魏宏运先生的去世，是南开史学的重大损失，是南开大学的重大损失，也是中国史学界的重大损失。

当前，南开大学按照“十四五”规划蓝图，扎实推进“4211”行动计划，积极进行“双一流”建设。师生们共同感受着南开的大步向前。让我们以先生的精神为动力，为振兴南开而奋斗，这应该也是先生最大的遗愿！

魏宏运先生千古！

2021年7月23日

北京大学历史学系唁电

南开大学历史学院暨魏宏运先生家属：

惊悉魏宏运先生与世长辞，北大历史学系师生深感悲痛！

魏宏运先生是我国著名的历史学家，长年从事中国近现代史、抗日战争史等领域的研究工作，在学科规划、人才培养、史料建设、田野调查等方面取得卓越成就。先生曾担任国务院学位委员会历史学评议组成员、国务院哲学社会科学规划小组二、三届成员、中国现代史学会名誉会长、中国史学会理事等重要职务，为推动历史学发展作出了突出贡献。

魏宏运先生著作等身，桃李天下，一生为历史学研究和教育倾尽全力。先生的逝世是我国学术界的巨大损失！值此悲痛之际，特致函吊唁，谨表深切哀悼，并请向魏先生亲属转达深切慰问!

魏宏运先生千古!

北京大学历史学系

2021年7月22日

中国人民大学历史学院唁电

南开大学历史学院魏宏运先生治丧委员会：

惊悉魏宏运先生于2021年7月21日因病不幸仙逝，我院同仁深表哀悼！

魏宏运先生是我国著名历史学家、中国近现代史学科的开拓者之一，也是南开大学中国近现代史学科的奠基人，在海内外享有盛誉。先生在中共党史、抗日战争史、华北区域史、近现代史料整理等许多领域成就卓著，深受同行爱戴。我校李文海教授曾誉其为“求真致用，以史为鉴”的典范。先生长期耕耘于教学第一线，桃李满天下，为中国近现代史学科培养了众多杰出人才，也曾担任国务院学位委员会历史学评议组成员及中国史学会、中国现代史学会等学术团体的重要职务，为中国近现代史学科体系、学术体系和话语体系的形成做出过重要贡献。

魏宏运先生的逝世不仅是南开大学的损失，也是中国史学界特别是中国近现代史学界的重大损失！斯人已逝，风范长存！

魏宏运先生千古！

中国人民大学历史学院

2021年7月22日

北京师范大学历史学院唁电

魏宏运先生治丧委员会并魏宏运先生家属：

惊悉魏宏运先生不幸逝世，北京师范大学历史学院全体师生万分悲痛。谨此表示深切哀悼，并向魏先生家属致以诚挚慰问！

魏宏运先生是我国著名历史学家、教育家，是南开大学中国近现代史学科的奠基人，南开史学的代表性人物。数十年来，魏先生潜心学术，笔耕不辍，在中国近现代史学科、抗日战争史等研究领域贡献卓著，成绩斐然。他学为人师，行为世范，为我国培养了一大批杰出的史学和管理人才，为我国的历史学教育奉献了毕生的心血与智慧。

魏宏运先生的不幸逝世，是我国历史学界的重大损失！

魏宏运先生千古！

北京师范大学历史学院

2021年7月22日

中国社会科学院近代史研究所唁电

南开大学魏宏运教授治丧委员会：

惊悉中国共产党优秀党员、我国著名历史学家魏宏运教授仙逝，不胜悲痛！魏宏运教授从事中国近代史研究和教学七十余年，著作等身，桃李遍天下，是学界的泰山北斗，为中国历史学科的发展做出了卓越的贡献。魏宏运教授的逝世，是中国历史学界的重大损失。

魏宏运教授是我们近代史研究所的亲密朋友，始终关注我所的建设与发展。魏先生的音容笑貌，宛若眼前。在此，中国社会科学院近代史研究所全体同仁，对魏宏运教授的逝世表示沉痛的哀悼！并请向魏教授的家属转达我们诚挚的慰问！

魏宏运先生千古！

中国社会科学院近代史研究所

2021年7月22日

当代中国研究所唁电

南开大学历史学院治丧委员会：

惊悉魏宏运先生不幸辞世，十分悲痛！

魏宏运先生是当代中国著名的历史学家，是中国近现代史、中共党史、抗日根据地史和华北社会史研究的重要开拓者，热情关心、积极支持新中国史的研究和学科建设。先生以宽广的胸怀、渊博的学识和严谨的治学风范，在国内外享有盛誉，为学界所敬重，为后学所敬仰。魏宏运先生的仙逝，不仅是南开大学的巨大损失，也是我国史学界的巨大损失。谨此代表当代中国研究所全体同仁，对魏宏运先生的逝世表示沉痛哀悼，向先生家属表示深切慰问。

云山苍苍，江水泱泱，先生之风，山高水长。魏宏运先生千古！先生治学精神和人格风范长存！

当代中国研究所

2021年7月22日

中国史学会会长李捷、副会长兼秘书长王建朗唁电

南开大学魏宏运先生治丧委员会：

惊闻我国著名历史学家、教育家魏宏运先生遽归道山，曷胜哀痛！在七十余年的学术生涯中，魏宏运先生致力于中国近代史研究，造诣精深，著作等身，学界仰之若泰山北斗。魏宏运先生重视教育，关怀晚辈，桃李满天下。魏先生为推动学科成长与发展作出了重要贡献。魏宏运先生的逝世，是中国历史学界的重大损失。我们谨代表中国史学会，对魏宏运先生的逝世表示沉痛的哀悼！并请向魏宏运先生的家属转达我们的悼唁与问候！

中国史学会

会长：李捷

副会长兼秘书长：王建朗

2021年7月22日

中国现代史学会唁电

南开大学历史学院魏宏运先生治丧委员会：

惊悉魏宏运先生不幸辞世，深感悲痛！

魏先生是中国近现代史研究领域重要的开拓者和学科奠基人，在中国现代史研究领域成绩卓著。魏先生长期担任中国现代史学会名誉会长，积极关心支持学会发展，为中国现代史学的学科规划、史料建设、人才培养做出了重大贡献。魏先生的逝世是中国现代史学界的巨大损失！中国现代史学会全体同仁对魏先生的辞世表示沉痛哀悼，向先生亲属表示深切慰问。斯人已逝，风范永存！

魏先生千古！

中国现代史学会

2021年7月22日

中国经济史学会唁电

南开大学历史学院魏宏运先生治丧委员会、魏宏运先生家人及高足:

惊悉我国著名历史学家、南开大学中国近现代史学科奠基人魏宏运先生于2021年7月21日10时40分因病于天津仙逝，敝会同仁对先生的逝世致以沉痛的哀悼!

魏宏运先生是誉满海内外的著名历史学家，他不仅是南开史学的奠基人，也是中国近现代史学科的开拓者和引领者!

先生在中共党史、根据地史、抗战史、华北区域史等领域著述丰硕，成就非凡，对中国近现代史学科体系、史料建设作出了巨大贡献。先生治学严谨，学问精深，为中国历史学界培养了大批人才和诸多领军人物。先生的思想、学说和风骨，更启发无数青年学子向学求进，矢志报国。先生之逝世，是我国历史学界的重大损失!

我们对魏宏运先生的逝世表示沉痛哀悼，向魏先生的亲属表示诚挚的慰问！

魏宏运先生千古！

中国经济史学会

2021年7月22日

中国抗日战争史学会唁电

南开大学历史学院：

惊悉著名史学家魏宏运先生病逝，不胜悲痛。在此特致哀悼并请向亲属表示深切的慰问。

魏宏运先生是南开史学的代表性人物，中国现代史领域的开拓者之一，也是中国抗日战争史学界的开拓者和领军人物之一。长期以来，他辛苦耕耘，著述丰富，多部资料文献集和重要著作的出版，有力推动了中国抗日战争史研究的深化。他培养了多位学生，如今已是抗战史学界的重要骨干。他曾任学会的创会理事，是学界尊敬和爱戴的著名学者。

先生之学，堪为开拓者，先生之行，足以称楷模。先生的去世，是中国抗日战争史学界的重大损失。我们当承继先生遗愿，将抗日战争史研究发扬光大！

惟望家属节哀顺变。

魏宏运先生千古!

中国抗日战争史学会

2021年7月22日

高等教育出版社唁电

魏宏运先生治丧委员会并转魏宏运先生亲属：

惊悉著名历史学家、南开大学荣誉教授魏宏运先生不幸因病逝世，不胜悲痛！谨表沉痛哀悼，并向魏宏运先生的亲属致以深切的慰问！

魏宏运先生毕生从事中国近现代史的研究，是中国近现代史领域的重要开拓者。先生热忱于人才培养工作，培养多位学界中坚骨干，成就突出。先生对中国近现代史的教学倾注心血，主编的教材由我社出版发行，推动了中国近现代史教育教学的发展。

先生之学，其高堪为人师；先生之行，其正足称世范；先生之风，山高水长！魏宏运先生的去世，是学界的巨大损失，令人扼腕长叹！

借此奉唁，仅寄哀敬，并望节哀珍摄！

高等教育出版社

2021年7月22日

中国政法大学人文学院历史研究所全体同仁唁电

南开大学历史学院魏宏运先生治丧委员会：

惊悉魏宏运先生逝世，深感悲痛！

魏宏运先生是我国著名的历史学家、教育家，中国现代史研究的开拓者，南开大学中国现代史学科体系的奠基人。先生早年参加革命，后投身教育与史学研究，一生砥砺前行，贡献卓著。先生在抗日战争史、中国现代社会史、华北区域史等研究领域开风气之先，成就卓越，享有崇高声誉。先生为人师表，学养深厚，恩泽后学，培养和影响了一大批优秀人才。魏宏运先生的逝世，是我国史学界的重大损失！

中国政法大学人文学院历史研究所全体同仁对先生的逝世表示沉痛哀悼！

魏宏运先生千古！

中国政法大学人文学院历史研究所全体同仁

2021年7月22日

中共中央党史和文献研究院孙丽萍、王刚、王永魁、郑林华、李葳、刘鲁、徐嘉唁电

南开大学历史学院魏宏运先生治丧委员会：

闻悉魏宏运先生以97岁高龄去世，无比悲痛。我们为中国史学界失去一位巨擘、一代良师痛心不已。先生一直以来致力于史学理论与教学实践活动紧密结合，毕其一生，殚精竭虑，在中共党史、华北抗日根据地史等研究领域作出了重要贡献。先生的宽广胸怀、史学大家的视野和提携后进的风范，为学界所共仰。先生是活到老、著述到老、贡献到老、精彩到老的典范，是我们学习的光辉榜样。在此，我们向曾经给过我们谆谆教诲的老先生表示由衷感谢，向先生的亲属致以诚挚的慰问！

先生千古，风范长存！

孙丽萍　王　刚　王永魁　郑林华　李　葳　刘　鲁　徐　嘉（中共中央党史和文献研究院）

在京南开大学历史系校友唁电

南开大学历史学院办公室代转魏先生治丧委员会：

惊悉魏宏运老先生97岁高龄仙逝，历史系1959—1964年级二班魏先生在北京的学生无不深表痛惜、深切哀悼，默祝先生一路走好！亦请代我们向魏师母及先生子女亲属表示亲切慰问！并请她们节哀顺变！

文短情深，再次表示深切哀悼不尽之意！

在京学生：邱永生、吴慧敏、张传秀、赵秀德、陈辉海、郝贵远、方裕谨　共同致哀

2021年7月22日

天津市历史学学会、天津市老教授协会唁电

南开大学历史学院魏宏运先生治丧委员会:

魏宏运先生于今日不幸仙逝，天津历史学学会和天津老教授协会全体同仁深感悲痛！谨致深切哀悼！

魏宏运先生是我国著名历史学家，南开大学历史学科奠基人，天津历史学学会老会长，长期致力中国现代史的教学研究，致力于我国历史学科建设，领导南开史学发展。先生在抗日战争史、抗日根据地史、华北农村社会调查、中华人民共和国史等领域研究精深，有诸多建树。先生博学多识，著述丰硕，在国内外史学界影响深远。先生为人宽厚，德高望重，恩泽后学，桃李满天下。先生对南开大学历史学科建设、天津市历史学科发展、中国近现代史学科发展、中国历史学科建设都做出了巨大贡献。魏宏运先生的逝世是我国历史学界特别是天津市历史学界的重

大损失！

魏宏运先生千古！

天津市历史学学会

天津市老教授协会

2021年7月21日

南开大学日本研究院唁电

魏宏运先生治丧委员会：

惊悉我国著名历史学家、南开大学中国近现代史学科奠基人魏宏运先生仙逝，日本研究院全体师生谨表示深切哀悼。

魏宏运先生毕生致力于中国近现代史的教学与研究，成果丰硕，桃李满园，为南开历史学科的发展做出了杰出贡献，为南开历史学人所景仰，也为全国史学界所敬重。

我院的发展，也得到了宏运先生长期以来的大力支持。他不仅积极参与指导我院的科研及学术活动，还给我们介绍了很多日本著名学者，提升了我院对日学术交流的水平。魏宏运先生对我院的深情厚谊，将鼓舞我们努力向前，把日本史研究事业推向新的高度。

魏宏运先生千古！

南开大学日本研究院

2021年7月21日

天津理工大学马克思主义学院唁电

南开大学历史学院魏宏运先生治丧委员会：

惊闻魏宏运先生不幸辞世，万分悲痛！

魏宏运先生是当代中国著名的历史学家、教育家。先生不仅长期致力中国现代史教学与研究，更是中国现代史学科体系的奠基者。先生在中共党史、抗日战争史、抗日根据地史、华北农村社会调查、中华人民共和国史等领域开风气之先，在海内外学术界享有盛誉。天津理工大学中国近现代史基本问题方向教学、科研工作者多受魏宏运先生指点教诲，受益良多！

魏宏运先生不幸辞世，是中国学术界的重大损失！

魏宏运先生千古！

天津理工大学马克思主义学院

2021年7月22日

天津工业大学马克思主义学院唁电

南开大学历史学院魏宏运先生治丧委员会：

惊闻魏宏运先生不幸仙逝，甚为悲痛！

魏宏运先生是著名历史学家，国内公认的近代史学科奠基人和开拓者之一。先生毕生致力于中国近现代史教学与研究工作，是国内公认的近代史研究大家。先生在中共党史、抗日战争史、抗日根据地史、华北农村社会调查、中华人民共和国国史等领域著述颇丰，享誉海内外。先生学养深厚，德高望重，为中国近现代史学科培养了一大批优秀人才，并已成为国内该领域的学术中坚。

魏先生的离世，既是南开史学的重大损失，也是我国史学界的重大损失！

天津工业大学马克思主义学院全体师生对先生逝世表

示沉痛哀悼！

魏先生千古！

天津工业大学马克思主义学院

2021年7月22日

天津社会科学院历史研究所唁电

南开大学历史学院魏宏运先生治丧委员会：

惊悉著名历史学家魏宏运先生仙逝，我所同仁万分悲痛，谨表哀思！

先生德高望重、学术斐然、为人师表、诲人不倦，在中共党史、根据地史、抗日战争史、华北区域史等领域著述宏富，为我国史学研究和人才培养奉献了毕生的心血与智慧，深受学界敬仰。

先生之仙逝，是我国历史学界的重大损失，谨致沉痛哀悼，并向先生家属表示深切慰问！

著书立说，开一代史学标范。

教书育人，成一世桃李芬芳。

魏宏运先生千古！

天津社会科学院历史研究所

2021年7月22日

中共天津市委党校副校长、市委党史研究室主任王永立唁电

南开大学历史学院：

惊悉魏宏运先生不幸逝世，深感悲痛！魏宏运先生系著名历史学家、中国近现代史研究领域的开拓者，生前曾对天津地方党史事业给予亲切关怀和鼎力支持。魏先生的逝世，是我国学术界的巨大损失。值此之际，谨向贵院并通过贵院向魏宏运先生家属表示沉痛悼念和诚挚慰问！

中共天津市委党校副校长、市委党史研究室主任王永立

2021年7月22日

天津博物馆、天津文博院、天津美术馆李叔同（故居）纪念馆唁电

南开大学魏宏运先生治丧委员会：

惊悉著名历史学家、南开大学中国近现代史学科奠基人，南开大学荣誉教授魏宏运先生逝世，不胜悲痛！

魏宏运先生笔耕不辍，著作等身，桃李天下，恩泽后世。先生作为南开大学中国近现代史学科的奠基人、南开史学的代表性人物，以广博的学识和严谨的治学风范成为中国现代史领域的巨擘，是公认的中国近现代史研究领域的开拓者之一。

天津博物馆与魏宏运先生有着不解之缘，并长期与南开大学历史学院保持良好合作关系。在此，我们对魏宏运先生的逝世表示沉痛哀悼，向先生亲属及南开大学同仁致以诚挚慰问！

魏宏运先生千古！

天津博物馆　天津文博院

天津美术馆李叔同（故居）纪念馆

2021年7月22日

河北师范大学唁电

南开大学历史学院魏宏运先生治丧委员会：

惊悉魏宏运先生不幸辞世，噩耗传来，万分悲痛！

魏宏运先生是我国著名历史学家，是中国现代史研究的开拓者和奠基人。先生学博识远，开创性地将社会学研究方法应用到中国现代史研究领域，在中共党史、抗日根据地史、华北区域史等领域开风气之先；著述宏丰，一部《中国现代史稿》引领几代学子窥睹史学堂奥，主编多部史料选辑，嘉惠后学，居功至伟；躬身执教，桃李满园，培养了大批学界中坚骨干和学术带头人。长期以来，先生殷切关怀河北师范大学发展，为我校学科建设人才培养做出了重要贡献。魏宏运先生的不幸逝世，是我国史学界的重大损失！

谨以至诚电唁，敬致哀思，并向先生家人表示深切慰问。斯人已逝，锲斋精神永存！

魏宏运先生千古！

河北师范大学

2021年7月21日

河北大学历史学院唁电

南开大学历史学院魏宏运先生治丧委员会：

惊闻魏宏运先生不幸仙逝，河北大学历史学院全体同仁深感悲痛！兹谨致深切哀悼！

魏宏运先生是著名历史学家，长期致力中国现代史的教学研究，奠其根基，集其大成，尤其在抗日战争史、抗日根据地史、华北农村社会调查、中华人民共和国史等领域成就卓著。先生学识渊博，著述宏富，影响深远，誉满中外学界；先生德高望重，宅心仁厚，道德文章，恒为后学敬仰。先生长期以来对河北大学历史学科建设与人才培养关爱有加，做出重要贡献。先生的逝世是我国历史学界的重大损失！

魏宏运先生千古！

河北大学历史学院敬悼

2021年7月21日

河北省社会科学院历史研究所唁电

南开大学历史学院魏宏运教授治丧委员会：

惊悉魏宏运先生遽归道山，河北省社会科学院历史研究所全体同仁深表哀悼，谨电致唁！

魏先生是我国著名历史学家、教育家，是中国现代史学科的开拓者之一。魏先生运用社会调查等方法深入研究华北区域史、抗日战争史、抗日根据地史、中华人民共和国史，开风气之先，成就卓著，在海内外学术界享有崇高声誉。渤海之滨，白河之津，先生之风，山高水长！

魏先生不幸辞世不仅是中国史学界的巨大损失，也使我们失去了一位令人高山仰止的学术导师！

斯人已逝，风范永存！

魏宏运教授千古！

河北省社会科学院历史研究所

2021年7月21日

《河北学刊》杂志社唁电

南开大学历史学院魏宏运先生治丧委员会：

惊闻魏宏运先生不幸仙逝，悲痛不已。先生长期致力于中国近现代史的教学和研究工作，开拓了中国近现代史研究的广阔空间，并开创性地将社会学研究方法运用于中国现代史，尤其是中国抗日战争史、抗日根据地史等领域，居功至伟。先生学识广博，著述宏富，治学严谨，功德长垂，是中国现代史研究领域的巨擘，在海内外学术界享有盛誉。

先生对《河北学刊》长期关爱有加，近90岁高龄仍笔耕不辍，屡赐宏论。先生之恩情，高如山，深似海，令后学深铭于心，感激涕零。今痛失长者，翘首津门，泪如倾盆。凌乱数言，不知所云。

魏宏运先生永垂不朽！

《河北学刊》杂志社

2021年7月21日

廊坊师范学院唁电

南开大学历史学院魏宏运先生治丧委员会：

惊闻魏宏运先生不幸逝世，哀悼万分！

魏宏运先生是我国著名历史学家，南开史学的代表性人物，也是中国近现代史研究领域的开拓者和学科奠基人。先生研究视野宽远，著作等身，在抗日根据地史研究和中国近现代社会史研究领域做出了开创性贡献；先生注重史料建设，学术造诣深厚，追求学术报国，展现了一代史家的奉献、智慧与情怀；先生谦逊和蔼，为人师表，堪称楷模，培养了大批学术骨干和各界英才。

魏宏运先生德高望重，亲切关怀廊坊师范学院发展，对我校学科建设、青年教师成长和人才培养产生了重要影响。魏宏运教授的不幸辞世，是历史学界的重大损失。先生已矣，锲斋德风，与世长存！

谨向贵院及家属致以诚挚慰问！

沉痛哀悼魏宏运先生！先生千古！

廊坊师范学院

2021年7月22日

山西大学历史文化学院唁电

南开大学历史学院魏宏运先生治丧委员会：

惊悉南开大学教授、我国著名历史学家、中国近现代史巨擘魏宏运先生于2021年7月21日上午在津仙逝，不胜哀恸，深感痛惜！

魏先生一生治学严谨，著述宏丰，德隆为范，作育四方，桃李满天下。先生将毕生精力投入中国近现代史研究，在中华民国史、中共党史、中国现代社会史、抗日根据地史、华北区域史等相关领域建树卓越，为中国近现代史的学科规划、人才培养、史料建设做出了巨大贡献。先生的辞世是中国史学界的重大损失！

先生生前对我院历史学科的建设和人才培养工作亦助益良多，先生的去世也让我们失去了一位尊敬的师长。山西大学历史文化学院全体师生对魏先生的辞世表示沉痛哀悼，向先生亲属表示诚挚慰问。斯人已逝，然先生之崇高品格和学术思想必将垂范后世，传颂千秋。

魏宏运先生千古！

山西大学历史文化学院

2021年7月21日

山西大学中国社会史研究中心唁电

魏宏运先生治丧委员会：

惊闻我国著名历史学家、南开大学中国近现代史学科奠基人、南开大学荣誉教授魏宏运先生于2021年7月21日仙逝，山西大学中国社会史研究中心全体同仁深感悲痛！谨致深切哀悼！

魏宏运先生一生致力于史学研究，在抗日战争史、抗日根据地史、华北农村社会调查、中华人民共和国史等多个领域做出了卓越贡献，推动中国近现代史学科体系、学术体系、话语体系的建设和发展。魏宏运先生博学多识，著述丰硕，在国内外史学界影响深远，培养和影响了一大批国内外社会各界优秀人才，先生为人、为学、为师的典范值得我们永远铭记与学习！魏宏运先生的逝世是我国历史学界的重大损失！

谨向魏宏运先生亲属致以诚挚慰问，并敬请节哀！

山西大学中国社会史研究中心

2021年7月22日

山西大学晋商学研究所唁电

南开大学魏宏运先生治丧委员会：

惊悉魏宏运先生仙逝，深感悲痛。特代表山西大学晋商学研究所全体师生致以沉痛哀悼。

魏宏运先生是中国近现代史研究领域的开拓者，南开大学近现代史学科奠基人。早年参加革命，一生砥砺奋进，勤耕于教育，弟子枝繁而果硕；深研于史学，宏章等身而振聩。今先生遐举，为学术界之噩耗，我所亦痛失良师，不胜悲悼。

先生之风，山高水长。我们将继承其宏愿，发扬其令德，继续为中国史研究事业不懈努力。望家属及弟子节哀珍重！

魏先生千古！特此致哀。

山西大学晋商学研究所

2021年7月22日

太原理工大学文法学院唁电

南开大学历史学院魏宏运先生治丧委员会：

惊悉魏宏运先生于2021年7月21日上午在津仙逝，不胜哀婉之至，谨致深切哀悼！

魏宏运先生是享誉中外的著名历史学家、教育家，是中国近现代史研究领域的开创者，著作等身，成就卓著。魏宏运先生知识广博，学养深厚；道德文章，堪称楷模；春风化雨，桃李芬芳。其治学精神和学术成就将永久嘉惠学林，激励后学。在此我们对魏先生的逝世表示沉痛哀悼，并请向魏先生家属及弟子致以深切慰问。

魏宏运先生千古！

太原理工大学文法学院

2021年7月21日

山西师范大学历史与旅游文化学院唁电

南开大学历史学院魏宏运先生治丧委员会：

惊悉南开大学教授、我国著名历史学家、中国近现代史巨擘魏宏运先生于2021年7月21日上午在津仙逝，悲痛不已！

魏先生是推动中国现代史由“课程”向“学科”转变的举足轻重的著名史学家，是中国现代史研究的奠基者。先生研究领域广阔、视野宽远、成果显赫，誉满中外；学术思想丰富，桃李遍天下。先生将毕生精力投入中国近现代史研究，在中华民国史、中共党史、中国现代社会史、抗日根据地史、华北区域史等相关领域建树卓越，为中国近现代史学科的规划、人才培养、史料建设做出了巨大贡献。先生的辞世，不论对中国史学界，还是世界史学界都是一种巨大的损失。

魏先生的再传弟子遍布我院，对中国现代史学科发展无疑起了重大推动作用。尤其是先生力倡尊重史实、走进历史现场的史学理念对中国现代史研究的范式转换更起了引领性作用。先生虽已仙逝，但音容宛在，高尚品格与治史风范犹存。

愿先生千古！

山西师范大学历史与旅游文化学院

2021年7月22日

山西省晋商文化基金会唁电

南开大学魏宏运先生治丧委员会：

惊闻魏宏运先生溘然长逝，深为痛惜！特代表山西省晋商文化基金会全体工作人员致以深痛哀悼！

魏宏运先生为党的教育事业奋斗一生，对中国近现代史研究居功至伟，为培养学术后进呕心沥血，今溘然而逝，使学界痛失一位猛将，后学痛失一位良师，亲朋痛失一位益友，家人痛失一位至亲。

先生的高风亮节如日月长明。先生一生奋斗的事业如长江大河。愿先生家人节哀珍重。

魏先生千古！特此致哀。

山西省晋商文化基金会

2021年7月22日

五台山文化研究中心唁电

南开大学历史学院魏宏运先生治丧委员会：

惊悉著名历史学家魏宏运先生于2021年7月21日上午在津仙逝，不胜悲痛。特发此电，谨致深切哀悼。魏宏运先生是中国近现代史研究领域重要的开拓者，著述宏富，成就卓著。知识渊博，学养深厚。为人师表，授业解惑。魏宏运先生的治学精神和学术成就将永久嘉惠学林，激励后学！

魏宏运先生的仙逝是中国史学界的重大损失！

魏宏运先生千古！

五台山文化研究中心

2021年7月21日

山西大同大学云冈文化生态研究院唁电

南开大学魏宏运先生治丧委员会及魏先生家属：

惊闻魏先生仙逝，山西大同大学云冈文化生态研究院全体研究人员不胜哀痛！

魏宏运先生是蜚声海内外的历史学家，中国近百年历史的亲历者和见证者，中国现代史研究的奠基者。先生锲而不舍的治学态度、博雅周瞻的学识学养，宅心仁厚的为人风范，令人高山仰止！先生的离开，使史学界失一泰斗，后学失一典范！沉痛悼念魏先生！并望先生家属节哀顺变！

魏先生道德文章长存！魏先生千古！

山西大同大学云冈文化生态研究院

2021年7月22日

内蒙古师范大学历史文化学院唁电

南开大学魏宏运先生治丧委员会：

惊悉先生去世，深感悲痛！先生从事中国近现代史教学科研七十年，是学界泰斗，桃李天下。先生的去世是中国历史学科的重大损失，也将是中国史学界的一个缺憾。

南开大学历史学院为内蒙古师范大学培养了一批优秀人才，历史文化学院前任院长即为魏宏运先生学生。就在二〇二〇年，内蒙古师范大学还引进了两名南开大学历史学院的博士毕业生。先生也曾来学院做过讲座，关注学院的发展。先生的音容笑貌还在昨天，先生所赠书籍的小楷签名还飘着墨香，但先生已然仙去。哀痛之余，谨代表内蒙古师范大学历史文化学院师生表示沉痛悼念！也向师母及家属表达深切问候。

内蒙古师范大学历史文化学院

2021年7月22日

吉林师范大学历史学院唁电

南开大学历史学院魏宏运先生治丧委员会：

惊悉魏宏运先生去世，深感悲恸，谨致深切哀悼！

魏宏运先生是享誉海内外的著名历史学家，中国近现代史领域开拓者和奠基人之一。在抗日战争史、抗日根据地史、华北农村社会调查等领域成就卓著。对中国近现代史学科体系史料建设、田野调查及人才培养等方面做出巨大贡献。先生淡泊名利，筚路蓝缕，孜孜以求，笔耕不辍，其深厚学养和人格魅力得到了学术界的高度评价。先生的逝世是中国史学界、教育界的重大损失！

魏宏运先生千古！

吉林师范大学历史学院

2021年7月21日

哈尔滨师范大学历史文化学院唁电

南开大学历史学院魏宏运先生治丧委员会：

惊悉魏宏运先生仙逝，不胜悲恸！

魏宏运先生学贯中西，博古通今，教书育人，师表天下。先生长期从事中国近现代史的教学、研究与人才培养，尤其在抗日战争史、华北区域史和中华人民共和国史等领域成果卓著，影响深远！先生还曾赴我校进行考察和讲学，为我校的学科发展和人才培养作出贡献。先生的逝世是我国史学界的重大损失！谨致唁电，敬表哀思！并向先生及家人亲友表示深切慰问！

魏宏运先生千古！

哈尔滨师范大学历史文化学院

2021年7月22日

华东师范大学历史学系唁电

南开大学历史文化学院：

惊闻魏宏运先生于2021年7月21日逝世，我系同仁不胜哀恸，谨致以沉痛哀悼！

魏宏运先生具有崇高的爱国情怀，一生以“读书不忘救国，救国不忘读书”为己任。先生对中国近现代史的研究，反映出求真求实的风范和“守愚而能苦学”的精神。先生对历史的思考充满现实关怀与哲理感悟，开创了史学研究的新风气与新气象。先生的学问与人格为世人所敬仰，也为学界树立了楷模。魏宏运先生是中国近现代史学科的重要开拓者。先生的辞世既是我国学界的重大损失，也使我们失去了一位敬重的长者。谨向贵院并请代向先生家人致以诚挚慰问！

魏宏运先生千古！

华东师范大学历史学系

2021年7月22日

南京大学中华民国史研究中心唁电

南开大学历史学院魏宏运先生治丧委员会：

惊悉著名历史学家魏宏运先生不幸逝世，深感悲痛。魏先生一生严谨治学，潜心研究，在抗日战争史、抗日根据地史、华北农村社会调查、中华人民共和国史等领域成果丰硕，为中国史学研究做出了杰出贡献。

先生为人师表，诲人不倦，桃李满天下，海内皆师友，他的崇高学术风范，永远是我们学习的榜样。

先生作为我中心学术委员会名誉研究员，始终关心中心的建设与发展，积极推动两校之间的学术合作。魏先生的逝世，是中国史学界的重大损失！

中心全体学人特发此专电，深表悼念。愿先生安息，请先生家人保重。

南京大学中华民国史研究中心

2021年7月21日

南京大学历史系张宪文唁电

南开大学历史学院魏宏运先生治丧委员会：

惊悉魏宏运先生不幸逝世，不胜悲痛。魏先生一生献身于学术研究及教育事业，勤苦耕耘，著述等身，惠及后学，诚为我辈永远之楷模。

魏先生与我有数十年的学术交往，彼此帮扶，深情厚谊，难以言表。如今想来，仍历历在目。先生生前关心南京大学中华民国史研究中心的学科发展和人才培养，不仅是中心的名誉研究员，还担任了“中国抗日战争专题研究”（100卷）的学术顾问。如今，全书即将付梓，然兄驾鹤西去，更令人怀念其先范。

魏宏运先生千古！

南京大学荣誉资深教授张宪文

2021年7月21日

江苏省社会科学院历史研究所唁电

南开大学历史学院魏宏运先生治丧委员会：

惊悉著名历史学家魏宏运先生仙逝，我所同人深感悲痛，谨表哀思！

魏宏运先生是中国现代史名家，南开史学的代表性人物。先生在中共党史、根据地史、抗日战争史、华北区域史等领域著述宏富，影响深远，深受学界敬仰。先生之逝世，是我国历史学界的重大损失，谨致沉痛哀悼，并向先生家属表示深切慰问。

魏宏运先生千古！

江苏省社会科学院历史研究所

2021年7月22日

中国第二历史档案馆唁电

南开大学历史学院魏宏运先生治丧委员会：

惊闻我国著名历史学家、南开大学中国近现代史学科奠基人魏宏运先生不幸仙逝，我们深感悲痛！

魏先生一生致力于中国近现代史的教学与研究，尤其在抗日战争史、抗日根据地史、华北农村社会调查和中华人民共和国史等领域成就卓著。先生著述宏丰，影响深远；桃李满园，培养了大批学界中坚和学术带头人，为学界所景仰。先生长期以来对民国档案事业和《民国档案》杂志关爱有加，做出了重要贡献。

魏先生的逝世，不仅是中国现代史学科和中华民国史研究领域的巨大损失，也是我国历史学界的巨大损失！谨此代表中国第二历史档案馆全体同仁对魏先生的逝世表示沉痛哀悼，并向先生家人表示深切慰问！

魏宏运先生千古！

中国第二历史档案馆

2021年7月22日

杭州师范大学人文学院历史学系、浙江省民国浙江史研究中心唁电

南开大学历史学院魏宏运先生治丧委员会：

惊闻我国著名历史学家、南开大学中国近现代史学科奠基人魏宏运先生于2021年7月21日上午在津门仙逝，杭州师范大学历史学系暨浙江省民国浙江史研究中心同仁咸感震惊，悲痛万分！

魏先生一生致力于中国近现代史教学与研究工作，在抗日战争史、抗日根据地史、华北农村社会调查等领域成就卓著、著述宏丰、春风化雨、桃李满天下。早在二十世纪九十年代初，杭州师范大学中国近现代史学科暨民国浙江史研究蹒跚起步，先生曾受邀多次来校讲学指导，泽被所及，同人感念不已。进入二十一世纪后，先生一如既往地关怀和支持鄙系学科建设、人才培养等，同人将永远铭记、感恩、怀念。先生的逝世是我国史学界的重大损失！

谨致唁电，敬表哀思！并向先生家人亲友表示深切慰问！

魏宏运先生千古！

杭州师范大学人文学院历史学系

浙江省民国浙江史研究中心

2021年7月22日

安徽大学历史学院唁电

南开大学历史学院治丧委员会：

惊闻当代著名历史学家魏宏运先生不幸逝世，深感悲痛！

魏宏运先生是中国现代史研究的开拓者，在抗日战争史、中共党史、华北区域史等领域卓有建树，在国内外学界享有崇高的声誉。先生的不幸辞世，是历史学界的重大损失！

魏宏运先生曾任安徽大学历史学院兼职教授，为安徽大学历史学科建设做出了重要的贡献。安徽大学历史学院全体同仁对魏先生的逝世表示沉重哀悼，并请向魏先生家属致以深切慰问。

魏宏运先生千古！

安徽大学历史学院

2021年7月22日

厦门大学历史系唁电

南开大学魏宏运先生治丧委员会：

惊悉著名历史学家、南开大学历史学院教授魏宏运先生逝世，我系同仁深感震惊与哀痛，专电致唁，谨表深切哀悼！

魏宏运先生是我国著名历史学家、教育家，是中共革命的许多重大历史事件的亲历者与研究者，是新中国成立后中国现代史学科的奠基人。魏先生知识广博，学养深厚，在中共党史研究、抗日战争史研究、孙中山研究、周恩来研究、当代中国史研究等领域都取得了开创性的卓越成果，著述丰硕，在海内外享有盛誉。作为学术研究的领导者和组织者，先生在学科规划、人才培养、史料建设、田野调查等方面做出了卓越努力，对于中国史学的学科建设、学术发展发挥了重要作用。先生为人宽厚，授业解惑，桃李满天下，深受后学敬仰。

哲人其往，教泽长存，谨此对先生的逝世表示沉痛的哀悼，向先生的家属致以深切的慰问，敬请节哀！

魏宏运先生千古！

厦门大学历史系

2021年7月22日

福建师范大学社会历史学院唁电

南开大学历史学院魏宏运先生治丧委员会：

惊悉南开大学教授、著名历史学家魏宏运先生不幸逝世，福建师范大学社会历史学院全体师生万分悲痛，深感惋惜。特发此电，以表沉痛悼念，并向先生的亲属及弟子致以诚挚的慰问！

魏宏运先生操履谨恪、治学严谨，学问淹贯，是中国近现代史研究领域的重要开拓者，也是中国现代史学科体系的奠基者之一。在中共党史、抗日战争史、华北区域史等诸多研究领域中取得了卓越成就。他为人师表，授业解惑，培养了一大批中国史学界的中坚骨干和学术带头人，是国际著名的史学家和教育家。

魏宏运先生的仙逝，是我国历史学界的重大损失！

魏宏运先生千古！

福建师范大学社会历史学院

2021年7月22日

山东大学历史文化学院唁电

南开大学历史学院魏宏运先生治丧委员会：

惊悉著名历史学家魏宏运先生逝世，哀恸万分！

魏宏运先生是学界公认的中国现代史研究的开拓者和奠基人之一，在中国近现代社会经济史、抗日战争史、抗日根据地史、华北农村调查等领域著述丰硕，成就卓越。魏先生不仅是著名的学者，还是一位教育家，为中国近现代史学界培养了一大批优秀学者。先生的逝世是我国历史学界的重大损失！

先生与山东大学中国近现代史专业有着密切合作和深厚友谊。先生主持、山大师生参与的20世纪华北农村调查，已经成为研究近现代华北农村社会变迁的必备资料。同时，先生还长期关注我院发展，对山东大学历史学科建设给予大力支持。山东大学历史文化学院全体师生沉痛悼念魏宏运先生，并向先生亲属表示诚挚的慰问。

先生身上所体现的“锲斋精神”和“读万卷书、行万里路”的治学风范，将永远为后辈学者学习、实践的典范！

魏宏运先生千古！

山东大学历史文化学院

2021年7月21日

青岛大学历史学院唁电

南开大学历史学院魏宏运先生治丧委员会：

惊悉魏宏运先生不幸仙逝，万分悲痛。我们为中国历史学界失去一位德高望重的泰斗而同声哀悼，至诚电唁！

魏先生长期从事中国近现代史研究与教学工作，开拓了中国近现代史研究的新方法和新领域，是中国近现代史学科体系的奠基者之一，在抗战史、华北社会史、中华人民共和国史等研究领域取得了卓越成就。先生学识渊博，著述宏富，治学严谨，是国际著名的史学家和教育家。先生培养了大批中国近现代史研究人才，桃李满天下，在海内外享有盛誉，对中国近现代史的研究发展影响深远。魏先生的逝世是我国史学界的重大损失！青岛大学历史学院全体同仁对魏先生的逝世表示沉痛哀悼！并向先生家人表示深切的慰问！谨致电唁，寄托哀思！

魏宏运先生千古！

青岛大学历史学院

2021年7月22日

河南大学历史文化学院唁电

南开大学治丧委员会：

惊悉魏宏运先生不幸逝世，万分悲痛。我们为中国史学界失去一位年高德劭的泰斗同声哀悼，谨以至诚电唁！

魏先生长期从事中国近现代史研究，尤其在抗日战争史、华北社会史、中华人民共和国史等领域成就卓著，影响至深，是国际著名的历史学家和教育家。先生曾受聘为河南大学兼职教授，为河南大学中国史学科的建设与人才培养做出了重要贡献。先生的逝世是我国学术界的重大损失！谨致唁电，敬表哀思！并向先生家人表示深切慰问！

河南大学历史文化学院　敬悼

2021年7月21日

河南师范大学历史文化学院唁电

南开大学历史学院魏宏运先生治丧委员会：

惊悉我国著名历史学家、中国现代史学会名誉会长、南开大学荣誉教授魏宏运先生不幸仙逝，我院全体同仁不胜哀痛，谨向魏宏运先生致以深切哀悼，并向先生家属致以诚挚慰问！

魏宏运先生长期致力于中国现代史教学与研究，勤勉育人，著述硕富，研究成果在国内外具有重大影响力。他不但是南开大学中国近现代史学科的奠基人、南开史学的代表性人物，也是学界公认的中国近现代史研究领域开拓者之一。魏先生的逝世，是我国教育界和史学界的重大损失。其崇高德望，渊博学识，为后学所敬。

魏宏运先生千古！

河南师范大学历史文化学院

2021年7月22日

河南省历史学会唁电

南开大学历史学院魏宏运先生治丧委员会：

惊闻魏宏运先生不幸仙逝，河南省历史学会全体同仁深感悲痛！谨致深切哀悼！

魏宏运先生是我国著名历史学家，长期致力于中国现代史的教学研究，在抗日战争史，抗日根据地史和中华人民共和国史等诸多领域成就卓著。研究成果在国内外学界具有重大影响力。先生德高望重，学识渊博，永为后学敬仰。先生的逝世是我国历史学界的重大损失！先生学术精神永存！

魏宏运先生千古！

河南省历史学会

2021年7月21日

《史学月刊》编辑部全体同仁唁电

南开大学历史文化学院魏宏运先生治丧委员会:

惊悉魏宏运先生仙逝，顷闻讣告，不胜哀悼，痛惜辛丑年史学界又一泰斗离开我们！《史学月刊》编辑部同仁同声哀悼！

魏宏运先生为我国著名历史学家，从早岁参加革命，到长期致力于中国近现代史的研究和教学工作，无论学术研究抑或教书育人，均成就卓著。先生治学领域广博，一生不断开拓新领域、探索新方法。研究中注重实地调研、关注现实，践行历史学求真务实的传统，形成了独特的个人史学品格。魏先生是中国现代史学科主要的开拓者和奠基人，不仅对南开大学中国近现代史学科建设有奠基之功，还指导许多其他大学的教学和学科建设。先生的道德学问、治学精神、学术成就、育人风范，将永嘉学林，为海内外所景仰。

魏宏运先生长期担任我刊的顾问，一直关心我刊的发展，给予的指导和帮助良多。谨向贵院及魏先生家人表示深切的哀悼和诚挚的慰问。

先生千古，风范长存！

《史学月刊》编辑部全体同仁

2021年7月21日

华中师范大学历史文化学院唁电

南开大学历史学院魏宏运先生治丧委员会暨魏宏运先生家人及高足：

惊悉魏宏运先生仙逝，噩耗传来，不胜悲痛。魏宏运先生是著名的历史学家，是中国近现代史学科的重要开拓者和奠基人。先生曾担任国务院学位委员会历史学评议组成员、国务院哲学社会科学规划小组成员、中国现代史学会名誉会长、天津市历史学学会理事长及名誉会长等职，为中国历史学的学科建设及人才培养做出重要贡献。先生一生参与革命，研究革命，在中共党史、根据地史、抗战史、区域史等领域著述丰硕，真知宏论，经纶传世。先生关于中国近现代史的研究方法、研究议题、史料整理方面的系列观点，视野宏大，启发后学。先生以教师、学者为终身使命，为历史学科培养大批杰出人才。敝校历史学科多得先生长期关心支持，在以后也必将传承学谊，协同共进。先生之逝世，是我国历史学界的重大损失！先生之学问精神，将与世长存！

谨以电函，致敬致哀，并向先生家人、高足表示慰问，请节哀并善为珍重。

肃此函达，先生千古！

华中师范大学历史文化学院

2021年7月22日

华中师范大学中国近代史研究所唁电

南开大学历史学院魏宏运先生治丧委员会、魏宏运先生家人及高足：

惊悉魏宏运先生仙逝，噩耗传来，不胜悲悼！

魏宏运先生是誉满海内外的著名历史学家，不仅是南开史学的奠基人，也是中国近现代史学科的开拓者和引领者！先生在中共党史、根据地史、抗战史、区域史等领域著述丰硕，真知宏论，经纶传世。先生长年执教，诲人不倦，为中国历史学界及各行业培养大批栋梁干才。先生的思想、学说和风骨，更启发无数青年学子向学求进、践志为国。敝校历史学科及敝所学术事业，多得先生关心支持。两校历史学科在学科建设和人才培养等方面也一直保持紧密合作关系。先生之逝世，是我国历史学界的重大损失！先生之学问精神，将与世长存！

谨以电函，致敬致哀，并向先生家人、高足表示慰问，请节哀并善为珍重。

肃此函达，先生千古！

华中师范大学中国近代史研究所

2021年7月22日

武汉大学胡德坤教授唁电

南开大学历史学院：

惊悉著名历史学家魏宏运先生不幸仙逝，深表哀悼。魏先生学问高深，著作等身，堪称中国近现代史大师级专家；诚以待人，扶掖后学，堪称忠厚长者：公正无私，一身正气，堪称后世楷模。我的专业是世界现代史，与魏先生的中国近现代史是不同的学科，但我在研究第二次世界大战中的中国战场时，不仅拜读了魏先生的著述，而且还得到了魏先生的许多指教，使我终生难忘。魏先生的高风亮节和治学精神永远激励我们前行。

魏宏运先生千古！

武汉大学人文社会科学资深教授、原副校长　胡德坤

2021年7月22日

中山大学历史学系、中山大学近代中国研究中心、中山大学孙中山研究所唁电

南开大学历史学院魏宏运先生治丧委员会：

惊悉魏宏运先生于2021年7月21日上午10时40分因病于天津仙逝，中山大学历史学系、近代中国研究中心、孙中山研究所全体同仁十分哀恸！

魏宏运先生是当代著名历史学家、南开大学中国近现代史学科奠基人，在海内外具有重要影响力。先生著述宏富，在中国现代史多个重要学术研究领域卓有建树，具有重要的学术影响力，培养了众多杰出人才，为推动中国近现代史方向人才培养、学术研究和学科发展做出重大贡献。

魏宏运先生数十年来一直关怀中山大学中国近现代史学科的发展，给予长期指导和无私帮助，我们将永久铭记！先生的逝世，是中国史学界的重大损失。

先生千古！

中山大学历史学系

中山大学近代中国研究中心

中山大学孙中山研究所

2021年7月22日

华南师范大学历史文化学院唁电

南开大学历史学院魏宏运先生治丧委员会：

惊闻著名历史学家魏宏运先生仙逝，我单位全体师生深为哀恸！

魏先生一生致力于中国近现代史的教学和研究工作，尤其在抗日战争史、抗日根据地史、华北农村社会调查和中华人民共和国史等领域成就卓越。先生一生热爱教育事业，胸怀宽广、德高望重、谦逊朴实、誉满学界，为后学敬仰。

先生的逝世，不仅是南开大学的巨大损失，也是我国历史学界的巨大损失。我们谨此代表华南师范大学历史文化学院全体师生，对魏宏运先生的逝世表示沉痛哀悼。望先生家属节哀顺变。

魏宏运先生千古！

华南师范大学历史文化学院

2021年7月21日

西南大学历史文化学院、民族学院唁电

南开大学历史学院魏宏运先生治丧委员会：

惊悉魏宏运先生不幸仙逝，西南大学历史文化学院民族学院全体同仁万分悲痛！深感惋惜！谨致深切哀悼！

魏宏运先生是我国著名历史学家，南开大学荣誉教授，南开大学历史学科奠基人。先生长期耕耘于中国现代史研究领域，致力于我国历史学科建设工作，贡献卓著，惠泽史林。先生在抗日战争史、抗日根据地史、华北农村社会调查、中华人民共和国史等领域研究精深，著述丰硕，多有开创之功。

魏宏运先生与西南大学渊源深厚，不仅与我院杨光彦教授等老辈学者结下深厚友谊，而且生前一直关心、关注、支持我院，积极出谋划策，为推动我院中国近现代史学科及国统区、抗战大后方领域研究，乃至重庆市历史学科发展均做出了重要贡献。

先生之风，山高水长。魏宏运先生为人宽厚，德高望重，恩泽后学，培养了一大批优秀人才。先生溘然长逝，实为海内外学术界的重大损失，令人不胜惋恸！我院谨此致以沉痛哀悼，并向先生家人、亲友致以深切慰问。

魏宏运先生千古!

西南大学历史文化学院、民族学院

2021年7月22日

云南大学历史与档案学院唁电

南开大学历史学院魏宏运先生治丧委员会：

魏宏运先生是我国著名历史学家、教育家，是中国现代史学科的奠基者、开拓者。先生知识渊博，治学严谨，在中共党史研究、抗日根据地史研究、华北区域史研究等领域做出了开创性的贡献，取得了丰硕的研究成果，在海内外学术界享有盛誉。先生为人宽厚，提携后学，授业解惑，桃李芬芳，深受学界敬仰和爱戴。先生不幸辞世，是中国史学界的重大损失！谨此对先生的逝世表示沉痛的哀悼，向先生的家属致以深切的慰问，敬请节哀顺变！

魏宏运先生千古！

云南大学历史与档案学院

2021年7月22日

西北大学历史学院唁电

南开大学历史学院魏宏运先生治丧委员会并魏先生亲属：

惊悉著名历史学家魏宏运先生遽归道山，西北大学历史学院全体师生深感悲痛！

魏宏运先生是公认的中国近现代史研究领域的开拓者之一，在抗日战争史、华北区域史等诸多研究领域做出了开创性的贡献。先生治学严谨，学问精深，桃李芬芳，在海内外具有极为重要的学术影响力。先生的逝世，是我国历史学界的巨大损失！

高山安仰，教泽长存！魏宏运先生千古！

西北大学历史学院

2021年7月21日

陕西师范大学历史文化学院唁电

南开大学历史学院魏宏运先生治丧委员会：

惊闻魏宏运先生不幸辞世，万分悲痛！

魏宏运先生是当代中国著名的历史学家、教育家。先生不仅是中国现代史研究的开拓者，也是中国现代史学科体系的奠基者。先生在中共党史、中国现代社会史、抗日根据地史、华北区域史等研究领域开风气之先，在海内外学术界享有崇高的声誉。魏先生情系桑梓，为陕西师范大学历史学科建设做出了贡献。魏宏运先生不幸辞世，是中国史学界的重大损失！

陕西师范大学历史文化学院全体同仁对先生的逝世表示沉痛哀悼！

魏宏运先生千古！

陕西师范大学历史文化学院

2021年7月21日

陕西师范大学中国近现代史学科全体同仁唁电

南开大学历史学院魏宏运先生治丧委员会：

惊闻魏宏运先生不幸辞世，万分悲痛！

魏宏运先生是当代中国著名的历史学家，教育家。

先生不仅是中国现代史研究的开拓者，也是中国现代史学科体系的奠基者。先生在中共党史、中国现代社会史、抗日根据地史、华北区域史等研究领域开风气之先，在海内外学术界享有崇高的声誉。先生学养深厚，治学严谨，提携后学，有口皆碑，功在当代，垂范后世。魏宏运先生不幸辞世，是中国史学界的重大损失！

陕西师范大学中国近现代史全体同仁对先生的逝世表示沉痛哀悼！

魏宏运先生千古！

陕西师范大学中国近现代史学科全体同仁

2021年7月21日

青海省社会科学院唁电

南开大学历史学院魏宏运先生治丧委员会：

惊悉著名历史学家魏宏运先生仙逝，万分悲痛！

魏宏运先生是我国著名历史学家，是中国近现代史、近代革命史、根据地史和华北社会史研究的重要开拓者，在国内外学界具有重要学术影响，为学界所敬重，为后学所敬仰。我院史学研究人员素仰先生道德文章，素受先生人格及学术惠泽，铭恩终身。

魏宏运先生的逝世，不仅是南开大学的巨大损失，也是我国历史学界的巨大损失。谨此代表青海省社会科学院全体科研人员，对魏宏运先生的逝世表示沉痛哀悼。望先生家属节哀顺变。

魏宏运先生千古！先生学术精神永在！

青海省社会科学院

2021年7月22日

西北师范大学历史文化学院唁电

南开大学历史学院魏宏运先生治丧委员会：

惊悉魏宏运先生不幸逝世，西北师范大学历史文化学院全体师生深感悲痛！

魏宏运先生是我国著名的历史学家、教育家，在中国近现代史研究领域成果卓著。他的逝世是历史学界的重大损失。我们永远缅怀和感谢魏先生对西北师范大学历史学学科建设的关心和支持。谨向魏先生的辞世表示沉痛哀悼，并向其家属表示我们深切的问候！

魏先生千古！

西北师范大学历史文化学院

2021年7月22日

中日华北农村调查课题组唁电

南开大学历史学院魏宏运先生治丧委员会及魏先生亲属：

惊闻学界泰斗魏宏运先生仙逝，深感悲痛。特发此函，谨表哀悼之念，并祈先生安息，愿家人珍摄。魏宏运先生不仅仅是属于中国历史学界的大家，而且也是属于世界的中国历史学家。人们对魏先生的崇敬不仅来自他渊博的学识、严谨的治学精神，还来自他与人为善、广结朋友、与许多国家著名学者以及年轻学者合作研究。

我们长期与魏先生紧密合作，就二十世纪华北农村的历史变迁进行田野调查。

无论是酷暑还是严寒，魏先生始终以极大的热情，与我们一起访谈村民，从不言苦，从不言累。他健步走在各地乡村的背影，永远刻印在我们每个人的脑海里。

今后，我们将以回想与魏先生生前在农村同甘共苦的亲身经历、重新研读共同的研究业绩这一方式来缅怀先生的精深学问与高尚品德。

魏宏运先生千古！

中日华北农村调查课题组部分成员

顾琳（Linda Grove） 上智大学荣誉教授

滨口允子 放送大学荣誉教授

笠原十九司 都留文科大学荣誉教授

内山雅生 宇都宫大学荣誉教授

小田则子 爱知县立大学讲师

中生胜美 樱美林大学教授

李恩民 樱美林大学教授

2021年7月22日于东京

日本广岛中国近代史研究会唁电

南开大学江沛教授：

惊悉魏宏运教授逝世的噩耗，深感悲痛。谨向其家属和亲人表示深切哀悼和诚挚慰问。

2006年，我们到南开大学的时候，承蒙魏宏运教授为首的各位关照，能够进行真挚的学术交流，都是令人难忘的回忆。魏宏运教授一直重视与国外研究者的交流，奠定了我们学术交流的基础，真是喝水不能忘的挖井人。他的逝世对学术界是很大的损失，是沉重的悲哀。值此哀痛之际，请家属和同仁多多保重。

魏宏运教授千古！

日本广岛中国近代史研究会

曾田三郎　水羽信男　金子肇　丸田孝志　敬启

日本学者丸田孝志唁电

江沛教授好！

得悉魏宏运教授因病逝世，谨向其家属和亲人表示沉痛哀悼和诚挚慰问。

魏宏运教授很早就与日本等国家和地区的学者进行密切的交流，培养了不少国内外优秀研究者，是我们最敬重的一位导师。30多年前，我在南开的时候，一直承蒙老师关照，这都是难忘的回忆。我们要遵守他的指教，今后也继续努力，将他树立的优秀传统传授给后代。

悲哀沉重，请您多保重身体。

丸田孝志　敬启

日本学者马场毅唁电

江沛教授：

通过中国现代史研究会的电子邮件，惊悉魏宏运教授不幸逝世。

1983年，魏教授访日时，首次见面。次年，自参加了贵大学主办的首次中国抗日根据地史国际学术讨论会以来，面见魏教授十几次。特别是1998年3月到6月我带领爱大的学生们住在南开爱大会馆时，魏教授将我邀请到他家。

承蒙他的深情厚谊，在此表示衷心的谢意。谨写此邮件，以表示哀悼之意。

马场毅

2021年7月24日

日本学者安井三吉、副岛昭一、西村成雄唁电

江沛教授史席：

久疏问候，致以抱歉。

惊悉魏宏运老师辞世，悲痛难已。

没有想到我们会得不到与老师最后见面的机会。

我们老一代（比魏宏运老师小20岁左右的世代）正在进入日语所说终活（人生最后活动）阶段，觉得太焦急。

请您查收我们的附件，请您修改一下为荷。

望尊泰斗，永念师恩

魏宏运老师千古！

安井　三吉　拜上

副岛　昭一　拜上

西村　成雄　拜上

网络追思篇

一

深切悼念恩师魏宏运先生：

惊悉恩师魏宏运先生驾鹤西去，我的心久久不得平静。当下因我出门在外地，无法前往府上吊唁，特写几句心声以示哀悼。

魏先生是我国现代史上许多重要历史事件的经历者和见证人。尤其在天津市解放前夕，他在地下党组织领导下，身居南开放眼中国，为众多进步学生和爱国青年转移到解放区做了大量精细工作，为我国革命胜利做出了重要贡献。新中国成立后，他为南开大学历史学科奠基，身体力行，注重调查研究，广泛收集第一手资料，著作等身，不仅是南开史学建设的奠基者、领航人，也是我国现代史学科的奠基人和史学大家。他老人家的去世是我国历史学界一大损失。

我于1958年入学南开历史系，聆听他讲授中国现代史和多种专题课程，从他的言传身教中，我学到了为人和做学问的道理，受益良多，永生难忘。在我国百年大党继往开来的新的历史时期，我们要继承以魏先生为代表的老一辈党员的优秀品质，积极响应以习近平同志为核心的党中央的号召，以百倍信心向着第二个百年奋斗目标前进，在全面建设社会主义现代化国家的新征程上作出我们应有的贡献。

学生洪国起于2021年7月22日

洪国起，南开大学历史学院荣退教授，曾任南开大学党委书记。

二

惊悉魏宏运先生仙逝，特表示沉痛哀悼！魏先生是我最敬重的老先生之一，他不仅对南开历史学科有重大贡献，也为学校的发展贡献了巨大力量，我在任校长期间，他给了我很多支持和帮助。祝魏先生一路走好。

侯自新，曾任南开大学校长。

三

刚看到魏宏运先生逝世消息，请向魏先生亲眷致哀！音容宛在，风范长存，斯人虽逝，精神不朽。

龚克，世界工程学会主席，南开大学人工智能研究院院长，曾任南开大学校长。

四

魏先生仙逝，我很悲痛。如见家属王老师和家人，烦请转达我的问候。请她们节哀保重。谢谢。

冯尔康，南开大学荣誉教授，现旅居海外。

五

七　律
——沉痛悼念良师益友魏宏运先生

惊悉噩闻动地哀，
泪流滚滚极伤摧。
师生友谊坚如锦，
同志关情密似梅。

多次讲书临山大，
几回答辩走南开。
先贤驾鹤西游去，
再约交心没客来。

吕伟俊，山东大学历史文化学院荣退教授。

六

恩师魏宏运千古

勤奋博读万卷书，

拓开新史谱华章，
桃李千万走天下，
笑卧花丛游远方。

杨圣清，中共中央党校党史教学部教授，曾任南开大学历史系讲师。

七

悼魏宏运先生

著述无时文心博大学风一世隆史界
诲人不倦品节光明师表百年沫群伦

深切悼念魏宏运先生

魏宏运先生是中国现代史名家，中国现代史学会创始人和重要领导人。他的道德文章都是我们晚辈的楷模！我从中国现代史学会厦门大学年会识得先生以后，长期受先生教导，获益匪浅。我的硕士学位论文就是在魏宏运先生、丁守和先生等学界名家的鼓励和帮助下确定下来的。在厦门大学学会年会前，我初步定下《早期共产党人对新民主主义革命理论的探索》为硕士学位论文论题，但当时中国现代史学界已有不少专家就中共早期领导人对新民主主义革命理论的探索做了大量研究，且资料搜集难度极大，我对能不能就此问题加以研究、写成硕士论文心中无底。在厦门大学学会年会期间，我抓住难得机会向著名的学界前辈们求教。魏宏运先生、丁守和先生等都鼓励我坚持做下去。他们激励我说，要有难度的问题才能做出更有成就的学术成果；正因为资料搜集困难，论题才更有研究空间。只要坚持不懈，上下求索，完全可以发现前人未曾注意的史料；细心研读史料，也能发现前人未能思考过的解释角度，从而做出有新意的学位论文。魏先生等前辈的鼓励和教导给了我把上述选题做下去的信心！我在上海、南京、北京搜集资料时遇到过许多困难，但每当遇到困难之时，魏先生等前辈名家的鼓励和教导就在耳边响起，每次都增强了我做下去的决心。又经过一年多的努力，我终于写成一篇20万字的硕士学位论文，并被答辩委员们誉为相当一篇博士学位论文的硕士论文。我对魏先生等前辈名家的感激之情刻骨铭心！

岁月悠悠，流年似水，恍惚间三十多年过去了，但先生平易近人，诲人不倦，奖掖后学的形象与境界仍一如明空皓月，照耀于心！先生85岁之年，我曾望再请先生来川大讲学赐教，但征求江沛教授意见时，江沛教授言先生年事太高，学院为保证先生安全，已做出先生不再远游的决定，因此只好作罢。后有时向江沛教授、王先明教授问起先生近况，均言先生状态颇佳，我也颇感欣慰。今忽闻先生驾鹤西归，不胜悲痛！谨略志先生关怀旧事，以寄托哀思于万一！

尊敬的魏宏运先生千古！

后学陈廷湘敬上

2021年7月21日

陈廷湘，四川大学历史文化学院教授。

八

刚刚慈鸿飞师兄从南京来电话，他才获得魏先生仙逝的信息，可是无论如何他也赶不上早上的送别活动了，心急如焚，其情殷殷，我告知我们将代表他表达心意，也请魏师母、利民、晓静及师门诸位周知。

侯建新，天津师范大学欧洲文明研究院院长、历史文化学院教授，曾任国务院学位委员会世界史学科评议组召集人。

九

惊悉魏先生仙逝，万分悲痛。先生是中国现代史学科的创建人之一。先生道德文章，一直为后学敬仰！愿先生一路走好！

朱汉国，北京师范大学历史学院教授，曾任中国现代史学会副会长。

十

开新局，立厚基，宏远图，学识南开一号
传薪火，育桃李，运久谋，德艺学府双馨
魏先生千古！

王先明，南开大学历史学院教授，中国义和团研究会会长。

十一

惊悉魏先生乘鹤仙去，深切哀悼，先生之学问、人品、风骨令晚生终生受益，先生一路走好。

宏开津门面向世界一代名师登攀不辍今仙去，
运笔抗日又书民国百千学子承继遗踪向未来。

晚生陈谦平敬挽

陈谦平，南京大学特聘教授，曾任国务院学位委员会中国史学科评议组成员。

十二

沉痛悼念魏宏运教授！

二十世纪八十年代初，我还在读研究生期间，张宪文老师邀请魏先生来南京大学为师生讲座，当时魏先生刚从美国访学归来，讲在美国的见闻，国门方开，大家对海外的学术动态一知半解，魏先生的讲座，使我们大开眼界！前面袁成毅教授提到魏先生与杭州大学历史系的学术渊源，其中一因是杭州大学金普森教授是魏先生主编的那套著名的《中国现代史》教材的副主编，二人结下深厚的情谊，金老师时常提起。魏先生德高望重，对中国现代史学科有创设之功，学界将永远铭记！

陈红民，浙江大学求是教授，曾任国家社科基金会评议专家。

十三

惊悉史学大家魏宏运先生仙逝，谨代表中国现代史学会第八届理事会并我本人，表示沉痛哀悼，并望先生家人、亲朋节哀顺变，同仁当赓续其学术传承，以慰怀念之情。

柳建辉，曾任中共中央党校副教务长，中国现代史学会常务副会长。

十四

我是在1985年中国现代史学会在成都召开的纪念中国抗日战争胜利四十周年学术研讨会上认识魏先生的。那时，他在大会上做了抗战研究评价性的学术报告，影响很大，使与会者受益匪浅。他敏捷的思维、流畅的谈吐、谦逊的形象，给我留下了深刻的印象。一刹那，我们年轻学人，都成了他的铁粉，多次围在他的身旁，聆听他的教诲，共议学会的发展前程。那次会议后，我和魏先生书信、电话往来不断，共同研究有关抗日战争史的深层次问题，每每领受到他旁征博引的阐述和振聋发聩的点拨。在中国现代史学会宁波会议后，我担任学会的副秘书长及华北分会的秘书长，向他请教的机会更多了。华北分会先后组织了临汾抗战史研讨会、太原抗战史研讨会、保定抗战史研讨会，都得到了魏先生的支持与指导。由此，和魏先生结下了持续的深厚的友情。我到山西省党史研究室工作后，更是离不开魏先生的深度指教。尤其是华北敌后根据地的研究，都汲取了魏先生的思想成果。有些研究，如二三十年代太行山抗日根据地的调查，本身就是在魏先生的直接指导下完成的。拙著《华北抗战史》，同样是受魏先生影响动议组织撰稿并努力完成的。

今天忽闻先生驾鹤远去，心情万分悲痛。他的音容笑貌久久浮现在我的眼前，他的风范美德不时闪入我的心扉。愿魏先生含笑九泉，长眠大地！愿他的治学精神经天纬地，永远激励我们砥砺前行！

李茂盛挽

李茂盛，曾任山西省史志研究院院长，现退休。

十五

魏宏运先生是中国近现代史、近代革命史、根据地史和华北社会史研究的重要开拓者，在国内外学界具有重要学术影响，他的逝世是学界的重大损失！魏先生长期担任《史学月刊》顾问，给我们的指导和帮助良多。与魏先生交往有年，感受先生人格及学术惠泽颇多。

沉痛悼念魏先生！魏先生千古！先生学术精神永在！

翁有为，河南大学《史学月刊》编辑、河南大学历史文化学院教授、省特聘教授。

十六

魏先生是中国现代史专业第一批博导，为推动中国现代史学科建设与发展做出了重要贡献，培养了一大批优秀人才。

汪谦干，安徽省社会科学院历史研究所副所长。

十七

惊悉魏宏运先生逝世，心情无比沉痛。

尊敬的魏宏运先生是我的导师郭士浩先生的朋友，是南开大学老一代学者的典范。刚入行时，缺少经验，我申报教育部项目在最后一轮没有通过。事后作为评委的魏先生竟然专门向我做了解释，并指点注意事项。当时我只是个讲师，又是经济系的，魏先生对后学的提携让我很感动，终生铭记。

赵津，南开大学经济学院荣退教授。

十八

惊悉魏先生仙逝，万分悲痛。先生道德文章为我辈敬仰。天堂有路，先生一路走好！

廖大伟，东华大学人文学院教授。

十九

讣闻魏先生仙逝消息后，安徽大学历史学院很多老师在本学院群里表示哀悼之情，追忆魏宏运先生与安徽大学历史系的交往。

魏宏运先生是当代中国现代史学科建设的重要开拓者和奠基人之一，对国内众多高校的历史学科，尤其是中国现代史学科的建设都曾鼎力支持，安徽大学历史系就是其中之一。魏先生与安徽大学历史系1978年改革开放后复系的首任系主任吴寿祺先生（1913—1999）相契，两位先生不仅都是历史学家，都是积极参加过革命的爱国者。相同的经历和追求，加深了两位先生之间的友谊。吴寿祺先生任上，聘请魏先生为安徽大学兼职教授。需要说明的是，1990年前，安徽大学聘请兼职教授，是要学校批准的，全校都很少，历史系聘请的更少。魏先生成为安徽大学历史系兼职教授后，前来我系讲学，是第一批受邀来历史系给研究生讲学的国内著名教授，大家都感觉受益匪浅。随着魏先生与安大历史系交往逐渐加深，我系已故徐承伦教授还参与了魏先生主持的《中国现代史》教材编写和课程建设活动。其后安徽大学历史系获批硕士点授予权单位建设等，魏先生对我们历史系发展助有一臂之力。现在安徽大学历史系能变成“历史学院”，回顾既往，其中也离不开魏先生当年的帮助。

魏宏运先生千古！

汤奇学、武菁、陆发春，安徽大学历史学院教授。

二十

德重仰高风雅教常萦昔日金言铭肺腑凝练锲斋精神，情长牵后浪恩波永在众生功绩驻人间堪称南开一号。

张同乐，教育部人文社科重点研究基地河南师范大学红色精神研究中心教授。

二十一

从革命学生转身史学革命，一代名师驾鹤西游；走太行道路铸就南开一号，斯人虽去名山不朽！

先生昨已去，吾来他不归，何时能聚首，盼望在眼前！

岳谦厚，南京大学历史学院教授。

二十二

惊闻魏宏运先生去世，既感震惊，又感悲痛。记得前几日，与李金铮兄聚餐时，还问起魏先生的身体状况。听李兄说，身体还不错，感到很欣慰。没想到，没有几天时间，魏先生就驾鹤西去。魏先生的去世，不仅是南开大学的巨大损失，也是天津史学界的巨大损失，同样是中国史学界尤其是中国近现代史学界的巨大损失。我虽然无幸忝列魏先生的门墙，也无缘在南开大学学习，但魏先生一直是我的精神导师。从1991年初我在河北省社科院历史所工作开始，我就时时感受到魏先生对自己学术的精神指导。由于我在河北省社科院主要从事晋察冀根据地史研究，从那时起，就读到魏先生的很多论著，尤其是魏先生主编的《抗日战争时期晋察冀边区财政经济史资料选编》，我一直珍藏在书架上。从二十世纪九十年代起，我就感到，魏先生是晋察冀边区史研究的开创者，尤其是开创了晋察冀边区史研究的范式与方法。虽然我在晋察冀根据地史领域研究成果不多，但魏先生一直是我进行这方面研究的精神指导者。后来，因为个人机缘，我没有继续从事晋察冀根据地史研究，但有幸来到天津师大历史文化学院工作，成为天津史学界的一员。记得2006年来天津工作后不久，我第一次也是唯一一次有幸见到魏先生。魏先生精神矍铄，和蔼可亲，当时的情景，虽过了十几年，仍记忆犹新。来天津工作十几年来，我虽没有机会再见魏先生，但感到魏先生对天津史学研究尤其是中国现代史研究的巨大影响和贡献。魏先生不仅是南开大学中国现代史研究的开创者（也许我不了解南开大学中国现代史研究的历史，这个说法我拿捏不准，但我觉得，这个说法是大致不错的），先生的许多弟子，都成为南开大学中国现代史研究的骨干，也成为中国现代史研究的领军学者，魏先生的学术风格和学术路径，也深刻影响着南开大学中国现代史的研究风格和研究路径。天津师大中国近代史尤其中国现代史研究，是南开大学中国近代史，尤其是中国现代史研究的姊妹单位，大部分老师都曾受业于南开大学历史系或历史学院，大部分老师都直接或间接受益于魏先生，从这个意义上说，魏先生的去世，也是天津师大中国近代史尤其是中国现代史研究的巨大损失。本人对魏先生的去世，在深感悲痛的同时，更期望南开大学历史学院中国近现代史的老师，化悲痛为力量，继承魏先生的遗志，更加努力于中国近现代史研究，将南开大学中国近现代史研究推向新高度，为中国尤其是天津近现代史研究做出更大贡献。本人坚信，有魏先生奠定的学术基础，有魏先生开创的学术路径与学术范式，南开大学中国近现代史研究，一定能取得更大的成就，一定能继续引领中国近现代史研究的潮流！

魏先生千古！魏先生永垂不朽！

阎书钦，天津师大历史文化学院教授。

二十三

历史是民族命运的惊涛骇浪，历史是人类文明的迂回曲折，历史是个体生命的悲欢离合。历史信息是实践沉淀累积的大数据。挖掘大数据并呈现其中的逻辑和智慧是历史学家的使命。但个体生活在大历史的洪流中，“究天人之际，成一家之言”并不容易。魏先生不仅属于这样的学人，他还是曾经在历史转折中奋斗搏击的英雄，但从不以此炫耀而甘为园丁。一路遮风挡雨，为先贤、为同行、为后进努力营造一方学术净土，为民族复兴和人类进步提供思想光照。

印永清，天津海河融合传媒副总裁。

二十四

从昨晚开始，看到这么多师兄师姐、学界同仁、多年未见的友人，齐聚这里，哀悼恩师，缅怀先生恩德，相信先生在天之灵也会欣慰！望大家节哀顺变！

李恩民，曾任南开大学历史系讲师，现为日本樱美林大学国际教育学部教授。

二十五

2007年6月，在臧运祜老师和江沛老师的帮助下，魏先生特意从天津赶到北京，参加我的博士论文答辩。八十多岁的魏先生，一路必定吃尽了苦头。记得第一次见面，印象特别深刻，魏先生这样的学术大家，同年轻人谈话，竟能毫无代沟，令人如沐春风。这不是一般人能做到的。后来每有小书出版，我都不避浅陋地委托江沛老师或李金铮老师转呈。年迈的魏先生，亲自写信给我鼓励和肯定。

魏先生的关怀和指导，无以为报，谨道：

魏先生千古!

后学李秉奎敬挽

李秉奎，北京大学医学部人文学部副教授。

二十六

挽魏先生

吃百家饭穿百家衣，荣归故里，不忘父老乡亲之扶助；

走革命路编革命史，名扬海外，岂惟弟子后学之哀思。

王富聪，北京《团结报》文史版编辑。

二十七

大师风范，学者仁心！沉痛哀悼魏宏运先生！世人皆知他是中国现代史研究开拓者和奠基人之一，为中国历史学科建设做出了巨大贡献，无数史学人及学子因老先生的《中国现代史》登上大学讲坛并汲取滋养而成长。被誉为“南开一号”的魏老先生更是陕西历史人的骄傲，他也是李敷仁校长的得意门生，李敷仁纪念馆里至今都陈列着先生为建馆亲自撰写的序言。

张雪梅，延安大学校史研究中心。

二十八

业师魏先生千古

鹤发映温颜慈念蕴日月恩德禀赋正识见
丹心为家国热血育新科史家巨擘存浩气
先生！
来世再登魏门堂，
不负师恩不负己！

学生赵庆杰敬挽泣拜

赵庆杰，先生弟子，现军队中任职。

二十九

2021年7月21日，魏先生离我们而去了，在悲痛之余，我回想起了与魏先生交往的一些往事。

大学时代，我没有听过魏先生的课，所以对魏先生没有什么印象。我最早听到他的一些事，是从我爱人小邓转入魏先生门下始。

2004年春，魏先生和师母去广东参加学术活动，顺便走访翠亨村。我负责开车，在中山市区和珠海市区游览，去崖口村品尝广东特色美食沙虫、禾虫。为了解决我们夫妻两地分居的问题，年逾八十的魏先生亲自出面，找到时任南开大学党委书记的薛进文，最后把我安排在南开大学图书馆工作。

2004年8月，我如约调入南开大学图书馆。此后，我与魏先生的交往就多了起来。魏先生一生著述颇丰，但到了电脑时代对使用电脑陌生，所以我就帮助老人家承担打字录入的事宜。

2008年我曾经因病住院，当时家中刚买了新房。医生曾说可能要做开颅手术，先生师母怕小邓心急，直接把家中的存折塞到小邓手中。后来我没有做开颅手术，但先生师母的恩情永志难忘。

从魏先生晚年的著述过程中，我也感觉他是一位在学术上非常肯下功夫的一代名师。他没有其它嗜好，除了读书，就是一丝不苟、每时每刻都在进行研究。可以说，活到老，学到老，研究到老，从未停息，直至他进入弥留之际。笔耕不辍，著述颇丰。

而今，恩师兼慈父般的一代学者，在他97岁的时候，离开了他研读写作的岗位，在家安然仙逝，令我们无比悲痛。在此悲痛的时刻，我想起了与先生交往的岁月，作为对先生的永久纪念。

邹佩丛，南开大学图书馆职员。

三十

深切怀念魏先生，并请家属节哀顺变。

余齐昭，中山大学历史系教授。

三十一

学高而谦逊，朴实而热心，难忘的乡里前辈魏宏运先生永存！

方无为，延安干部学院。

三十二

著名史学家、南开大学中国近现代史学科奠基人，魏宏运先生于2021年7月21日仙逝天津。致先生联挽：

放眼观三馆，痛矣堂奥公仙去；

提笔问九原，泣然门墙我何堪！

李占芳，南开83级中国史毕业、任职《沈阳日报》。

三十三

炎夏惊闻师爷仙逝，痛惜史界又失巨擘。忆先辈桃李满天下，后辈遵志奋勇前行。

山西师范大学贺文乐敬挽

贺文乐，任职于山西师范大学。

三十四

沉痛哀悼魏宏运先生！

祈祷魏先生安息！

望王黎老师及全家节哀！

恩师魏夫子，

德文业至伟。

吾侪寸草心，

难报三春晖。

学生濮继鑫敬挽

濮继鑫

三十五

我是魏先生弟子王同起师的硕士，博士在南开就读，有幸随王同起师见先生数面，聆听先生教诲，每次均如沐春风，受益良多。总觉得魏先生还年轻。

胡一刀

三十六

我毕业时，也得到魏先生的帮助，国刚老师和永清是其中重要的协力人，感念此生，能与各位师友相遇南开驿站，知足矣。

研史以信，传学以诚，待人以宽，厚德载物，桃李不言。

黄耀柏，南开校友，供职中国新闻社。

三十七

惊闻先生去世，震惊、悲痛不已，先生音容笑貌和当年在南开历史系求学时先生对学生晚辈关爱之情景，浮现在眼前。先生风范，与世长存！

大漠长河（微信昵称）

三十八

一片慈心济世诚，书香硕儒亦豪英。口碑公颂大哲范，躬奠忆君颍上耕。南海有航援载溺，瑶池无药觅长生。江天邃望情何恨，哀满南开泣满城。

辅仁北师弟子拜挽

三十九

魏先生千古
音容笑貌宛在眼前，
道德文章永留心间！
沉痛悼念魏先生

Gift

四十

秉真执笔写春秋，
以诚育人南开楼。
遥拜恩师驾鹤去，
思念绵绵泪自流。
怀念魏宏运先生

LiLiu

四十一

惊闻魏宏运先生仙逝，不胜痛悼，深切缅怀！愿先生在天之灵安息！并请王师母和魏晓明节哀顺变！全体学生鞠躬致哀！

南开大学历史学系1977级中国史班全体同学

四十二

南开大学历史学院魏宏运先生治丧委员会：

惊悉魏宏运先生仙逝，万分悲痛。先生是我们在学时的系主任。教学管理，开拓新局，关心学生，温馨备至，创新科研，成就典范，延请名家讲座，推动国际交流。南开史学，国际重镇。先生从一个革命者成史学大家，教书育人，风范永存。魏宏运先生千古。

南开大学历史系七九级全体学生

2021年7月22日

南开大学历史学系1979级全体同学

四十三

惊闻魏宏运先生仙逝，魂归道山，南开大学历史学系1980级全体学生悲痛不已！鞠躬致哀！深切缅怀魏宏运先生，风范长存！愿先生的灵魂早日得到安息！记忆犹新的是，我们入学这一年，在魏先生主持下，南开大学历史学系开设博物馆专业（国内第一个）并开始招生，创办《南开史学》享誉学界，国际、国内、系内学术交流十分活跃，大家都颇为受益。未几，南开大学历史学系又有开设旅游专业等新举措，可谓日新月异！愿南开历史全体学子继承先生的遗志，将南开史学进一步发扬光大！

南开大学历史学系1980级全体学生

四十四

惊闻魏宏运先生仙逝，不胜痛悼，深切缅怀！愿先生在天之灵安息！并请转达对魏先生家属的问候。

南开大学历史学系1981级中国史班全体同学

媒体篇

追求超越
——魏宏运教授谈博士生培养

特约记者

暑假期间，魏宏运教授在南开大学主办了第二届中国抗日根据地史国际学术讨论会，让他所指导的几位博士生全都参加。与会期间，他们与来自国内外的名流学者广泛接触，广交了朋友，吸收了国内外史学界许多新成果，同时也使自己的科研成果走向了国内外，深感受益良多。在新一期《研究生论坛》博士生专号发排前夕，我们就以此为话题，请魏先生谈一些培养博士生的经验。

重视国际、国内学术交流，是魏先生培养博士生的一个重要特色。他认为：作为最高层次的教育，对博士生的指导不能满足于传统形式的传道授业，不能满足于具体知识的传授，而是应着眼于创造条件，让他们拓广视野，提高辨识力，以便能够超越本学科的现有水平，在学术研究中有所建树。封闭害处无穷，很多思想火花是在碰击中迸发出来的。

魏先生说，就中国现代史这一学科而言，不能认为它只是中国人的学问，中国现代史的研究早就国际化了。中国有5000多年的文明史、有占总人类1/5的人口，它在世界上的地位是不可忽视的，近代以来西方一直非常重视对中国和中国历史的研究。如果说在二十世纪四五十年代以前，西方学术界的主要兴趣是“汉学”、即关于古代中国的学问的话，那么，从二十世纪五十年代起，在西方兴起的“中国学”便将重点放在现代中国和当代中国。而西方的“中国学”即使是在“冷战”最激烈的年代也只是有极小一部分服务于“冷战”，绝大多数治“中国学”的人都是正直、严肃的学者。他们与研究中国和中国历史的中国学者一样，面对共同的研究对象，具有共同的兴趣，也遇到诸多共同的难题，由于外国学者与中国学者有不同的出发点、不同的视角、不同的理论框架，因而在一些方面可以互相启发，互相补充。通过交流，国外学术界可以吸收我们的成果，让我们的成果以最直接的形式走向世界，我们也可以从中增长知识，特别是发现问题、更新观念。举一个简单的例子：中国共产党发动农民、领导农民、取得中国新民主主义革命的胜利，这在我们中国学者看来是自然而然、天经地义的事情。但是，在西方学者看来，中国共产党获得中国农民的全力支持，则是一个具有挑战性的谜，西方学术理论界一直为此感到困惑。因为，按照他们的思路，共产党既然是“无产阶级政党”，它所依赖的社会力量便应当是无产阶级，而不应是农民阶级，马克思也是这么说的。因此，西方的“中国学”学者一直在努力对中国共产党主要是依靠中国农民获得革命胜利这一历史事实作出满意的解释。这次与会的几位西方学者，仍然主要是讨论中国共产党何以获得中国农民的支持?中国农民对中国共产党的支持究竟在多大程度上是出于自觉或认识的一致?这种讨论无疑给中国学者也对我们的博士生带来许多意外的启示。

魏先生还说，国际学术交流还将有助于我们形成世界胸怀、世界眼光。中国现代史是从“五四”开始的。“五四”时期先进的中国人便具有世界眼光和世界胸怀。他们善于将中国放到整个人类奔流不息的文明长河中去考察，放到世界大格局中去考察，进而更全面、更准确地认识中国。现在进入“信息时代”，人类各部分之间的交往更为密切，人们将我们生活的世界喻为“地球村”。这当然要求我们的视野一定要更宽广一些。从世界大格局出发反思中国现代史。魏先生深有感触地说，中国古代有那么灿烂的文化，有那么多伟大的发明创造，但是，到了近、现代，具有世界意义的大思想家、大发明家，都不是来自我们中国，而是来自西方。这是为什么?历史学家有责任解答这类问题。

除了强调学术交流，魏先生还特别强调博士生的理论学习和文学修养。魏先生认为，理论对每一学科的发展都是至关重要的。恩格斯有句名言：“一个民族想要站在科学的最高峰，就一刻也不能没有理论思维。”[①]历史学有

① 恩格斯：《自然辩证法》，《马恩选集》第3卷，人民出版社，第167页。

一个显著特征，就是要面对浩如烟海的史料，不能像哲学那样依靠推论和思辨，也不能像文学创作那样依靠灵感、想象和虚构，而是要求严格的实证。这种情况很容易给人们造成误会，以为只要甘心寂寞、坐冷板凳、扎扎实实地爬疏史料，便可以成为一位出息的历史学家。其实，历史学离不开理论思维，只有清晰的理论分析才能在错综复杂的史料中理出头绪来。现代的历史科学与古代历史学是有区别，其根本的一点就在于，现代的历史科学乃是理论史学。现在，由于图书文博事业的发达和信息的灵敏，人们在占有史料方面要方便得多了。当然，收集史料的工作是很艰苦的，也很有意义，但史家的高低往往是取决于他们的理论思维能力、取决于他们对史料所作的理论概括。因此，博士生应该发挥青年人思维敏捷的长处，在理论方面狠下功夫。

关于文章修养，魏先生是从对我国近代历史学家的评价谈开的。魏先生说，近现代中国那些史学大家，如王国维、梁启超、陈寅恪、郭沫若、范文澜、翦伯赞等，其功底之深，非我们晚辈所能望其项背。他们或者是兼治文史，或者是从治文学、经学转而治史，其共同点是国学基础非常深厚。他们写出的历史著作，不仅很有辨识力，而且很有文采。他们的成果受世人公认，也很受人喜欢。因此，治史学的人要成大器，要取得世人公认的成就，还要加强文学修养。特别是青年人，要尽量多读一些古今中外的文学名著，当然也包括我国古代流传下来的诗文经书。

这里又涉及知识结构的问题。无论做什么学问，知识面一定要尽可能广些。治史学的人，如果终生守住某一点或某一段，别的书都不看，这肯定成不了气候。

最后，我们请魏先生谈谈今后的设想。魏先生说，带了几年博士生，也算积累了一些经验，一些方法看来是行之有效的，今后基本上就是对这些方法加以完善。例如，利用南开是名牌学府这一优势，继续加强与国内兄弟院校和国际学术界的交流，吸收他人的成果，也使我们的研究成果能走出南开，走向世界，形成良性循环。有些同学以联合培养的方式被派往英国，中间还去了法国、加拿大，并按期学成归国，颇有收获。李恩民同学明年也将以联合培养的方式派往日本。这都是很好的交流机会，以后还将努力争取。但我们毕竟是穷国，都派出国，根本没这种可能。因而，更为现实的办法是尽量多请一些国内外的专家讲学，尽量多参加一些学术会议之类的交流活动。我们每个星期举行一次Seminar，我认为这是一个很好的办法。博士生大都有几年的教学、科研经验，至少当过研究生。大家来自不同的学校，是不同的“门风”熏陶出来的，采取Seminar的方式，定期交流学习和科研心得，互相切磋砥砺、取长补短，持之以恒、必有收效。

原载《研究生论坛》1991年第3期

走出书斋寻找源头活水

——记魏宏运教授

《光明日报》记者马宝珠

魏宏运，陕西长安人，1925年生，1951年毕业于南开大学，现为南开大学教授、博士研究生导师、国务院学位委员会学科组成员。著有《南昌起义》《孙中山年谱》《中国近代历史的进程》。主编有《中国现代史大事记》《中国现代史稿》《华北抗日根据地纪事》《晋察冀抗日根据地财经史》等，发表论文数十篇。

同仁见他，总是说："魏教授，您的路子走对了，而且越走越宽。"的确，谈起中国现代史研究，许多人都"退避三舍"。其理由是：这段历史"禁区"多，不容易搞。可涉足中国现代史已经44个年头的魏宏运教授，不仅搞出了名堂，且品出了滋味——"中国现代史大有可为，这个领域非常辽阔，只要辛勤耕耘，就可收获"。记者见到魏教授时，他直率地道出了自己的感受。他又说："从文化积累上讲，我们这一代史学工作者有责任把共产党怎样领导中国人民为实现伟大的理想而奋斗、新中国怎样从艰苦的环境中成长起来的历史记载下来，深入研究，以丰富我们的文化遗产。”

魏教授与图书馆，档案馆和书店打了一辈子交道，他说，二十世纪五十年代初，旧书摊特别多，北京的东安市场、琉璃厂、天津劝业场楼上，是他经常光顾的地方。几十年来，他在图书资料中探求知识，搜集资料，发现问题，不断探索。在这人生的“轮回”中，他年复一年，苦心孤诣，营造了一个属于他的世界。

针对“以往研究多侧重于军事和政治方面，而对人民是怎样生产与生活、物质文明在那时发展到什么程度探讨较少”的状况，魏教授将重心放在抗日根据地和三四十年代华北农村的调查研究上，然而，旧中国常处于战争状态，兵荒马乱，许多资料毁于硝烟之中，许多史实没有留下文字记载，即使有一些回忆的文章也是有限的。因此，魏教授十分看重口头历史资料的价值。年近古稀之年的魏教授和他的同事、学生每年都要走出书斋，到华北农村走访调查，寻找源头“活水”。从经历过那个血与火、艰辛与奋斗的年代的人们口中，他们得到了许多鲜为人知的活生生的历史资料。

将研究现代史作为事业看待，并为之付出心血，从魏教授主编的两部大型资料中足见这一点：一部是1984年出版的《抗日战争时期晋察冀边区财政经济史资料选编》，另一部是1990年出版的《抗日战争时期晋冀鲁豫边区财政经济史资料选编》。这两部达650万字的资料是在将近3500多万字的口头历史与档案材料，经过多方校对、仔细甄别、精心整理的基础上形成的。作为主编，魏教授做了许多去伪存真、去粗取精、判断原始材料可靠性的工作。可他总是谦和地说，这是大家共同劳动的结晶。两部资料详细介绍了两大根据地的建立、行政区划、行政机构、工业、农业、商业贸易、合作事业、金融财政货币、交通等等，是十分珍贵的历史资料。

“历史研究者的任务并不是向社会提供一大堆无头无绪的史料。它应该通过我们的调查与研究向社会展示人类文明是怎样发展的，至少是现代人的文明史”，基于此，魏教授和他的学生们对冀东的调查研究包括农村政权的演变、农业生产技术的发展、人口变动、农民生活，乡土文化等方面的情况，他举例说，在北京顺义县沙井村的调查中，他看到古老的华北农村已经开始散发着现代农村的气息。于是，他如实地把正在走向富裕道路的中国新式农村的面貌展现在国际讲坛上，1991年他在悉尼中澳研究协会宣读的《从沙井村的变化看中国农业现代化》的论文，受到与会者的称赞。今年3月，在美国洛杉矶亚洲研究协会45届年会上，他提交的论文《记晋冀鲁豫抗日根据地的集市贸易》也浸透着他对晋冀鲁豫根据地的集市贸易调查研究的心血，透过集市贸易这个窗口，分析它在战争中的地位与作用，揭示抗日民主政权是如何不断采取措施发挥战争中的农业经济优势，支持并推动着战争走向胜利。论文引起了学者们的兴趣，解开了某些外国朋友的疑团：中国共产党在日本帝国主义的强大进攻面前何以生存下来、走向胜利?

多次参加国际学术讨论会，也给魏先生以启示。他认为，现代世界各国来往非常密切，中国应当走向世界，世界也需了解中国，任何一国都不能孤立于国际社会之外，文化的交流、影响和渗透，在改革开放的时代是十分重要的。我们的研究，应该把中国放到世界大格局中考察，放到人类的文明长河中考察，还应该吸收外国学者研究中国的成果。

谈及中国现代史研究的发展，魏教授认为，首先应正视一个实际状况，即对研究对象掌握的材料有限，一时不好评判。但任何人都不能超越历史，只能在一定历史条件下认识客观世界。今日的研究要争取多提供一些比较详实和具体的材料，并据此将错综复杂的历史现象所掩盖的内容揭示出来，探究其内在联系，或梳理支脉，洞幽见微，使历史不断给人以启示。最后，他期望研究中国现代史的队伍更精锐，探讨更深入，领域再拓宽，思想再解放，使中国现代史研究出现繁荣的局面。

原载《光明日报》1993年10月11日

开展社会调查，记录中国农村的历史巨变
——访历史学家魏宏运教授

《历史教学问题》记者

问：先生在历史教学和科研中一贯强调社会调查，并取得卓越成绩，请你谈谈为什么这样做？

答：是的，我们的知识，一是来自书本，来自课堂，一是来自社会生活和社会实践，社会生活和实践是知识的源泉。研究现代史如不走出书斋到社会上去调查，是难以了解并正视世界的复杂现实的。

问：你何时开始从事社会调查的？

答：关于社会调查，我国许多学者在二十世纪二三十年代已进行得很出色，积累了丰富的资料，是我们认识那个时期历史的最珍贵遗产。我是后知后觉者，从1958年才开始认识的。当时中央提出教育与生产劳动相结合的

方针，我系师生走出学校，大部分去了开滦五大矿，即唐山、赵各庄、林西、马家沟、唐家庄，以及唐山机车车辆厂、山海关桥梁厂、秦皇岛矿务局和井陉煤矿。还有一部分去了白洋淀和解放军驻津某部队，其中56级学生到天津郊区调查1900年发生的义和团运动。当时我在历史系负责教育和科研工作，曾到上述各地和教师学生一起商讨如何根据访谈记录、口碑资料，编写史书诸问题。为此也曾翻阅过司马迁的《史记》，体味到司马迁在《史记》中运用那么多口碑资料，有的记载是一个人说的，也有众人说的，有的是询问中获得的。我曾向本校经济研究所的老先生请教过，因为在我阅读他们新中国成立前所积累的丰富资料时，认定他们在社会调查中，必定积累了值得学习的经验。

问：你当时最突出的体会是什么？

答：一是深化了对历史的认识，二是和工农群众接触中丰富了自己的思想和语言。我本来自农村，但脱离农村实际已好多年了。此时有目的地深入工厂和农村，学到了书本上难以学到的许多东西。我曾下过开滦和井陉两个矿井，体会白洋淀风光，其情其景经常浮现在自己的记忆中。更因为是集体行动，彼此交流漫谈，收获就很大。比如在开滦的访谈，我曾遇到过参加过俄国十月革命的工人。在天津郊区调查义和团的事迹时，我访谈了1114人，其中有123人是团民。义和团大师兄沈德生，时年已80岁，二师兄李长庆77岁，三师兄张金山83岁，“天下第一团”扛大旗的李振德81岁，红灯照四师姐赵青72岁，对此都做了记录，至为珍贵。其珍贵之处，在于补充了文字记载的不足，匡正了已有记载的谬误。那以后，我和李义佐、赵树经在二十世纪七十年代还到廊坊调查过义和团的事迹。所获资料于1990年由天津古籍出版社出版，书名为《天津义和团调查》，陈振江和我署名写了一个简短的序言。

问：当时你们的社会调查是否受到以阶级斗争为纲的影响？

答：当然受到影响。现在看来，调查存在缺陷，有片面性。所庆幸的是我们在开滦，注意到开滦的英文档案，由杨生茂、周基堃、陈文林等老教师翻译成中文。在义和团调查中，注重了实物征集，搜集到义和团的旗帜、招贴、标语口号、大刀长矛等。调查工作是和天津历史博物馆合作进行的，博物馆馆长柳心热情高，有魄力，在调查费用上给予充分资助。所征集的文物均藏于博物馆。正因为社会实践相当成功，曾在北京举办的高校教育与生产劳动相结合的展览会上展出过。一次我系教师集体到北京大学访问，我还应翦伯赞、周一良邀请，作过我们是怎样开展教育与生产劳动相结合的报告。

问：这以后，你还到社会上去调查？

答：“文化大革命”后期，我获得了自由，曾和历史系同学汪茂和到天津大直沽、张贵庄、塘沽等地调查八国联军侵华时沙俄的侵略行径，于塘沽，访问对象之一是一位参加过红灯照的老年妇女。经历过那个时代的老人，历数沙俄军的暴行。根据历史文献，对照访谈实录，就形成了沙俄是八国联军侵华元凶的概念。就这一问题，我在天津第一文化宫作过报告。后来我和王黎共同写了一篇文章，发表在《南开大学学报》1980年第4期上。

问：你主编的抗战时期晋察冀和晋冀鲁豫两个边区财经史资料，是怎样完成的？

答：这两部大型资料的出版是以财政部为主的，至于我为什么成为主编，那是极其凑巧的事，1979年我到闽西参加学术讨论会，路上夜宿永安，和财政部科研所副所长星光相识，谈话很投机，他说财政部正组织编辑抗战时期各根据地财经资料，问我有无兴趣，我欣然同意，从此就开始了太行山的调查。

这两部书从一开始声势即很大。晋察冀边区财经史编委会主任是许毅，晋冀鲁豫边区财经史编委会主任是戎子和，财政部给各有关单位发了公函，要求给予协助。我们组织了编委会，吸收有关省市财政厅和档案馆负责人参加，得到了各级组织的积极支持。编委会的多数成员都是当年财经战线上的工作人员，本身是我们资料的丰富来源。我们除了到档案馆查阅资料，还走访了许多在根据地工作过的老同志，有的同志把他们珍藏多年的书籍资料拿出来，供我们使用，在根据地的走访中，得到了很多新鲜的启示，如涉县文管处保存的许多刊物，赤岸刘邓纪念馆陈列的诸多文物，实在令人感叹和激动。

开始收集资料时也很茫然，对有些问题不知如何下手。资料看多了，脑子也就清晰起来。向曾经在太行山战斗过的同志多多求教，是认识太行山历史实际的最好方法。如关于晋察冀根据地的商业贸易问题，起初脑子是空白的，去五台山的路上，我与地区财政局长韩长贵聊天，他说他当年是搞商业贸易的，我高兴极了。是他提供了当时的商业路线和商号名称，我们才得以顺藤摸瓜，获得了这方面的知识和资料。晋察冀边区军工资料也无法找到，我们访问了军工部长刘再生等同志，由他们口述，陈美健等人记录，这就成了第一手资料。

在调查研究中，财政部科研所曾在五台山、大同、天津、石家庄、太原等地举行过多次学术讨论会，探讨根据地的建立和财经工作的巨细问题，这对该书的编辑是不可或缺的。晋冀鲁豫根据地资料征集委员会在曲阜召开学术讨论会时，星光、冯团夫、王黎和我都去参加，我在会上讲了晋察冀根据地财经资料的编辑的诸多问题。

问：你们在整个工作中是否存在争论问题?

答：当然有。每次讨论会都请当年创建根据地和从事根据地财经工作的一些同志参加，这使我们弄清了许多问题的来龙去脉，特别是一些政策制定的客观背景。这些会议中规模最大的是由戎子和于1984年6月在太原召集主持的，晋冀鲁豫根据地各大区一些当年负责人应邀参加。他们分别就边区的财政、金融、工商贸易、军队后勤、生产和救灾等方面的情况，作了系统的介绍，提供了亲身经历的宝贵史料。会上争论的主要问题是如何看待太行山在与敌人斗争时粮食输出多了而吃了亏的问题。会议后，由星光、冯田夫负责，编辑出版了《晋冀鲁豫边区财政经济史座谈会资料集》，这是颇有价值的。

在晋察冀财经史资料编辑体例问题上，开始时，经过了多次讨论，争论也热烈。财政部参加的是星光、冯田夫和唐韬默，南开大学是左志远、张洪祥和我。最后取得了一致认识，认真的讨论是有益的。

问：你主编出版了《二十世纪三四十年代冀东农村社

会调查与研究》，为什么选择冀东为对象？

答：冀东在中国近代社会发展中有其特殊性：沿海地区近代化的进程开始得较早；日本肢解华北首先从冀东开始；抗战时期八路军在这里开展游击战，打击了日伪的统治；抗战胜利后，国共双方又争夺这一战略要地。应该说，冀东的社会变动较大，比较系统地记录下这一地区的社会情况和历史事件、乡土文化和人民生活是很有意义的。我和我的博士生因之深入到这一地区，调查其自然环境、乡村政权、传统农业及手工业、集市贸易、家族家庭等问题。还到唐山档案馆查阅《冀东日报》和其它档案资料，收获颇丰。我曾写了调查的梗概，发表在1995年2月13日《光明日报》上。抗战时期曾在冀东战斗过的一位老同志对此曾质疑和批评。他认为应着重调查日军的三光政策，我回答说，调查的侧重面不同，历史的内容是丰富多彩的。我们是从社会历史发展的角度去收集资料的，其中也有日军的残酷统治和野蛮屠杀，只是标题上没有出现而已。

问：你在为日本三谷孝主编出版的《中国农村变革家族と村落·国家》两部书所写的序中，谈到了你们曾和日

本学者合作调查华北农村情况，能否作一简单介绍？

答：和日本学者合作，我们去过顺义县沙井村、良乡县吴店村，栾城县寺北柴村，静海县冯家村，平原县后夏家寨村。这些村庄，抗日战争时期，日本“满铁”出于侵略的目的曾调查过。我们着眼于抗日战争以后的年代。调查是全方位的，包括村落的自然环境，村政权的变迁，农业的发展，乡镇企业的状况，村民与商品市场，村民的政治意识，村的教育、风俗习惯等，如实记录了农民所经历社会变迁的种种现象，从中可以看到人们怎样远离他们的过去。历史是有连续性的，一个时代会影响下一个时代，今日农村现代化是在以往时代上起步的。时代的变迁，广大农民的感受是很深的。

问：外国学者对中国农村是否很感兴趣？

答：是的，据我所知，美国、日本、法国和澳大利亚的一些学者，都在研究中国华北农村，有的是一个人单独进行，有的是三四个人合作。从我到国外讲学和参加国际会议中也体会到这一点。

1994年9月，我应丹麦哥本哈根大学亚洲研究所主任李来福（Leif Littrup）教授邀请去讲学，他给我指定一个题目，让我讲我是如何在农村收集现代史资料的。同年

10月，我应德国特里尔大学汉学系卜松山（Karl-Heinz Pohl）教授邀请，在该校讲了我在华北农村进行调查与研究的心得。1993年，应澳大利亚古德曼（David Goodman）教授邀请，参加中国研究协会年会，同年到洛杉矶参加美国亚洲研协会第45届年会，和在斯坦福大学（Stanford University）所作的学术报告，到日本一桥大学、庆应大学等校所作的学术报告，都是讲的华北农村的过去和现在，我感到各国的汉学家都很关注中国农村的变化。

农村是一广阔的天地，探索下去是没有止境的。中国农村曾经贫穷和落后，而现在确实发生了巨变，有的是突变，有的是缓慢地、一步一步地前进，我认为史学工作者应不失时机地记录下广大农村的惊世巨变。

原载《历史教学问题》2003年第4期

历史学家魏宏运：奠基中国现代史研究

张　南

在湖光辉映、风景秀丽的南开大学，有一批蜚声国内外的专家学者在各自的研究领域辛勤耕耘，兢兢业业地为国家民族无私地奉献着，有的已届耄耋之年仍无怨无悔，笔耕不辍，著名历史学家魏宏运就是其中的代表人物。

一、志在拓荒

魏宏运对中国近现代史的研究，发端于早年的革命生涯。

1925年2月10日，魏宏运出生于陕西省长安县魏寨村一户贫苦农民家庭。慈母早逝，父亲随杨虎城将军常年在外征战，他自幼靠祖母、外祖父和姨母抚养。在他的家乡有一个习俗，每逢正月十五元宵节都要办社火。魏宏运因为扮相好，每次都会被选中。于是村里人劝家里把他送到西安学戏，还能给家里添点收入。但是这一想法遭到了父亲的反对。父亲总希望他能多读点书，于是在魏宏运11岁时将他带到西安读书。1939年魏宏运考入陕西省立兴国中学。抗战胜利的第二年，魏宏运中学毕业，恰好北平辅仁大学在西安招生，魏宏运因为一直酷爱历史，同时又仰慕著名历史学家陈垣先生，所以报考了历史系。

1946年，魏宏运如愿考入辅仁大学历史系。能到北平读书对他来说是件非常难得的事情，为了不辜负那些资助他上学的亲朋好友，他对自己要求非常严格，在积极参加反饥饿、反内战的学生运动时他加入了地下党。辅仁大学当时是私立教会学校，除了学费以外魏宏运还要琢磨生活费的来源。于是他参加街头募捐活动，到青年会办的夜校去兼课，勉强维持生活。时间一长，他感觉到总是靠亲友资助也不是办法，就萌生了转入声望很高的国立南开大学的念头。1948年，魏宏运通过考试顺利转入南开大学二年级继续学习，同时还负责中共冀热察城工部平津工委会天津支部的工作，开展地下斗争，宣传中共政策，并为准备起义、迎接解放做了很多调查敌情、劝说工商界及物资税务机关保护国家财产的工作。

由于一直以来对历史学的痴迷，魏宏运毕业后留在南开大学任教做的第一件事，就是努力使中国现代史登上大学讲坛。新中国成立初期的史学界，传统观念浓厚，很多人热衷古代史研究，对现代史却不屑一顾。由于魏宏运在大学期间就发表了《香港的过去、现在和未来》《民族英雄史可法》等论文，得到了著名史学家郑天挺的厚爱，后来在全国高校院系调整时郑天挺又恰好被委派到南开大学担任历史系主任，在郑天挺的支持和帮助下，魏宏运在南开大学率先开设了《中国现代史》课程，以后又陆续开设《五四运动史》《南昌起义》《武汉国民政府史》《土地革命史》等专题讲座，为中国现代史登上大学讲坛奠定了基础。

将学术的荒漠改造成一方沃土不是一件容易的事。当时，全国史学界涉及中国现代史研究的成果极少。魏宏运一面搜集资料认真备课，一面结合重要问题深入研究，硬是靠着自己的打拼在中国现代史领域开辟出一片新天地。

武汉国民政府是第一次大革命时期国共合作的政权，因资料匮乏和相关政治因素的影响，一直未能受到应有的重视。魏宏运在1958年讲授南昌起义、武汉国民政府史和土地革命史时就认识到武汉国民政府在中华民国史上处于重要地位，其由革命到反动的转变是中华民国史上的一个重要转折阶段。于是他开始对武汉国民政府的政治史进行系统研究，多次赴北京搜集资料，去武汉查阅当时的《国民日报》，先后发表《1927年武汉国民政府反经济封锁的斗争》《1927年武汉革命政府是怎样走向反动的》《1927年武汉革命政府的北伐》《略谈1927年大革命的失败》《1927年南昌武汉之争的实质》等十数篇论文，对武汉国民政府的政治运作、性质、特点及其对国共合作的影响进行了颇具说服力的评析。这一研究至今仍被史学界赞誉为“开辟了武汉国民政府研究的先河”。在此期间，魏宏运还同时致力于土地革命和苏维埃政权等专题的研究，先后发表《有关帝国主义分化问题》《十月革命的消息是怎样传到中国的》《第二次国内革命战争时期革命根据地的土地分配》《有关1927—1937年我国苏维埃革命的几个问题》等文章，有力推动了中国现代史研究向纵深发展。

正当魏宏运踌躇满志，学术精力旺盛的时候，“文化大革命”开始了。他的“罪行”之一就是对武汉国民政府的研究，他所写的论文被污蔑为“替蒋介石树碑立传，是在配合蒋帮反攻大陆”。他被斥为“白专典型”打入“牛棚”，接受造反派各种方式的“改造”，以后又到干校劳动。而最令他痛心疾首的是积累了十几年的珍贵历史资料被毁于一旦。在被剥夺读书、读报的权利后，他身上装着袖珍本英译毛泽东语录，趁别人不注意时就偷偷背诵几句。

“文化大革命”期间爆发了苏联军队侵犯我国领土的珍宝岛事件。尽管此时的魏宏运已经遭到各种打击，但他还是经过努力先后到塘沽、张贵庄、大直沽等地调查1900年八国联军侵华时沙俄的暴行，记录了许多口述资料，并以此为基础撰写了《沙俄是八国联军侵华的元凶》一文，揭露沙俄的侵华暴行。

“文化大革命”结束后，魏宏运立刻开始了新的研究。1977年，周恩来逝世一周年，《红旗》杂志决定由南开大学写一些纪念文章，随后南开历史系酝酿成立周恩来总理研究室。这样，魏宏运开始把精力集中在周恩来研究上。

历史研究要从掌握第一手史料切入，这是魏宏运进行史学研究的根本方法。为了获得史料，他查阅了周恩来在五四时期主编的《天津学生联合会报》《警厅拘留记》，还有和周恩来一同去欧洲留学的李福景的档案资料等，并访问了很多与周恩来有密切关系的人，此外特别是从《检厅日录》中发现了1920年5月到6月初周恩来在狱中向难友讲解马克思主义等鲜为人知的材料。在掌握了大量新鲜资料的基础上，他相继发表《周恩来和五四新文化运动》《觉悟社的光辉》《周恩来共产主义思想形成初探》等文章，明确提出周恩来是中国最早的马克思主义者之一的观点，由此，南开大学成为全国研究周恩来的主要阵地。

中国现代史上的人物始终是魏宏运研究的主要方向。从1953年开始，他就将研究重点放在了孙中山身上，发表论文《革命民主主义者孙中山》，运用马克思主义历史研究方法对孙中山所处的时代及其思想演变进行了深入研究，随后又发表《孙中山晚年的农民运动观》等文章，这一研究一直持续到二十世纪七十年代末。1979年，他撰写出版了新中国第一部《孙中山年谱》，以孙中山的思想发展为主线，采取夹叙夹议的独特形式，深受史学界赞许，迄今该年谱仍被视为资料真实、编排清晰、字简事丰的精品。

“文化大革命”期间，中国现代史领域受“左”倾思潮严重摧残，流于定型化、模式化的空洞说教。1978年恢复高考制度后，历史专业的学生没有可供学习中国现代史的教材。为填补这一空白，魏宏运于1980年主持编写了我国第一部中国现代史专业教材《中国现代史稿》，在内容、资料、叙述和观点上都坚持实事求是，颇具新意，先后被100多所大学的中国现代史专业采用，行销数十万册，并销往美、苏联、日、法等国。他还主编出版了《中国现代史资料选编》（1—5册）、《中国现代史大事记》等配套用书。跨入新世纪，魏宏运又结合新形势的教学需要，于2002年主编出版了普通高等教育“九五”国家级重点教材《中国现代史》。这些书一直是历史专业本科教学的基础用书。

二、辛勤耕耘

史学的魅力不仅在于不断开拓新领域，还在于深入不懈的纵深研究。

抗日战争是我国社会发展的重要阶段，也是中华民族近代由衰败走向重新振兴的转折点。抗日战争的许多课题对于今天的改革开放仍具有指导和现实意义，因此这一主题的研究自然成为魏宏运关注的焦点。

二十世纪七十年代末，日本国内右翼势力猖獗，不少右翼政府的官员和军人美化侵略，否认南京大屠杀，严重伤害了中国人民的感情。魏宏运作为一个负责任的历史工作者，用自己对抗日战争史的深入研究，用事实驳斥了日本右翼的谬论。他不仅撰写了《南京沦陷时期日军在宁沪之间的暴行》，还特邀主持正义的日本进步教授笠原十九司到南开大学演讲，揭露日本国内右翼势力的谎言。

1979年，魏宏运参加闽西革命根据地学术研讨会时，遇到财政部科研所副所长星光等人。当他得知财政部正准备出资进行华北抗日根据地财经史研究的时候，分外高兴，因为这正与他的研究方向不谋而合。于是，在财政部的主持下，他联合河北大学、山西大学诸同行分赴山西、河北、河南、山东等省调查访问，与各省财政厅、档案馆合作，历时8年，对浩如烟海的资料进行整理归纳，主编出版了《抗日战争时期晋冀鲁豫边区财政经济史资料选编》（1—4册）、《抗日战争时期晋察冀边区财政经济史资料选编》（上、下册）两部近700万字的资料集，以其“资料收集丰富、翔实可靠、分类恰当”，成为现今抗日根据地史研究的必备工具书。

在搜集整理财政经济史料的基础上，魏宏运又从华北抗日根据地的经济史入手，循序渐进至华北抗日根据地史，再到整个抗日战争的全方位、多视角的研究，先后发表《论华北抗日根据地繁荣经济的道路》《关于抗日战争时期敌后战场的几个问题》《抗战初期国民政府经济政策透视》《“不抵抗主义”剖析》《抗日游击战争推动了抗日战争的历史进程》《“不抵抗主义”的产生及恶果》《抗战初期中国人口的大迁徙》《重视抗战时期金融史的研究》等具有重要影响的论文，并推出《华北抗日根据地史》等专著，被海内外学者一致称为大研究家。

将社会学的研究方法运用到中国现代史领域也是魏宏运的首创。

他经常说，历史是一门综合学科，涉及面很广，仅研究政治史不能全面揭示历史的本来面目，而社会史研究恰好能弥补这个缺陷。他通过多年调查研究华北区域人民群众衣食住行的变化、人口与婚姻家庭的变化以及民间宗教信仰的变化等，分析社会变迁的原因及对社会发展的影响，为拓展中国现代史研究树立了表率。1986年，他承担了国家“七五”社会科学重点项目《三四十年代华北农村调查与研究》。他率领课题组经常奔波于华北农村，搜集到许多鲜活的第一手资料，撰写出版了《二十世纪三四十年代冀东农村社会调查与研究》，内容涉及农村基层政权结构的演变、农作物生产工具和技术改良、城镇商业和农村集市、北方宗族以及乡土文化等，使历史摆脱了空洞说教的僵化模式，开始变得丰满起来。从1990年开始，他率领一批志同道合的研究人员，与日本一桥大学社会部三谷孝教授等七人组成中日华北农村社会联合调查团，对抗日战争时期原“满洲铁路株式会社”所做的调查进行跟踪调查研究，并发表《抗战第一年的华北农民》等一批论文。以后，他与三谷孝等继续合作，对华北区域的社会史进行调查，研究成果的日、中文版著作已相继出版。

1996年，魏宏运先生不顾年事已高，又承担起国家社会科学“九五”重点项目《太行山农村调查》的任务，率领部分青年教师和博士生远赴山西、河北山区进行实地勘察、走访，搜集资料并撰写出版了《二十世纪三四十年代太行山地区社会调查与研究》。该书如实反映出当时太行山区社会生活的方方面面，为其能够成为抗日战争的重要战备基地发掘出更深层的原因。

魏宏运开拓了中国抗日战争经济史和社会史研究的广阔空间，既提高了南开大学的声誉，也指导培养出一批学业有成的专业骨干。经过多年的努力，南开大学历史系中国近现代史学科成为享誉国内外的抗日战争研究中心之一，1988年被国家教委评为重点学科，1993年又被天津市评为高等院校首批重点学科。

三、走向世界

魏宏运有一个毕生的心愿，就是通过自己的努力，使中国现代史研究摆脱自我封闭的状态，加强与国际社会的学术交流。为此，他鼓励学生出国深造，要“脚站八里台（南开大学所在地），胸怀全世界”，并深情地对学生们说，“中国学者在国外不仅要坐在别人的课堂上学习，还应该走上他们的讲台，传播中华民族的优秀文化。”

为了传播中国学者自己的学术观点，传扬民族文化，自改革开放以来，魏宏运先生先后应邀赴美国、日本、丹麦、德国、英国、法国、澳大利亚、韩国等国的近40所大学和研究所讲学。1983年8月至1984年3月，他应美国国际学者交流委员会的邀请，赴美国蒙大拿大学讲学，主讲中国近代史、中国现代史、今日中国、中国古代文明史等课程。为此，当地报纸还对他进行了专访，并刊登大幅照片，介绍其生平。随后，魏宏运先生又应邀到明尼苏达大学、威斯康星大学、波士顿学院、布兰迪斯大学、百灵斯对外关系委员会，分别做了关于今日中国、中美关系以及中国抗日根据地研究的学术报告。他以丰富的学识、教学经验和强烈的爱国主义情感，深深感染了听众，成为当时最受欢迎的外国教授之一。蒙大拿大学人类学系主任在致南开大学校长的信中写道：“蒙大拿大学非常欣赏魏宏运教授！他的课与我们共同举办的讨论会有很多人参加，非常受学生欢迎，魏宏运教授为师生更好地了解中国做出了无可置疑的贡献。”除此之外，他还获得富布赖特基金会证书，证书上写着：“魏宏运先生作为富布赖特学者，以其学术成就促进了中美两国人民之间的相互了解，特予奖励。”

当然，开展国际学术交流还要坚持必要的原则。有时魏宏运在国际学术交流中还会受到国际学术界反华敌对势力的挑衅，每逢这时，他总是非常警觉，对种种谎言从学术角度进行有力驳斥。改革开放初期，魏宏运先生第一次赴美国讲学，当地报纸曾刊登某作者的不实报道，称台湾地区为“国家”。他发现此事后，立刻提出抗议，要求报社公开道歉，澄清事实。还有一次，他赴澳大利亚参加学术讨论会，一学者提交了一篇论文，文中出现指责中国共产党在陕北种植鸦片，是抗日战争时期的“毒源”的文字。魏宏运非常愤怒，回国后潜心搜集资料，写出《三四十年代日本的鸦片政策》一文，以大量不容辩驳的事实说明国民党统治区和沦陷区才是鸦片泛滥的根源所在，并到国际会议上公开宣读。

魏宏运常说，学习历史要了解真正的历史，只有了解真正的历史才能不受迷惑。为使更多的国际友人了解中国的历史和文化，他于1992年主编出版了《中国通史简明教程》，直接面向国外高校学习中国历史的学生。该书以简明的层次、生动的文笔和高度的概括，将中华民族5000多年的发展历史生动地展现在世界青年面前，被称为“了解中国历史的捷径”，出版后不久即被新加坡国立大学列为指定教材。

加强国际学术交流，有利于开阔眼界，站到学术研究的前列。而让国际学术界了解中国的学术和文化，不仅需要走出去，也要请进来。1984年8月和1991年8月，在魏宏运的主持下，南开大学历史系两度举办中国抗日根据地史国际学术讨论会，这在全国乃开先河之举，来自美国、日本、加拿大、荷兰、英国、法国、澳大利亚等国家的学者汇集到南开园，就中国抗日战争和抗日根据地等问题进行广泛的学术交流。魏宏运先生在会上所做主题报告《论华北抗日根据地发展经济的道路》《抗日游击战争推动了抗日战争的历史进程》等成为与会者谈论的中心议题。国内外有影响力的专业报刊对会议进行了报道，会后出版的研究论文集也被国内外专家称为“中国抗日战争史研究的最新进展和最高水平的体现”。

魏宏运以广博的学识和严谨的治学风范成为中国现代史领域的巨擘。2004年正值南开大学百年庆典，又欣逢魏宏运先生八十寿诞。著名画家范曾专门为魏宏运题写了“南开壹号”的匾额，彰显魏宏运在学术事业上的开拓精神和巨大成就。

原载《人物》2005年3期

魏宏运：史论结合求真致用

——访南开大学历史学院荣誉教授魏宏运先生

周学军　武雪彬

魏宏运，1925年2月10日生，陕西省长安县人，南开大学荣誉教授、中国现代史学会名誉会长。1945年参加革命工作，1946年考入北平辅仁大学历史系。1948年转入南开大学历史系，1951年毕业后留校任教。曾任南开大学历史系主任、国务院学位委员会学科评议组成员、中国现代史学会副会长、天津历史学会会长、《历史教学》编委会副主任、全国哲学社会科学基金评议组成员、香港学术评审局学科评议专家、澳大利亚中国省市研究中心客座研究员。代表作有《中国近代历史的进程》《抗日战争与中国社会》《锲斋文录》等，主编《中国现代史稿》《中国现代史》《中国通史简明教程》等。

在南开园，人们经常可以看到一位精神矍铄、白发苍苍的老者，他就是蜚声海内外的历史学家魏宏运。魏先生主要从事中国现代史教学与研究，是国内现代史研究的开拓者和奠基人之一，尤其是他开一时风气，运用社会调查等方法研究华北区域史和抗日战争史，率先将社会学研究方法应用到中国现代史领域，体现了“读万卷书，行万里路”的治学风范。魏先生虽年近九旬，但仍笔耕不辍，时常为报纸和杂志撰稿。为使读者更好地了解魏先生的治学理念，本报记者采访了他。

一、初涉史学殿堂

《中国社会科学报》：您在历史学领域已辛勤耕耘六十余载，对历史学的兴趣是从何时开始的？请谈谈您的求学经历。

魏宏运：我对历史的兴趣源于父亲的影响。小时候，他常给我讲《水浒传》《三国演义》。稍长，又教我读《左传》《读通鉴论》《古文观止》等。对历史的爱好始于中学时期，在陕西省立兴国中学读书时，老师多为北京大学毕业。创办《老百姓报》和《民众导报》的李敷仁，担任我们的班主任。他让我销售报纸，给我看延安出版的书刊。著有《近世中华民族抗敌史》的武伯伦讲授历史课。这两位老师都是我的革命引路人。

攻读历史专业缘于偶然。1946年中学毕业，因为仰慕著名历史学家陈垣先生，我报考了北平辅仁大学历史系。入学后，学习四书五经、《书目答问》、史学要籍介绍、中国断代史、西洋史、英语等，有了一点国学基础，外文也有较大进步。1948年，出于学费、生活费的考虑，我转学到国立南开大学历史系。1951年毕业时，承蒙日本史专家吴廷璆先生和美国史专家杨生茂先生的器重，让我留校任教，至今已60多年。

二、业精于勤，行成于思

《中国社会科学报》：您是如何走上历史研究这条道路的？在与学界前辈的交往中，有哪些体会？

魏宏运：1951年留校后，我开始摸索并撰写了《民族英雄史可法》《革命民主主义者孙中山》，先后在《历史教学》上发表，研究兴趣逐渐浓厚起来。同时，吴廷璆先生吸收我参加《历史教学》编委会，负责中国近代史的审稿工作。编委会每月开一次会，讨论稿件的审阅情况，吴廷璆、杨生茂、郑天挺、雷海宗诸师均参加。诸位前辈的言行让我开阔了眼界，了解了学术动态，也丰富了自己的知识，对我的成长意义重大。1952年，北京大学历史系主任郑天挺调入南开大学任历史系主任。他安排我为中文系和外文系讲授“中国通史”“中国现代史”，让我在实践中锻炼。1956年我又为历史系讲授“中国现代史”，从此开始在近现代史领域求索。

早在学生时期，吴廷璆先生就曾带领我们十几位同学到北京聆听范文澜先生的教诲。郑天挺先生来南开后，我担任历史系秘书（后称系助理）。他常带我到北京去，接触了众多学界领军人士，如郑振铎、沈从文、吴晗、单士元、尚钺、翦伯赞、周一良、邵循正、张芝联等。从中，我获益匪浅。他们严谨的治学精神和学风，都或多或少地影响着我。

《中国社会科学报》：您在研究过程中有哪些治学心得？

魏宏运：人的知识是有限的，要不断积累。在教学中常会碰到问题，为了弄明白，我就去查阅大量资料，多读书，勤思考，丰富自己。南开大学图书馆馆长冯文潜对我特别优待，星期天也打开书库，让我在书海中徜徉，探求知识。我还经常到旧书摊，淘了许多珍贵书刊。

只有将读书和思考密切结合起来，才可以发现问题。我受郭沫若《请看今日之蒋介石》一文的启发，开始研究武汉革命政府。先到天津、北京的图书馆查阅资料，后又在吴于廑、肖致治先生的帮助下，在湖北省委党校抄录《民国日报》。基于此，我陆续写了七八篇文章，并发表在《历史教学》上，有学者将其称为率先研究武汉政府之作。

有人说研究历史很枯燥，但一旦进入研究状态，就会感到其乐无穷。我研究孙中山，是因为他推翻了清王朝，建立了民国，其丰功伟绩很感人。我研究周恩来，是因为五四运动时他在狱中撰写《检厅日录》，给狱友讲马列主义。我深受启发，陆续写了六七篇关于周恩来的文章。周总理的侄子周尔鎏给我提供了其家系表和相关资料，对我帮助很大。历史学者的研究要客观公正，譬如研究抗日战场及其历史地位，不能只看到一方而忽视另一方，要充分认识到是国共合力打败日本侵略者的。

人的知识来自多个方面，除了向老师学习、到图书馆阅读，还应向社会学习。我认为古代史研究要有所突破，就要依靠地下发掘；现代史研究要有所突破，就应走向农村和城市，把文献研究与口述史结合起来。基层社会的变迁，广大群众怎样接受政府的政策，这类问题都可以在生动的口述史中找到答案。我多次到河北农村调查，与农民谈心，增长知识和学问。我和学生到冀东调查时，二十世纪三四十年代许多历史的当事人和见证人还健在。通过他们的口述，我们了解了冀东近代社会的变迁，了解到在近代化过程中，农民怎样涌向唐山、秦皇岛、山海关的港口和矿区，成为工人或亦工亦农。我们还发现冀东乡村的行商、小贩特别多，土改前丰润县有商贩3529人，土改后有商贩3931人。玉田县窝洛沽镇的每次集市，小摊贩达1000多人。通过考察冀东商业贸易、日常生活、生产状况以及政权变迁，我对冀东社会有了较完整的了解，认识到冀东的现代化程度居华北地区前列。正是在这些调查的基础上，我才写成了《二十世纪三四十年代冀东农村社会调查与研究》。

历史研究不仅限于撰写文章，各种体裁的写作对自己都大有裨益。我撰写了《孙中山年谱》《魏宏运自订年谱》，和梁寒冰主编过《中国现代史大事记》，独立主编过《华北抗日根据地纪事》《民国史纪事本末》（8册）。

三、上下求索现代史研究之路

《中国社会科学报》：您长期从事中国现代史的教学和研究，取得了显著成绩。请谈谈您是如何开展研究的？目前中国现代史研究有哪些发展和不足？

魏宏运：二十世纪五十年代初，人们还不太把现代史当作一门学问来看待，各高校历史系也没有近现代史专业。1951年我毕业留校后，曾主攻南明史，也讲授过中国通史。1956年，教育部制定的教学计划中设立了中国近现代史课程，郑天挺先生让我讲授该课。当时没有教材，我只好根据教学大纲，收集资料，买了很多书，如斯诺夫妇的《西行漫记》和《续西行漫记》、《冯玉祥日记》及一些回忆录等。在教学实践中感到只有史料，缺乏理论分析，讲起来还是不好把握，我便翻阅《新青年》和《向导》，对我大有帮助。除了利用图书馆的文献史料外，现代史研究还要进行社会调查，收集第一手资料，然后分类整理。我多次赴华北农村，与学生一起调查华北某村或某地区的自然环境、人口变动、基层组织政权演变、农业生产、工商业状况、集市贸易及家庭演变、宗教信仰、风俗习惯等，收获颇丰。

为配合教学，我主持编写了我国第一本中国现代史教材《中国现代史稿》（上下册），先后被100多所大学的中国现代史专业选作本科基础教材，并销往美、日、法等国，学界同行普遍认为该书在内容、资料、叙述、语言、观点上比较可取。针对教学需要，我主编了《中国现代史资料选编》（5册）、《中国现代史大事记》等配套书，这些书一直是中国现代史本科教学的基础用书。1992年，我针对外国大学生学习中国历史主编了《中国通史简明教程》（上下册），被新加坡的大学指定为中国历史学科教材。我主编的普通高等教育“九五”国家级重点教材《中国现代史》也被多所高校用作教科书。

二十世纪五十年代前半期，南开学人之间融洽的关系、勤勉踏实的学风对我影响很大。郑天挺、雷海宗、吴廷璆、杨生茂、冯文潜、滕维藻、杨志玖、王玉哲、黎国彬等先生都给过我教导和指点。在他们的关心和帮助下，我在中国近现代史领域取得了一定的成绩，所开设的课程也逐渐由基础课向专业课转化，先后开设了中国现代史、五四新文化运动史、武汉国民政府研究、南昌起义、土地革命史、中国现代史研究、抗日战争史研究、中国现代史研究概论、博士生专业英语等。1982年，我开始招收中国近现代史专业硕士研究生。1986年，开始招收中国现代史专业博士研究生。

二十世纪八九十年代，学术界对抗日根据地的财政经济资料进行搜索整理。我承担了晋察冀和晋冀鲁豫根据地资料的整理工作，先后出版了《抗日战争时期晋察冀边区财政经济史资料选编》（4册）、《抗日战争时期晋冀鲁豫边区财政经济史资料选编》（2册），并于1984年和1991年分别主持召开了两次国际学术会议，美国、日本、英国、法国、澳大利亚的汉学家出席了会议。会议既是他们了解中国近代史研究的窗口，也是中外学术交流的舞台。后来，我组织与会学者到延安和太行山根据地参观，两次会议也使我与国外同行成为朋友，此后常有书信往来。

据了解，1984年以后，有关抗日根据地的著作、回忆录、资料和工具书已达140部以上，文章有600多篇。研究内容丰富多彩，从毛泽东思想、中国历史道路到一些具体政策的背景，从宏观理论的探索到人物、事件的评述，从论述政治、经济和军事方针到考察一个村的农民生活，从政治体制到秘密社会组织，都在研究之列。根据地历史的研究，也得到前所未有的发展。现在，中国现代史研究更专门化、分工更细，出现了灾荒史、金融史、宗教史、教育史、少数民族史等。1978年前的研究主要侧重政治史，之后研究领域逐渐扩大，出现了百花争艳的可喜局面。但也出现了碎片化的问题，学者往往只讲一个问题，缺乏宏观的论述。这值得注意。

四、史论结合是治史之本

《中国社会科学报》：史料是历史研究的基础，只有根据真实的史料才能得出可信的结论，但历史遗留下来的史料往往真伪混杂。历史研究者应该如何辨析史料的真伪？在研究过程中，如何处理史料与理论的关系？

魏宏运：历史是过去存在和发生过的事情，不能虚构。确定研究题目后，就要寻找资料。资料有真伪，需要辨别，引用时要慎重。我们评论一篇文章时，总要问有没有新的资料，有什么新的观点，必须对资料进行诠释或解读。由于历史观和认识上的差异，研究者在资料分析上常常发生争执。资料虽然是第一性的，但如果一篇文章仅仅摆出了一大堆资料，人们必然要问：这说明什么呢？所以必须进行论述，做到史论结合。

历史研究不能只就事论事，停留在事情的表象。譬如，日本政府官员参拜靖国神社，历史学者就要探究其背景、目的和影响，认识到这是日本军国主义阴魂不散、不承认其侵略暴行的本质，也是中国和韩国坚决反对的原因。日本当政者粉饰其侵略行径，这是东亚各国都应该警惕的。

随着档案的不断解密，许多历史事实需要重新认识。

过去由于“左倾”思潮的干扰，特别是“文化大革命”对我国文化的破坏，在很多历史问题上，保留下来的档案很少。把被颠倒的历史再颠倒回来，是改革开放后的重要课题。

另外，多读一些哲学理论书籍也有助于史论结合。我曾读过施存统、刘若诗译著的《辩证法浅说》和胡绳的《辩证法唯物论入门》。我喜欢阅读梁启超、陈独秀等人的文章，常翻阅《新青年》《向导》等刊物，以提高自己的理论水平。人非生而知之，我信奉开卷有益的说法。

五、脚站八里台，胸怀全世界

《中国社会科学报》：学术研究需要与外界交流，忌讳闭门造车。请谈谈您与国外学者交流的情况。

魏宏运：中外学者的互动，让史学研究有了新气象。改革开放以后，我曾经5次到美国、日本，2次到欧洲，3次到澳大利亚讲学或参加学术讨论会，结识了不少汉学家。他们大多懂几国文字，知识广博、阅历丰富。1983年至1984年，我作为富布赖特教授，在美国蒙大拿大学讲学两个学期。美国学生在课堂上喜欢提问题，教师当场回答。我在讲鸦片战争时，一个学生问到，美国没有参战，为什么也强迫中国签订不平等条约？我讲《中俄北京条约》时，一个学生提出：“沙俄以什么理由占领中国领土？”

这样的问题都是有启发性的。一位教授几次与我讨论冷战问题，我感觉他们很关注现实，美国学者的文章论述较多，日本学者的文章则具体叙述多。我们应该取其所长，补己之短。

经教育部批准，1990年8月至1995年9月，我带领南开大学现代史的同仁们，与一桥大学三谷孝为首的六七位日本学者一道，对房山县吴家店村、顺义县沙井村、静海县冯家村、平原县后夏家寨村和栾城县寺北柴村进行调查。调查内容包括村组织、教育、农业、手工业、商业贸易、宗族家庭、乡土文化等。在中日学者的共同努力下，日本分别于1999年和2000年将调查资料出版成《中国农村变革、家庭、村落、国家——华北农村调查记录》（上下册）。2012年3月，社会科学文献出版社也出版了《二十世纪华北农村调查记录》（中文版），是南开大学“211工程”重点项目。应该说这是一部很好的文化遗产。

我也经常鼓励学生要站在八里台，胸怀全世界，多与国际学术界交流。只有加强与国外学者的交流与合作，才能扩大我们的视野，深化我们的学术研究。

原载《中国社会科学报》2013年8月7日A04版